《马克思主义发展史》

教学设计

主　编◎兰夕雨　朱　逸

副主编◎赵丽云　郑焮月

编　委◎钟义锟　罗俊梅

　　　　钟守静　付　恒

四川大学出版社

SICHUAN UNIVERSITY PRESS

图书在版编目（CIP）数据

《马克思主义发展史》教学设计 / 兰夕雨等主编
. — 成都：四川大学出版社，2024.4
ISBN 978-7-5690-6699-9

Ⅰ．①马… Ⅱ．①兰… Ⅲ．①马克思主义－历史－教学设计－高等学校 Ⅳ．① A81

中国国家版本馆 CIP 数据核字 (2024) 第 042338 号

书　　名：《马克思主义发展史》教学设计
　　　　　《Makesi Zhuyi Fazhanshi》Jiaoxue Sheji
主　　编：兰夕雨　朱　逸
选题策划：徐丹红　李　胜
责任编辑：徐丹红
责任校对：李　胜
装帧设计：墨创文化
责任印制：王　炜
出版发行：四川大学出版社有限责任公司
　　　　　地址：成都市一环路南一段 24 号（610065）
　　　　　电话：(028) 85408311（发行部）、85400276（总编室）
　　　　　电子邮箱：scupress@vip.163.com
　　　　　网址：https://press.scu.edu.cn
印前制作：四川胜翔数码印务设计有限公司
印刷装订：成都市火炬印务有限公司

成品尺寸：185mm×260mm
印　　张：16
字　　数：372 千字

版　　次：2024 年 4 月 第 1 版
印　　次：2024 年 4 月 第 1 次印刷
定　　价：86.00 元

扫码获取数字资源

四川大学出版社
微信公众号

目 录

第一专题　《马克思主义发展史》学习导论

一、专题概述

介绍马克思主义发展史的研究对象，马克思主义的创立、发展的历史进程和历史分期，使学生了解学习马克思主义发展史的意义和学习方法，在头脑中建构学习马克思主义发展史的宏观框架，厘清马克思主义发展的整体历史脉络和理论架构。"历史研究是一切社会科学的基础，承担着'究天人之际，通古今之变'的使命。"这是习近平总书记对历史研究意义的高度概括。马克思主义发展史是一门研究马克思主义产生、发展的历史过程和规律的科学，既是历史科学，又是理论科学，在马克思主义理论一级学科中具有基础研究的性质和独特的学科地位。该课程属于马克思主义理论学科硕士研究生课程体系中的核心课程，主要是从历史、理论与现实相结合的高度，向学生讲授马克思主义产生、发展的历史过程及科学规律，使学生清晰马克思主义发展的历史脉络，深刻体会马克思主义的科学内涵、理论体系和精神实质的内在统一性，真正认识社会主义的本质和发展规律，不断提高马克思主义理论水平以及提高分析问题和解决问题的能力，坚定马克思主义信仰与社会主义信念。学习本课程，一是需要努力掌握基本理论。从整体上把握马克思主义产生、发展的历史过程和规律，深刻体会马克思主义的科学内涵，真正认识社会主义的本质和发展规律，不断提高马克思主义理论水平。二是坚持理论联系实际。紧密联系改革开放和社会主义现代化建设的实际，联系自己的思想实际，树立历史观点、世界视野、国情意识和问题意识，增强分析问题、解决问题的能力。三是培养理论思考习惯。不断提高理论思维能力，以更好地把握中国的国情、中国社会的状况和自己的生活环境，以自己的实际行动为全面建设社会主义现代化国家和实现中华民族伟大复兴做贡献。

二、教学目标

知识目标：了解马克思主义发展史的特点，掌握马克思主义发展史的历史时期划分及每个时期的主要内容。

能力目标：能够运用马克思主义基本原理，分析把握学习马克思主义发展史的正确方法。

情感、态度、价值观目标：掌握马克思主义的研究对象和逻辑知识体系结构；坚定对马克思主义的理论情感、政治认同和理论认同。

三、教学重点、难点

重点：马克思主义发展史的研究对象；马克思主义历史发展的特点分析。
难点：马克思主义发展史的历史分期。

四、内容框架

马克思主义发展史的研究对象。
马克思主义发展史的特点分析。
马克思主义发展史的历史分期。

五、课时分配

4 课时。

六、专题教学

【专题导入】

马克思主义过时了吗？

进入新时代的中国，始终坚持马克思主义指导地位，在习近平新时代中国特色社会主义思想指导下发生历史性变革、取得历史性成就，用实践创新和理论创新诠释了马克思主义为什么"行"。然而，社会上一些人对此视而不见，错误地认为马克思主义太旧了、过时了。事实上，马克思主义从来没有过时，正如习近平同志所指出的："我们依然处在马克思主义所指明的历史时代。"无论从理论本身还是从实践发展看，马克思主义都具有强大解释力和旺盛生命力。

所谓马克思主义"过时论"认为：马克思主义诞生在一个半多世纪之前，从诞生到现在，这期间人类社会发生了巨大变化，从而得出马克思主义过时的结论。这种论调早已被实践证明是完全错误的。习近平同志指出，"马克思的思想理论源于那个时代又超越了那个时代，既是那个时代精神的精华又是整个人类精神的精华"。马克思主义深刻揭示了自然界、人类社会、人类思维发展的普遍规律，是科学的理论、人民的理论、实践的理论、不断发展的开放的理论，它不是教条而是行动指南，始终随着实践的发展而发展。无论时代如何变迁，马克思主义始终具有无与伦比的思想伟力。

问题思考：马克思主义理论的生命力表现特征是什么？

【要点讲解】

（一）马克思主义发展史的研究对象

马克思主义发展史就是一门研究马克思主义产生、传播和发展的过程及其规律的学科。从历史、理论和实践出发，揭示马克思主义的科学内涵、理论体系、精神实质及其内在统一性。

马克思主义发展史是一门科学，内在地包含理论和历史的统一，既是理论科学，又是历史科学，是历史科学和理论科学的有机统一。马克思主义发展史研究既要揭示马克思主义在不同历史时期和发展阶段的理论内容和理论精髓的动态呈现，又要在历史的纵深领域研究马克思主义是怎样形成、传播和发展的，其时代特征和演进过程是怎样的等历史背景。通过理论和历史的有机统一，并结合当代中国发展的实际和马克思主义中国化时代化的发展过程，探索马克思主义发展的内在规律及其时代趋势，从而推进马克思主义的理论创新和实践创新。

与马克思主义哲学史、马克思主义经济学说史、科学社会主义史等研究马克思主义某个组成部分发展历史的学科不同，马克思主义发展史是从整体上研究马克思主义发展历史的学科。

马克思主义诞生于19世纪40年代的欧洲，这是和欧洲的经济发展程度、工人运动状况、历史文化传统分不开的。19世纪德国的两位伟大思想家马克思和恩格斯是马克思主义的奠基者，他们为创立、传播、发展马克思主义付出了毕生的心血。在20世纪的俄国和中国，马克思主义有了重大发展，结出了丰硕的成果。除了俄国和中国，马克思主义在世界上其他国家也得到广泛传播和发展。

马克思主义是一个严整的理论体系，它由哲学、政治经济学、科学社会主义三个主要部分组成，涉及经济、政治、文化、社会各个领域。马克思主义基本原理是马克思主义一脉相承、世代相传的基本内容。一部马克思主义发展史，就是马克思主义基本原理在坚持中发展、在发展中坚持的历史。

（二）马克思主义发展史的特点分析

马克思主义的发展历史进程充分证明，马克思主义理论"对世界各国社会主义者所具有的不可遏止的吸引力，就在于它把严格的和高度的科学性（它是社会科学的最新成就）同革命性结合起来，并且不仅仅是因为学说的创始人兼有学者和革命家的品质而偶然地结合起来，而是把二者内在地和不可分割地结合在这个理论本身中"[①]。马克思主义的发展历史进程，充分体现了马克思主义的与时俱进特点、科学性和革命性的统一、一般性和特殊性的融合以及前进性和曲折性的统一。

---

① 中共中央马克思恩格斯列宁斯大林著作编译局编《列宁专题文集·论马克思主义》，人民出版社，2009年，第297页。

第一，马克思主义发展史是一部与时俱进的历史。马克思主义发展史是马克思主义随着时代发展和实践变化而不断更新的历史。马克思主义不是书斋里的学问，而是工人阶级的战斗武器，它最鲜明的特点就是与时俱进。由于工人阶级的斗争实践是不断发展的，作为反映实践、指导实践的马克思主义理论，就必然随着实践的发展而不断发展。马克思主义理论固有自己的本质规定，有其相对稳定的方面，但创新是它的本质和灵魂，没有创新，也就没有马克思主义。

第二，马克思主义发展史是科学性和革命性相统一的历史。19世纪40年代以前，流行于欧洲的哲学、政治经济学和社会主义学说，尽管也包含许多合理的和有价值的思想，但是，这些思想的阐述者无法摆脱他们所代表的资产阶级或小资产阶级的阶级局限性。与此相反，由马克思、恩格斯创立的马克思主义批判地吸取了19世纪上半期乃至人类思想发展历史中的最优秀的思想成果，使这一新的世界观具有高度的理论上的科学性；而且这种理论上的科学性完全建立在时代发展的现实基础之上，是最先进阶级的意识形态的反映。因此，马克思主义在创立之初就公开声明，它是革命的无产阶级的世界观，是工人阶级和劳动群众认识世界和改造世界的科学理论和思想武器。

第三，马克思主义发展史是一般性和特殊性相融合的历史。马克思主义基本原理虽是普遍真理，但由于不同国家的情况千差万别，在运用马克思主义指导实践时，必须结合各自国家的国情。那种脱离实际的、空洞的、僵化的理论，违背马克思主义的科学精神，只会把实践引向歧途。教条主义是马克思主义的大敌，在国际共产主义运动中不乏因教条主义错误导致革命失败的事例，中国共产党在历史上也曾深受教条主义之害。因此，必须坚持理论联系实际的创造性的马克思主义，坚决反对理论脱离实际的教条主义。

第四，马克思主义发展史是前进性和曲折性相统一的历史。马克思主义在传播和发展过程中，遇到过许多阻力，面临过不少挑战，正是在克服阻力和迎接挑战中，马克思主义得以不断前进。由于马克思主义和工人运动紧密结合，工人运动的状况、工人运动的发展态势，对马克思主义的传播和发展有很大影响。工人运动的发展不可能一帆风顺，有时处在高潮，有时则陷入低潮。但从总的历史发展线索看，马克思主义正是在克服各种阻力和战胜各种挑战的过程中，实现了理论的不断创新，迎来新的发展，实现了前进性和曲折性的有机统一。

（三）马克思主义发展史的历史分期

马克思主义发展史可以划分为四个主要历史时期，每个历史时期都具有自己显著的历史特征和标志性意义。

第一个历史时期是马克思主义的创立及其科学理论体系逐步形成和完善的时期，时间跨度为19世纪40年代至19世纪末。这一时期，马克思、恩格斯经历了从唯心主义向唯物主义、从革命民主主义向共产主义的思想、立场转变。在这一过程中，唯物史观的发现有着重大的意义。《1844年经济学哲学手稿》是马克思对唯物史观的初步探索，

1845 年的《关于费尔巴哈的提纲》和《德意志意识形态》标志着唯物史观的基本形成，奠定了马克思主义的第一块理论基石。在《哲学的贫困》《1857—1858 年经济学手稿》《雇佣劳动与资本》《1861—1863 年经济学手稿》《资本论》等著作中，马克思对劳动价值论进行了科学探索，创立了剩余价值学说，奠定了马克思主义的第二块理论基石。

这一时期，马克思、恩格斯撰写发表了科学社会主义的第一部纲领性文件《共产党宣言》，形成了包括哲学、政治经济学、科学社会主义等主要组成部分在内的完整的马克思主义理论体系。马克思主义诞生后，在工人阶级中得到广泛传播，成为工人阶级进行革命斗争的思想指南。

第二个历史时期是马克思主义在与经济文化比较落后国家的革命和建设实践相结合中取得世界性历史成就的时期，时间跨度为 20 世纪初至 20 世纪 50 年代。这一时期，资本主义从自由竞争阶段发展到帝国主义阶段，出现了许多新的特征。与此同时，工人运动高潮迭起，殖民地、半殖民地民族解放运动风起云涌，世界范围内出现了空前高涨的革命形势。马克思主义在新的历史条件下进一步丰富和发展。

列宁在对帝国主义的本质和特征深入研究的基础上，得出了无产阶级革命的新的结论。在列宁这一创新理论的指引下，俄国革命取得了伟大胜利。列宁主义是帝国主义和无产阶级革命时代的马克思主义。列宁逝世后，在斯大林的领导下，苏联社会主义事业继续发展，积累了不少经验，建立了社会主义制度，形成了苏联模式。这种模式在特定的历史条件下发挥了积极作用，但也存在着十分明显的缺陷和弊端。

这一时期马克思主义的另一个重大发展，就是毛泽东思想的形成。毛泽东把马克思主义基本原理与中国革命的具体实际相结合，创造性地回答了中国的社会性质、革命性质、革命领导力量和依靠力量、革命主要方式、革命独特道路等一系列问题，创立了新民主主义理论，为中国民主革命提供了科学指针，建立起中华人民共和国。毛泽东以其独特性的理论贡献，在马克思主义发展史上成为具有里程碑式意义的伟大人物。

第三个历史时期是马克思主义在社会主义建设曲折前进中经受挑战并不断发展的时期，时间跨度为 20 世纪 50 年代初到 80 年代末 90 年代初。社会主义国家从 20 世纪 50 年代开始，进入探索社会主义发展道路和社会主义建设的新时期，取得了很多重要成就。新中国成立后，毛泽东针对中国生产力落后、生产关系方面存在着多种经济成分的复杂状况，提出了过渡时期和社会主义改造理论。中国比较顺利地完成了国家对农业、手工业和资本主义工商业的社会主义改造任务，初步建立起社会主义基本制度，并开始了自主探索社会主义建设道路的艰辛历程。这种探索，为后来中国特色社会主义道路的开辟，积累了宝贵经验。

20 世纪 80 年代末至 90 年代初发生的"苏东剧变"，使国际共产主义运动遭受重大挫折。斯大林去世后，赫鲁晓夫全面否定斯大林，在苏联国内外引起了一股反苏反共的浪潮，给国际共产主义运动造成了严重混乱。此后，特别是戈尔巴乔夫上台后，苏共日益严重地背离马克思列宁主义，推行"人道的民主的社会主义"，导致苏共瓦解，苏联解体，东欧剧变。西方国家利用"苏东剧变"这一重大事件，对社会主义和马克思主义进行了肆意的歪曲、攻击和诽谤，认为马克思主义"消失了""过时了"，宣称社会主义"失败了"，共产主义理想已经"被埋葬了"。这一时期，马克思主义经受了严峻挑战，中国共产党认真总结新中国成立以来社会主义建设正反两个方面的经验，积极汲取其他国家特别是苏联东欧等社会主义国家的教训，把马克思主义基本原理与当代中国的实际和时代的特征结合起来，团结带领人民进行建设中国特色社会主义新的伟大实践，使中国大踏步赶上了时代步伐，实现了中华民族从站起来到富起来的伟大飞跃。

第四个历史时期是马克思主义从世界社会主义发展低潮中重新奋起的时期，时间跨度为 20 世纪 90 年代至今。"苏东剧变"使世界社会主义受到挫折和冲击，使马克思主义受到了前所未有的严峻挑战。全世界的共产党人和马克思主义者深刻反思"苏东剧变"的教训，认识到背离或放弃马克思主义，必然会葬送社会主义；僵化地教条式地对待马克思主义没有出路，会严重窒息社会主义的生机和活力。在国际环境十分险恶的情况下，现有的社会主义国家一直坚守自己的基本制度，结合本国实际，在实践上和理论上进行探索，取得了新的成果。

西方政客关于社会主义行将终结、马克思主义行将消亡的预言并没有实现。正如在"苏东剧变"发生时邓小平所说："一些国家出现严重曲折，社会主义好像被削弱了，但人民经受锻炼，从中吸收教训，将促使社会主义向着更加健康的方向发展。因此，不要惊慌失措，不要认为马克思主义就消失了，没用了，失败了。哪有这回事！"[①] 在社会主义国家的实践中，中国特色社会主义的成就最为突出。中国自改革开放以来，中国共产党的全部理论和实践的鲜明主题都是坚持和发展中国特色社会主义。以邓小平为主要代表的中国共产党人科学总结了中国社会主义建设和世界社会主义发展的经验教训，把马克思主义基本原理与当代中国实际紧密结合起来，对一系列重大问题作出创造性回答，创立了邓小平理论，为它确定了基本思路和基本原则；在中共十三届四中全会以后，以江泽民为主要代表的中国共产党人准确把握时代特征，科学判断我们党所处的历史方位，形成了"三个代表"重要思想，成功地把中国特色社会主义推向 21 世纪。进入新世纪新阶段，以胡锦涛同志为主要代表的中国共产党人紧紧抓住重要战略机遇期，在全面建设小康社会进程中推进实践创新、理论创新、制度创新，形成了科学发展观，成功地在新的历史起点上坚持和发展了中国特色社会主义。

党的十八大以来，中国特色社会主义进入新时代，以习近平同志为主要代表的中国共产党人，坚持把马克思主义基本原理同中国具体实际相结合、同中华优秀传统文化相结合，创立了习近平新时代中国特色社会主义思想，实现了马克思主义中国化时代化新的飞跃。

习近平新时代中国特色社会主义思想，从理论和实践的结合上科学回答了新时代坚持和发展什么样的中国特色社会主义、怎样坚持和发展中国特色社会主义，建设什么样的社会主义现代化强国、怎样建设社会主义现代化强国，建设什么样的长期执政的马克

---

① 邓小平：《邓小平文选》第 3 卷，人民出版社，1993 年，第 383 页。

思主义政党、怎样建设长期执政的马克思主义政党等重大时代课题，以崭新的思想内容丰富发展了马克思主义，形成了完整的科学体系。习近平新时代中国特色社会主义思想内涵十分丰富，党的十九大、十九届六中全会提出的"十个明确""十四个坚持""十三个方面成就"概括了习近平新时代中国特色社会主义思想的主要内容。党的二十大提出的"六个必须坚持"，是习近平新时代中国特色社会主义思想的世界观、方法论和贯穿其中的立场观点方法的重要体现。

2017年10月，党的十九大着眼中国特色社会主义事业长远发展，把习近平新时代中国特色社会主义思想确立为党必须长期坚持的指导思想并庄严地写入党章，实现了党的指导思想的与时俱进。2018年3月，十三届全国人大一次会议通过的宪法修正案，郑重地把习近平新时代中国特色社会主义思想载入宪法，实现了国家指导思想的与时俱进，反映了全国各族人民的共同意志和全社会的共同意愿。习近平新时代中国特色社会主义思想是当代中国马克思主义、21世纪马克思主义，是中华文化和中国精神的时代精华，实现了马克思主义中国化时代化新的飞跃。中国特色社会主义的蓬勃发展，极大地增强了社会主义的力量，使处于低潮的世界社会主义重新焕发出生机和活力，充分展现了马克思主义发展的光明前景。

【课堂研学材料】

马克思为什么是对的？马克思主义为什么没有过时？无论在西方还是在中国，这都是引人关注的话题。习近平总书记在纪念马克思诞辰200周年大会上的重要讲话，系统阐释了马克思主义的科学体系、丰富内涵及其对人类社会发展的巨大作用，有助于我们深刻感悟和把握马克思主义真理力量，深刻认识马克思主义的时代意义和现实意义。

马克思主义照亮了人类探索历史规律和寻求自身解放的道路

习近平总书记指出："马克思给我们留下的最有价值、最具影响力的精神财富，就是以他名字命名的科学理论——马克思主义。这一理论犹如壮丽的日出，照亮了人类探索历史规律和寻求自身解放的道路。"170年前，《共产党宣言》的发表，标志着马克思主义的诞生。《共产党宣言》第一次全面阐述了科学社会主义原理，是一部科学洞见人类社会发展规律，秉持人民立场、为人民大众谋利益、为全人类谋解放的经典著作。马克思主义一经诞生，便闪耀着穿越时空的真理光芒，为世界社会主义指明了正确前进方向，为在黑暗中摸索的无产阶级和被压迫民族带来了解放的光明前景，给人类社会带来了波澜壮阔的历史变革。

马克思主义依然占据着真理和道义的制高点

习近平总书记指出："马克思为创立科学理论体系，付出了常人难以想象的艰辛，最终达到了光辉的顶点。"科学思想是人类独有的精神瑰宝。马克思主义穿越百年历史风云依然熠熠生辉，释放出强大思想力量。马克思主义的生命力，来源于它的科学性、人民性、实践性和开放性。在人类思想史上，就科学性、真理性、影响力、传播面而言，没有一种思想理论能达到马克思主义的高度，也没有一种学说能像马克思主义那样对世界产生了如此巨大的影响。无论时代如何变迁、科学如何进步，马克思主义依然占据着真理和道义的制高点，马克思至今依然被公认为"千年第一思想家"。

马克思主义是不断发展的开放的理论体系

恩格斯早就说过："马克思的整个世界观不是教义，而是方法。它提供的不是现成的教条，而是进一步研究的出发点和供这种研究使用的方法。"马克思主义是随着时代、实践、科学发展而不断发展的开放的理论体系，它并没有结束真理，而是开辟了通向真理的道路。习近平总书记指出，"科学社会主义基本原则不能丢，丢了就不是社会主义。同时，科学社会主义也绝不是一成不变的教条"。正是因为锲而不舍推进马克思主义中国化、时代化、大众化，中国革命、建设、改革事业才永远立于不败之地。也正因为马克思主义理论不是教条，而是随着实践的变化而发展，不断探索时代发展提出的新课题、回应人类社会面临的新挑战，才能够永葆其美妙之青春。

马克思主义指引着人类追求理想社会

习近平总书记指出，"马克思毕生的使命就是为人民解放而奋斗""马克思主义不是书斋里的学问，而是为了改变人民历史命运而创立的"。马克思主义坚持以全人类解放为己任，反映了人类对理想社会的美好憧憬。早在中学时代，马克思就在《青年在选择职业时的考虑》中写道：如果我们选择了最能为人类幸福而劳动的职业，那么，重担就不能把我们压倒，因为这是为了人类而献身。那时，我们所感到的就不是可怜的、有限的、自私的乐趣，我们的幸福将属于千百万人。马克思坚信，未来社会"将是这样一个联合体，在那里，每个人的自由发展是一切人的自由发展的条件"。人类社会形态的更替是一个漫长的历史进程，马克思奠定了科学社会主义事业的理论基础，并推动了这个伟大事业的实践发展。

马克思主义是中国共产党人理想信念的灵魂

习近平总书记指出："中国共产党是用马克思主义武装起来的政党，马克思主义是中国共产党人理想信念的灵魂。"《共产党宣言》认为，共产党人"没有任何同整个无产阶级的利益不同的利益"。党的十九大报告强调："中国共产党人的初心和使命，就是为中国人民谋幸福，为中华民族谋复兴。"不忘初心，才会永远把人民对美好生活的向往作为奋斗目标，永远保持对人民的赤子之心。实践证明，马克思主义就是共产党人的"真经"。1997年来，我们党之所以能够从无到有、从小到大、从弱到强，一个重要原因是把马克思主义当"真经"来念。习近平总书记强调："马克思主义就是我们党和人民事业不断发展的参天大树之根本，就是我们党和人民不断奋进的万里长河之泉源。"共产党人要当好马克思的忠实"粉丝"，坚定马克思主义信念信仰，坚守共产党人的精神家园。

新时代中国共产党人仍要学习和实践马克思主义

习近平总书记指出："马克思主义始终是我们党和国家的指导思想，是我们认识世界、把握规律、追求真理、改造世界的强大思想武器。"中国特色社会主义进入新时代，意味着近代以来久经磨难的中华民族迎来了从站起来、富起来到强起来的伟大飞跃。新时代，中国共产党人仍然要学习马克思，学习和实践马克思主义，不断从中汲取科学智慧和理论力量。今天，我们致敬马克思，就是要追溯马克思主义政党保持先进性和纯洁性的理论源头，把马克思主义蕴含的科学原理运用到统揽伟大斗争、伟大工程、伟大事业、伟大梦想的实践中去。在新时代的长征路上，只要我们始终高扬马克思主义伟大旗帜，深入学习贯彻习近平新时代中国特色社会主义思想，就一定会迎来更加美好的明天。

　　——选自邓清柯《马克思主义的时代意义和现实意义》，《经济日报》，2018 年 7 月 26 日。

【教师课堂提问】

讨论题：21 世纪马克思主义的新发展及时代价值？

解答参考：①当今时代依然处在马克思主义所指明的历史时代。习近平总书记指出，尽管我们所处的时代同马克思所处的时代相比发生了巨大而深刻的变化，但从世界社会主义 500 年的大视野来看，我们依然处在马克思主义所指明的历史时代。如何认识资本主义的新发展新变化，如何认识资本主义和社会主义的关系，如何认识发展中国家实现现代化的道路选择等等，这些迎面而来无从回避的问题只有马克思主义才能给出科学的回答。作为马克思主义忠诚信奉者、坚定实践者的当代中国共产党人，就是 21 世纪的答卷人。②当代中国的实践是发展 21 世纪马克思主义的最好土壤。当代中国的伟大实践，是当今时代人类历史活动的恢宏篇章。这一篇章的根本主题，是坚持和发展中国特色社会主义。这是中国共产党人把马克思主义基本原理同中国实际相结合，探索、创造、积累的根本成就。改革开放之初，我们党在总结社会主义建设经验教训的基础上，作出我国正处于并将长期处于社会主义初级阶段的重大判断，形成了社会主义初级阶段的基本路线，推动我国经济社会快速发展，推动马克思主义中国化不断取得新成果。在中国特色社会主义这面旗帜的指引下，中国共产党团结带领中国人民经过改革开放 45 年尤其是新时代以来的新发展，创造了人类社会发展史上惊天动地的发展奇迹，中华民族迎来从站起来、富起来到强起来的伟大飞跃，科学社会主义在 21 世纪焕发出了新的蓬勃生机。中国特色社会主义不断成功，使社会主义在同资本主义竞争中一度出现的不利局面得到很大程度的扭转，社会主义优越性得到很大程度的彰显，中国特色社会主义这面旗帜在当今世界更加鲜艳夺目、更加令人神往，成为 21 世纪科学社会主义发展的旗帜，成为振兴世界社会主义的中流砥柱。③习近平新时代中国特色社会主义思想是 21 世纪中国的马克思主义。党的十八大以来，面对国内外形势的变化和中国各项事业的发展，新时代坚持和发展什么样的中国特色社会主义、怎样坚持和发展中国特色社会主义，成为我们党必须从理论和实践结合上作出回答的重大时代课题。围绕这个重大时代课题，以习近平同志为核心的党中央坚持辩证唯物主义和历史唯物主义，紧密结合新的时代条件和实践要求，以全新视野深化对共产党执政规律、社会主义建设规律、人类社会发展规律的认识，进行艰辛理论探索，取得重大理论创新成果，形成习近平新时代中国特色社会主义思想，实现了马克思主义中国化的新飞跃。

【专题小结】

马克思主义发展史是一门科学。自 1848 年《共产党宣言》发表至今，近两个世纪的历史过程和当代现实证明，"无论时代如何变迁、科学如何进步，马克思主义依然显示出科学思想的伟力，依然占据着真理和道义的制高点"①。学习和研究马克思主义发展史这门科学，要全面理解马克思主义的时代特征、历史演进过程、理论体系和科学品质，紧密结合当代世界发展的实际，紧密结合当代中国发展的实际，紧密结合中国化马克思主义发展的实际，探索马克思主义历史发展的内在规律及当代趋势，推进马克思主义的现实发展和理论创新。

七、课后阅读

《马克思主义发展史》编写组编《马克思主义发展史》第 2 版，高等教育出版社，2021 年版。

顾海良、梅荣政著《马克思主义发展史》，武汉大学出版社、湖北人民出版社，2006 年版。

中国人民大学马列主义发展史研究所编《马克思主义史》（第一卷—第五卷），人民出版社，1996 年版。

梅林著《马克思传》，人民出版社，1965 年版。

［英］戴维·麦克莱伦著《马克思传（插图本）》，中国人民大学出版社，2006 年版。

八、课后思考

1. 马克思主义发展史的特点是什么？
2. 论述马克思主义发展史的历史分期划分及其主要内容？

---

① 习近平：《在哲学社会科学工作座谈会上的讲话》，《人民日报》2016 年 5 月 19 日。

第二专题　马克思主义的诞生
——从《1844年经济学哲学手稿》到《共产党宣言》

一、专题概述

马克思主义是科学的思想体系，是无产阶级争取自身解放和人类解放的学说，是人们认识世界和改造世界的强大思想武器。马克思主义诞生于170多年前，最初只是众多社会主义派别和思潮中的一种，在与世界各国工人运动相结合的过程中，逐步发展成为指导国际共产主义运动和世界社会主义事业最有影响的理论。无产阶级革命导师马克思和恩格斯适应时代发展和无产阶级斗争需要，继承人类文明成果，总结工人运动经验，创立了马克思主义这一科学理论体系，实现了人类思想史上的伟大革命。马克思主义从工人阶级中最先进部分的理论发展成为对人类社会有着持久深刻影响的思想洪流，经历了一个历史过程。学习马克思主义发展史，就是要了解掌握马克思主义波澜壮阔的发展进程，掌握马克思主义发展的基本规律，进一步深化对马克思主义的认识，坚定对马克思主义的信仰。

本专题在阐释马克思、恩格斯对新世界观的探索和唯物史观的基本形成过程的基础上，深入分析在此期间马克思、恩格斯各自完成的"两个转变"以及进行的不懈的理论探索，把握马克思主义理论形成的主要脉络，重点阐述马克思的第一个伟大发现即唯物史观产生的过程，分别以"新世界观的首次理论探索""唯物史观形成的前夜""新世界观的天才萌芽"和"初步对唯物史观的系统阐述"为题，集中考察了《1844经济学哲学手稿》《神圣家族》《关于费尔巴哈的提纲》《德意志意识形态》《哲学的贫困》等著作正在形成和已经形成的唯物史观思想。与此同时，本专题还考察了唯物史观和科学社会主义在形成过程中的相互影响和整体推进过程。《共产党宣言》的公开发表标志着马克思主义的诞生，它以科学的洞见、深邃的思想和磅礴的气势展现了崭新的世界观，宣告了马克思主义科学理论体系的诞生，开辟了人类思想的新纪元。

二、教学目标

知识目标：掌握马克思和恩格斯早期思想发展轨迹以及他们向唯物史观迈进的路径与印记，引导学生沿着马克思和恩格斯进一步阐发新世界观的历程，马克思主义形成和发展的基本进程、基本特点和基本规律等，感知马克思主义诞生的思想光芒。

能力目标：在充分掌握马克思主义发展历史进程的基础上，提高学生发现问题、研究问题、解决问题的能力，增强问题意识，培养学生的研究能力，在研究过程中运用马克思主义科学的世界观和方法论，形成初步的学术研究素养。

情感、态度、价值观目标：通过马克思主义发展史的学习，使学生学会运用哲学思维分析问题，使学生对马克思主义的理解和掌握更为深入，从而掌握认识和改造世界的强大思想武器，坚定对马克思主义的信仰。

三、教学重点、难点

重点：科学世界观的公开问世。
难点：唯物史观的形成过程。

四、内容框架

马克思主义的第一个伟大发现——唯物史观。
马克思主义的创立。
马克思主义在当代的新思考。

五、课时分配

6 课时。

六、专题教学

【专题导入】

（一）华为、马斯克的"奋斗者协议"

2010 年华为出台了一个举措，要求员工"自愿"签订奋斗者协议，协议内容是自愿放弃年休假和晚上加班的加班费，以及服从组织安排去艰苦的地方。依据此协议，华为把员工分为奋斗者和劳动者，签署协议的员工成为公司的奋斗者，有奖金、加薪、优先配股等待遇，不签署协议的员工成为劳动者，他们可以享受年休假，但不能享受超额的分红和奖金收益。大部分员工都签署了协议，少数没有签署协议的员工渐渐边缘化，陆续离开华为。

2022 年，马斯克在接手"推特"（Twitter，现已更名为 X）后，便开启了"大刀阔斧"的整顿，向他的员工发出最新通牒，所有人必须签署"奋斗保证书"，才能继续留在公司。他表示，推特将需要硬核式的发展，这将意味着长时间、高强度的工作，只有出色的表现才算及格。

在信里面，马斯克表示：展望未来，要打造突破性的 Twitter 2.0，并在竞争日益激烈的世界中取得成功，我们将需要极其严格的要求。这意味着要在高强度下工作很长时间。只有出色的表现才能获得及格成绩。Twitter 也将更加工程化。设计和产品管理仍然非常重要，并向我汇报，但这些人是我们的团队，他们拥有最大的影响力。一系列优秀的代码将构成最重要的部分，因为 Twitter 是一家软件和服务器公司，所以我认为这很有意义。如果你确定你想成为新 Twitter 的一员，请在下面的链接上单击"是"。

在美国东部时间 2022 年 11 月 14 日（周四）下午 5 点（北京时间周五早上 6 点）之前，如果员工没有进行上述操作，则将获得三个月的遣散费，意味着将被解雇。

"奋斗者协议"是企业对其经营理念与企业文化的贯彻。这种现象在我国的企业管理中是普遍存在的，它集中反映了用人单位的管理行为与劳动者的劳动权的冲突。用人单位作为经济组织对物质利益的追求是其管理行为的最终指向，而劳动权体现的是劳动者之生存利益与发展利益。企业在经营逐利的过程中，其管理行为必然会限制劳动者的劳动权。

"劳动作为马克思主义理论的基本范畴，并随之丰富发展为科学劳动观"[①]，在马克思主义整个理论体系中起了出发点和基石的作用。马克思通过科学劳动观从劳动概念入手为其唯物史观奠定了坚实的基础使历史唯物主义成为唯一的一门历史科学。唯物史观的关键点就在于科学地揭示了劳动——社会生产——生产力、生产关系及其关系在社会历史发展中的作用和地位。其核心内容和实质所在是对不合理的劳动关系以及在此基础上所形成的不尽人道的社会关系性质的深刻批判、对劳动者的生存、发展和命运的深情实践关怀。

（二）北欧五国是不是实现了"共同富裕"？

北欧五国瑞典、挪威、丹麦、冰岛和芬兰（有时统称"斯堪的纳维亚国家"）是平衡社会的典范，它们不仅是经济高度发达的国家，也是当今世界上收入差距最小的国家，还是当今世界上最幸福的国家。[②] 与此同时，北欧亦有着举世闻名的强大的合作社部门，"世界各地合作社的组织者、管理人员和其他从业人员都熟知斯堪的纳维亚合作社是比较古老、规模较大且运作良好的组织"[③]。北欧五国的人均收入水平很高，而且居民收入差距较小，可以说一定程度上实现了共同富裕。[④] 但北欧福利国家并不是社会

---

①　包括劳动是人的类本质、劳动二重性、异化劳动及其扬弃、社会生产等。实际上"异化劳动"已逼近"社会生产"，一旦除去"异化劳动"的人本主义外观，社会生产就呈现在人们面前。

②　张德峰：《北欧合作社运动及其对我国推进共同富裕的启示》，《学术界》2022 年第 9 期，第 201～209 页。

③　Torben BAGE R & Johannes MICHELSEN, "The Dynamics Of Cooperatives. Lessons From Scandinavia", Annals of Public and Cooperative Economics, Wiley Blackwell, Vol. 65 (1), January, 1994, pp. 3, 7, 5, 5, 4, 8.

④　张建刚，王珺：《北欧国家福利制度困境、演变趋势及其对我国实现共同富裕的启示》，《上海经济研究》2023 年第 1 期，第 102～111 页。

主义国家，需要关注北欧福利国家富裕之路和社会主义国家实现共同富裕路径的区别。

【历史脉络梳理】

唯物史观的发现过程

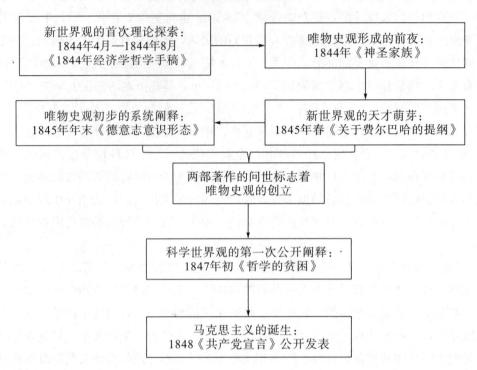

【要点讲解】

马克思主义产生于19世纪40年代，是资本主义矛盾激化和工人运动发展的产物。当时，资本主义在西欧已经取得相当程度的发展，英、法、德等国已经或正在实现产业革命，社会生产力和科学技术达到了前所未有的水平。资本主义社会化大生产在取得迅猛发展的同时，也造成了深重的社会灾难。一方面，周期性的经济危机频繁爆发，给社会造成了极大的破坏。另一方面，由于资产阶级的残酷压榨，工人日益陷入极端贫困的境地，社会中两极分化加剧，这引发了工人们的剧烈反抗。19世纪30、40年代，欧洲三大工人运动的爆发标志着无产阶级已经作为独立政治力量登上世界历史舞台，他们在斗争中逐步由自在阶级转变成为自为阶级。工人运动迫切需要总结和升华自身斗争的经验，形成科学的理论，以指导自身的革命斗争。马克思主义吸收和改造了人类思想文化的一切优秀成果，它的三大主要理论来源是德国古典哲学、英国古典政治经济学和英法空想社会主义，即德国古典哲学中的辩证法与唯物主义思想，英国古典政治经济学对资本主义生产和经济关系的分析及关于劳动创造价值的思想，空想社会主义者们对资本主义社会的批判和对未来社会的展望等。19世纪的三大科学发现，即能量守恒和转化定律、细胞学说、生物进化理论，也为马克思主义提供了自然科学前提。而古希腊罗马哲学、文艺复兴的思想成果、法国启蒙学者的思想和复辟时期历史学家的阶级斗争学说等也为马克思主义提供了有益的思想资料。

马克思在 1842 年 3 月开始为自由资产阶级反对派的报纸《莱茵报》撰稿。同年 10 月，马克思开始担任《莱茵报》编辑，更加尖锐地批判普鲁士的专制制度，捍卫民主自由。马克思在办报期间接触到的社会现实和物质利益问题促使他深入研究经济关系和社会关系在社会生活中的作用。这期间马克思撰写了《关于林木盗窃法的辩论》，揭露了普鲁士政府为了保护林木占有者利益而制定《林木盗窃法》草案所体现出的阶级本质，抨击了当前的普鲁士国家及其议会不过是少数统治阶级统治和掠夺人民并用来袒护自己私人利益的工具。在马克思主持下，《莱茵报》越来越具有鲜明的革命民主主义色彩。

对青年马克思来说，1844 年是一个重要的年份，这一年马克思在巴黎开始了初步的政治经济学研究，阅读并摘录了让·巴·萨伊、亚·斯密、大·李嘉图、詹·穆勒、约·拉·麦克库洛赫、吉·普雷沃等近 20 位资产阶级国民经济学家的二十余部经济学著作，写下了九本摘录笔记即《巴黎笔记》。同时写下来包含三个笔记本的著名的《1844 年经济学哲学手稿》（以下简称《1844 年手稿》）。在这些笔记手稿中包含着马克思批判资产阶级政治经济学的初步尝试、对共产主义的首次论证以及对黑格尔辩证法及整个哲学的批判分析。同样于 1844 年，马克思与毕生挚友恩格斯第二次会面，由此开启两人长达 40 年的革命征程。《德法年鉴》第一二辑合刊公开出版。其中收入了两篇非常重要的文献——《论犹太人问题》和《〈黑格尔法哲学批判〉导言》。这标志着马克思思想上的重大转变。马克思提出，像青年黑格尔派那样，仅仅批判宗教、批判理论是不够的，必须回到宗教的现实基础，批判现实的私有制本身，而只有无产阶级才能承担起这一历史使命。这表明马克思转向了无产阶级立场。在这个时期，恩格斯通过对资本主义制度的实地考察和对资产阶级经济学的研究，在《德法年鉴》上发表了《国民经济学批判大纲》，这篇文章受到马克思的高度评价。马克思和恩格斯发表在 1844 年 2 月《德法年鉴》上的论文表明，他们完成了从唯心主义向唯物主义、从革命民主主义向共产主义的转变，为创立马克思主义奠定了思想前提。

为了彻底清算青年黑格尔学派，两人的第一部合著《神圣家族》在巴黎应运而生，系统阐述历史唯物主义基本观点，由此马克思和恩格斯向着唯物史观的创立大步迈进。1845 年秋至 1846 年 5 月，马克思和恩格斯共同撰写《德意志意识形态》一书，在第一章"费尔巴哈——唯物主义观点和唯心主义观点的对立"中，马克思恩格斯二人系统阐述了历史唯物主义新哲学世界观。1848 年 2 月，马克思恩格斯合著的《共产党宣言》的问世，标志着马克思主义的诞生。马克思主义的诞生是人类思想史上的伟大革命，它第一次确立了科学的世界观和方法论，从而为全世界无产阶级和全人类的解放指明了正确的方向和道路，提供了锐利的思想武器。

（一）马克思主义的第一个伟大发现

唯物史观是马克思主义的重要组成部分。长期以来学界在阐述唯物史观的发现时，往往简单把这一发现归功于马克思，而不提恩格斯对此作出的贡献。诚然恩格斯也曾说："在这个历史学方面引起变革的发现，这个正如我们所看到的主要是马克思作出而我只能说参加了很少一部分工作的发现，对于当时的工人运动却有了直接的意义。"①
关于这一问题的讨论，如今某些西方资产阶级学者在制造出"马克思恩格斯对立"时我
们应该认真从唯物史观的建构过程中，以历史的、逻辑的观点探索出马克思和恩格斯在
唯物史观发现上的一致性。因此，本部分重点阐述马克思主义的重点理论——唯物史观
的发现过程及基本内容。

1. 新世界观的首次理论探索——《1844 经济学哲学手稿》

马克思和恩格斯不是天生的无产阶级理论家，马克思主义学说也不是他们头脑中固
有的产物。马克思和恩格斯的思想观点，在他们的研究生涯中是不断进步和发展着的。
他们在青年时代依据理性主义原则进行社会实践活动的过程中，逐步由唯心主义世界观
转变为唯物主义世界观，在政治上逐步从革命民主主义转向共产主义，认识了无产阶级
之后，才探索创立了新的世界观。

（1）马克思、恩格斯思想转变的历程

卡尔·马克思于 1818 年 5 月 5 日出生于德国莱茵省特利尔市。他的父亲是一位著
名律师，信仰和崇拜法国启蒙思想家倡导的理性原则，并常常以理性主义去影响和教育
马克思。1835 年 10 月，马克思考入波恩大学攻读法学，次年秋转入柏林大学，这是青
年马克思主义思想发展的重要阶段。从马克思《给父亲的信》中表明，马克思潜心研究
法学和哲学，并感觉到哲学与政治的重要性；意识到批判康德和费希特哲学的先验论原
则，全力投入黑格尔哲学的"怀抱"。马克思积极参加青年黑格尔运动，是当时柏林
"博士俱乐部"有影响的成员。但马克思不是正统的黑格尔主义者，他注重社会现实问
题研究，同情社会上受苦的劳动者，他反对政教合一的德国的封建专制制度。在 1841
年的《博士论文》中，他认为，历史进程是哲学意识同经验世界相互作用的结果。这种
观点超越了黑格尔和青年黑格尔分子的思想，为马克思后来的世界观的转变创造了思想
前提。

1842 年，马克思进入《莱茵报》工作期间，是他的世界观由唯心主义向唯物主义
转变的开端。马克思在投入"关于林木盗窃法"的辩论中，清楚地看到了基于物质利益
上的阶级之间的冲突，并初步认识到普鲁士国家是维护特权等级利益的，并不代表普遍
利益。他指出，"一切国家机关都应成为林木所有者的耳、目、手、足，为林木所有者
的利益探听、窥视、估价、守护、逮捕和奔波"②。在《摩泽尔记者的辩护》一文中马
克思开始认识到社会关系的客观性，在批判《科伦日报》反对发展哲学文章的社论中，
提出了哲学的本质和任务要同现在政治相结合的思想，为他的世界观向唯物主义转变奠
定了思想前提。

马克思到《莱茵报》以后的政治斗争实践，动摇了他对黑格尔理性国家和法的信

---

① ［德］弗·恩格斯：《关于共产主义者同盟的历史》，《马克思恩格斯全集》第 21 卷，人民出版社，1995 年，
第 24 页。

② 中共中央马克思恩格斯列宁斯大林著作编译局译《马克思恩格斯全集》第 1 卷，人民出版社，1995 年，第
267 页。

仰。他注意到被黑格尔和其他哲学家蔑视的经济问题，但又苦恼于不能确切地说明国家与"市民社会"的关系，于是马克思决定清算黑格尔国家哲学的影响。为此马克思阅读了大量的历史著作、国家和法的理论著作，撰写了《黑格尔法哲学批判》重点讨论"国家和市民社会的关系"问题。

马克思得出了同黑格尔法哲学相反的结论，即"不是国家决定家庭和市民社会，而是市民社会和家庭决定国家"。《黑格尔法哲学批判》既是马克思主义国家学说的第一部著作，也是历史唯物主义发端的重要著作。1844 年年初，马克思在《德法年鉴》上发表了《论犹太人问题》和《黑格尔法哲学批判导言》，充分表明他彻底完成了由唯心主义向唯物主义、由革命民主主义向共产主义的世界观的转变。在《论犹太人问题》中马克思针对布·鲍威尔在犹太人问题上的唯心主义进行了批判，由此表明马克思已完全划清了民主主义革命和社会主义的界限，但他还没有能明确提出承担社会主义革命的无产阶级的历史使命问题。在《黑格尔法哲学批判导言》中马克思明确地阐述了无产阶级的历史地位和历史使命。提出了著名的"批判的武器当然不能代替武器的批判，物质力量只能用物质力量来摧毁；但是理论一经掌握群众，也会变成物质力量"[1] 观点，指出"哲学把无产阶级当作自己的物质武器，同样，无产阶级也把哲学当作自己的精神武器"[2]。《〈黑格尔法哲学批判〉导言》的发表标志着马克思世界观的"两个转变"彻底完成。

1820 年 11 月 28 日，弗里德里希·恩格斯出生于德国莱茵省巴门市的一个具有浓厚宗教色彩的家庭。恩格斯从小就反感虔诚主义的虚伪，还是中学生时就表现出了反对专制制度的革命民主主义倾向。1841 年恩格斯在柏林大学旁听，成为青年黑格尔分子，他参加了博士俱乐部活动，同"博士俱乐部"的核心成员鲍威尔兄弟等人建立了密切联系，积极参与反对谢林的斗争。从 1841 年冬至 1842 年春，恩格斯先后发表了《谢林论黑格尔》《谢林和启示》《谢林——基督教哲学家，或世俗智慧变为上帝智慧》等论文，揭露谢林对黑格尔哲学的背叛和贬低，批判谢林以"实证的哲学"取代"否定哲学"的目的就在于把信仰和知识、哲学和启示调和起来，就在于为现存的旧制度作辩护。恩格斯在批判谢林歪曲黑格尔哲学的过程中，既维护了黑格尔哲学的进步方面，也指出了黑格尔的辩证法同他保守的政治观点之间的矛盾。同时，恩格斯也对费尔巴哈关于理性问题的说明表示赞赏，但还没有认识到费尔巴哈的人本主义观点是唯物主义世界观的一种形式。至此，恩格斯已完全形成了唯心主义世界观和革命民主主义的政治立场。1842年恩格斯在英国研究资本主义经济和调查工人阶级状况，认识到经济、工业生产对社会发展和存在的作用，发表了《国内危机》《伦敦来信》及《各个政党的立场》等文章。在此期间，恩格斯真正认识到了社会历史的发展不是决定于精神力量，而是主要决定于

---

[1]　中共中央马克思恩格斯列宁斯大林著作编译局编译《马克思恩格斯文集》第 1 卷，人民出版社，2009 年，第 11 页。

[2]　中共中央马克思恩格斯列宁斯大林著作编译局编译《马克思恩格斯选集》第 1 卷，人民出版社，1995 年，第 9、15 页。

经济的物质力量。恩格斯的世界观转向了唯物主义和共产主义。

1844 年年初，恩格斯在《德法年鉴》上发表了《政治经济学批判大纲》（又译《国民经济学批判大纲》），揭露了资产阶级政治经济学的阶级实质，资本主义私有制的内在矛盾极其不合理和非人道性，认为资本主义经济制度的各种现象如竞争、自由贸易、价值、地租等都是资本主义私有制的直接结果。竞争必然导致工人与资本家、地主之间的矛盾的激化，引起周期性的经济危机，导致消灭私有制的社会革命。《政治经济学批判大纲》标志着恩格斯完成了从唯心主义到唯物主义、从革命民主主义到共产主义的转变。

马克思和恩格斯这一时期的著作表明，他们已经通过各自的探索，同时实现了由唯心主义到唯物主义，由革命民主主义到共产主义的根本转变。在社会实践和革命斗争中，他们坚持理论与实践相统一的原则，适应时代的要求，坚持不懈地追求真理，他们站在时代的前列，不但勇于超越前人，而且勇于超越自己，不断地将自己的思想推向前进。正是这种不懈的探索，使他们终于实现了人类思想史上的伟大革命，创立了科学的马克思主义思想体系。

（2）唯物史观萌芽的重要文献——《1844 经济学哲学手稿》

《1844 年经济学哲学手稿》（以下简称《手稿》）由写在三个笔记本中的手稿组成。在第一个笔记本当中，马克思以资本主义社会的三种收入形式"工资""资本的利润""地租"为主体协作，揭示出国民经济学在理论和现实上的矛盾以及工人受到剥削和压迫背后的经济根源。阐述了资本主义制度下异化劳动的四个方面，分析了异化劳动和私有财产之间的关系，提出通过工人解放消灭私有财产，实现人的普遍解放的观点。在第二个笔记本当中，马克思继续探讨了工人在资本主义制度下的非人存在，另一方面重点阐述了地产向动产、不发达的私有财产向发达的私有财产的发展进程，从而揭示了资本主义取代封建主义的历史必然性。第三个笔记本中马克思对前两个笔记本的一些内容作出了补充，如对"私有财产和劳动"作出简要补充，以及对黑格尔的辩证法和整个哲学进行了批判。

《手稿》的核心思想就是异化劳动理论，马克思无论是对哲学、经济学的研究，还是对共产主义的论证，都建立在异化劳动理论的基础上。除此之外，《手稿》中还探讨了人的问题，共产主义的问题。马克思超越了费尔巴哈狭隘的人本主义观点，指出"人不仅仅是自然存在物，而且是人的自然存在物，是自为地存在着的存在物，也就是类存在物"[1]。更进一步指出人作为类存在物的本质上是自由自觉的活动，就是他的生产。"人与动物的区别在于，人的生产是全面的，不受肉体需要的影响也进行生产，并且只有在不受到这种影响的状态下的生产才是真正的生产；人再生产了整个自然界，人按照

---

① 〔德〕卡尔·马克思：《1844 年经济学哲学手稿》，《马克思恩格斯文集》第 1 卷，人民出版社，2009 年，第 211 页。

美的规律构造；而动物的生产是在肉体需要的支配下进行的，只生产自身"①，人是实践的存在物。马克思也指出，"对社会主义的人来说，整个所谓世界历史不外是人通过人的劳动而诞生的过程，是自然界对人来说的生成过程，所以关于他通过自身而诞生、关于他的形成过程，他有直观的、无可辩驳的证明"。马克思在《手稿》中试图从理论上说明社会历史发展的物质基础和动力，正如学者瓦·图赫舍雷尔所说"马克思的异化理论本质上是社会发展的理论"②。

马克思通过分析现代社会当前的经济事实出发提出异化的问题。"人的自由地自觉地活动即实践，是对象的感性地存在物的活动，他在通过自己的实践把握现实中，使自己本身的本质力量对象化。但是这种对象化也不是一般的对象化，而是具有自己特殊的历史形式的对象化。生产关系是一种社会关系，它在私有制的社会中，特别是在现代高度发达的资本主义社会中，表现在歪曲的变态的形式中，即自我异化的形式中。"③

具体来说马克思的异化劳动有四个基本规定：一是劳动产品同工人的异化。在资本主义制度下，工人通过自己的劳动生产的产品非但不属于自己，而且必面面对劳动产品与自己对立、排斥的事实。即"工人生产的财富越多，他的生产的影响和规模越大，他就越贫穷。工人创造的商品越多，他就越变成廉价的商品。劳动生产的不仅是商品，它还生产作为商品的劳动自身和工人，而且是按它一般生产商品的比例生产的"④。在马克思看来，工人越是通过自己的生产劳动去占有外部世界，外部世界反而越不是工人劳动的生产资料，越不能给工人提供生活资料。因此面对与自己对立的外部世界，工人首先要进行生产劳动以满足肉体的需要，得以生存。马克思在《手稿》中通过一系列排比揭露了工人和劳动产品的异化："工人生产得越多，他能够消费得越少；他创造的价值越多，他自己越没有价值、越低贱；工人的产品越完美，工人自己越畸形；工人创造的对象越文明，工人自己越野蛮；劳动越有力量，工人越无力；劳动越机巧，工人越愚笨，越成为自然界的奴隶。"⑤ 异化劳动的第一个规定阐述的是物的异化。

二是生产活动本身和工人的异化。生产活动的结果和工人发生了异化，那么生产活动本身也必然和工人发生异化。马克思在《手稿》中指出："劳动对工人来说是外在的东西，也就是说，不属于他的本质；因此，他在自己的劳动中不是肯定自己，而是否定自己，不是感到幸福，而是感到不幸，不是自由地发挥自己的体力和智力，而是使自己的肉体受折磨、精神遭摧残。因此，工人只有在劳动之外才感到自在，而在劳动中则感

---

①　〔德〕卡尔·马克思：《1844 年经济学哲学手稿》，《马克思恩格斯文集》第 1 卷，人民出版社，2009 年，第 162～163 页；中共中央马克思恩格斯列宁斯大林著作编译局编译《马克思恩格斯文集》第 7 卷，人民出版社，2009 年，第 928～929 页。

②　〔德〕瓦·图赫舍雷尔：《马克思经济理论的形成和发展》，人民出版社，1981 年，第 150～151 页。

③　郝立新：《马克思主义发展史》第 1 卷，人民出版社，2018 年，第 257 页。

④　〔德〕卡尔·马克思：《1844 年经济学哲学手稿》，《马克思恩格斯文集》第 1 卷，人民出版社，2009 年，第 156～157 页。

⑤　中共中央马克思恩格斯列宁斯大林著作编译局编译《马克思恩格斯文集》第 1 卷，人民出版社，2009 年，第 158 页。

到不自在，他在不劳动时觉得舒畅，而在劳动时就觉得不舒畅。因此，他的劳动不是自愿的劳动，而是被迫的强制劳动。因此，这种劳动不是满足一种需要，而只是满足劳动以外的那些需要的一种手段。"① 由此造成的结果是，当工人只有在运用自己的动物机能（劳动以外的活动）时，才觉得自己是自由活动，而一旦运用人的机能时就觉得自己是动物。

在分析了工人和作为异己对象的自己的劳动产品的关系，以及工人对生产活动本身的关系的基础上，马克思接着指出了异化的第三个规定，即异化劳动对人的类本质的关系：人和人的类本质相异化。人的类本质就是指一切人所共同具有的本质，这个类本质在马克思看来就是"自由地有意识地活动"即劳动。但在资本主义社会，异化劳动既从人那里剥夺了他所生产的对象，又把劳动本身变成了对人来说是外在的、强制性的活动，从而也就把自我活动、自由活动、人的本质要素即人的类本质变成维持个人生活的手段②。

异化劳动的第四个规定是，人同人相异化。"人同自己的劳动产品、自己的生命活动、自己的类本质相异化的直接结果就是人同人相异化。当人同自身相对立的时候，他也同他人相对立。"③

马克思通过对异化劳动的深入分析，揭示了资本主义社会的阶级关系，揭示了无产阶级和资产阶级两大阶级之间的对抗根源在于资本主义私有制，并进一步提出了异化劳动和私有制的起源问题。马克思指出人类未来解放的物质理论和形式是"社会从私有财产等等解放出来、从奴役制解放出来，是通过工人解放这种政治形式来表现的，这并不是因为这里涉及的仅仅是工人的解放，而是因为工人的解放还包含普遍的人的解放；其所以如此，是因为整个的人类奴役制就包含在工人对生产的关系中，而一切奴役关系只不过是这种关系的变形和后果罢了"。④《手稿》是唯物史观科学制定极其关键的一步，具有重要意义。

"异化劳动的理论为理解社会发展史提供了从劳动发展史寻找的路径；其次异化劳动理论揭示了劳动是人的本质，为马克思的科学实践观的形成以及对人的社会性本质的揭示开辟了道路。再次，异化劳动理论通过对社会与自然相互关系的分析中开始找到了历史发展的真正动力，并能从生产力发展水平出发把握社会的经济关系和社会转变的原因，初步揭示了生产劳动的内在矛盾，从而为马克思后来科学地说明生产力与生产关系之间的辩证关系奠定了基础。"⑤ 此外，《手稿》中也对政治经济学领域的探索，科学社

① 〔德〕卡尔·马克思：《1844年经济学哲学手稿》，《马克思恩格斯文集》第1卷，人民出版社，2009年，第159页。
② 马克思主义发展史编写组编《马克思主义发展史》第2版，高等教育出版社，2021年，第35页。
③ 〔德〕卡尔·马克思：《1844年经济学哲学手稿》，《马克思恩格斯文集》第1卷，人民出版社，2009年，第163~164页。
④ 中共中央马克思恩格斯列宁斯大林著作编译局编译《马克思恩格斯文集》第1卷，人民出版社，2009年，第167页。
⑤ 马克思主义发展史编写组编《马克思主义发展史》第2版，高等教育出版社，2021年，第36页。

会主义思想的发展等都作出了重要贡献。关于共产主义对私有财产的积极扬弃的基本脉络在《手稿》中初步形成。"共产主义是对私有财产即人的自我异化的积极的扬弃，因而是通过人并且为了人而对人的本质的真正占有；因此，它是人向自身，也就是向社会的即合乎人性的人的复归，这种复归是完全的复归，是自觉实现并在以往发展的全部财富的范围内实现的复归。这种共产主义，作为完成了的自然主义，等于人道主义，而作为完成了的人道主义，等于自然主义，它是人和自然界之间、人和人之间的矛盾的真正解决，是存在和本质、对象化和自我确证、自由和必然、个体和类之间的斗争的真正解决。它是历史之谜的解答，而且知道自己就是这种解答。"①

《手稿》是马克思的思想发展过程中的一个转折点，在马克思主义发展史上占有重要地位。但总体上说《手稿》是马克思在形成自己科学理论体系过程中的初步探索，此时马克思正朝着唯物史观大步迈进，但距离唯物史观的创立仍有一段路要走。

（3）恩格斯在《英国工人阶级状况》中对新世界观的初步探索

在《政治经济学哲学批判》中，马克思这样讲到"恩格斯从另一条道路与他得出了一样的结果"②。在马克思进行唯物史观理论探索的同时，恩格斯也完成了政治立场和世界观的根本转变。1842年恩格斯来到英国，开展了21个月的工人阶级的劳动状况和生活境况的调查，随后在1844年9月至1845年3月，恩格斯根据亲身观察和可靠材料撰写了《英国工人阶级状况》，书中详细阐述了资产阶级和无产阶级的关系以及阶级斗争的必然性，指出"社会主义只有成为工人阶级的政治斗争的目标时，才会成为一种力量"③。《英国工人阶级状况》中，恩格斯在对英国工业革命和后果的分析研究基础上，阐述了物质生产的发展对社会历史的作用；并且在对英国工人阶级状况分析的基础上进一步说明了社会阶级和阶级斗争以及无产阶级争取人类解放的历史使命；此外还根据工人阶级的发展历史分析研究了工人阶级反抗资产阶级斗争的历史阶级性。④

恩格斯的理论探索使得他开始将唯物主义原则运用到观察社会历史的变化中去，认识到经济事实的重要作用，对无产阶级的历史地位和历史使命有了更深刻的认识。《英国工人阶级状况》标志着恩格斯实现了从革命民主主义向共产主义的转变。

2. 唯物史观形成的前夜——《神圣家族》

《神圣家族》是马克思和恩格斯合作的第一部著作，它在唯物史观形成中占有重要的地位。《神圣家族》序言中这样写道："在德国，对真正的人道主义说来，没有比唯灵论即思辨唯心主义更危险的敌人了。"这种危险的敌人所指的就是唯心主义的英雄史观。该书在思辨唯心主义批判中阐明了唯物主义的世界观，阐述了哲学、政治经济学和科学

---

① 中共中央马克思恩格斯列宁斯大林著作编译局编译《马克思恩格斯文集》第1卷，人民出版社，2009年，第185～186页。

② 中共中央马克思恩格斯列宁斯大林著作编译局编译《马克思恩格斯选集》第2卷，人民出版社，2012年，第4页。

③ 中共中央马克思恩格斯列宁斯大林著作编译局编译《列宁选集》第1卷，人民出版社，1995年，第92页。

④ 顾海良、梅荣政主编《马克思主义发展史》，武汉大学出版社，2006年，第34～36页。

社会主义的许多重要原理，是马克思主义发展史上一部重要的著作。

在《神圣家族》中，马克思恩格斯与青年黑格尔派全面决裂。他们在批判青年黑格尔派哲学的同时，阐述了唯物史观的一些基本观点。

首先，在《神圣家族》里，马克思恩格斯对以鲍威尔为代表的青年黑格尔学派思辨哲学的批判，唯物辩证地解决了思维和存在的关系问题，阐明了物质生产是历史的发源地的观点。马克思恩格斯将果实作为例子来分析思辨创造的过程。第一步是先将现实的苹果、梨、草莓等具体形态的事物中抽象出来"果实"这个一般概念；第二步是想象"果实"这个一般概念是独立存在的本质，是苹果、梨这样具体事物的真正本质，并且是它们的"实体"；第三步则是认为苹果、梨子等具体的水果是"果实"这个独立存在的实体的简单存在形式，是"果实"的样式。马克思恩格斯认为思辨唯心主义将概念独立化，实体化了。"在鲍威尔那里，自我意识也是提高到自我意识水平的实体，或者说，是作为实体的自我意识，自我意识从人的属性变成了独立的主体。"①在思辨唯心主义看来，从个别事物中抽象出来的一般是独立存在的本质，是客观事物的创造者，而客观的具体事物只是一般这个独立存在的本质的简单存在形式。"马克思和恩格斯进一步揭露了青年黑格尔派宣扬'自我意识'哲学或'批判哲学'的目的，就是要把一切外部的感性的斗争都变成纯粹观念的斗争。"②

其次，《神圣家族》中批判了青年黑格尔学派的唯心史观，揭示了物质生产在社会历史中的决定作用。布鲁诺·鲍威尔的唯心史观最大的特点是把群众和精神对立起来，看作历史发展的敌人，马克思和恩格斯针对青年黑格尔学派"自我意识"的思辨逻辑深刻指出"社会经济是政治、思想的决定力量"③，经济因素在社会发展中起着决定作用。并且从世界历史发展高度指出"历史活动是群众的事业，随着历史活动的深入，必将是群众队伍的扩大"④。恩格斯进一步阐述了历史是人创造性活动的历史，人民群众是历史的创造者。马克思和恩格斯批判鲍威尔等人将"英雄"等同于主动的"精神"，将"群众"等同于消极的"物质"的观点，将精神和物质，英雄和群众根本对立了起来，进而特别强调工人阶级创造历史的伟大作用，指出无产阶级只有消灭私有制，才能彻底解决有产阶级和无产阶级之间的对立，"能够而且必须自己解放自己"⑤，这些都使以实现人的解放为追求的共产主义有了更具体的内容。

第三，在《神圣家族》中，马克思、恩格斯分析了人对物质生产资料的依赖关系，

① 中共中央马克思恩格斯列宁斯大林著作编译局编译《马克思恩格斯文集》第 1 卷，人民出版社，2009 年，第 340 页。

② 马克思主义发展史编写组《马克思主义发展史》第 2 版，高等教育出版社，2021 年，第 40 页。

③ 中共中央马克思恩格斯列宁斯大林著作编译局译《马克思恩格斯全集》第 2 卷，人民出版社，1957 年，103 页。

④ 中共中央马克思恩格斯列宁斯大林著作编译局译《马克思恩格斯全集》第 2 卷，人民出版社，1995 年，104 页。

⑤ 中共中央马克思恩格斯列宁斯大林著作编译局编译《马克思恩格斯文集》第 1 卷，人民出版社，2009 年，第 262 页。

进一步揭示了物质生产过程中必然会产生一定的社会关系，"物质生产"和"生产方式"被理解为历史和社会发展中的决定性力量。这两个概念的提出，是马克思向新世界观迈进的重要一步。

《神圣家族》是马克思和恩格斯在唯物史观创立前夜对德国思辨唯心主义的一次全面清算，揭露了青年黑格尔派所共有的"思辨结构的秘密"，对法国唯物主义发展史做了深入研究，肯定了物质利益在市民社会中的决定性作用，提出了"物质生产"和"生产方式"的观点，提出了确立唯物史观理论体系的重要原则问题，如关于科学的人的本质思想的初步确立、关于历史发展是现实的人的实际生活过程的思想、关于如何看待和评价历史伟大人物的思想等等，为马克思和恩格斯共同创立新的唯物史观理论体系做了直接准备。①

3. 新世界观的天才萌芽——《关于费尔巴哈的提纲》

在和恩格斯共同撰写《神圣家族》的同时，马克思就对费尔巴哈人本主义唯物主义的批判问题作了深刻思考，并于 1845 年春拟定了《关于费尔巴哈的提纲》（简称《提纲》）。② 后来，恩格斯在将这本《提纲》公之于世时将其称为"包含着新世界观的天才萌芽的第一个文件"③。《提纲》和之后马克思恩格斯合著的《德意志意识形态》被公认为马克思主义哲学，特别是唯物史观创立的基本标志。《提纲》最重要的意义就是确立了科学的实践观，为科学世界观即马克思主义哲学的生长提供了立足点。在《提纲》中马克思揭示了社会生活本质上是实践的，科学地阐述了人的社会性本质，进一步指出了社会实践是历史发展的动力。正是在唯物史观的基本观点即实践的观点的基础上，马克思正确地解决了历史观的基本问题，阐明了社会存在和社会意识的关系，进而确立了实践对认识的地位和作用。

《关于费尔巴哈的提纲》共十一条。

第一，是规定了实践的科学含义。马克思扬弃了旧唯物主义和唯心主义，确立了以实践为核心的新世界观，马克思在哲学史上第一次科学规定了实践的内涵，这就是改造世界的能动的感性活动，体现了客观性与主体性、物质性与能动性的统一。马克思首先在世界观的层面对旧唯物主义和唯心主义进行批判，提出旧唯物主义和唯心主义都没有正确理解实践，而"新唯物主义表明了必须立足于人的实践活动去理解人以及人生活于其中的现实世界的原则立场"④。批判旧唯物主义指出客观的形式层面来把握对象，而没有从主体层面去理解对象，批判唯心主义抽象地发展了能动的方面，而没有理解真正现实的感性活动，批判费尔巴哈不了解"革命的""实践批判的"活动的意义，指出费

① 顾海良、梅荣政主编《马克思主义发展史》，武汉大学出版社，2006 年，第 38 页。

② 顾海良、梅荣政主编《马克思主义发展史》，武汉大学出版社，2006 年，第 38 页。

③ 中共中央马克思恩格斯列宁斯大林著作编译局编译《马克思恩格斯选集》第 4 卷，人民出版社，1995 年，第 257 页。

④ 舒远招：《马克思主义哲学在当代中国的新发展》，湖南人民出版社，2003 年，第 78 页。

尔巴哈"过多地强调自然而过少地强调政治"①，对人和自然的关系只是从自然层面而没有从社会历史层面考察。人的活动在他那里就只能是对自然的被动反应或者思辨性的理论活动。通过对费尔巴哈的剖析，马克思将实践理解为人改造对象世界的客观的、能动的社会性活动。

第二，马克思明确把实践作为认识的基础，科学阐明了认识的基础和检验真理的标准问题。"马克思从实践的维度考察思维与存在的关系，提出了实践是检验思维真理性、思维现实性和力量的唯一路径的思想，从而奠定了马克思主义认识论的基石。首先，马克思指出人的思维是否具有客观的真理性，这并不是一个理论的问题，而是一个实践的问题。因为这个问题必须在思维与对象的联系中才能找到答案。而能够把思维和对象联系起来的只有实践。实践是连接思维与对象的唯一桥梁。"② 其次，马克思指出思维的真理性、现实性和力量要在实践中去证明。人只有在实践中才能证明思维对对象的把握程度，才能证明思维改变对象以实现目标的有效程度。最后，马克思指出，关于离开实践的思维是否具有现实性，是否能正确把握对象，是一个纯粹经院哲学的问题。指出了费尔巴哈哲学抽象的个人和"宗教感情"都是特定的社会形式造成的。这种抽象本身就是历史的产物，抽象的个人恰恰是资本主义的产物。这样，费尔巴哈"离开实践的思维"仍然是一种"纯粹经院哲学"。

第三，把实践看作理解人本质的关键。马克思在批判费尔巴哈人的本质问题上的错误观点基础上，提出了人的本质在其现实性上是一切社会关系的总和。马克思首先是肯定了费尔巴哈把宗教的本质归结于人的本质是对宗教批判的重要成果，将人们从对神的批判转向了对人的关注。但又指出费尔巴哈对人本质的理解离开了人的社会属性和历史发展，只能存在于想象中。马克思以科学的实践观为出发点，从社会历史对现实的人的本质进行探讨，提出人的本质不是单个人或者所有人共同性的抽象物，而是从人的现实性上来把握的一切社会关系的总和，人的本质取决于特定的社会关系，强调实践在社会生活中构成了人的本质。实践是认识的基础，是人的存在方式。

第四，从实践出发理解人类社会的本质，提出"全部社会生活在本质上是实践的"。首先马克思从实践的角度出发理解人与环境、主体与客体的关系，提出了实践基础上人与环境、主体与客体相统一的思想。"环境的改变和人的活动或自我改变的一致，只能被看作是并合理地理解为革命的实践。"③ 人存在于一定的环境中，并为环境所影响，但人不是消极被动地接受环境的影响，而是在实践中能动地改变着环境，并且在改变环境的过程中改变自己的活动，改变人自身的素质。其次，马克思认为实践是消除宗教及其世俗根源的根本途径，要消除宗教就必须变革宗教产生的世俗基础，通过革命的手段

---

① 中共中央马克思恩格斯列宁斯大林著作编译局译《马克思恩格斯全集》第 27 卷，人民出版社，1995 年，第 443 页。

② 郝立新主编《马克思主义发展史》第 1 卷，人民出版社，2018 年，第 341 页。

③ 中共中央马克思恩格斯列宁斯大林著作编译局编译《马克思恩格斯文集》第 1 卷，人民出版社，2009 年，第 500 页。

来消灭社会矛盾和冲突。最后，马克思提出了"全部社会生活在本质上是实践"的思想。马克思从实践出发理解人与自然界，人与社会和人与人自身的关系，把实践规定为改造对象世界的客观物质活动，更为深刻地阐释了实践在意识形态批判中的作用。

第五，阐明马克思主义哲学的阶级性和实践性特点。旧唯物主义的落脚点是资本主义社会（市民社会），新唯物主义落脚点是人类社会（共产主义社会），这是马克思主义哲学的阶级性和旧哲学阶级性的差别。马克思批判费尔巴哈直观的思维方式，指出费尔巴哈"不满意抽象思维而喜欢直观，但他把感性不是看做实践的、人的感性活动"，费尔巴哈的哲学是比黑格尔绝对精神的自我运动好似更具唯物主义基础，但费尔巴哈所谓的直观也仅局限于精神范围内，脱离了实践。在马克思看来认识的基础是实践的，"哲学家们只是用不同的方式解释世界，问题在于改变世界"。①

第六，提出人的本质在其现实性上是一切社会关系的总和。马克思对费尔巴哈把宗教的本质归结于人的本质给予了一定肯定，认为这是其宗教批判的重要成果，对当时思想解放运动起到极大推动，打击了唯心主义和宗教神学，将人民对哲学的理解思路从升学研究走向世俗的批判。但马克思也指出，费尔巴哈对人的本质的理解是抽象的，仍然停留在旧唯物主义的思维圈子中；费尔巴哈将人看做孤立的存在个体，但又强调每个人抽象的共同性是宗教感情，也就是把人的本质理解为所有人所具有的永恒不变的、纯自然意义上普遍性的"宗教感情"，马克思认为费尔巴哈人的本质的观点是空洞匮乏的，他离开了实践、人的社会属性和历史发展去解释人的本质。马克思在指出费尔巴哈人的本质观点错误的同时，从科学实践出发，从社会历史对现实的人的本质探讨，人的本质取决于特定的社会关系，是具体的而不是抽象的，是从人的现实性上来把握的一切社会关系的总和。

第七，马克思指出，费尔巴哈哲学抽象的个人和"宗教感情"都是特定的社会形式造成的。这种抽象本身就是历史的产物，抽象的个人恰恰是资本主义的产物，费尔巴哈"离开实践思维"仍然是一种"纯粹的经院哲学"。②

第八，马克思通过劳动主要内容的实践分析明确"全部社会生活在本质上是实践的"，社会生活过程具有历史性，建构起新唯物主义的历史观。从实践出发理解人与自然、人与社会和人与自身的关系，实践是改造对象世界的客观物质活动，把实践作为社会生活的本质是历史观上唯物主义革命的关键一步。③

第九，这一条是对第六条中所批判的费尔巴哈关于人的本质的两个错误观点的补充批判。费尔巴哈认为，"人"是撇开历史进程、脱离一切社会关系的自然人，由这些"单个人"组成的社会即市民社会。马克思则指出费尔巴哈眼中的抽象的个人仍旧"属于一定的社会形式"，市民社会并非单个人的机械相加，而是相互联系的个体的有机结

---

① 中共中央马克思恩格斯列宁斯大林著作编译局编译《马克思恩格斯选集》第1卷，人民出版社，1995年，第57页。
② 郝立新主编《马克思主义发展史》第1卷，人民出版社，2018年，第342页。
③ 郝立新主编《马克思主义发展史》第1卷，人民出版社，2018年，第348页。

合。费尔巴哈不了解实践活动的意义，所以他不能理解资本主义社会中人与人之间的社会关系，不理解资本主义社会中的人的具体的本质，所以只能把资本主义社会中的人看作是孤立的、抽象的个体；因此他只能达到对单个人和市民社会的直观，而不能用革命的实践消灭市民社会，实现人类解放。

最后，在《关于费尔巴哈的提纲》第十条和十一条中，马克思对哲学的社会基础和功能使命进行了阐述，提出了新唯物主义的无产阶级立场和改变资产阶级世界的历史使命。与旧唯物主义市民社会的立足点不同，新唯物主义的立足点是人类社会或社会化了的人类，在第十条中马克思强调了新唯物主义的社会基础、历史基础和阶级基础。马克思在《关于费尔巴哈的提纲》第十一条强调："哲学家们只是用不同的方式解释世界，问题在于改变世界。"① 马克思认为，黑格尔及其以后的哲学家都只是用不同的方式提供对资产阶级社会即资本主义世界的解释，或是预见，或是辩护，或是形式批判实质辩护。他们都没有超出资本主义私有制基础上社会制度的限度。新唯物主义把改变资本主义世界开创真正人的新世界作为自己的历史使命。

《提纲》建立了科学的实践范畴，进而渐次解决了社会历史的发展动力、社会存在和社会意识的关系、"新唯物主义"哲学的功能等问题，大体上建构了唯物史观的科学体系，自己全面创立和阐发新世界观，特别是新历史观打下了坚实的基础。《提纲》作为"完备的"唯物主义，体现了马克思主义哲学超越一切旧哲学的实质性内容。此后马克思和恩格斯共同创作的《德意志意识形态》，则是对《提纲》的新世界观天才萌芽的深入发掘和系统阐发。

4. 初步对唯物史观的系统阐述——《德意志意识形态》

马克思恩格斯第一部合著《神圣家族》标志着他们脱离人本学唯物主义和哲学共产主义，而《德意志意识形态》则标志着马克思主义哲学的创立，标志着历史唯物主义和科学共产主义思想的成熟。在这部马克思主义哲学革命过程的关键性著作中，马克思、恩格斯通过批判以鲍威尔、费尔巴哈和施蒂纳为代表的青年黑格尔派哲学，首次系统地阐发了他们的唯物史观，同"真正社会主义"彻底决裂，为无产阶级提供了科学的世界观和方法论。

第一，阐明了唯物史观考察历史的出发点，从"现实的个人"与物质生产出发来理解社会历史。在《德意志意识形态》中，马克思和恩格斯从科学的实践观点出发，论述了社会历史观的基本问题，提出不是意识决定生活，而是生活决定意识，这是社会存在决定社会意识命题的最初表述，从而彻底划清了唯物史观与唯心史观的原则界限。② "全部人类历史的第一个前提是有生命的个人的存在，而人为了能够生存，首先需要吃喝住穿以及其他的一些东西。因此第一个历史活动就是生产满足这些需要的资料，即生

---

① 中共中央马克思恩格斯列宁斯大林著作编译局编译《马克思恩格斯文集》第 1 卷，人民出版社，2009 年，第 502 页。

② 马克思主义发展史编写组编《马克思主义发展史》第 2 版，高等教育出版社，2021 年，第 45 页。

产物质生活本身。"①

第二，考察了分工及其在社会历史中的作用。"分工只是从物质劳动和精神劳动分离的时候起才真正成为分工""因为分工使精神活动和物质活动、享受和劳动、生产和消费由不同的个人来分担这种情况不仅成为可能，而且成为现实"②。分工不仅使生产力、社会状况和意识三者之间的矛盾成为现实，而且导致了对人的强制性束缚。通过对分工的分析，马克思恩格斯进一步阐述了生产活动和分工的相互关系，指出了"分工引发了工商业与农业劳动的分离，引发了城乡的分离和城乡利益的对立。分工甚至进一步发展导致了商业劳动同工业劳动的分离"③。随着分工的发展，人类社会的历史随着也产生了政治体制的改变，因此，分工又是形成和制约生产关系和其他社会关系的现实基础，分工与阶级的产生也有密切的关系。

第三，揭示了生产力和交往形式的辩证关系以及其矛盾运动。生产本身是基于人与人交往的前提，而这种交往的形式又是由生产决定，在生产力发展的一定阶段上，人们必然要结成一定的相互关系。马克思恩格斯通过详细考察生产力发展推动所有制形式的变革的历史来证明生产力的发展水平决定了不同的交往形式。生产力与交往形式的关系中，生产力是最基本的因素，它决定了人们的交往形式。但是交往形式也会对生产力的发展产生一定的反作用，当它不适应生产力的发展时，就会成为一种阻碍力量。整个历史发展就表现为生产力与交往形式之间"适应——不适应——适应"的矛盾运动。生产力与交往关系的矛盾甚至产生各种社会冲突，马克思恩格斯指出："一切历史冲突都根源于生产力与交往形式之间的矛盾。"马克思恩格斯划分了交往形式的几个历史阶段：部落所有制、古代公社所有制、封建的或等级的所有制以及资本主义所有制。④

第四，分析了市民社会（经济基础）和上层建筑的辩证关系及其矛盾运动。马克思恩格斯在分析现实人的现实物质生产活动时指出，这些个人所产生的观念，都是同现实关系和活动，同生产、交往、社会政治组织的有意识的表现。⑤ 正如此，马克思恩格斯得出"不是意识决定生活，而是生活决定意识。他们将意识和生产力、生产关系联系起来，将社会的机体分为生产力、社会状况和上层建筑三个组成部分，并进一步对它们的关系分析，从直接生活的物质生产出发来考察现实的生产过程，并将其与生产方式相联系的，与生产的交往形成，即各个不同阶段上的市民社会，理解为整个历史的基础"⑥。

① 中共中央马克思恩格斯列宁斯大林著作编译局编译《马克思恩格斯文集》第 1 卷，人民出版社，2009 年，第 531 页。

② 中共中央马克思恩格斯列宁斯大林著作编译局编译《马克思恩格斯文集》第 1 卷，人民出版社，2009 年，第 535 页。

③ 中共中央马克思恩格斯列宁斯大林著作编译局编译《马克思恩格斯文集》第 1 卷，人民出版社，2009 年，第 520 页。

④ 郝立新主编《马克思主义发展史》第 1 卷，人民出版社，2018 年，第 366 页。

⑤ 中共中央马克思恩格斯列宁斯大林著作编译局译《马克思恩格斯全集》第 3 卷，人民出版社，1995 年，第 132 页。

⑥ 中共中央马克思恩格斯列宁斯大林著作编译局译《马克思恩格斯全集》第 3 卷，人民出版社，1995 年，第 42~43 页。

马克思和恩格斯通过对生产方式的分析，阐述了生产力在社会历史发展中的决定作用以及生产力与交往形式的辩证运动，从而得出了社会历史是自然历史过程的结论。① 马克思和恩格斯在阐明经济基础决定上层建筑这一历史唯物主义基本原理的同时，对政治上层建筑和观念上层建筑在推动经济基础发展中的重大作用也作了充分肯定，从而坚持和发展了历史辩证法。

第五，对"真正的社会主义"的批判。② "真正的社会主义"是 19 世纪 40 年代产生于德国的小资产阶级社会主义思潮，代表人物有赫斯、格律恩、克利盖等。他们自称是共产主义者，并把自己的学说标榜为"真正的社会主义"或"德国的社会主义"。"真正的社会主义"既批判资产阶级的利己主义，又不满当时追求物质利益平等的 19 世纪英国和法国的所谓"粗陋的共产主义"，而主张把费尔巴哈的人本主义同某些空想社会主义观点结合起来，宣传一种符合人的本质的解放全人类的社会主义。"真正的社会主义"拒绝无产阶级争取民主的政治斗争，更反对 1844 年德国西里西亚纺织工人起义那样的暴力革命，而是主张以费尔巴哈人本主义为哲学基础，依靠有教养的人物和知识分子建立一种爱的宗教，用和平手段把资本主义社会改造成为符合人的本质的社会主义社会。马克思恩格斯认为，"真正的社会主义"是"伪科学"，其全部内容集中到一点，就是用资产阶级的人道主义和人类之爱代替共产主义。恩格斯后来在《路德维希·费尔巴哈和德国古典哲学的终结》一书中指出，"真正的社会主义"把费尔巴哈的两个缺点即美文学和对爱的过度崇拜当作出发点。1846 年，恩格斯为了与"真正的社会主义"和各种冒牌社会主义相区别，为共产主义确立了三条基本原则："维护同资产者利益相反的无产者的利益；用消灭私有制而代之以财产公有的手段来实现这一点；除了进行暴力的民主的革命以外，不承认有实现这些目的的其他手段。"③

第六，阐述了社会形态及其更替。在分析生产力和生产关系，经济基础和上层建筑辩证关系的基础上，马克思恩格斯进一步提出了关于社会形态的学说，指出，任何社会形态都具有特殊的性质，都遵循生产关系一定要适合生产力状况和上层建筑一定要社会经济基础状况的一般规律来运行。马克思和恩格斯在《德意志意识形态》中对所有制划分出不同的形式，第一种是部落所有制，这种所有制是与生产的不发达阶段相适应的；第二种则是古典古代的公社所有制和国家所有制；第三种是封建的或等级的所有制，主要表现为土地所有制和束缚土地所有制的农奴劳动，以及拥有少量资本并支配着帮助劳动的自身劳动④；第四种是"资本所有制"，最后是共产主义所有制。马克思和恩格斯揭示出了社会形态更替是基于生产力发展基础之上的生产关系特别是生产资料所有制的更替。

---

① 马克思主义发展史编写组编《马克思主义发展史》第 2 版，高等教育出版社，2021 年，第 48 页。
② 顾海良主编《马克思主义发展史》，中国人民大学出版社，2007 年，第 51 页。
③ 顾海良主编《马克思主义发展史》，中国人民大学出版社，2007 年，第 54 页。
④ 中共中央马克思恩格斯列宁斯大林著作编译局编译《马克思恩格斯文集》第 1 卷，人民出版社，2009 年，第 523 页。

创立唯物主义历史观是伟大的科学成就，是社会学说中的真正革命，列宁评价说"马克思的哲学是完备的哲学唯物主义，它把伟大的认识工具给了人类，特别是给了工人阶级"①。唯物主义历史观始终站在现实历史的基础上，从物质实践出发来解释各种观念形态，"这种历史观从直接生活的物质生产出发阐述现实的生产过程，把同这种生产方式相联系的、它所产生的交往形式即各个不同阶段上的市民社会理解为整个历史的基础，从市民社会作为国家的活动描述市民社会，同时从市民社会出发阐明意识的所有各种不同的理论产物和形式，如宗教、哲学、道德等等，而且追溯它们产生的过程"②。

5. 唯物史观创立的伟大意义

《德意志意识形态》中，马克思和恩格斯系统阐述和确立了唯物史观的基本原则和基本原理，实现了人类思想史上的伟大革命。这一伟大革命实现了马克思和恩格斯哲学领域的革命性变革，为他们后来创立马克思主义理论体系奠定了牢固的世界观和历史观基础。恩格斯后来评价道："唯物史观的发现不仅对经济学，对于一切历史科学（凡不是自然科学的科学都是历史科学）都是一个具有革命意义的发现。"③列宁在论述马克思哲学的伟大意义时也指出"马克思的历史唯物主义是科学思想重大成果。人们对于过去历史和政治所持的极其混乱和武断的见解，为一种极其完整严密的科学理论所代替，这种科学理论说明，由于生产力的发展，从一种社会生活结构中发展出另一种更高级的结构"④。

第一，唯物史观的创立，从根本上与唯心史观划清了界限，它在社会历史观上坚持了唯物主义一元论的世界观，克服了历史发展史上一切旧唯物主义的不彻底性，第一次实现辩证唯物自然观和历史观的有机统一，使得唯物主义哲学发展成为彻底的完备的新世界观。⑤

第二，唯物史观的创立，为马克思主义政治经济学的创立奠定了牢固的历史观和方法论的科学基础，马克思对政治经济学的研究至此进入了一个新境界。马克思主义政治经济学是建立在唯物主义历史观基础上的，而《德意志意识形态》揭示的社会历史的本质、规律等都根植于对社会经济事实和资本主义生产方式的科学分析中，历史唯物主义的原理和方法为马克思彻底批判蒲鲁东经济学思想和哲学基础，探索建立新的政治经济学科学理论基础提供了强大的理论支持。《德意志意识形态》中阐述的唯物史观对马克思政治经济学的重大意义，在马克思之后发表的《哲学贫困》和《雇佣劳动与资本》等著作中也得到了集中体现。

第三，唯物史观的创立对科学社会主义理论的形成和发展也具有重大的革命意义。

---

① ［苏］弗·伊·列宁：《马克思主义的三个来源和三个组成部分》，《列宁全集》中文第 2 版第 23 卷，人民出版社，1988 年，第 45 页。

② 马克思主义发展史编写组编《马克思主义发展史》第 2 版，高等教育出版社，2021 年，第 49 页。

③ 中共中央马克思恩格斯列宁斯大林著作编译局编译《马克思恩格斯文集》第 2 卷，人民出版社，2009 年，597 页。

④ 中共中央马克思恩格斯列宁斯大林著作编译局编《列宁选集》第 2 卷，人民出版社，1960 年，第 443 页。

⑤ 韩喜平、庞雅莉主编《马克思主义发展史》，吉林大学出版社，2007 年，第 39～40 页。

马克思和恩格斯在唯物史观基础上对共产主义进行了深刻的论证，他们从社会基本矛盾、生产关系辩证运动的科学分析入手，深刻揭示了生产力的发展与资本主义私有制的尖锐对立，进而揭示了资本主义生产关系已然成为生产力发展的桎梏，由此导致了阶级斗争空前激化，社会革命也不可避免。这种科学认识让马克思和恩格斯与空想社会主义以及其他各种资产阶级、小资产阶级的社会主义思潮划清了原则界限，为创立科学社会主义理论提供了重要基础。同时，马克思和恩格斯还进一步提出了关于共产主义社会的一些重要论述，如共产主义是对固定分工、异化、私有制的扬弃；共产主义是每个人联合而获得的真正共同体。唯物史观和马克思的第二个伟大发现——剩余价值理论一道奠定了科学社会主义理论的科学基础。

（二）马克思主义的创立

马克思和恩格斯生前未能将《德意志意识形态》公开出版，只是在杂志上发表了第二章第四节，因此马克思恩格斯所阐发的新世界观并不为世人所知。直到 1847 年 7 月，《哲学的贫困》出版，马克思主义的一些有意义的重要观点才做出了第一次科学的概述。[①] 1848 年的《共产党宣言》是马克思主义与国际工人运动相结合的产物，是对马克思主义作出系统论述的著作，《共产党宣言》的公开问世标志着马克思主义的正式创立。

1. 马克思主义重要观点的首次公开阐述

马克思指出"我们见解中有决定意义的论点，在我的 1847 年出版的为反对蒲鲁东而写的著作《哲学的贫困》中第一次作了科学的、虽然只是论战性的概述"[②]。在这里，马克思将唯物史观首次应用于政治经济学研究和指导社会革命实践，将马克思主义哲学、政治经济学和科学的社会主义理论系统整合起来，并且对包括生产力和生产关系的矛盾运动等在内的唯物史观基本原理作了准确而翔实的阐述。

第一，在《哲学的贫困》中对生产力在历史发展中的决定作用作出了进一步阐述。马克思充分肯定生产力中物的要素特别是生产工具的作用，说明生产工具不仅是某一时期生产力发展水平的物质标志，而且还是某一时期生产关系和社会形态的基本标志。并且更加强调生产力中的主体即劳动者的重要意义和作用，认为这种群体的力量在本质上是社会历史发展的客观规律性。生产力的发展形成人的联系，形成了历史，进而生产力是人们的全部历史基础。

第二，批判了蒲鲁东经济学的哲学基础，对生产力和生产关系的辩证运动进一步阐释。马克思准确地将蒲鲁东的理论定性为"小资产阶级的社会主义"，针对蒲鲁东的观点是人类历史在本质上是观念和永恒理性发展的历史，马克思则强调，人类社会的历史从本质上来说是物质生产发展的历史，推动社会发展和社会形态更替的根本动因不是观

---

① 中共中央马克思恩格斯列宁斯大林著作编译局编译《马克思恩格斯文集》第 2 卷，人民出版社，2009 年，第 593 页。

② 中共中央马克思恩格斯列宁斯大林著作编译局编译《马克思恩格斯文集》第 2 卷，人民出版社，2009 年，第 593 页。

念的力量或永恒理性的自我发展，而是生产力以及生产力与生产关系的矛盾运动。并且在《哲学的贫困》中马克思明确对生产关系作出了科学的界定，指出人们在生产过程中必然要形成一定的社会关系即生产关系，生产关系是生产活动的产物，同时也是物质生产活动得以实现的必然形式。① 马克思指出"社会关系和生产力密切相连。随着新生产力的获得，人们改变自己的生产方式，随着生产方式即谋生的方式的改变，人们也就会改变自己的一切社会关系。手推磨产生的是封建主的社会，蒸汽磨产生的是工业资本家的社会"②。

第三，对历史辩证法进一步阐述。马克思指出蒲鲁东不懂历史发展的必然性和个人自觉获得之间的内在联系。指出"这些观念、范畴也同它们所表现的关系一样，不是永恒的。它们是历史地、暂时地产物"③。生产力的发展必将使社会关系发生改变，随着社会关系的改变，经济范畴也必然随之变化或失去作用。社会历史的发展，既不存在以人们的意志为转移的客观规律，又有人们的自觉活动参与。

第四，对社会有机体思想的阐发。马克思第一次明确使用"社会有机体"的概念就是在《哲学的贫困》中，提出了"每一个社会中的生产关系都形成一个统一的整体"和"一切关系在其中同时存在而又互相依存的社会机体"等基本论断。在马克思看来，所谓社会，就是现实的个人之间的交互活动的产物，它是由人们在从事社会生产中所形成的基本关系及其由此衍生的一切关系所构成的。整个社会结构就是："在人们的生产力发展的一定状况下，就会有一定的交换（commerce）和消费形式。在生产、交换和消费发展的一定阶段上，就会有相应的社会制度形式、相应的家庭、等级或阶级组织，一句话，就会有相应的市民社会。有一定的市民社会，就会有不过是市民社会的正式表现的相应的政治国家。"④ 所谓有机体就是上述一切关系"同时存在而又互相依存"的有机统一的系统。由于生产力对社会发展具有决定性作用，而它又是不断变化发展的，所以，社会有机体是一个动态系统，只有在社会动态发展的过程中才能把握其特质。

第五，批判了蒲鲁东的经济理论，初步阐述科学的劳动价值论。蒲鲁东认为"价值是经济结构的基石"，一切工业产品或自然产品所具有的那种维持人类生存的性能叫使用价值，而这些产品所具有的互相交换的性能则称为交换价值。由于人们对产品的需要是多方面的，而自己又不能生产那么多物品，于是"建议"把别人的一部分产品同自己的产品相交换，因此，交换是建议的结果。马克思指出，蒲鲁东关于交换价值起源的观点是脱离了历史真实的先验性虚构。强调交换价值的产生是一个由物质生产发展所决定

---

① 马克思主义发展史编写组编《马克思主义发展史》第 2 版，高等教育出版社，2021 年，第 52 页。

② 中共中央马克思恩格斯列宁斯大林著作编译局编译《马克思恩格斯文集》第 1 卷，人民出版社，2009 年，第 602 页。

③ 中共中央马克思恩格斯列宁斯大林著作编译局编译《马克思恩格斯文集》第 1 卷，人民出版社，2009 年，第 603 页。

④ 中共中央马克思恩格斯列宁斯大林著作编译局编译《马克思恩格斯文集》第 10 卷，人民出版社，2009 年，第 42~43 页。

的客观事实，并不取决于人们的意愿。①

第六，批判了蒲鲁东的"构成价值"，阐述了由劳动时间衡量的相对价值的实质。蒲鲁东得出了两个结论：一是，在任何社会时期都存在产品的比例，它的合理化程度与社会生产力发展水平共同决定着人们所能享受的社会福利；二是，产品的数量丰足、种类繁多和比例合适是构成作为社会经济学研究对象的财富的三大要素。蒲鲁东归根结底就是在说劳动创造价值、效用和需求决定构成价值。以此为理论前提，蒲鲁东还得出了如下结论："任何产品的价值都等于它的成本，只能用产品来购买产品，可以推论出生活条件平等的定理。"② 具体来说就是，劳动日是人类生产系列中的基本单位，任何一个劳动日与另一个劳动日都是相等的，不存在质的差别。因此，社会上一切成员的工资都是相等的，交换是在完全平等的基础上实现的。对于蒲鲁东自认的伟大的科学发现——构成价值，马克思认为"蒲鲁东对整个问题的基础——交换价值的理解始终是模糊、错误和不彻底的，他还把对李嘉图的价值理论的空想主义解释误当作一种新科学的基础"③。首先，构成价值的实质是相对价值或交换价值，它是在用抽象的交换价值公式来解决使用价值与交换价值的对立。其次，由劳动时间衡量的相对价值注定会是工人遭受现代奴役的公式，而非使无产阶级获得解放的平等革命学说。就其实质而言，蒲鲁东把劳动时间当成价值尺度得出平等的结论是一种没有事实根据的假说。除此之外，把劳动时间当作价值尺度也并不意味着任何一个劳动日都是相等的。在现实的经济生活中，只有竞争才是各种不同劳动日的尺度。最后，用劳动价值来确定的相对价值从根本上来说，是与建立在阶级对抗基础上的经济事实不相容的和相抵触的。

第七，批判蒲鲁东的小资产阶级改良主义，阐述阶级斗争和无产阶级革命理论。蒲鲁东从自己的唯心史观和经济学观点出发，提出了一整套带有空想色彩的改良主义和无政府主义的政治主张。他反对用革命的手段推翻资本主义制度，反对工人阶级的一切经济和政治斗争。马克思在批判蒲鲁东小资产阶级改良主义时，阐述了关于阶级斗争和无产阶级革命的理论，丰富和发展了科学社会主义的基本原理。首先，阐明了阶级斗争的伟大历史作用。针对蒲鲁东关于工人运动无效性的论断，马克思指出："当文明一开始的时候，生产就开始建立在级别、等级和阶级的对抗上，……没有对抗就没有进步。这是文明直到今天所遵循的规律。到目前为止，生产力就是由于这种阶级对抗的规律而发展起来的。"④ 在阶级社会中，生产力与生产关系的矛盾必然表现为阶级斗争。阶级斗争是推动历史发展的直接动力。随着资本主义生产方式的发展，无产阶级和资产阶级之间的阶级斗争也日益激化，工人们开始联合起来，斗争形式也由经济斗争发展成为政治

---

① 马克思主义发展史编写组编《马克思主义发展史》第 2 版，高等教育出版社，2021 年，第 56 页。

② ［法］蒲鲁东：《贫困的哲学》（上），余叔通、王雪华译，商务印书馆，2010 年，第 122 页。

③ 中共中央马克思恩格斯列宁斯大林著作编译局编译《马克思恩格斯文集》第 3 卷，人民出版社，2009 年，第 20 页。

④ 中共中央马克思恩格斯列宁斯大林著作编译局译《马克思恩格斯全集》第 25 卷，人民出版社，1995 年，第 425 页。

斗争，从而使无产阶级由"自在的阶级"转变为"自为的阶级"，进而组织了自己的强大政党。马克思指出，正是无产阶级革命将导致社会的进步，导致对资产阶级社会的革命性改造。其次，进一步阐明了劳动者组成同盟进行政治革命的必要性，无产阶级革命的直接目标和最终目的。马克思指出："因为政权正是市民社会内部阶级对抗的正式表现因而无产阶级革命的直接目标就是夺取政权，并创造一个消除阶级和阶级对抗的联合体来代替旧的市民社会。"① 在这里，马克思认为，无产阶级政权不以阶级对立和阶级压迫为基础，而是以消灭阶级对立和阶级压迫为目标。随着无产阶级政权这一历史使命的完成，它也将最终走向消亡。这些论断实际上蕴含了无产阶级专政思想的萌芽，初步阐明了无产阶级革命的直接目标和最终目的这一科学社会主义的重要思想，这一思想稍后在《共产党宣言》中得到了明确的表述。

2. 马克思主义诞生的标志——《共产党宣言》

历史唯物主义的确立，在实践上为欧洲正在兴起的工人运动提供了有力的理论武器。但是，当时在欧洲，法国、英国、德国等国的工人运动在组织上是分散的，在思想上受到了各种小资产阶级共产主义、社会主义思潮的影响。因此，这一时期马克思和恩格斯的重要任务，一是从组织上把分散的各国工人运动统一起来，二是批判各种错误思潮，为统一的工人运动制定行动纲领。马克思和恩格斯围绕这两项工作进行了实践工作和理论批判工作。

在实践层面，马克思和恩格斯竭尽全力影响当时德国较大的工人组织——正义者同盟，尽力从思想上改造和统一这支先进的无产阶级队伍，并在 1847 年 6 月成功助其改组，成立了人类历史上第一个无产阶级政党组织——共产主义者同盟。在理论层面，马克思和恩格斯通过与当时错误的社会主义和共产主义思潮进行斗争，总结、归纳、完善自己的思想理论。其中，最直接的理论成果，就表现为恩格斯和马克思先后为共产主义者同盟起草的政治纲领《共产主义信条草案》（1847 年 6 月）、《共产主义原理》（1847年 11 月）和《共产党宣言》（1847 年 12 月至 1849 年 1 月），即《共产党宣言》的"三个稿本"。

《共产党宣言》的公开发表标志着马克思主义的诞生，它是马克思和恩格斯为世界上第一个国际性的无产阶级政党——共产主义者同盟起草的政治纲领，是马克思主义与国际工人运动相结合的产物，也是对马克思主义首次系统、完整的表述。借助《共产党宣言》的发表，科学社会主义彻底同空想社会主义划清了界限，工人运动从此走上了正轨，并在后来的革命实践中不断走向成熟和辉煌。②

《共产党宣言》是对马克思主义的系统阐释，列宁对《共产党宣言》这样评价道："马克思恩格斯合著的《共产党宣言》是对马克思主义学说完整的、系统的、至今仍然

---

① 中共中央马克思恩格斯列宁斯大林著作编译局编译《马克思恩格斯文集》第 1 卷，人民出版社，2009 年，第 655 页。

② 郝立新主编《马克思主义发展史》第 1 卷，人民出版社，2018 年，第 448 页。

是最好的阐述。"① 《共产党宣言》运用唯物主义历史观和剩余价值理论的基本思想，对人类社会特别是资本主义社会进行了科学研究并总结了工人运动的新经验，从而全面阐发了科学社会主义的基本原理，指明了实现这一伟大学说的基本道路和策略思想。

第一，揭示了资本主义的历史作用和未来的发展趋势。马克思和恩格斯在《共产党宣言》中，运用唯物史观揭示了人类社会，特别是资本主义社会形态发展的客观规律，进而科学地分析资本主义社会的历史作用和未来的发展趋势这一时代课题。他们认为，社会历史发展具有客观性，人类历史上的任何社会形态的产生和消亡都是历史发展的必然结果，因此，从人类历史发展的长远来看，当下这些社会形态都具有暂时性，资本主义社会也是如此，这正是因为物质生产力的不断发展，由此决定生产关系和上层建筑也随着变化发展。资本主义是在封建社会内部孕育和发展起来的，当封建社会的生产关系不能适应生产力发展时，新兴的资本主义的生产方式就顺理成章取代了封建主义的生产方式，资产阶级革命的时代就到来了。

资产阶级作为新的生产方式的代表在历史演进中也起着革命的作用。一方面资产阶级发动了革命，推翻了封建主义制度，建立了属于自己的时代，在特定的历史时期最大限度地解放和发展了生产力，另一方面，资产阶级为追求更多的金钱和资源，不懈地开辟新航路，发现新大陆，把市场扩展到世界各地，使得一切国家的生产和消费都日益具有世界性，进而打破了以往那种局限于地方和民族的自给自足和闭关自守的状态，世界各族人民的交往日益频繁，社会历史逐渐转化为世界的历史。但是，资本主义社会在人类社会历史发展进程中也是暂时的，随着社会大生产的发展，资本主义私有制已无法容纳如此巨大的生产力，从而与生产力的发展发生了矛盾。生产的日益社会化与生产资料的私人占有是资本主义社会固有的内在矛盾，是资本主义制度无法克服的。资本主义频繁爆发的周期性经济危机表明："社会所拥有的生产力已经不能再促进资产阶级文明和资产阶级所有制关系的发展；相反，生产力已经强大到这种关系所不能适应的地步，它已经受到这种关系的阻碍；而它一着手克服这种障碍，就使整个资产阶级社会陷入混乱，就使资产阶级所有制的存在受到威胁。"② 这就导致，社会化大生产不断向前发展的同时，资本家们把握生产资料，资本主义陷入周而复始的经济危机当中，资本主义生产关系已经不能再促进社会生产力和人类文明的进化和发展，社会逐渐陷入混乱，亟须迎来新的变革。"资本主义的固有矛盾表现为要求摧毁资本主义私有制的无产阶级与企图维护旧的生产关系的资产阶级之间的阶级斗争。通过无产阶级反对资产阶级的阶级斗争和社会革命，资本主义必将为社会主义所取代。资本主义的灭亡和社会主义的胜利是历史的必然，这是资本主义自身的客观经济规律所导致的必然结果。"③

---

① 中共中央马克思恩格斯列宁斯大林著作编译局编《列宁专题文集·论马克思主义》，人民出版社，2009年，第61页。

② 中共中央马克思恩格斯列宁斯大林著作编译局编译《马克思恩格斯文集》第2卷，人民出版社，2009年，第37页。

③ 马克思主义发展史编写组编《马克思主义发展史》第2版，高等教育出版社，2021年，第61页。

第二，论述了阶级斗争的理论并指出无产阶级革命的必然性。马克思和恩格斯在《共产党宣言》的一开篇就指出，迄今一切有文字记载的人类社会就是一部阶级斗争史，社会制度的更迭表现为阶级矛盾和阶级斗争，阶级斗争是阶级社会发展的直接动力。后来，恩格斯根据新的学术研究成果，在为《共产党宣言》写新版序言时指出，符合社会历史的情况是，一切阶级社会的历史都是阶级斗争的历史。现代资本主义社会并没有消除阶级、阶级矛盾和阶级斗争，它只不过是用新的阶级、新的压迫条件、新的斗争形式取代了旧的阶级、旧的压迫条件和旧的斗争形式。但与以往的阶级社会不同的是，资本主义将阶级矛盾简单粗暴化，劳动者变成了无产者，阶级关系被彻底暴露出来，社会日益分裂为两大敌对阵营，——无产阶级和资产阶级，且表现为剥削和被剥削、压迫和被压迫的关系。

无产阶级要想获得自身的解放，就必须用革命武器战胜资产阶级、推翻资本主义制度，资本主义在发展自身的同时也锻造出来自己的掘墓人"资产阶级不仅锻造了置自身于死地的武器；它还产生了将要运用这种武器的人——现代的工人，即无产者"[1]。无产阶级是大工业的产物，是先进生产力和生产方式的代表。无产阶级的劳动为社会发展提供了源源不断的物质基础，但是在资本主义私有制下，无产阶级并不占有任何的生产资料，一无所有。无产阶级的这种地位和历史状态决定了它必然会成为资本主义私有制的掘墓人，是真正革命的阶级和未来社会的创造者。在资本主义社会，无产阶级处于绝对的弱势地位，但相比于资产阶级，却是更有前途的阶级。由于社会化大生产让全世界的无产阶级联合了起来，社会大工业也为消灭私有制和阶级对抗提供了客观历史条件，无产阶级的革命运动是谋求绝大多数人利益的自觉的运动，具有革命的科学理论指导，这些客观和主观条件的成熟，决定了无产阶级革命是历史的必然。马克思和恩格斯对此科学的预断："资产阶级的灭亡和无产阶级的胜利是同样不可避免的。"[2]

第三，《共产党宣言》中预见了未来社会主义的重要特征。《共产党宣言》中明确指出"在资产阶级社会里，活的劳动只是增殖已经积累起来的劳动的一种手段。在共产主义社会里，已经积累起来的劳动只是扩大、丰富和提高工人生活的一种手段"。"因此，在资产阶级社会里是过去支配现在，在共产主义社会里是现在支配过去。"[3]并特别指出："代替那存在着阶级和阶级对立的资产阶级旧社会的，将是这样一个联合体，在那里，每个人的自由发展是一切人的自由发展的条件。"[4]

第四，指明无产阶级革命和建设的道路。马克思和恩格斯在《共产党宣言》中指

　　① 中共中央马克思恩格斯列宁斯大林著作编译局编译《马克思恩格斯文集》第 2 卷，人民出版社，2009 年，第 38 页。

　　② 中共中央马克思恩格斯列宁斯大林著作编译局编译《马克思恩格斯文集》第 2 卷，人民出版社，2009 年，第 43 页。

　　③ 中共中央马克思恩格斯列宁斯大林著作编译局编译《马克思恩格斯文集》第 2 卷，人民出版社，2009 年，第 46 页。

　　④ 中共中央马克思恩格斯列宁斯大林著作编译局编译《马克思恩格斯文集》第 2 卷，人民出版社，2009 年，第 53 页。

出，无产阶级从产生的那天起，就开始同资产阶级进行斗争。但是，起初的斗争都是分散、自发的行为，工人所谋求的利益也无非是经济利益，比如争取更高额的工资，等等。随着无产阶级经验的积累、力量的壮大和觉悟的提高，无产阶级逐渐成为自为的阶级，与资产阶级的斗争策略越来越高明，斗争方式越来越多样，并且不再简单追求经济利益，而是上升为更有实质性的政治权益。无产阶级认识到，只有发动大规模的革命，才能炸毁资本主义制度。在概括地叙述了无产阶级反对资产阶级的斗争史后，马克思和恩格斯指明了无产阶级革命的基本道路："在叙述无产阶级发展的最一般的阶段的时候，我们循序探讨了现存社会内部或多或少隐蔽着的国内战争，直到这个战争爆发为公开的革命，无产阶级用暴力推翻资产阶级而建立自己的统治。"① 这就是说，无产阶级革命的最有效路径就是暴力革命。紧接着，马克思和恩格斯进一步阐明了无产阶级专政的主要任务："无产阶级将利用自己的政治统治，一步一步地夺取资产阶级的全部资本，把一切生产工具集中在国家即组织成为统治阶级的无产阶级手里，并且尽可能快地增加生产力的总量。"② 无产阶级夺取政权后，一方面要实行对所有反对无产阶级统治的阶级的专政；另一方面要加快发展生产力，为建设新社会创造物质基础。值得一提的是，无产阶级专政只是旧社会向共产主义社会过渡的一个阶段，当无产阶级通过专政的道路实现了无产阶级民主，也就实现了人类历史上真正的民主制度，全人类也真正得到了解放。到那时，阶级存在的前提就消失了，人类社会也不再需要任何形式的专政。③

第五，制定了无产阶级政党的建党纲领和无产阶级革命的策略路线。马克思和恩格斯指出，无产阶级革命要取得胜利，首先必须建立自己的政党来组织和领导工人运动即共产党。共产党是无产阶级中最坚决、最先进的分子组成，是无产阶级利益的根本体现者，始终站在工人运动的最前列，能够组织和领导广大无产阶级走上科学的道路，无产阶级政党组织的最终目标是实现共产主义。

随后，马克思和恩格斯根据 1848 年前后的欧洲革命形势，在《共产党宣言》中还阐述了共产党人的革命策略。共产党及其领导的无产阶级革命的最近目的是夺取资产阶级手中的政权，为此，无产阶级不拒绝参加资产阶级民主革命，不排斥小资产阶级以及反对封建专制的资产阶级建立的"统一战线"，当前无产阶级支持一切反对现存社会制度和政治制度的革命运动。但共产党和无产阶级必须坚持自己运动的未来方向，将最近目的和长远目标结合起来，要不断培养工人阶级反对资产阶级的斗争意识，以便使工人能立即利用资产阶级取得统治后所必然带来的那些政治的社会的条件来进行反对资产阶级的斗争。当无产阶级达到最近目标即无产阶级变为统治阶级并争得民主之后，无产阶级必须运用自己的政治统治，逐步夺取资产阶级的全部资本，把一切生产资料都集中在

---

① 中共中央马克思恩格斯列宁斯大林著作编译局编译《马克思恩格斯文集》第 2 卷，人民出版社，2009 年，第 43 页。

② 中共中央马克思恩格斯列宁斯大林著作编译局编译《马克思恩格斯文集》第 2 卷，人民出版社，2009 年，第 43 页。

③ 郝立新主编《马克思主义发展史》第 1 卷，人民出版社，2018 年，第 476 页。

国家手中，并且尽可能快地增加生产力的总量，以实现无产阶级革命的最终目的，即消灭一切阶级和阶级对立，消灭私有制，为实现共产主义创造条件。

综上所述，《共产党宣言》是全面论证科学社会主义的基本原理，宣告着完整的无产阶级解放斗争学说——马克思主义的诞生和问世。是马克思和恩格斯分析研究资本主义社会形态，并将其与无产阶级革命斗争实践有机地结合起来、确立无产阶级革命理论纲领的第一部重要论著，为国际共产主义运动树立了新的战斗旗帜。《共产党宣言》实现了马克思主义哲学同无产阶级之间的"头脑"和"心脏"的密切关系。哲学把无产阶级当作物质武器，同样地，无产阶级也把哲学当作自己的精神武器。

3. 关于社会革命道路与策略的理论阐述

《共产党宣言》刚刚问世，一场波澜壮阔的革命风暴就席卷了整个欧洲大陆。马克思和恩格斯亲身参加了这场革命，并自觉地将《共产党宣言》中阐述的马克思主义原理运用于实际斗争，接受革命实践的检验。通过对 1848 年革命经验的总结，马克思和恩格斯把马克思主义学说，特别是无产阶级革命和无产阶级专政理论推到了一个新的阶段。概括起来说，马克思和恩格斯在《1848 年至 1850 年的法兰西阶级斗争》《中央委员会告共产主义者同盟书》《路易·波拿巴的雾月十八日》《德国农民战争》《德国的革命和反革命》等一系列光辉著作中，从多方面发展和深化了《共产党宣言》中的思想。①

第一，提出了不同类型资产阶级革命的理论。马克思在分析德国三月革命的进程和特点时，将其与 1640 年英国革命和 1789 年法国大革命作了比较。他认为，由于资本主义社会经济发展状况的变化，资产阶级在不同时期的资产阶级革命中的地位、作用、影响以及革命进程就会不同。在早期资产阶级革命中，由于无产阶级自身还不成熟，没有成为独立的政治力量，资产阶级是领导阶级，以整个被压迫阶级代表的面目领导并推翻了封建专制的民主革命，在这一时期资产阶级起到了革命的作用。但到 19 世纪中期德国资产阶级革命时，资产阶级已是同无产阶级相近的阶层对立的阶级，在革命中是妥协动摇的状态，丧失了对革命的领导能力。早期资产阶级革命在其进程上的特点是革命沿着上升的路线行进，出现的是一个比一个更革命的党派统治。而在 1848 年德国资产阶级革命中，革命的任务还没有完成，资产阶级就已开起倒车来了。资产阶级的背叛，导致了这次革命的失败。因此，这次革命是半途而废的革命。根据上述分析，马克思认为，德国资产阶级革命可能出现两种前途：或者是封建主义赢得胜利，使革命的成果化为乌有；或者发生新的革命，由全社会最激进、最民主的阶级——工人、农民和小资产阶级来革命，实现充分的人民主权，建立统一的民主共和国。无产阶级政党在资产阶级民主革命中的策略应该建立在第二种前途的实现上，把革命进行到底，而不是半途而废。

第二，提出了无产阶级要不断革命的策略思想。马克思和恩格斯认为，德国的资产

---

① 马克思主义发展史编写组编《马克思主义发展史》第 2 版，高等教育出版社，2021 年，第 64 页。

阶级革命只是无产阶级革命的序幕，德国工人阶级在推翻封建的反动阶级之后，就应立即开始反对资产阶级本身的革命。马克思和恩格斯深刻总结了1848年欧洲革命的经验，共同起草了《中央委员会告共产主义者同盟书》，指出德国革命的失败，特别是巴黎工人六月起义的实践，已经证明了资产阶级的革命性已经越来越衰退了，他们只期望通过改良措施赶快结束革命。马克思和恩格斯明确提出："我们的利益和我们的任务却是要不断革命，直到把一切大大小小的有产阶级的统治全都消灭，直到无产阶级夺得国家政权，直到无产者的联合不仅在一个国家内，而且在世界一切举足轻重的国家内都发展到使这些国家的无产者之间的竞争停止，至少是发展到使那些有决定意义的生产力集中到了无产者手中。"① 对无产阶级来说"问题不在于改变私有制，而只在于消灭私有制，不在于掩盖阶级对立，而在于消灭阶级，不在于改良现存社会，而在于建立新社会"②。

第三，深化和发展了马克思主义的国际学说和无产阶级专政理论。在《共产党宣言》中，马克思和恩格斯就已提出了无产阶级用暴力革命推翻资产阶级统治而建立自己的政治统治的思想，但他们尚未明确提出无产阶级专政的科学概念，也没有对打碎资产阶级国家机器和建立无产阶级专政之间的内在联系作出系统考察。在深刻总结1848年欧洲革命经验教训的基础上，马克思和恩格斯第一次明确提出，无产阶级革命必须打碎资产阶级国家机器，以便建立无产阶级专政，这样的思想极大地丰富和深化了科学社会主义的基本理论。马克思恩格斯从阶级斗争的一般规律中，发现剥削阶级的国家总是随着国内外阶级斗争的尖锐化而不断加强。资产阶级和过去一切剥削阶级一样，"一切变革都是使这个机器更加完备，而不是把它摧毁"③。他们又从法国资产阶级国家产生和演进的全部历史过程中考察了资产阶级国家的本质，不管资产阶级国家采取什么政治形式，实质上都是作为镇压无产阶级和劳动人民工具的资产阶级专政。巴黎六月起义工人的鲜血证明，资产阶级的自由、平等、博爱，"用真实的、不加粉饰的、平铺直叙的话来表达，就是内战，就是最可怕的国内战争——劳动与资本之间的战争"④。巴黎无产阶级六月起义的失败，使无产阶级认识到一条真理，即"要在资产阶级共和国范围内稍微改善一下自己的处境只是一种空想"，因此，无产阶级的革命战斗口号应该是："推翻资产阶级！工人阶级专政！"

马克思在《1848年至1850年的法兰西阶级斗争》一书中明确使用了"无产阶级专政"，指出，"这种社会主义就是宣布不断革命，就是无产阶级的阶级专政，这种专政是达到消灭一切阶级差别，达到消灭这些差别所产生的一切生产关系，达到消灭和这些生

---

① 中共中央马克思恩格斯列宁斯大林著作编译局编译《马克思恩格斯文集》第2卷，人民出版社，2009年，第192页。

② 中共中央马克思恩格斯列宁斯大林著作编译局编译《马克思恩格斯文集》第2卷，人民出版社，2009年，第192页。

③ 中共中央马克思恩格斯列宁斯大林著作编译局编译《马克思恩格斯选集》第1卷，人民出版社，2012年，第676页。

④ 中共中央马克思恩格斯列宁斯大林著作编译局编译《马克思恩格斯选集》第1卷，人民出版社，2012年，第398页。

产关系相适应的一切社会关系，达到改变由这些社会关系产生出来的一切观念的必然的过渡阶段。"① 马克思在这段论述中，科学地揭示了无产阶级专政产生、发展和消亡的客观进程，指明了无产阶级专政的伟大历史任务和实际内容。随后，马克思在和约·魏德迈的信中，进一步概括了无产阶级专政的历史必然性、过渡性及其新贡献。即"阶级的存在同生产发展的一定历史阶段相联系；阶级斗争必然导致无产阶级专政，这个专政不过是达到消灭一切阶级和进入无阶级社会的过渡"②。马克思的这一段精彩论述，极其鲜明地表达了马克思主义国家学说同资产阶级的国家学说之间的主要的和根本的区别，表达了马克思国家学说的实质，向前发展了《共产党宣言》的思想。

第四，提出无产阶级革命的同盟军问题。马克思和恩格斯在深刻总结 1848 年欧洲革命经验的基础上，精辟地指出，无产阶级要取得革命的胜利就必须正确解决革命的同盟军问题，否则就不可能完成自己的历史使命。在《共产党宣言》中，马克思和恩格斯就已充分认识到农民和小资产者正处在不断分化并将转入无产阶级队伍的过渡阶段，因而实际上已提出了无产阶级必须把劳动者中的非无产阶级阶层吸引到自己方面来，使之成为自己的同盟的思想。经过 1848 年欧洲革命的洗礼后，马克思和恩格斯更清楚地认识到农民是无产阶级的天然同盟军。"农民就把负有推翻资产阶级制度使命的城市无产阶级看作自己的天然同盟者和领导者。"③ 1848 年欧洲革命还以充分的事实证明，工农联盟是夺取革命胜利的基本条件和前提，在一个农民占人口多数的国家中尤其如此。法国二月革命和六月巴黎工人起义的失败，一个基本原因就在于没有形成工农联盟，工人阶级没有得到农民的支持和响应。

1848 年欧洲革命时期，马克思和恩格斯关于被压迫民族解放运动理论在革命斗争经验总结中得到重要发展，《共产党宣言》中关于无产阶级国际主义的思想因而被极大地丰富和发展了。《共产党宣言》已深刻揭示了私有制是造成民族压迫的根源，只有彻底消灭剥削制度的社会革命，才能消灭民族压迫和民族对抗等。在 1848 年革命时期，马克思和恩格斯着重强调了被压迫民族解放运动和欧洲民主革命之间的关系和影响，并明确得出提出了被压迫民族解放斗争是欧洲革命的最好同盟军这一极为重要的理论观点。

（三）马克思主义在当代的新思考

马克思主义自诞生以来，在指导工人运动和社会主义革命、建设、改革的过程中，取得了举世瞩目的光辉成就，深刻地改变了世界格局和人类社会的发展走向，为人类社

---

① 中共中央马克思恩格斯列宁斯大林著作编译局编译《马克思恩格斯选集》第 1 卷，人民出版社，2012 年，第 462 页。

② 中共中央马克思恩格斯列宁斯大林著作编译局编译《马克思恩格斯文集》第 10 卷，人民出版社，2009 年，第 106 页。

③ 中共中央马克思恩格斯列宁斯大林著作编译局编译《马克思恩格斯文集》第 2 卷，人民出版社，2009 年，第 570 页。

会昭示了新的发展前景。尽管马克思主义的反对者们一再声称马克思主义已经过时，但当人类社会发展出现困境时，人们却不约而同地回到马克思的思想资源中寻求破解困境的灵感，以马克思主义为指导的社会主义制度也在遭遇挫折后焕发出了新的生机和活力。①

习近平指出："从世界社会主义500年的大视野来看，我们依然处在马克思主义所指明的历史时代。"过去20年，在发达资本主义国家举行的"千年第一人"或"全世界最伟大的哲学家"评选中，马克思频频居于榜首；在世界最畅销书里，《共产党宣言》《资本论》又常常被列入其中。可以说，马克思主义的真理力量仍在世界范围内不断彰显。②"全部社会生活在本质上是实践的。凡是把理论引向神秘主义的神秘东西，都能在人的实践中以及对这种实践的理解中得到合理的解决。"马克思的这一著名论断，为我们观察当代马克思主义理论的发展状况，提供了重要的方法论原则。马克思主义并没有穷尽真理，它是随着时代的发展和人类实践活动的发展而不断发展的。作为一种科学的世界观和方法论，作为一种"伟大的认识工具"，马克思主义必须不断地直面时代发展变化的挑战，回答不同历史发展阶段提出的重大课题。

1. 人工智能与异化劳动

马克思从人的异化和物的异化来阐释劳动异化，人工智能技术异化是马克思主义异化的当代表现形式。异化问题上马克思的重要理论贡献在于通过积极运用德国古典哲学中的异化概念与思想，让人们看到了工人与自己劳动之间的疏离与异化关系的发生。时代在发展和更迭，但是马克思异化劳动理论在如今的信息化社会仍饱含鲜活的解释张力。针对互联网上的在线劳动，人们在互联网中的聊天、游戏、视频等各类情景交流，尤其伴随网络及其社交媒体对人们日常生活的不断渗透，马克思"异化劳动理论"和"人工智能"数字劳动的结合研究将在信息化社会焕发出新的理论研究价值和实践意义。③

（1）人工智能的异化阐释

人工智能中的"人工的"（artificial，人为的）是建立在对人的理解上，因此，人工智能的本质源于人的本质。人不仅在劳动中不断改进着自己的工具，而且塑造了自己本身（包括智能和身体），并最终使自己的姿态动作、表情和发声都具有了某种人为的"意义"，从而导致了语言（身体语言和口头言语）的产生。正是在人工智能时代日益逼迫的今天，人类开始表现出难以掩饰的恐惧与不安：一方面担心自己的大脑智能会被人工智能意义上的类脑智能（brain-like intelligence）所取代；另一方面也担心自己身体的劳动功能会被人工智能意义上的智能机器人（intelligent robot）所取代。从马克思的

① 金建萍：《科学社会主义热点问题研究》，中国社会科学出版社，2016年，第1页。
② 杨建毅：《关于新时代马克思主义研究创新发展瓶颈的思考》，《毛泽东邓小平理论研究》2021年第4期，第85~94页。
③ 汪金刚：《信息化社会生产与数字劳动异化——对马克思"异化劳动理论"的当代阐释》，《新闻大学》2020年第2期，第80~93页。

异化理论角度分析，如同劳动的异化一样，人工智能技术也只不过是人类再次遭遇与自己创造出来的东西相异化的事件而已。借助马克思异化理论可以看到，人工智能是人脑的外化形式与智能异化物，它的出现是人脑发展史上第一次由人类自身带来的重大的质的飞跃，标志着人类历史上第一次有了人脑与其智能异化物在异化中的相互促进关系。

通过本专题前面对马克思异化劳动的分析，我们可以运用马克思主义异化劳动理论来对人工智能进行解读。人工智能的问世，人类可以充分看到单个个体与自己的脑力劳动之间所存在的疏离关系，而且从人工智能是由人类的人脑创造出来的"非我"，因此这种疏离关系已经能够成为人工智能与人脑之间异化关系成立的基础。

引入异化劳动理论分析人工智能可以从以下方面入手：首先，人工智能是人脑的创造物，这是基本前提。马克思的异化劳动理论的前提是劳动必须是工人的创造物，因为分析人工智能中人脑的异化现象时也必须将其作为成立的基本条件。可以说离开了人脑，人工智能将不会出现，因此人工智能是人脑的创造物这一结论是毋庸置疑的。其次，人工智能是人类和自己脑力劳动分离的一种表现形式。马克思异化理论深刻揭示了工人与自己劳动的异化状态。随着人工智能技术的问世，人类进一步发现单个个体也是可以与自己的脑力劳动异化。在人工智能存在的情况下，人的脑力劳动不再需要只是在单个个体大脑内部完成，而是可以在单个个体大脑外部完成，这就是人工智能。最后，人工智能是人脑的智力异化产物。机器的诞生体现的是个人与自己体力劳动的分离，人工智能的诞生体现的是个人与自己脑力劳动的分离。如异化劳动一样，人工智能不能脱离人而存在，人脑是本体，人工智能是人脑的智能异化产物，人工智能的任何类脑活动都是建立在人脑自身创造的基础上的。

（2）人工智能的异化表现

人工智能是继蒸汽机发明、电气技术、网络技术应用之后的第四次工业革命。蒸汽机技术的应用实现了物质的自由移动，电气技术的应用实现了能量的自由转换，网络技术的应用实现了信息的自由传递，人工智能技术的发展与前三次工业革命具有同样的颠覆性作用，它的应用促进了社会进步和人类发展，但也带来一些意想不到的后果：越来越远离人类的控制，也就是人工智能的异化。[①] 马克思揭示出劳动异化有四个种类，即工人与他们产品的异化、工人与他们的劳动行为的异化、工人与他们的类存在的异化、工人与其他工人的异化[②]，针对人工智能的异化表现可以从以下几方面分析。

第一，人工智能"劳动产品"与人相异化。具体表现为劳动所生产的对象，即产品成为一种"异己的存在物"，作为不依赖于生产者的力量，同劳动相对立。[③] 例如，在

① 闫坤如：《人工智能技术异化及其本质探源》，《上海师范大学学报（哲学社会科学版）》2020 年第 3 期，第 100~107 页。

② 中共中央马克思恩格斯列宁斯大林著作编译局编译《马克思恩格斯文集》第 1 卷，人民出版社，2009 年，第 160~163 页。

③ 汪金刚：《信息化社会生产与数字劳动异化——对马克思"异化劳动理论"的当代阐释》，《新闻大学》2020 年第 2 期，第 80~93 页。

人工智能中算法是 AI 设计者的劳动产品，但实际上研发设计 AI 算法的生产资料即资本并不掌握在设计者的手中，也就是说人工智能生产人员不占有 AI 算法这个劳动产品，没有随意修改或支配算法的权利，只有算法的部分使用权。算法设计者创造了 AI 算法，但是算法的所有权、支配权、使用权都不属于算法设计者，这就是马克思所说的劳动产品和劳动者的异化。同时，人工智能环境诞生出"人工智能数据标注员"，这些标注员也就是进行数字劳动的"数字零工"，他们日复一日重复性标注工作的结果就是让机器代替人的工作，这种劳动者与劳动产品的关系是明显的异己的对象的关系。

第二，人工智能这个活动本身同人的异化。由于工人同劳动产品相异化，那么必然劳动的过程也与工人产生异化。一方面，人工智能这个活动在逐渐剥削和控制人。数字劳动中的强制性和异己性显然比马克思商品经济时代隐蔽得多，人类进入信息化社会后，人工智能数字劳动俨然走向了"霸权主义"，从日常生活观察可以发现，个人的隐私数据、休闲时间、社会资本都趋向商品化发展。结果是，手机中各种 APP 平台的"推荐"排名对我们日常消费的"引导"与剥削，开始走向"异化"。另一方面，人工智能产生取代人的危机。AI 机器因其技术优势（决策速度快、准确率高、不受环境影响等），正在人类的生产和生活中被日益广泛地应用。比如，合成智能机器通过算法进行自主学习，能够自动分析和处理各种复杂数据，形成认知和决策，AI 算法正在逐渐取代各种复杂技能的工作。劳动作为人的最基本的能力和权利，却面临着被机器剥夺的危险。人类正在逐步丧失部分劳动能力和劳动机会。[①]

第三，人工智能下"劳动关系的异化"，即人的"类本质"和人相异化。人工智能正在潜移默化地改变着人的认知方式、思维方式和生活方式，以及人类的自由劳动。当下，人类生活的所有场景都与数字信息相连接，结果是"劳动主体性"丧失于数字劳动场域中。人们无时无刻不紧盯着手机，通过其社交、导航、付款、出行、订餐等等操作，一旦离开手机，我们便陷入无限慌乱中。可以发现，人的"自由意识"被切断，马克思认为，生产劳动是人的类本质，而生产劳动的特点又在于它是一种自由的、有意识的活动，但是信息化社会中人与手机的关系已经剥离了这种"自由"。异化劳动把原本你我的自主活动、自由活动贬低为手段，也就把人的类生活变成维持人的肉体的生存手段，在人工智能的带动下，社会中的各个行业疯狂裹挟其中，而被资本平台控制后，其"自由"亦被商业资本"规训"，劳动者离"自由的有意识的活动"越来越远，人本来有意识的生命活动走向了终结，变得与动物的生命活动一样，仅仅为了维持生命而劳动。

第四，不同个体人脑关系之间的异化。人工智能的出现，不同个体人脑之间就会发生在智力上处于统治地位的个体人脑与处于被统治地位的个体人脑之间的区别，那些创造人工智能的个体的人脑相较于其他个体的人脑来说，会具有比较优势。这类似于马克思所说的统治阶级与被统治阶级之间的关系的区别。劳动造成的不劳动者占有工人劳动

---

① 闫坤如：《人工智能技术异化及其本质探源》，《上海师范大学学报（哲学社会科学版）》2020 年第 3 期，第 100～107 页。

者的产品，资本平台通过数字技术可以低成本甚至免费获取用户（劳动者）的各种信息（劳动成果），平台与个人不对等的结果就是，人丧失了自己的社会性本质（王虎学，2018），造成的结果就是人与人之间的异化。这种异己的逻辑关系背后其实就是马克思通过异化理论想要极力揭示的——被资产阶级国民经济学遮蔽、隐藏的市民社会的问题与矛盾：资本家（平台）与工人（劳动者）的不平等社会关系。①

人工智能技术和任何技术一样，无疑都是人为的产物，是人的理智的作品。因此，正如技术不同于技术的本质一样，人工智能也不同于人工智能的本质。但另一方面，也正如技术的本质不能离开技术来谈论一样，人工智能的本质也只有在人工智能本身中才能得到"追问"和"去蔽"。本质上看，人工智能只是将人类智能的某个方面抽象出来并加以片面发展和膨胀的产物，因而是人类智能异化的表现，它并没有表面看来那样脱离人、与人对立的独立性和自主性，而只能是人的"无机的身体"。当然，这种异化是不可取消的，也是必要的，它对当代人类的进一步发展具有重要的积极意义，只要我们认清了它的来龙去脉，把握了它的本质，我们就可以发挥它的长处，避开它的弊端。②

2. 唯物史观视域中的现代性问题

自文艺复兴以来，人类社会的发展逐渐显现出其现代性特征，作为近现代社会最基本的特质与表现，对现代性进行梳理、概括和反思有重要的理论和实践意义。可以说，如果不对现代性有所把握，就无法理解几百年来人类社会的发展进程。在马克思哲学的领域中，唯物史观是其最为核心的基石，马克思以此视域关注现代性问题并形成了具体的、历史的、客观的现代性思想。因此，如何理解马克思哲学中的现代性思想，对于我们准确把握马克思哲学与现代性问题有着重要的借鉴价值。③

（1）现代性的概念和含义

关于现代性至少有三种书写方式：作为思想形态的现代性；作为社会设置的现代性；作为生活方式的现代性。④ 马克思虽然从未用过"现代性"概念，但却揭示了现代性之原始发生的历史逻辑。比之"现代性"概念的引申者，马克思以唯物史观为根基建构的现代性理论对现代性内涵的把握更具深刻性、现实性、整合性。首先，马克思立足于时代背景与现实，通过唯物史观对人类社会历史发展形态的科学认识，对其所处的资本主义社会所产生的现代性问题从体制根源进行深刻洞悉，为现代性的时间维度划定了资本主义运行方式的现实性界线。同时，他在发展的视角下指明：资本主义社会形态是历史发展的结果，它也将在生产力与生产关系矛盾的不断运动中走向"灭亡"。因此，唯物史观深层地蕴含着将"现代性"时间维度的断裂与传承相统一的理论内涵。其次，

① 汪金刚：《信息化社会生产与数字劳动异化——对马克思"异化劳动理论"的当代阐释》，《新闻大学》2020 年第 2 期，第 80～93 页。

② 邓晓芒：《人工智能的本质》，《山东社会科学》2022 年第 12 期，第 39～46 页。

③ 刘烨：《唯物史观视域中的现代性问题——"第十五届马克思哲学论坛"综述》，《理论探索》2015 年 6 期，第 37～42 页。

④ 赵景来：《全球化、现代性与唯物史观研究范式若干问题讨论综述》，《学术界》2010 年第 9 期，第 202～216 页。

以"哲学家们只是用不同的方式解释世界，而问题是改变世界"为"萌芽"标志的新世界观要求理论与实践相结合的原则，马克思唯物史观对该原则的一以贯之使其哲学思想全面超越其他形而上学体系，在思维方式层面构筑起独到的现代性意识，其思想逻辑的先进性是对现代性的体认与表征。①

对于现代性的含义和概念，诸多学者从不同层面进行了讨论。中国人民大学安启念教授认为，现代化主要体现在工业生产、市场经济、民主法制三方面，在其背后，实际上是人的现代性以及人思想观念的现代化在精神和文化上的支撑。现代化要求人的主体性和能动性，工业生产、市场经济都离不开人的主观能动性。哲学发展应由客观性、规律性和人的主体性和能动性来共同建构。吉林大学孙利天教授提出，现代性可以指现代社会的一般特点，一种区别于传统的独特的现代气质，一种新的思维方式或新的生产生活方式等。在西方语境中，现代性概念更多是基于对现代社会的反思、批判，更多的是否定概念，但在发展中国家，现代性则是追求的目标。现代性的复杂性在于发达国家与发展中国家不同的语境与现实。中共中央党校韩庆祥教授指出，国家的政治权力、市场经济或资本、民主参与三点构成了社会结构，现代性是在批判和超越人的依赖基础之上内在生长出来的，西方讲的现代性本质就是从人的依赖当中解放出来，从市场或者资本的力量相对独立出来，以及个人独立且成为主体，它倡导的是一种以权力、能力、理性、自立为核心内容的批判精神或者启蒙精神，同时带有积极效应和负面效应。② 作为哲学的关注对象，现代性始终承载着人类终极价值追索的使命。

（2）马克思唯物史观与现代性相关理论

首先，马克思哲学中是否蕴含着现代性的思想是学界的热议论题。吉林大学孙利天教授提出，虽然马克思的经典文本中并没有关于现代性及其概念的直接表述，但在思想与实践的历史语境中，《共产党宣言》和《1844年经济学哲学手稿》等关于资本主义社会以及异化的分析，深刻体现了马克思揭示现代性的本质，有力地批判了现代性负面效应的建构逻辑。中国人民大学安启念教授认为，马克思的现代性思想主要体现为对现代性的批判，其哲学基础是超越旧唯物主义和唯心主义哲学所创立的实践唯物主义的。华中师范大学林剑教授认为，从内在结构分析的角度，马克思所谈论的现代性主要包含三方面：大工业的生产方式、近代以来占主导地位的商品经济（市场经济）以及由于工业化生产以及市场经济所导致的经济、政治以及法律等层面的现代性问题。③ 北京大学丰子义教授认为，在马克思看来，现代性的载体是资本主义社会，资产阶级是现代性的主体，资产阶级和资本是一致的，资产阶级是资本的人格化，资本具有资产阶级主体化的性质。马克思对现代性的批判考察的价值取向是追求人类解放和自由平等，现代性和现

---

① 孙颖、韩秋红：《唯物史观视域下的现代性思想逻辑》，《教学与研究》2019年第9期，第25～33页。

② 刘烨：《唯物史观视域中的现代性问题——"第十五届马克思哲学论坛"综述》，《理论探索》2015年6期，第37～42页。

③ 刘烨、无为：《历史唯物主义与现代性问题的当代对接——"唯物史观视阈中的现代性问题"座谈会概要》，《马克思主义与现实》2015年第5期，第204页。

代化并不是最终目的，而是要实现人的全面发展。东北师范大学胡海波教授认为，马克思哲学视域下的现代性是直接蕴含在马克思哲学之中的，马克思的现代性思想颠覆了西方近代以来的本体论思想，它把人自身看作本体和实体。马克思对现代性批判，主要批判的是阻碍人性实现的部分，主要体现在人和物的关系之上。苏州大学杨思基教授认为，马克思的批判是对资本逻辑的批判，是对资本主义的生产方式、生产关系的批判。现代性问题实际上是一个意识形态问题，马克思对资产阶级意识形态的研究即是其现代性思想。

也有部分学者认为，马克思从本质上讲不是现代性批判，马克思只有对资本逻辑的批判，没有直接对"社会"的概念下定义，但是他大量地使用了"现代"概念。对现代性的批判，马克思只有关于资本批判的理论，没有严格意义上的现代性批判理论。不论是把马克思解读为现代主义理论家还是后现代主义理论家都是有失偏颇的。

其次，是关于马克思唯物史观视野下资本现代性批判的理论。学界诸多学者从马克思不同的文本、理论上分析其对现代性做出的辩证理解和批判。"只有当生产资料和生活资料的所有者在市场上找到出卖自己劳动力的自由工人的时候，资本才产生；而单是这一历史条件就包含着一部世界史。因此，资本一出现，就标志着社会生产过程的一个新时代"。马克思很明确地指认现代社会就是资本主义生产方式的运作现实，资本的出现和资本的逻辑勾勒了现代性的时代轮廓。大工业生产是资本主义条件下发展起来的生产模式，马克思指出，资本主义大工业生产通过消灭以往封闭分散的自然经济将世界市场连接在一起。从经济形态变迁和人类社会历史进程角度而言，资本主义生产方式具有划时代的意义特质，构成现代性的现实体征。在马克思那里，资本主义生产方式就是现代性的代言人，资本逻辑的内在悖论则是造成现代性问题的罪魁祸首。辽宁大学王国坛教授从《资本论》马克思主义价值观基础上，指出马克思的总体思路是通过批判资本主义社会来为人类开辟出共产主义的社会理想；《学习与探索》杂志社高云涌指出，马克思在《资本论》及其手稿中通过对现代社会资本运动的时间规定性的分析，揭示了现代性的时间维度。资本主义现代性危机的现实表现是现代雇佣劳动时间制度所决定的社会生产节奏对人的生活节奏的过度强迫和资本对人的自由时间的剥夺。南京大学孙乐强指出，《资本论》实现了从传统实体主义到关系范式的重要转变，揭示了近代形而上学和资产阶级意识形态得以存在的社会基础，将前期的形而上学批判、意识形态批判上升到对资本本身的批判，实现了哲学批判和政治经济学批判的内在融合，充分体现了马克思的现代性批判理论。此外，部分学者从政治经济哲学角度讨论，认为现代性的内涵是不断变化的，权力自由、民主、法治都是和市场经济密切相关的。人的解放可以从市民社会和政治解放这两个概念展开，人总是处在特定的社会结构之中。马克思的现代性具有完整的框架和批判性维度。

最后，是唯物史观的辩证态度批判看待现代性问题。马克思围绕"资本"展开的现代性批判富含着辩证精神，首先体现为其从正反两方面全面认识资本的现实作用。马克思一方面充分认可资本主义带来的时代进步；另一方面深刻剖析现代社会的体制机理，将现代性问题的产生归因于资本主义制度。新世界观从未全盘否定资本的一切，而是站在历史的视野下全面分析资本的溯源来由、当下形态和未来可能，在对资本的整体剖解中明辨现代性问题的根由。马克思批判现代性问题的辩证方法其次体现在他以发展的眼光看待资本的当下与未来。马克思对资本的具体分析是一种变动发展的历史性解读，正是这种理解充分体现了马克思对资本的暂时性与持存性、正效性与负效性的辩证把握。这内在的精神气质上也体现着现代性本身的一种时空辩证性特征。①

（3）中国内涵的现代性及理论建设

中国的现代化发展，不仅要准确把握现代性的中国内涵，还应注意其理论建设，在复杂的现代性语境中阐释其中国特质。一些学者考察了多元现代性问题和中国特色社会主义实践的问题，中国特色的社会主义现代化道路，不同于西方资本主义现代化道路，在实践上开创了实现多元现代性的新路，充分体现了普遍规律与特殊道路的有机统一。② 学者任平认为，从现代化角度围绕中国道路问题进行研究是在多元文化思潮中展开的，中国现代化道路的创新，必须以马克思唯物史观和现代性思想为指导，深入分析中国特色社会主义重写现代性的必然性，在复杂现代性的语境中根据"中国新现代性"坐标加以阐释。

当前我国现代性取得了一些进展，也存在一些问题。在中国，生产力的发展需要上一个台阶，制度、体制需要进一步发展、创新，长期受封建影响的等级观念、人情观念等观念问题需要解决。很多现代性的东西不是完成时，而是进行时，甚至是未来时，因此我们不是重建现代性，而是建设现代性。一些学者探讨了大数据技术实现社会治理创新的现代性问题，也有研究环境、社会保障等现实问题和现代性的关系。还有学者认为对现代性问题多维探讨不仅对于全面认识和理解现代化具有重要的理论意义，尤其对于发展中国家选择和创造各自特色的现代化道路具有重要的实践意义。现代性问题作为当代人类社会生活的突出主题，其中蕴含着丰富的现代人文内容和现代思想资源。中国的改革开放为传统社会的现代转换注入了活力，努力在理性与价值之间保持张力，自觉地关注当代中国现代性的健康发展，从而为当代和未来中国的发展提供坚实的思想文化基础。③

"现代性的反省"，既是事关整个当代人类生存状态和生存命运的最为重要的现实课题，又是全部现代哲学所关注的中心的理论课题，同时也是马克思唯物史观耗尽心血、毕生关注的根本课题。"现代性的反省"是马克思哲学和当代人类生存实践、与整个现代哲学实现深层结合的一个关节点，从此出发，马克思哲学既可以与整个现代哲学实现创造性的深层对话，同时又可以使马克思哲学对现代社会特有的批判和解释力量得到最大限度的释放。针对唯物史观视域中的现代性问题纵深推进的研究点，可以从以下三方

---

① 孙颖、韩秋红：《唯物史观视域下的现代性思想逻辑》，《教学与研究》2019 年第 9 期，第 25～33 页。

② 赵士发、李燕：《多元现代性问题与中国特色社会主义道路》，《北京大学学报（哲学社会科学版）》2015 年第 5 期，第 18～24 页。

③ 李淑梅：《马克思现代性批判的视野》，《天津社会学》2005 年第 4 期，第 4～9 页。

面入手：一是对现代性所蕴含的价值原则进行深层反省，对价值基础的重建、价值虚无主义的克服等与当代人类生存价值内在相关的重大课题作出创造性回答。二是对全球资本主义条件下资本与权力之间的复杂关系进行深入的分析，使马克思哲学成为全球资本主义条件下一种强有力的批判思想。三是对唯物史观在中国的演变和发展历程进行深入的自我理解，以现代性课题为切入口，纵深研究。①

在当代中国唯物史观的文本研究和现实研究取得了明显进展但仍有进一步推进的必要。一方面，唯物史观研究应力求站在时代的高度适应社会实践的发展需要，挖掘唯物史观中富有生命力和科学价值的思想，澄清认识上或理解上的混乱或错误，在吸收优秀思想成果和总结实践经验的基础上丰富和发展唯物史观。另一方面，唯物史观研究和运用需要以"中国问题"为中心直面现实，解剖现实，解读现实回应或解答时代课题以及社会实践中遇到的重要问题。唯有如此唯物史观才能保持其理论张力，彰显其实践价值。

3. 21世纪世界科学社会主义的发展态势

科学社会主义又称科学共产主义，是关于马克思主义的社会主义理论与制度的学说，是马克思、恩格斯运用历史唯物主义方法，通过对资本主义生产方式矛盾运动的分析而构建的关于社会主义必然代替资本主义客观规律的科学体系。它既是指一套完整的思想体系，又是一种崭新的社会制度，同时也是指实现这种社会制度的实践活动，"主要是要解决社会主义何以是可能的，什么样的社会主义才是可能的，它们在什么条件下才是可能的，应当通过什么样的途径和方式方法来实现这样一种社会主义，从而在理论上把社会主义从空想变为科学"②。科学社会主义就思想体系而言，是较哲学与政治经济学而言更为重要的一个组成部分，更是马克思主义理论体系的核心。③

21世纪，世界发生着深刻变化，新的世界范围内的社会主义运动开始复苏，并且在相对区域发展迅猛，当代世界社会主义呈现出新的多样性和多元化发展态势。"当代世界社会主义的发展是一种全方位、复杂化的状态，体现出一系列趋势和特点。认识、顺应和代表世界的潮流和世界社会主义的发展趋势，是坚持和发展中国特色社会主义的题中应有之义。"④ 因此，在全球化发展的今天，科学认识世界社会主义发展趋势，具有重要的理论价值和实践意义。

（1）世界社会主义思潮新动向

冷战结束后，世界社会主义将何去何从，西方媒体、政客和许多学者都曾提出"历史终结论"，宣布社会主义分崩离析、共产主义走向灭亡，甚至预言"冷战之后将是资

①　贺来：《"现代性"的反省与马克思哲学研究纵深推进的生长点》，《求是学刊》2005年第1期，第37～41页。
②　李道中：《科学社会主义的研究对象、学科性质、逻辑起点和理论体系》，《科学社会主义》2014年第4期，第33～41页。
③　金建萍：《科学社会主义热点问题研究》，中国社会科学出版社，2016年，第2页。
④　胡振良：《当代世界社会主义发展的若干趋势》，《当代世界与社会主义》2013年第3期，第23～29页。

本主义的天下，21 世纪将没有社会主义的一席之地"①。进入 21 世纪后，世界科学社会主义研究的热点主要集中在以下几方面：一是关注民主社会主义思潮的研究，二是关注市场社会主义，三是关注生态，讨论生态社会主义，四是对拉美地区、原苏东地区以及西方独立左翼人倡导的新社会主义的研究。

目前，关于当代世界社会主义的发展态势，我国学术界主要有三种说法：第一种观点认为，当代世界社会主义运动正处于历史性的低潮。第二种观点认为，苏联解体、东欧剧变表明，苏联式的传统社会主义模式已经失败，应该重新研究马克思主义，重新探索建设社会主义的道路，还马克思主义、科学社会主义的本来面目。第三种观点认为苏联解体、东欧剧变宣告了苏联式传统社会主义模式的失败，但并不是社会主义的失败。"社会主义是一个世界性的历史进程，有着丰富的世界历史内涵，有着广阔的发展空间和前景。"② 当今世界主要的社会主义思潮在关注人类共同面临的全球性问题上，虽然各有侧重，各自的出发点和立足点也不尽相同，但在诸如民主、市场经济、生态环境、民生、安全等许多重大问题上却形成了相对共识，这些共识就构成了当今世界主要社会主义思潮的基本动向。③

（2）21 世纪社会党国际的政策调整

社会党国际作为全球最大的跨国政党组织，在今天全球政治舞台上依旧发挥着作用。进入 21 世纪，为了适应不断加速的经济全球化和纷繁复杂的世界局势，社会党国际相继召开了三次代表大会，针对世界性和地区性热点问题进行了判断与回应，其中就包括价值观在内的理论和政策上的调整和革新。

第一，对基本价值观的新解释。进入 21 世纪后，社会党国际仍然强调要坚守自由、公正和团结的主要价值观，但更强调实现这些价值观的手段与方式。在二十二大上，社会党国际在坚持原有的基本价值观基础外，将"平等"与"和平"也纳入其中，并且对这些价值观进行了新的解释。比如，社会党国际认为，"传统的公正观往往把公正理解为'分配和结果的平等'"④，新的公正观应该加强机遇公正和起步条件的公正，不断地体现机遇平等并保障个人与自我发展的条件。社会党国际还吸收可持续发展理念，将基本价值从过去只关注人与人之间的关系，扩充到了人与自然、当代人与后代人的层面，并试图阐明经济增长、社会公正与可持续发展之间的关系，还将可持续发展提升为社会民主主义的新三原则之一。

第二，强调全球进步的新战略。2003 年，社会党国际召开的二十二大的主题为"政治的回归：为了公正负责的全球治理——实现人民对全球化的治理"，通过了《全球社会的治理——社会民主主义的道路》和《圣保罗宣言》两个全球治理的纲领性文件。

① 胡振良：《新世纪世界社会主义的新发展》，《人民论坛》2012 年第 17 期，第 51～52 页。
② 王怀超：《当代世界社会主义的发展态势》，《当代世界与社会主义》2014 年第五期，第 59～63 页。
③ 金建萍：《科学社会主义热点问题研究》，中国社会科学出版社，2016 年，第 270～273 页。
④ 孙君健：《冷战后社会党国际基本价值观演变述评》，《北京工业大学学报》（社会科学版）2005 年第 2 期，第 53～58 页。

2008 年，社会党国际二十三大以"全球团结，勇于变革"为主题，强调要继续以推进全球治理为工作主线。通过这几次代表大会，社会党国际制定并完善了应对全球化挑战的全球治理纲领，系统表达了全球治理的理念。社会党国际认为，全球治理必须坚持可持续发展原则、尊重人权原则以及发扬民主原则，主张建立一个有效的和民主的全球政治结构。

第三，持续关注世界和平。社会党国际致力于维护世界和平与安全，建立公平合理的国际新秩序。"认为和平是指导政治行动的基本价值。21 世纪以来，国际社会遭到了恐怖主义的威胁，局部地区战争冲突不断。社会党国际适时调整纲领与政策，强调恐怖主义是世界和平的最大威胁，并制定了反对恐怖主义的系列政策。面对美国咄咄逼人的单边行为，社会党国际予以坚决抵制。"[①] 在处理地区冲突问题的态度上，社会党国际坚持以多边主义的方式，主张通过对话与谈判解决冲突问题。

第四，关注全球金融体系的改革。2012 年 8 月，社会党国际在南非开普敦召开了二十四大，大会通过了《推动经济增长、扩大就业、加强社会保障：社会民主党对金融危机的反应》的决议。社会党国际认为，金融危机的原因是自由放任的新自由经济政策使然，政府对金融市场缺乏监管，金融投机行为横行，缺乏透明并且行之有效的金融规则，实体经济增长乏力，金融泡沫自我膨胀。为此，社会党国际提出了应对金融危机、改革世界金融体系的政策建议。呼吁政府调整与市场之间的关系，主张通过全球金融体系信息互通和行动互动，保证全球金融的有序和安全运行；强调政治手段的重要性，坚持政府应制定合理的收入分配体制、缓解贫富两极分化，应推行积极的财政政策、抛弃紧缩财政式的政策模式，扩大投资、刺激经济增长，各国政府之间要加强团结，建立更为透明的金融体制，加强金融监管。

习近平总书记指出："不同国家的政党应该增进互信、加强沟通、密切协作，探索在新型国际关系的基础上建立求同存异、相互尊重、互学互鉴的新型政党关系，搭建多种形式、多种层次的国际政党交流合作网络，汇聚构建人类命运共同体的强大力量"[②]，中国共产党第十八次全国代表大会胜利召开以来，中国共产党与社会党国际的对话交往呈现良性发展。2017 年 3 月 2 日至 4 日，中共中央对外联络部副部长郭业洲率团赴哥伦比亚卡塔赫纳出席社会党国际第二十五次代表大会并进行主旨发言，宣传了习近平主席治国理政的新思想新方略，阐明了中国共产党愿与社会党国际加强沟通与对话，共同推进人类命运共同体建设的态度和立场。2017 年 12 月 1 日，中国共产党与世界政党高层对话会在北京开幕，中共中央总书记、国家主席习近平出席开幕式并作了题为《携手建设更加美好的世界》的主旨讲话。[③]

---

① 龚加成：《社会党国际纲领和政策的新变化——社会党国际二十二大述评》，《国内外理论动态》2004 年第 1 期，第 17～21 页。

② 习近平：《习近平谈治国理政》第三卷，外文出版社，2020 年，第 435 页。

③ 丁玮、王恩明：《中国共产党与社会党国际党际交往的历史经验与发展思路探析》，《中共云南省委党校学报》2022 年第 1 期，第 121～128 页。

2021 年 7 月 6 日中国共产党与世界政党领导人峰会以视频连线方式拉开了序幕，包括社会党国际在内的全球逾 500 位政党和组织的领导人参会，习近平总书记在北京出席会议并发表了题为《加强政党合作 共谋人民幸福》的主旨讲话。社会党国际主席乔治·帕潘德里欧作为参会代表，对中国共产党的发展理念和思路给予了高度赞扬。社会党国际与中国共产党在推动世界减贫事业、促进世界和平与发展等问题上存在共识，今后也将在推动可持续发展、共建"一带一路"等领域具有更大的对话空间。随着双方交往的日益密切，社会党国际也成了中国共产党交流理念、广交朋友、观察大势的重要平台和渠道。

当前，世界正经历百年未有之大变局，站在两个一百年的历史交汇点，习近平总书记强调："中国共产党关注人类前途命运，同世界上一切进步力量携手前进。"[①] 放眼未来，与社会党国际开展党际交往，我们应牢牢把握党性原则，以构建人类命运共同体作为目标方向，围绕完善全球治理、倡导多边主义等议题进一步拓展对话空间。

（3）发达国家共产党的新走向

"发达国家共产党的生存现状和未来前景，是人们思考世界社会主义前途和命运的过程中必不可少的一个重要问题。"[②]

首先，我们应该看到随着 21 世纪的到来，社会生产力的进步以及资本主义的新发展，一些对于西方发达国家共产党发展壮大的有利条件在不断增加。资本主义最大的问题仍然在私有制问题上，结构性失业成为资本主义国家经济发展不可避免的重大问题，这样的问题滋生着新的社会矛盾和危机。"西方发达国家的共产党如果能利用这些矛盾，更加密切地关注劳动阶层的利益，准确地把握时机，就能发展壮大自身的力量"[③]，将世界社会主义运动推向高潮。

其次，从主观上看，经过苏联解体、东欧剧变的涤荡和对社会主义的反思之后，西方发达国家共产党无论在理论上、认识上还是实践上，都比以前更加成熟。在对未来发展道路的思考和斗争策略上，它们都表现出更多的清醒、理智和更少的盲动、激进。

最后，在当今的西方发达国家，短期内共产党是无法超越资本主义的优势地位的。在这种形势下，如何适应现代社会的发展，如何重新认识资本主义的新变化、新发展，更新传统的陈旧的理论和观念，调整战略、策略和政策，将是当今乃至未来西方发达国家共产党需要解决的重大课题和难题。

（4）拉美 21 世纪社会主义运动

当代拉美社会主义运动不仅是国外新社会主义运动的典范，是拉美多元政治格局中的重要政治力量和推进拉美现代化、民主化的主力军，而且是世界社会主义运动的重要组成部分。委内瑞拉、巴西、玻利维亚、厄瓜多尔等国的"新左翼"是拉美社会主义运

---

① 习近平：《在庆祝中国共产党成立 100 周年大会上的讲话》，《人民日报》2021 年 7 月 2 日第 2 版。
② 李申：《全球化背景下发达国家共产党的新探索》，《当代世界与社会主义》2006 年第 6 期，第 24～28 页。
③ 熊泽成：《关于坚定社会主义信念的几点思考》，《科学社会主义》2002 年第 2 期，第 26～29 页。

动的后起之秀，它们"新社会主义"的实践也赢得多数民众的认可。"新社会主义建设"开始从口号向构建理论体系推进，党结合执政实践对"新社会主义"的内涵和理论进行了不断发展。除此之外，"圣保罗论坛"和"世界社会论坛"成为展示拉美左翼力量的大舞台。拉美"21 世纪社会主义"的发展，为经济全球化时代的发展中国家提供了抵御新殖民主义、争取团结自主发展、超越资本主义、探寻 21 世纪社会主义道路的经验与启示。[①] 但是，拉美"21 世纪社会主义"的前路远非坦途，不宜过于乐观，更不宜妄加解读，仅从社会运动、议会道路、民族主义、多元价值观、个人威权、资源红利和地区合作等标签不足以理解"21 世纪社会主义"的历史和远景。

(5) 中国特色社会主义的创新

"什么是社会主义，怎样建设社会主义"是中国共产党探索中国特色社会主义事业进程中需要解答的一个首要的基本问题。统一于中国特色社会主义伟大实践，中国特色社会主义道路、中国特色社会主义理论体系、中国特色社会主义制度，是党和人民一百多年奋斗、创造、积累的根本成就。"中国特色社会主义是改革开放以来党的全部理论和实践的主题"，是统摄改革开放以来历次全国党代会政治报告的题眼和灵魂。从党的十二大到二十大的政治报告始终聚焦这一题眼和灵魂作出重要论述，集中反映了中国共产党人的中国特色社会主义观。

在党的十二大开幕词中，邓小平首次提出"有中国特色的社会主义"的重大崭新命题。随后，党的十二大和十三大的政治报告聚焦这一命题，围绕中国特色社会主义的一些基本问题作出初步探索和回答，标志着中国共产党人的中国特色社会主义观的肇始和初创。这一时期"突破对社会主义社会特征的传统认识"，指出"社会主义精神文明是社会主义的重要特征"，深刻强调了中国特色社会主义同共产主义的内在统一性，有力驳斥了"渺茫论"和"虚假论"等谬论，深刻强调"小康社会"的奋斗目标，作出"两步走"的战略部署，明确了中国特色社会主义的目标指向。

党的十三大系统阐述了社会主义初级阶段理论，制定了党的基本路线，1992 年邓小平南方谈话创造性地揭示了社会主义的本质，实现了中国特色社会主义观的极大创新突破。党的十四大从社会主义发展道路、发展阶段和发展动力等九个方面对中国特色社会主义理论的基本内容进行概括。突出强调改革开放之于中国特色社会主义的价值意义，指出中国特色社会主义"所以具有蓬勃的生命力，就在于它是实行改革开放的社会主义"，在苏联解体、东欧剧变的严峻形势下科学研判了中国特色社会主义的前途命运，对其发展前景充满信心，起到坚定信念、鼓舞人心的重要作用。

党的十五大科学制定中国特色社会主义新的"三步走"战略部署，明确提出"两个一百年"奋斗目标；深刻回答了"什么是初级阶段的社会主义，在初级阶段怎样建设社会主义"的问题，丰富和发展了社会主义初级阶段理论，提出党在社会主义初级阶段的

---

① 贺钦：《试析拉美"21 世纪社会主义"的历史源流及其本质》，《当代世界与社会主义》2015 年第 3 期，第 76～82 页。

基本纲领，使党的基本路线在经济、政治、文化等领域得以具体展开，进而使基本路线具有更强的现实指向性和实践操作性，体现了对中国特色社会主义更为具体深入的认识。

党的十六大是从十个方面系统总结了党的十三届四中全会以来建设中国特色社会主义的基本经验，作出"21 世纪头 20 年是我国发展的重要战略机遇期"的科学判断，提出全面建设小康社会的奋斗目标并作出具体部署，强调这"是中国特色社会主义经济、政治、文化全面发展的目标，是与加快推进现代化相统一的目标"，从而进一步明确了中国特色社会主义的发展前景和目标指向。

党的十七大，一是第一次鲜明而完整地提出高举中国特色社会主义伟大旗帜，深刻揭示了其科学内涵和根本要求，突出强调了中国特色社会主义对于党和国家事业发展的根本性意义；二是对改革开放以来党的创新理论进行系统整合，将其概括为中国特色社会主义理论体系，并对中国特色社会主义道路、理论体系的科学内涵进行深刻阐释，从而形成了"旗帜"引领下的"道路—理论体系"有机统一的中国特色社会主义基本表现形态；三是全面系统论述了科学发展观，突出强调构建社会主义和谐社会在中国特色社会主义事业"四位一体"总体布局中的重要地位，指出"社会和谐是中国特色社会主义的本质属性"。

党的十八大，一是将生态文明建设纳入中国特色社会主义总体布局之中，从而实现了这一总体布局由"四位一体"到"五位一体"的拓展；二是将中国特色社会主义置于党 90 多年的奋斗历程中加以审视，凸显中国特色社会主义的价值意义；三是科学论述了中国特色社会主义道路、理论体系、制度的科学内涵及其相互关系，强调要坚定道路自信、理论自信和制度自信，进而揭示了"中国特色社会主义的最鲜明特色"；四是科学研判了建设中国特色社会主义的总依据、总布局和总任务；五是提出了夺取中国特色社会主义新胜利的基本要求，明确了中国特色社会主义的依靠力量、根本任务、必由之路、内在要求、根本原则、本质属性、必然选择和领导核心等根本问题；六是对全面建成小康社会的奋斗目标进行科学设定和具体部署，明确了中国特色社会主义的奋斗目标和实践指向。

党的十九大，一是作出"中国特色社会主义进入了新时代"的重大判断，明确了中国特色社会主义新的历史方位；二是将中国特色社会主义置于"四个伟大"的系统中加以观照阐发，对中国特色社会主义道路、理论体系、制度和文化的相互关系作出科学阐释，强调要坚定"四个自信"，深化了对中国特色社会主义基本表现形态的认识；三是制定了"两个阶段"的战略安排和系列重大部署，深刻强调"五位一体"总体布局和"四个全面"战略布局，明确了新时代新征程中国特色社会主义的奋斗目标和实践指向；四是将"中国共产党领导"上升至中国特色社会主义"最本质的特征"和"制度的最大优势"的高度加以突出强调，这是党的中国特色社会主义观中"最重要的认识成果、最根本的规律总结"。

党的二十大，一是以"三个务必"的崭新论断明确了谱写新时代中国特色社会主义更加绚丽的华章所应当具备的精神状态；二是将中国特色社会主义纳入中国式现代化的本质要求和前进道路上必须牢牢把握的重大原则并加以突出强调，凸显了中国特色社会主义对于中国式现代化和人类文明新形态的本源性意义和规定性作用，深化了对中国特色社会主义战略地位的认识；三是作出中国特色社会主义之所以"好"，"归根到底是马克思主义行，是中国化时代化的马克思主义行"的科学判断，精辟指明了新时代新征程坚持和发展中国特色社会主义的理论要求；四是科学制定了新时代新征程中国共产党人的使命任务，并为此作出了一系列重大部署，从而精准指明了新时代新征程坚持和发展中国特色社会主义的目标引领和实践指向。[①]

中国特色社会主义的创新发展坚持和发展了马克思主义，继承和创新了科学社会主义，为马克思主义理论注入了新的时代精神。

"21世纪社会主义"理论应具有全球性、多样性，是多元文明的对话，要充分发挥人民的创造力，实现制度创新。这些都是世界历史的新萌芽，当代世界并不像一些学者断言的那样，将是"历史的终结"，而是处于新的国际环境和过渡阶段。[②]

【课堂研学材料】

1999年，由英国剑桥大学文理学院的教授们发起，就"谁是人类纪元第二个千年第一思想家"进行了校内征询和推选。投票结果是：马克思第一，爱因斯坦第二。

随后，英国广播公司以同一问题在全球互联网上公开征询。一个月下来，汇集全球投票结果，仍然是马克思第一，爱因斯坦第二，牛顿和达尔文位列第三和第四。从1999年开始，英国曾组织过三次"千年思想家"的评选，马克思都是位居第一。列宁曾经说过："沿着马克思的理论的道路前进，我们将愈来愈接近客观真理（但决不会穷尽它）；而沿着任何其他的道路前进，除了混乱和谬误之外，我们什么也得不到。"今年是马克思诞辰205年，马克思主义为什么不可被超越？为什么"行"？在有人宣扬马克思主义"过时论"、社会主义"终结论"的今天，这个评选结果的确发人深省。

这些评选结果对你有何触动和启发？请详细了解评选情况，从与其他上榜思想家的比较和本专题学习中深入认识马克思。

【教师课堂提问及点评】

1. 国内外学术界是如何评价《1844年经济学哲学手稿》在马克思哲学思想发展史中的理论地位的？

（1）自阿尔都塞的"断裂论"提出以后，国内外对《1844年经济学哲学手稿》在马克思哲学思想发展史中的理论地位的评价，大多表现为"断裂论"的理论变形。

（2）作为"断裂论"之变形的各种理论评价，几乎都把《1844年经济学哲学手稿》看作是一个立足于费尔巴哈抽象人道主义或人本学唯物主义立场的作品或思想阶段。

---

① 周向军、武文豪：《从党的十二大到二十大：中国特色社会主义观创新发展论要》，《马克思主义理论教学与研究》2023年第2期，第30~39页。

② 列洪波：《国际金融危机与21世纪社会主义前景》，《高校理论战线》2009年第4期，第47~48页。

（3）他们之间的争论主要集中表现在对这一思想阶段的肯定或否定性的评价。

（4）部分国内学者认为，《1844年经济学哲学手稿》不仅不再是费尔巴哈抽象人道主义或人本学唯物主义立场的再现，而且是马克思新哲学世界观的理论发源地，并由此贯通了马克思早期思想与后期思想、意识形态批判与经济批判的断裂。

2. 马克思指出："自我异化的扬弃同自我异化走的是同一条道路。"如何理解马克思这一论断的基本内涵？

（1）劳动与资本的对立，是人的自我异化的当代表达形式。

（2）自我异化的扬弃有赖于劳动与资本的对立走向激化状态。

（3）只有劳动和资本的对立不断激化，只有自我异化走向极端，才会有矛盾的解决。

3. 马克思指出："共产主义"是"作为普遍的私有财产出现的"，不过是私有财产关系的"普遍化和完成"。如何理解马克思的这一论断。

（1）马克思在这一论述中所说的"共产主义"指称的乃是以往的"共产主义思潮"，是空想社会主义者的共产主义思想。

（2）这一论述是针对"共产主义思潮"的经济主张所做的分析与批判。

（3）"共产主义思潮"已经提出了积极地扬弃私有财产的主张，但他们所理解的积极地扬弃私有财产本质上不过是平分私有财产，是平均主义地占有私有财产。

（4）因此，他们所谓的积极地扬弃私有财产并不是私有财产的积极扬弃，而是让每一个人都成为小私有者，使私有财产关系成为人们之间的普遍性关系，因而是私有财产的普遍化和完成。

（5）正是在这个意义上，马克思指出："共同性只是劳动的共同性以及由共同的资本——作为普遍的资本家的共同体——所支付的工资的平等的共同性。相互关系的两个方面被提高到想象的普遍性：劳动是为每个人设定的天职，而资本是共同体的公认的普遍性和力量。"

（6）"共产共妻"乃是这种十分粗陋的和无思想的共产主义思潮的粗鄙表现和昭然若揭的秘密。

4. 马克思指出："社会性质是整个运动的普遍性质；正像社会本身生产作为人的人一样，社会也是由人生产的。"如何理解马克思这一论断的基本内涵？

（1）马克思所谓的"社会性质"指谓的乃是作为"人道主义"之状态的社会性质，是人与人之间的非异化状态，是人与人之间的作为"感性对象性关系"之状态。简单地说来，这种状态就是费尔巴哈所谓的他人就是我的本质，我作为人的本质就存在于作为我的对象的他人中。马克思把这一思想表述为"直接体现他的个性的对象如何是他自己为别人的存在，同时是这个别人的存在，而且也是这个别人为他的存在"。

（2）这种作为社会性质的"人道主义"状态或人与人之间的对象性关系，不是一个理性的预设，而是源自现实个人的活动，即马克思所说的"在被积极扬弃的私有财产的前提下，人如何生产人——他自己和别人"的结果。

（3）劳动活动是现实个人的活动，没有现实个人的存在就没有人的现实劳动；就此而言，人是活动的出发点。但是，另一方面，现实个人的存在以及实现个人之间的关系又是他的劳动活动的结果，是现实个人的活动创造出人的社会存在；就此而言，人又是劳动活动或这一运动的结果。劳动的材料也是如此。

（4）据此，马克思指出："社会性质是整个运动的普遍性质；正像社会本身生产作为人的人一样，社会也是由人生产的。"

（5）就"社会性质是整个运动的普遍性质"而言，马克思要表达的乃是以异化劳动和私有财产为本质特征的"异化社会"只不过是广义的人类社会发展的一个环节，广义的人类社会的发展必然会突破这一发展阶段，进入人道主义的社会阶段。这就是马克思所说的狭义的"社会性质"或社会状态、社会阶段。

（6）就"正像社会本身生产作为人的人一样，社会也是由人生产的"而言，这一论断不过是隐含在"异化劳动和私有财产"部分的基本思想和重要理论发现的第一次公开表达，也是马克思的共产主义、人道主义或社会理论对费尔巴哈抽象人道主义立场的本质性超越。

【专题小结】

从19世纪40年代中期到19世纪90年代中期（1895年恩格斯逝世），是马克思主义发展的第一个50年。科学论证人类解放的伟大意义及实现途径，是这一阶段马克思主义发展的主题。世界怎么了？人类向何处去？这是19世纪上半叶提出的世界之问。对此，当时欧洲思想界纷纷提出解决之道。

马克思恩格斯批判地审视了脱离实践的思辨哲学、隔靴搔痒的改良主义、不切实际的空想主义，经过艰辛的理论跋涉而获得唯物史观、剩余价值学说这两个伟大发现，以其对问题分析的深刻性、社会批判的彻底性、解决方案的现实性，实现了对各种社会解决方案的批判性超越。《德意志意识形态》《共产党宣言》《资本论》等著作表明，在资本主义社会，资本是主宰社会运行、形塑社会面貌的统治力量。资本的私人性、剥削性、扩张性、历史性，演化为占有的逻辑、剥削的逻辑、侵略的逻辑、暂存的逻辑。资本逻辑的生产形态、人格形态、国际形态，导致社会化大生产与生产资料私人占有相矛盾、资本与劳动相对立、西方与东方相冲突。马克思恩格斯深刻揭示人类解放的发展前景与无产阶级的历史使命，深刻阐明无产阶级解放与人类解放的辩证统一。通过无产阶级革命，实行生产资料的社会占有以适应社会化大生产的要求，让劳动者成为生产资料的主人而消灭资本的统治，这是马克思恩格斯的答案。马克思和恩格斯在《共产党宣言》中用"三个从属于"深刻揭示了当时西方与东方的不平等关系："它使未开化和半开化的国家从属于文明的国家，使农民的民族从属于资产阶级的民族，使东方从属于西方。"

马克思主义从一诞生起，就与工人运动密不可分，决不满足于"把新的科学成就写成厚厚的书，只在'学术'界吐露"。1848年欧洲革命失败以后，马克思恩格斯为推进革命斗争实践、加强工人运动的国际联合而不懈努力。1864年9月第一国际的成立标志着工人运动国际联合的新高度。马克思强调指出，"劳动的解放既不是一个地方的问题，也不是一个国家的问题，而是涉及存在现代社会的一切国家的社会问题，它的解决有赖于最先进的国家在实践上和理论上的合作"。在第一国际期间，马克思主义经受了巴黎公社实践的初步检验。巴黎公社革命失败后，马克思恩格斯及时总结了革命的经验教训，从多方面深化和发展了他们的学说。第一国际解散后，国际工人运动的发展亟须成立新的国际联合组织。在恩格斯的倡议下，第二国际于1889年成立。恩格斯竭力弥补因马克思的离世而可能出现的理论缺位，并根据形势的发展变化不断提出新的观点。

七、课后阅读

［德］卡尔·马克思著《1844年经济学哲学手稿》，人民出版社，2000年版。

［德］卡尔·马克思著《德意志意识形态》，人民出版社，2003年版。

［德］卡尔·马克思、弗里德里希·恩格斯著《共产党宣言》，人民出版社，1997版。

［德］卡尔·马克思著《资本论》（第1卷），人民出版社，2004年版。

［德］弗里德里希·恩格斯著《反杜林论》，人民出版社，1999年版。

陈文通著《重温经典：拜访马克思——七个重大理论问题》，中央文献出版社，2009年版。

陈学明、马拥军著《走近马克思——苏东剧变后西方四大思想家的思想轨迹》，东方出版社，2002年版。

高放等主编《科学社会主义理论与实践》（第四版），中国人民大学出版社，2005年版。

杨春贵主编《马克思主义与时俱进100例》，中共中央党校出版社，2003年版。

八、课后思考

1. 马克思恩格斯共同创立唯物主义历史观的过程及其意义启发。

2. 马克思恩格斯创立新世界观的主要特征。

3. 如何理解21世纪科学社会主义的发展。

第三专题 马克思主义政治经济学的创立
——从《1857—1858 年经济学手稿》 到《资本论》第一卷

一、专题概述

政治经济学是马克思主义的重要组成部分。19 世纪 40 年代以后，马克思和恩格斯在创立唯物史观的同时，也在研究政治经济学。从《1857—1858 年经济学手稿》到《资本论》第一卷第一版正式出版，标志着马克思科学的劳动价值论和剩余价值论的创立，也标志着马克思第二人科学发现的完成，马克思和恩格斯在继承批判占典政治经济学的基础上，实现了对劳动价值论的科学革命，并发现和创立了剩余价值理论，深刻分析了资本主义生产方式、运行规律及其历史命运，并对未来社会做出科学预测。政治经济学作为一门独立的学科，研究的是人类社会历史中存在的各种社会生产关系，阐明的是人类社会历史中不同时期支配物质资料生产和交换以及与之相适应的产品分配和消费的规律。对政治经济学研究对象探讨是马克思实现政治经济学理论探索和创新的重要内容之一。马克思早在《1844 年经济学哲学手稿》中，就已经意识到政治经济学这门科学所包含的强烈的社会历史性质和阶级性质，并力图把对资本主义私有制关系的剖析作为政治经济学研究的主题。后来从 19 世纪 50 年代起，马克思把主要研究精力放到了政治经济学上，创作了一系列重要成果，使马克思主义在政治经济学研究中得到了全面推进。

二、教学目标

知识目标：了解马克思政治经济学研究的基本历程，理解马克思创立的剩余价值理论是政治经济学发展史上的革命，把握《资本论》及其手稿对马克思主义的证明和重大发展。

能力目标：运用马克思主义基本原理，分析理解马克思创立的剩余价值理论学说，能够借鉴运用《资本论》第一卷的唯物辩证法进行马克思主义政治经济学的相关研究。

情感、态度、价值观目标：掌握剩余价值理论，坚定对马克思主义的真理性的客观认识和信心，建立起对资本主义制度必然灭亡的科学审视精神，树立对社会主义和未来共产主义的坚定信仰和强烈情感。

三、教学重点、难点

重点：剩余价值理论创立的基本过程和革命意义，《资本论》及其手稿对马克思主义的重大发展。

难点：《资本论》及其手稿实现的政治经济学革命，《资本论》中的科学方法论。

四、内容框架

科学的劳动价值论的形成。

剩余价值学说的创立。

《资本论》第一卷的问世。

五、课时分配

6课时。

六、专题教学

【专题导入】

如何理解数字劳动、数字剥削、数字资本？

随着互联网、人工智能、大数据、物联网等当代信息技术的发展，信息网络以一种前所未有的方式与规模渗透到资本主义经济文化的方方面面，我们生活的世界已经转变为数字化时代。一些研究者在此基础上重新定义了数字资本主义时代的到来。丹·席勒认为，"在扩张性市场逻辑的影响下，因特网正在带动政治经济向所谓的数字资本主义转变"[①]。维克托·迈尔也指出，"我们的经济将从金融资本主义转向数据资本主义"[②]。数字资本主义正重塑着人类生产方式，劳动力市场发生激变，越来越多的劳动者转向数字信息内容的生产。一种以数字社交媒体与互联网平台为终端的数据信息劳动范式——"数字劳动"——悄然兴起，驱动着数字资本主义的增殖。但围绕数字劳动的物质性、是否存在剥削这一焦点议题的激烈学术争论也开展得轰轰烈烈。毫不意外，西方自由资本主义学者以此为契机，质疑马克思的劳动价值论在数字资本主义时代的适用性，甚至提出劳动价值论已转变为技术价值论的观点。面对争论与质疑，数字资本主义时代政治

[①] 丹·席勒：《数字资本主义》，杨立平译，江西人民出版社，2001年，第15页。
[②] 维克托·迈尔－舍恩伯格、托马斯·拉姆什：《数据资本时代》，李晓霞、周涛译，中信出版社，2018年，第19页。

经济学批判的在场是 21 世纪马克思主义的理论自觉：只有回归到马克思的政治经济学批判，将数字劳动置于一般劳动过程的视域中考量，把握数据的商品化到数字资本的逻辑进阶，才能揭示数字劳动的生产性劳动本质及剥削关系；也只有回归到马克思关于生产性劳动与机器体系的阐述，才能把握当代技术、信息知识与资本的辩证关系，解读数字资本主义的技术主义修辞，实现对当代数字资本主义的根本性拆解。

【历史脉络梳理】

从 19 世纪 50 年代起，马克思开始把主要精力用于对政治经济学的研究，从写作《1857—1858 年经济学手稿》《政治经济学批判》第一分册、《1861—1863 年经济学手稿》《1863—1865 年经济学手稿》直到《资本论》第一卷出版，经过长达 10 余年的研究，马克思科学揭示了资本主义生产方式的运动规律，实现了政治经济学研究的革命性变革。

【要点讲解】

1848 年欧洲革命失败之后，无产阶级革命斗争转入低潮。马克思和恩格斯于 1849 年下半年先后抵达伦敦。马克思又重新开始了对政治经济学的研究，此后直到 1867 年《资本论》第一卷问世，他把一生中黄金时代的全部时间都用于研究资本主义经济关系，提示资本主义经济运动规律，完成了他继唯物史观之后的第二个伟大理论发现。

（一）劳动价值论的科学革命

劳动价值论是马克思经济学说的基础，是马克思经过长期深入的科学研究，在批判继承资产阶级古典政治经济学的有关理论的基础上建立起来的。

首先，唯物史观的创立，为马克思、恩格斯的政治经济学研究特别是劳动价值论的研究提供了科学的方法论。在《德意志意识形态》中，马克思、恩格斯虽然没有对劳动价值论做系统的论证，对价值问题的论述篇幅也不大，但清晰反映了从否定劳动价值论到肯定劳动价值论的根本变化，具有非常深远的意义。在 1847 年的《哲学的贫困》中，马克思以唯物史观为政治经济学的根本方法，明确提出政治经济学是一门历史科学，研究的是与社会生产力的发展相适应的、具有过渡性的、历史上暂时的生产关系的产生、运动及其内部联系，研究的是人们借以进行生产和交换、分配、消费的经济形式及其发展的规律性。

其次，对于资产阶级古典经济学家特别是李嘉图的劳动价值论的研究，马克思经历了一个从否定到肯定而后逐步超越的发展过程。他特别指出，李嘉图犯有把资产阶级的生产关系当作永恒范畴的一切经济学家的通病，并阐明价值或货币等经济范畴是一种社会关系，是其他经济关系整个链条中的一个环节，并和一定的生产方式相适应。他批判地吸收和利用了李嘉图理论中的合理成分，肯定了李嘉图劳动价值论的历史功绩，赋予李嘉图劳动价值论新的内涵，在许多理论观点上实现了对李嘉图的超越。马克思在新的世界观和方法论高度，与蒲鲁东的价值理论进行了论战，表述了自己对劳动价值论的基本立场，阐明了劳动决定价值的基本原理、价值决定的社会性以及决定商品价值的劳动的特性。

从 19 世纪 50 年代起，马克思开始把主要精力用于对政治经济学的研究，从写作《1857—1858 年经济学手稿》《政治经济学批判》第一分册和《1861—1863 年经济学手稿》、直到《资本论》第一卷出版，经过长达 10 余年的研究，他终于在劳动价值论的研究中获得了重大突破，建立了科学的劳动价值论。特别是在《1857—1858 年经济学手稿》中，马克思第一次比较系统地阐述了马克思主义的劳动价值论，从而为剩余价值理论的创立提供了科学的理论前提。

第一，首次明确规定了商品是研究资本主义经济的起始范畴，并科学地揭示了商品的二重性。《1857—1858 年经济学手稿》，马克思的思路有一个重要的变化，即他在对货币和资本关系进行深入分析研究后，确定把价值作为在货币之前的范畴来加以研究。然而随着研究的深入，马克思认识到"表现资产阶级财富的第一个范畴是商品的范畴"①。这说明马克思此时已形成了从商品开始研究的思想。将商品确定为政治经济学的起始范畴，是马克思政治经济学研究中的重大突破。

在《1857—1858 年经济学手稿》中，马克思不仅明确指出了商品的价值是由社会必要劳动时间所决定的，而且还明确区分了价格与价值，指出价格是围绕价值上下波动的。在这些研究成果的基础上，马克思发现了商品的二重属性：价值和使用价值。使用价值是商品的特殊性、自然属性，是商品的自然存在形式；价值或交换价值是商品的一般性、社会属性，是商品纯经济的或社会存在形式。马克思指出，正由于价值的存在，才使一切商品在质上找到了它们的同一性，从而使一切商品都能够按价值量的比例进行交换；使用价值的存在，则使这种商品能够满足人们的不同需要，从而使交换成为必要。可见，商品是使用价值和价值的辩证统一。商品二重性的揭示，为马克思进一步发现劳动的二重性学说奠定了基础，这是他在劳动价值论研究方面所获得的重大进展。

第二，首次科学地分析了生产商品的劳动的二重性。

马克思在科学揭示商品属性的基础上，进而深入探讨了生产商品的劳动的属性，从分析商品二重性入手，进而发现了生产商品的劳动的二重性。

在"货币"一章中，马克思指出："商品不是只存在于想象之中的一般劳动时间的物化（它本身只是和自身的质相分离的、仅仅在量上不同的劳动），而是一定的、自然规定的、在质上和其他劳动不同的劳动的一定结果。"②在这里，马克思从质和量上分析和区别了劳动的两种属性，即他在另一个地方所说的"一般劳动"和"特殊劳动"。此后不久在《政治经济学批判》第一分册中，马克思就明确地将劳动的二重性表述为："生产交换价值的劳动是抽象一般的和相同的劳动，而生产使用价值的劳动是具体的和

---

① 中共中央马克思恩格斯列宁斯大林著作编译局译《马克思恩格斯全集》第 2 版第 31 卷，人民出版社，1998 年，第 293 页。

② 中共中央马克思恩格斯列宁斯大林著作编译局译《马克思恩格斯全集》第 46 卷上，人民出版社，1979 年，第 88 页。

特殊的劳动。"① 正是由于生产商品的劳动具有二重性，才使商品具有两种属性。和商品是使用价值和价值的辩证统一一样，生产商品的劳动是特殊劳动和一般劳动的辩证统一。在《资本论》第一卷中，他系统地阐述了劳动二重性学说。商品的二因素是由生产商品的劳动二重性决定的，新的价值是由抽象劳动创造的，而由资本转移到新商品上的价值是由具体劳动实现的。在这里，马克思分析了具体劳动和复杂劳动、商品价值量的决定等一系列问题。劳动二重性学说是马克思重要的理论创见，他认为："商品中包含的劳动的这种二重性，是首先由我批判地证明的。"② 他还称这种二重性是政治经济学理论中"最好的地方"。在对价值形式发展的分析中，马克思又进一步提出了劳动时间的二重含义，即一是商品生产各自特殊的劳动时间，二是决定交换价值的一般劳动时间，揭示了社会必要劳动时间的最本质的规定性。

正是劳动二重性理论的创立使"劳动创造价值"这一古老命题有了崭新的含义，克服了长期困扰劳动价值论发展的理论障碍，把劳动价值论建立在科学基础之上。劳动二重性学说正确地揭示了是什么样的劳动形成价值及如何形成价值，价值与使用价值的辩证关系，从而把劳动价值论建立在科学的基础之上，成为理解整个政治经济学的枢纽。

第三，明确阐述了"商品拜物教"的基本理论。这是马克思在劳动价值论研究中取得的又一个重大进展。

马克思十分详尽地阐述了商品生产者的社会关系在私有制条件下表现为物的关系这一特点。社会关系的物化，人与物的关系的颠倒，是商品拜物教、货币拜物教以及资本拜物教产生的基础，其最深刻的根源则在于私人劳动与社会劳动的矛盾。正如马克思后来在《1861—1863 年经济学手稿》中提示资本拜物教的实质时所说："社会劳动的生产力和社会劳动的特殊形式，表现为资本的生产力和形式，即物化劳动的，劳动的物的条件（它们作为这种独立的要素，人格化为资本家，同活劳动相对立）的生产力和形式。这里，我们又遇到关系的颠倒，我们在考察货币时，已经把这种关系颠倒的表现称为拜物教。"③

早在 19 世纪 40 年代，马克思在《论犹太人问题》中，从异化理论角度提出了商品拜物教的思想。到了 19 世纪 50 年代后半期，在劳动价值论的基础上，马克思对商品拜物教的性质和实质做了进一步的阐释，分别在《1857—1858 经济学手稿》和《1861—1863 年经济学手稿》中，对商品拜物教产生的现实根源及现实根源、商品拜物教的最高形式（资本拜物教）的实质做了分析。《资本论》形成了系统的拜物教理论体系，深入分析了商品拜物教的形成和发展、实质和根源。古典经济学把商品、价值等视为不受

---

① 中共中央马克思恩格斯列宁斯大林著作编译局译《马克思恩格斯全集》第 31 卷，人民出版社，1998 年，第 428 页。

② 中共中央马克思恩格斯列宁斯大林著作编译局编译《马克思恩格斯文集》第 5 卷，人民出版社，2009 年，第 54～55 页。

③ 中共中央马克思恩格斯列宁斯大林著作编译局译《马克思恩格斯全集》第 26 卷上，人民出版社，1972 年，第 418 页。

生产方式制约的永恒的范畴，马克思指出它们其实是历史范畴，只和商品经济相联系，并且反映着商品生产者之间的关系。商品拜物教的产生或者说商品的神秘性不在于商品的使用价值，也不在于商品价值规定的内容，而在于人的劳动产品采取商品形式，在于生产者的个人劳动和社会总劳动的关系要通过生产者之外的物与物的关系，即私人劳动的社会性要通过物的交换得到实现。马克思还进一步分析了从"商品拜物教""货币拜物教"到"资本拜物教"的发展，揭示出："资本不是物，而是一定的、社会的、属于一定历史社会形态的生产关系，后者体现在一个物上。并赋予这个物以独特的社会性质。"[①]

第四，对价值形式理论作了初步阐述。

虽然在《1857—1858年经济学手稿》中，马克思尚未对价值形式的发展作出系统考察，但在说明货币这一最一般价值形式产生的过程中，他已形成了关于价值形式发展的基本思路。马克思认为，价值形式的基本形式就是：商品——作为劳动时间象征的一般产品（货币）——其他商品。货币之所以能成为商品交换的媒介，起到一般等价值的作用，其原因就在于货币是一般劳动时间的化身，是作为一般商品的劳动时间。在《政治经济学批判》第一分册中，马克思第一次按照价值形式的发展，探讨了商品价值关系所包含的价值表现怎样一步步发展到货币形式。《资本论》第一卷则从逻辑和历史统一中，系统阐明了价值形式的全部理论，从逻辑和历史的统一中分析了价值形式从简单的偶然的价值形式到扩大的或总和的价值形式，再到一般的价值形式，最后到货币形式的发展，科学地揭示了货币的起源和本质。这是唯物史观和辩证法在政治经济学理论研究中取得的辉煌成果。

在对价值形式从简单的价值形式到扩大的价值形式，再到一般的价值形式，最后到货币形式的发展序列的分析中，马克思科学地阐述了货币的起源和本质。价值形式发展的事实，进一步使商品二因素理论、劳动二重性理论和商品拜物教理论在商品经济发展的历史序列中得到了证实，从而使劳动价值论成为具有高度内在统一性的科学理论体系，实现了劳动价值论的革命性变革。

（二）剩余价值学说的创立

马克思在19世纪40年代的经济学研究中，就已初步认识到了资本家剥削工人的秘密。在《哲学的贫困》，特别是《雇佣劳动与资本》和《工资》等著作中，马克思就已初步揭示了剩余价值是从哪里"产生"的，而且已经非常清楚地知道它是怎样"产生"的。

1.《1857—1858年经济学手稿》的第一次系统化阐述

写作《1857—1858年经济学手稿》时，马克思第一次系统地阐述了关于资本和剩

---

① 中共中央马克思恩格斯列宁斯大林著作编译局编译《马克思恩格斯文集》第7卷，人民出版社，2009年，第922页。

余价值的基本观点，明确提出了剩余价值的一般概念，将剩余价值本身与其具体表现形式严格地区分了开来，从而完成了对资产阶级利润学说的批判，科学地制定了自己的剩余价值理论。

首先，科学地分析了劳动力商品的特点。

在《1857—1858年经济学手稿》中，马克思第一次明确提出了劳动力商品理论的基本内容。

在"资本"一章中，马克思具体分析了资本与劳动之间的交换过程，首次科学地区分了"劳动"和"劳动力"，并初步研究了劳动力商品的特点。他首先把资本运动分解为"货币—商品"和"商品—货币"两个阶段，并逐一加以分析。资本运动的第一个阶段，即"货币—商品"阶段，工人用自己的劳动力商品同资本家的一定货币相交换；在第二个阶段，资本家用换来的劳动力使资本的价值得以保存和增殖。第一个阶段属于流通过程，第二个阶段属于生产过程，可见，资本的价值增殖是在生产过程中实现的。

资本之所以能够实现增殖，就是因为被资本家购买来的工人在生产中"让渡"了自己的劳动，即把部分劳动成果无偿"让渡"给了资本家，从而使资本得以增殖。马克思强调指出，资本家用货币买的并非工人的劳动，而是工人的劳动能力。劳动力商品如同其他任何商品一样也是价值和使用价值的辩证统一。它的价值就是生产和再生产这种商品所必需的生活资料的价值，即"由把工人本身生产出来所花费的那个劳动量决定"的。[①]

劳动力商品的使用价值则是它能够"使资本增加，使资本增殖，从而使资本作为资本保存下去的东西"[②]。在生产过程中，劳动力商品的使用价值受到资本的推动，它就会变成工人的一定的生产活动，成为创造价值，使价值得到增殖的过程。

劳动力商品理论，不仅深刻地揭示了剩余价值的源泉，而且也从理论上彻底解决了使古典经济学陷入绝境的难题。正如恩格斯所指出的，是马克思的一个创造性贡献。

其次，揭示了剩余价值的基本形式。

在《1857—1858年经济学手稿》中，马克思第一次提到了"绝对剩余价值"和"相对剩余价值"这两个基本概念，并着重考察了相对剩余价值。剩余价值的第一种形式是绝对剩余价值。

马克思指出："资本迫使工人超出必要劳动来做剩余劳动。只有这样，资本才能增殖自己的价值，创造出剩余价值。"[③] 绝对剩余价值的生产是资本主义制度的基础和出发点。没有它，就没有雇佣劳动，也没有资本主义生产。剩余价值的第二种形式是相对

---

① 中共中央马克思恩格斯列宁斯大林著作编译局译《马克思恩格斯全集》第46卷上，人民出版社，1979年，第251页。

② 中共中央马克思恩格斯列宁斯大林著作编译局译《马克思恩格斯全集》第46卷上，人民出版社，1979年，第227页。

③ 中共中央马克思恩格斯列宁斯大林著作编译局译《马克思恩格斯全集》第46卷上，人民出版社，1979年，第408页。

剩余价值。它是通过缩小必要劳动来相对地增加剩余劳动的方法。

剩余价值的第二种形式是相对剩余价值。它是通过缩小必要劳动来相对地增加剩余劳动的方法。相对剩余价值的生产以劳动生产力的提高为前提。马克思指出："工人提高了的劳动生产力，由于缩短了补偿物化在工人身上的劳动（为创造使用价值即生存资料）所需时间，因而表现为工人用在资本价值增殖（创造交换价值）上的劳动时间延长了。"[①]

再次，揭示了资本各个组成部分在剩余价值生产中的作用，阐述了不变资本与可变资本的原理。

马克思指出，在资本主义生产过程中，由劳动工具和生产原料所构成的那部分资本，只表现为简单的物质要素或劳动条件，表现为供劳动者使用的使用价值。在劳动过程中，工人使用劳动工具，使原料变成了新形式或更高级形式的使用价值，从而在新形势下把由劳动工具和生产原料构成的那部分资本的价值保存了下来，它既没有增加，也没有减少。这部分资本就是不变资本。

用来购买劳动力商品的那部分资本则不同，由于这部分资本是同工人的活劳动相交换，因而它是可变的。因为由这部分资本购买来的活劳动不仅能再生产出它自身的价值，而且同时还能创造出剩余价值。可见，正是用来购买活劳动的那部分资本的价值发生了增殖，因此它是可变资本。

2. 《1861—1863年经济学手稿》对剩余价值理论做了进一步研究

在《1861—1863年经济学手稿》中，马克思对劳动力商品理论、绝对剩余价值和相对剩余价值之间的内在联系等理论做了进一步考察。

第一，对剩余价值一般做了更为广泛意义的探讨，把剩余价值一般和剩余价值特殊的转化关系看作资本一般形式到资本特殊转化过程的有机组成部分，还把剩余价值一般向剩余价值特殊的转化过程和价值到生产价格的转化过程联系在一起。

第二，进一步丰富和发展了劳动力商品理论。在"货币转化为资本"的命题下，通过对资本总公式G—W—G'的分析，马克思阐述了劳动力商品存在的历史条件、劳动力商品价值和使用价值的特殊性。这种分析深刻地表明，G—W—G'运动形式是揭示劳动力商品实质的逻辑前提，而劳动力商品又是G—W—G'运动形式存在和发生作用的实际基础。G—W—G'运动形式和简单商品流通的W—G—W运动形式的本质区别在于，前者包含劳动力这一特殊商品的买和卖的过程。只有在劳动力商品存在并发生作用的基础上，G—W—G'的价值增殖才可能是不违背商品经济基本规律的经济过程。这不仅深刻地揭示了剩余价值的源泉，而且从理论上彻底解决了使古典学派陷入绝境的难题。

第三，首次对绝对剩余价值的和相对剩余价值的内在联系进行了考察。马克思认

---

① 中共中央马克思恩格斯列宁斯大林著作编译局译《马克思恩格斯全集》第46卷上，人民出版社，1979年，第299页。

为，从现代资本主义工业发展历史来看，绝对剩余价值是资本生产的已有的"现实条件"，所利用的是资本直接遇到的生产力水平，以生产力的既定程度为前提。相对剩余价值则是以发展了社会生产力和已提高的劳动生产率为前提。在《1861—1863 年经济学手稿》中，马克思还第一次提出了"超额剩余价值"的概念，认为其实质是"所以用超过该生产阶段平均水平的更有生产效率的劳动方法作为例外生产出来的那个商品的个别价值，低于这个商品的一般的或社会的价值"①，而相对剩余价值，"恰恰这一暂时的剩余价值是生产方式变化的直接结果"②。

第四，在阐明剩余价值生产两种基本形式的基础上，提出了劳动从属于资本的两种基本形式的理论，即劳动对资本的形式从属和劳动对资本的实际从属。前者发生在资本主义经济关系建立初期，后者标志着资本主义经济关系已经取得与自身发展相适应的物质基础，资本主义生产方式已经进入成熟阶段。

劳动价值论上的科学革命和剩余价值理论的发现，使马克思对资本主义经济运动的本质有了全新的认识，由此他还提出了资本积累理论和经济危机理论，从而为科学地解答资本主义生产方式的历史地位及其发展趋势这一时代课题奠定了牢固的理论基础。从《1857—1858 年经济学手稿》到《资本论》，这始终是马克思探讨的一个主题。

（三）《资本论》第一卷的问世

1. 马克思主义政治经济学的诞生

马克思在《资本论》第一卷中，全面系统地阐述了科学的剩余价值理论，揭示了资本主义经济运动的基本规律，并在此基础上深刻地揭示了资本主义生产方式的历史地位及其历史趋势，从而论证了资本主义必然灭亡的客观必然性。

第一，揭示了资本主义生产方式的实质和特征。

马克思在阐述《资本论》的创作宗旨时明确提出："我要在本书研究的，是资本主义生产方式以及和它相适应的生产关系和交换关系。"③"本书的最终目的就是揭示现代社会的经济运动规律"④。

马克思指出，资本主义生产方式是社会经济形态发展过程中的一个特殊阶段，它是以往社会历史发展的结果，是历史上各种社会形态灭亡的产物；同样，它也必然会被未来新的生产方式所取代。马克思通过对资本原始积累过程的分析，深刻地揭示出："所

---

① 中共中央马克思恩格斯列宁斯大林著作编译局译《马克思恩格斯全集》第 48 卷，人民出版社，1985 年，第 23 页。

② 中共中央马克思恩格斯列宁斯大林著作编译局译《马克思恩格斯全集》第 48 卷，人民出版社，1985 年，第 24 页。

③ 中共中央马克思恩格斯列宁斯大林著作编译局编译《马克思恩格斯文集》第 5 卷，人民出版社，2009 年，第 8 页。

④ 中共中央马克思恩格斯列宁斯大林著作编译局编译《马克思恩格斯文集》第 5 卷，人民出版社，2009 年，第 10 页。

谓原始积累只不过是生产者和生产资料分离的历史过程。"① 这是资本主义生产的基本前提和本质特征。

除了劳动者与生产资料完全分离这一最基本的特征之外，资本主义生产方式还具有这样几个显著特征：资本主义生产是高度发达的社会化商品生产。资本主义生产的实质是剩余价值的生产。

第二，科学地分析了资本主义的历史使命及其作用。

马克思指出，资本主义是在封建社会内部孕育并发展起来的，是适应社会生产力发展的需要而建立的一种崭新的生产方式，因此它的历史使命就是发展生产力，从而在客观上的新的社会形态创造出必要的物质前提。

资本主义创造了历史上前所未有的巨大生产力，这首先要归结为剩余价值规律的作用。正是剩余价值的内在规律和竞争的外在压力，迫使资本家不顾一切自然和历史的限制，拼命地扩大再生产。资本对剩余价值的无限追求造成了无止境扩大生产的趋势。在这一过程中，资本发挥了极大的革命作用，它将个别劳动转化为社会劳动，极大地发展了协作和分工，并将科学纳入生产过程，形成了庞大的机器体系和生产机体，驱使巨大的自然力为人类需要服务，这必然使社会生产力获得空前发展。

资本主义生产方式也创造出了世界性的、内容广泛的人们之间的社会关系和联系。资本主义商品生产的发展使货币交换成为人们之间进行联系的唯一手段，使人们之间的联系变成了超越地域、血缘、民族和语言等原有界限的全面的社会关系，这样就为实现人的个性的全面发展创造了必要的条件。

资本主义生产方式在现实的生产过程中还改造了人的需要，生产出了具有广泛需要的人。马克思指出，资本主义生产方式虽然在本质上具有敌视人、压迫人的性质，并导致了人的需要畸形发展，但它所创造的巨大社会生产力和物质财富在客观上却为满足人们日益丰富和广泛的需要创造了必要的物质前提。

第三，论证了资本主义的内在矛盾及其必然灭亡的历史命运。

马克思认为，一方面，资本主义生产方式无疑在历史上起到了极为革命的作用，有其伟大的历史功绩。但另一方面，由于资本主义私有制的本质，它的革命作用和历史功绩无一不是在极端扭曲和异化的形式下实现的，因此它的革命作用和历史功绩又是有其界限的。这些界限在资本发展到一定阶段时，会使人们认识到资本本身就是生产力发展的最大限制，因而驱使人们得用资本本身来消灭资本。

马克思通过对资本主义积累历史趋势的分析，深刻地揭露了资本主义生产方式固有的内在矛盾，揭示了其必然走向灭亡的历史命运。

马克思指出："资本的垄断成了与这种垄断一起并在这种垄断之下繁盛起来的生产方式的桎梏。生产资料的集中和劳动的社会化，达到了同它们的资本主义外壳不能相容

---

① 中共中央马克思恩格斯列宁斯大林著作编译局编译《马克思恩格斯选集》第 2 卷，人民出版社，2012 年，第 291 页。

的地步。这个外壳就要炸毁了。资本主义私有制的丧钟就要响了。剥夺者就要被剥夺了。"①

2. 《资本论》第一卷对唯物史观和唯物辩证法的科学论证和重大发展

在马克思主义发展史上，《资本论》第一卷不仅是马克思主义政治经济的最重要的著作，而且也是马克思主义哲学的最主要的著作。它的伟大哲学意义首先就在于：它把唯物史观作为科学的世界观和方法论应用于一种具体的社会形态，即资本主义社会的研究，应用于一门具体科学，即政治经济学的研究，从而使唯物史观得到了充分而严格的验证。正如列宁所说："自从《资本论》问世以来，唯物主义历史观已经不是假设，而是科学地证明了原理。"②

马克思主义创立的历史表明，唯物史观的确立是与马克思对政治经济学的研究以及对资本主义生产方式的剖析密切联系在一起的。在《政治经济学批判》序言中，马克思对唯物史观的基本思想做了一个极为精练而又十分完备的表述，并指出这是他从研究经济学中得出并一经得出就用以指导经济学研究的基本结论。

唯物史观这个结论就是：人们在自己生活的社会生产中发生一定的、必然的、不以他们的意志为转移的关系，即同他们的物质生产力的一定发展阶段相适应的生产关系。这些生产关系的总和构成社会的经济结构，即有法律的和政治的上层建筑竖立其上并有一定的社会意识形式与之相适应的现实基础。物质生活的生产方式制约着整个社会生活、政治生活和精神生活的过程。不是人们的意识决定人们的存在，相反，是人们的社会存在决定人们的意识。社会的物质生产力发展到一定阶段，便同它们一直在其中运动的现存生产关系或财产关系（这只是生产关系的法律用语）发生矛盾。于是这些关系便由生产力的发展形式变成生产力的桎梏。那时社会革命的时代就到来了。随着经济基础的变更，全部庞大的上层建筑也或慢或快地发生变革。

《资本论》正是以上述唯物史观的基本思想为指导，通过深刻分析资本主义生产方式，揭示了资本主义社会发展的基本规律，同时也使它得到了科学的验证和进一步的丰富发展。

在《资本论》中马克思运用唯物史观的观点和方法，将社会关系归结为生产关系，将生产关系归结于生产力的高度，从而证明了社会形态的发展是一个不以人的意志为转移的自然历史过程。

《资本论》之所以能科学而深刻地揭示资本主义社会的本质及其规律，还在于马克思运用了唯物辩证的科学方法。《资本论》的方法的最大特色，就是把逻辑、辩证法和认识论有机地结合起来，融为一体。正如列宁所说："在《资本论》中，唯物主义的逻

---

①　中共中央马克思恩格斯列宁斯大林著作编译局编译《马克思恩格斯文集》第 5 卷，人民出版社，2009 年，第 873~874 页。

②　中共中央马克思恩格斯列宁斯大林著作编译局编译《列宁专题文集·论辩证唯物主义和历史唯物主义》，人民出版社，2009 年，第 163 页。

辑、辩证法和认识论［不必要三个词：它们是同一个东西］都应用于一门科学。"①

第一，从抽象上升到具体的方法。

马克思认为，政治经济学的研究离不开科学抽象的方法，即以抽象思维为特征的、辩证的逻辑方法。为揭示资本主义生产方式的基本规律，马克思在《资本论》中通过对大量经验材料的研究和概括，形成各种科学概念或范畴，并根据它们的发展所表现出来的连贯性，将它们逻辑地联系起来，这就是从抽象到具体的方法。

马克思在《资本论》中对资本主义社会这一复杂整体的认识，就是遵循从抽象上升到具体的道路，从"商品"这个简单、抽象的规定开始自己的思维进程的。马克思从揭示商品的内部矛盾过渡到分析货币，再从货币过渡到资本，从资本过渡到剩余价值，从绝对剩余价值过渡到相对剩余价值，再从绝对剩余价值和相对剩余价值的综合考察，揭示出工资的本质、运动规律及其采取的各种形式。这就是《资本论》第一卷所展示的经济范畴由抽象到具体上升的基本过程。

第二，逻辑与历史一致的方法。

从抽象上升到具体的逻辑进程是和历史过程相符合的。这就是辩证逻辑"逻辑与历史相一致"的方法论原则。这也是马克思在《资本论》中所贯彻的一个方法论原则。

恩格斯对这一方法论原则曾做了一个十分简明的说明："历史从哪里开始，思想进程也从哪里开始，而思想进程的进一步发展不过是历史过程在抽象的、理论上前后一贯的形式上的反映；这种反映是经过修正的，然而是按照现实的历史过程本身的规律修正的。"②

马克思将这一方法论原则不仅运用于《资本论》的体系结构中，而且也运用于经济范畴的排列顺序上。如《资本论》第一卷中的经济范畴的逻辑顺序是：商品与货币——资本与剩余价值——资本积累的一般趋势。这一顺序与资本主义产生、发展和灭亡的历史规律是一致的。但马克思并非处处都使逻辑拘泥于历史过程，而是抛开了历史中的偶然性，抓住了历史中本质的和必然的东西。

第三，对资本主义社会矛盾运动的辩证分析，丰富和发展了马克思主义辩证法。

在揭示资本主义经济范畴从抽象上升到具体的过程中，马克思自始至终运用了矛盾分析方法，充分展示了唯物辩证法的对立统一规律在资本主义社会中的具体体现。马克思通过资本主义各种经济范畴内部矛盾的辩证分析，论证了资本主义的灭亡是其自身固有的矛盾作用的必然结果。

马克思在《资本论》第一卷中，系统全面地阐述了资本主义基本矛盾的产生、发展和克服的过程，从而透彻地阐明了唯物辩证法关于对立面的统一和斗争的学说，阐明了唯物辩证法的实质。

---

① 中共中央马克思恩格斯列宁斯大林著作编译局编译《列宁专题文集·论辩证唯物主义和历史唯物主义》，人民出版社，2009年，第145页。

② 中共中央马克思恩格斯列宁斯大林著作编译局编译《马克思恩格斯选集》第2卷，人民出版社，1995年，第33页。

马克思在揭示资本主义经济范畴从抽象上升到具体的过程中，还运用了质量统一的分析方法，阐明了唯物辩证法质量互变规律在资本主义社会中的表现。他指出，在资本主义生产方式的发展过程中，由于生产力的发展，它经历了简单协作、工场手工业、大机器工业等三个不同阶段。同样，由于生产力的发展，必然会达到资本主义生产关系所不能容纳的程度，从而导致新的适合生产力的生产关系的产生。从简单协作到工场手工业再到大机器工业这三个不同阶段，可以说是总的量变过程中的部分质变；而资本主义生产方式为社会主义生产方式所替代则是由于资本主义生产方式内部矛盾所引起的根本质变。

《资本论》在揭示资本主义经济范畴从抽象上升到具体的过程中，还深刻地证明了资本主义的发展也遵循着唯物辩证法的否定之否定规律。例如，马克思通过对生产资料与劳动者的结合、分离、再结合的历史过程的考察，揭示了这是一个客观的否定之否定过程。

"从资本主义生产方式产生的资本主义占有方式，从而资本主义的私有制，是对个人的、以自己劳动为基础的私有制的第一个否定。但资本主义生产由于自然过程的必然性，造成了对自身的否定。这是否定的否定。这种否定不是重新建立私有制，而是在资本主义时代的成就的基础上，也就是说，在协作和对土地及靠劳动本身生产的生产资料的共同占有的基础上，重新建立个人所有制。"①

总之，在《资本论》中，辩证法也就是马克思的认识论和逻辑。《资本论》的科学方法是马克思把唯物辩证法应用于政治经济学的研究所取得的伟大成果，是对唯物辩证法的丰富发展，正如恩格斯所指出的那样，这一科学方法的意义不亚于历史唯物主义基本观点的发现。

（四）奠定科学社会主义的理论基础

马克思研究政治经济学的根本目的就是将科学社会主义的理论深深植根于社会的客观经济事实之中，就是要通过对资本主义社会的经济分析，揭示社会主义取代资本主义的客观必然性。在这个意义上《资本论》也是一部最重要的科学社会主义的著作。正如恩格斯所说："马克思打算以批判迄今存在过的全部政治经济学的形式，总结自己多年研究的结果，并以此为社会主义的意图，奠定直到现在为止无论傅立叶和蒲鲁东，亦无论拉萨尔，都不能为它奠定的科学基础。"②

首先，马克思深刻地揭示了无产阶级和资产阶级对立的经济根源。

在《资本论》第一卷中，马克思通过对货币转化为资本和资本原始积累的分析，说明了资产阶级和工人阶级产生的历史过程，指出这两个阶级一开始就在经济上处于根本

---

① 中共中央马克思恩格斯列宁斯大林著作编译局译《马克思恩格斯全集》第 44 卷，人民出版社，2001 年，第 874 页。

② 中共中央马克思恩格斯列宁斯大林著作编译局译《马克思恩格斯全集》第 16 卷，人民出版社，1964 年，第 242 页。

对立的地位。特别是通过对剩余价值生产过程的科学分析，马克思更进一步揭露了资本主义剥削的秘密，指出无产阶级和资产阶级根本对立的深刻经济根源就是剩余价值生产。

马克思以对剩余价值这一资本主义经济运动的绝对规律的科学分析为基础，深刻地说明了只要资本主义制度存在，无产阶级就摆脱不了被剥削、被压迫的阶级地位；只有彻底推翻资本主义制度，用新的生产方式取代资本主义的生产方式，无产阶级才能由资本的奴隶变成社会的主人。

其次，以对资本主义经济关系的研究为基础，阐明了无产阶级的历史使命并为制订无产阶级革命策略作了理论论证。

《资本论》对无产阶级的历史使命的阐述是在对资本主义经济关系的深刻剖析的基础之上，并且是在对资本主义经济关系发展中无产阶级反对资产阶级斗争历史的总结基础上加以阐述的，因而这一阐述更为深刻和透彻。马克思指出："这个阶级的历史使命是推翻资本主义生产方式和最后消灭阶级。这个阶级就是无产阶级。"①

马克思根据科学的剩余价值理论，高度评价了工人阶级进行经济斗争的意义，认为这是无产阶级获得解放的一个先决条件。但他同时也强调，工人阶级应该在经济斗争中不断提高阶级觉悟，不断扩大和加强自己的阶级队伍，增加组织性，进而转向思想斗争和政治斗争，并使这些斗争形式得以综合利用。对无产阶级历史使命以及无产阶级革命道路和斗争策略的经济学论证，正是《资本论》第一卷科学社会主义思想的集中体现。

再次，在科学揭示资本主义生产方式历史命运的同时对未来社会主义的经济特征进行了科学预测。

马克思认为，未来社会必须以生产资料的社会占有为前提，即"在协作和对土地及靠劳动本身生产的生产资料的共同占有的基础，重新建立个人所有制"。在共产主义条件下，将在整个社会范围内有计划地组织社会生产和分配劳动，并形成消费资料的按劳动分配的制度，使劳动时间成为计量生产者个人在共同产品的个人消费部分所占份额的尺度。

共产主义还必须以高度发达的社会生产力和极高劳动生产率为基础。在此基础上，劳动的性质也或将发生根本变化。劳动不仅彻底摆脱了被奴役状态，而且劳动者也将成为把不同社会职能当作互相交替的活动方式的全面发展的个人。随着人们活动方法的改变，社会也将成为自由人的联合体。

马克思的上述预测是有充分的历史根据的，对此列宁曾有过明确的阐述。他说："这里所根据的是，共产主义是从资本主义中产生出来的，它是历史地从资本主义中发展出来的，它是资本主义所产生的那种社会力量发生作用的结果。马克思丝毫不想制造乌托邦，不想凭空猜测无法知道的事情。马克思提出共产主义的问题，正像一个自然科

---

① 中共中央马克思恩格斯列宁斯大林著作编译局编译《马克思恩格斯选集》第 2 卷，人民出版社，1995 年，第 108 页。

学家已经知道某一新的生物变种是怎样产生以及朝着哪个方向演变才提出该生物变种的发展问题一样。"[1]

【课堂研学材料】

王伟光：学习和掌握马克思两个伟大发现的重要意义（节选）

……

二、马克思主义政治经济学是经过时间和实践检验的真理，是指导无产阶级政党全部事业的理论指南

剩余价值理论是马克思的又一个伟大发现，奠定了马克思主义政治经济学的基础。习近平总书记强调，马克思主义政治经济学是马克思主义的重要组成部分，也是我们坚持和发展马克思主义的必修课。现在各种经济学理论五花八门，但我们的政治经济学只能是马克思主义政治经济学，而不能是别的什么经济理论。经济学虽然是研究经济问题，但不可能脱离社会政治而纯之又纯。在我们的政治经济学教学中，不能食洋不化，必须要讲马克思主义政治经济学。当代中国特色马克思主义政治经济学要大讲特讲，不能被边缘化。

1. 掌握马克思主义政治经济学的立场、观点和方法

读《资本论》、学习马克思主义政治经济学，最根本的是要掌握其中一以贯之的立场、观点和方法，这是我们必须掌握的思想武器。毛泽东在1941年发表的《改造我们的学习》一文中指出，学习马克思主义，正确的态度是从马克思主义中找立场、找观点、找方法，并且学会运用马克思主义的立场、观点和方法分析具体问题，从中找出规律，指导我们的实践。

一是立场。马克思主义政治经济学为我们提供了认识问题的基本立场。现在许多人讲经济学不讲政治，这是错误的。讲政治，首先就是要讲立场。站在什么人立场上，为什么人说话，为什么人摇旗呐喊，为什么人摇笔杆子，这就是立场问题。马克思是站在工人阶级的立场上来看待资本主义经济现象的，因为站在这个立场上，他才揭示了资本主义剩余价值的秘密。立场问题非常重要，立场错了，出发点就错了。工人阶级就阶级性来讲，是消灭剥削制度和阶级差别的最后一个阶级，是最大公无私的、代表先进生产力的先进阶级，站在工人阶级立场上就会秉持正确的世界观、方法论。习近平总书记强调，要坚持以人民为中心的发展思想，这就是马克思主义政治经济学所坚持的根本立场。今天我们搞研究、写文章，是站在人民立场上呢？还是站在少数人立场上呢？立场问题非常重要！习近平总书记强调，部署经济工作、制定经济政策、推动经济发展都要牢牢坚持以人民为中心这个根本立场。马克思在还不是马克思主义者时，就已经把为了"千百万人"的幸福作为选择职业的取向。马克思后来写作的《资本论》是站在工人阶级的立场上，为工人阶级说话；恩格斯写作《英国工人阶级状况》时，也是站在工人阶

① 中共中央马克思恩格斯列宁斯大林著作编译局编译《列宁选集》第3卷，人民出版社，1995年，第186~187页。

级的立场上。我们现在端着人民给我们的饭碗，我们就得为人民说话。

二是观点。劳动价值论和剩余价值论是马克思主义政治经济学最根本的观点，为我们提供了认识资本主义经济的基本原理。现在有人讲政治经济学时，把这两个观点剔除了，这就把马克思主义政治经济学变了味、变了性。在马克思之前，英国古典经济学家配第、亚当·斯密和大卫·李嘉图虽然提出了劳动价值论，认为劳动是价值的源泉，但他们不知道在商品生产中，劳动具有抽象劳动和具体劳动、活劳动和物化劳动、个人劳动和社会劳动的两重性，不懂得劳动和劳动力这两者是有区别的，他们的劳动价值论是有缺陷的，因此不可能发现剩余价值理论。马克思主义的劳动价值论告诉我们，劳动过程中的活劳动与生产资料相结合才产生新的价值，即增值；而物化的劳动，即生产资料的消耗只转移价值，并不产生新的价值。马克思的劳动价值论是贯彻到底的，是劳动价值一元论。当时的庸俗经济学家提出"生产费用决定论"和"边际效益决定论"，认为一切参与劳动过程的生产要素都产生新的价值。马克思批判了这种观点。他认为，劳动是一个过程，劳动和劳动力是有区别的，在资本主义市场经济中劳动力成为商品，资本家在市场购买了工人的劳动力，并付给工人相当于劳动力价值的工资，但是工人在劳动过程中付出的活劳动产生的新价值高于劳动力价值，二者之间的差额就是剩余价值，它被资本家无偿占有了。其他生产要素虽然参与价值的生产，但是本身不创造新的价值。现在有人又提出，所有参与劳动过程的要素都产生新的价值，又回到了马克思批评的庸俗经济学的老调上了。正因为有了剩余价值论，马克思才发现了资本的秘密，才揭示了资本主义不可避免的内在矛盾和经济危机。迄今为止的资本主义发展实践证明了马克思主义政治经济学的论断是完全正确的。

三是方法。毛泽东认为，正确的哲学思维是经济学家写出好的经济学论著的必要条件。他说："没有哲学家头脑的作家，要写出好的经济学来是不可能的。马克思能够写出《资本论》，列宁能够写出《帝国主义论》，因为他们同时是哲学家，有哲学家的头脑，有辩证法这个武器。"[1] 正因为马克思有了辩证法与唯物论、有了哲学的方法论，才写出了诸多科学的论著。

马克思主义政治经济学主要有四个方法：一是从基本的经济事实出发来分析社会问题的唯物论方法。马克思写作《资本论》时，主要依靠大量的数据，从资本主义最基本的细胞——商品开始，从最基本的经济事实出发，经过深入研究得出科学的结论。毛泽东说："如果没有伦敦博物馆，马克思就写不出《资本论》。"[2] 二是从具体到抽象，再由抽象到具体的综合分析方法。从感性的具体上升到理性的抽象；再运用理性的抽象分析具体的现实，透过现象抓住本质，从而揭示事物的一般规律，这既是人类认识运动的一般规律，也正是马克思对资本主义发展规律和必然灭亡趋势的科学分析方法。马克思从最具体、最常见的资本主义经济细胞——商品分析入手，上升到对资本主义一般规律

---

① 中共中央文献研究室编《毛泽东文集》第 8 卷，北京：人民出版社，1999 年，第 140 页。

② 中共中央文献研究室编《毛泽东文集》第 8 卷，北京：人民出版社，1999 年，第 262 页。

的抽象概括。三是矛盾分析方法。马克思用矛盾分析方法贯穿对资本主义的分析。马克思认为，劳动二重性的矛盾决定了商品二重性的矛盾，而商品二重性的矛盾又是资本主义内在矛盾的萌芽。矛盾分析方法彻底揭示了资本主义不可克服的内在矛盾。四是阶级分析方法。《资本论》正是通过揭露剩余价值秘密，揭示了无产阶级和资产阶级两大阶级对抗的经济根源。马克思认为，正是资本主义社会基本矛盾引发了工人阶级反抗资本主义的阶级斗争，从而将导致社会主义和共产主义社会的最终实现。阶级分析法是马克思主义的基本分析方法，没有阶级分析法，就没有马克思主义的历史观。

2. 马克思主义政治经济学的时代意义

首先，时代的根本性质没有改变，作为时代精神的马克思主义政治经济学的一般原理依然管用。马克思主义政治经济学的真理性是颠扑不破的，其深刻性是难以超越的。马克思主义政治经济学的魅力和影响在当代有增无减。法国哲学家萨特曾说过："在十七世纪后和二十世纪之间，我看有三个时代可以称为著名的时代：笛卡尔和洛克的时代，康德和黑格尔的时代以及马克思的时代。这三种哲学依次成为任何特定思想的土壤和任何文化的前景，只要它们表达的历史时代未被超越，他们就不会被超越。"[①]《共产党宣言》指出，"我们的时代"，是"资产阶级时代"[②]，即资本主义占统治地位的社会形态的发展时代。在这个时代，一方面资本主义在积累财富，在推动发展；另一方面资本主义又在积累矛盾，制造自己的对立面和掘墓人，从而必然走向自己的反面。这个大的历史时代现在还没有过去。马克思在1878年研究东方社会得出世界历史的理论，他认为资本主义使人类历史进入世界历史，具有"世界性"，就是今天所说的"全球化"。"全球化"是一把双刃剑，一方面推进了世界经济的发展，另一方面带来了两极分化，加剧了资本主义的内在矛盾。20世纪以来，特别是第二次世界大战结束以后，尽管世界发生了巨大变化，尽管时代主题发生了重大转换，但马克思主义所揭示的资本主义必然灭亡、社会主义必然胜利的历史趋势没有变，所揭示的时代本质没有发生根本转变，2008年以来爆发的世界金融危机就是最好的证明。因此，马克思主义政治经济学揭示的历史发展规律的基本原理没有过时。

其次，马克思主义政治经济学所揭示的关于市场经济的一般原理，对我国发展市场经济具有指导作用。现在我们正在发展社会主义市场经济，市场经济所具有的一般属性和规律，我们都碰到了。马克思主义政治经济学关于市场经济一般规律的概括仍然管用。党的十一届三中全会以来，我们党把马克思主义政治经济学基本原理同改革开放的新实践结合起来，不断丰富和发展马克思主义政治经济学，形成了当代中国马克思主义政治经济学的许多重要理论成果，比如关于中国特色社会主义政治经济学的六大基本原则，关于社会主义制度与市场经济相结合的理论，关于社会主义本质的理论，关于社会

---

① 〔法〕让·保罗·萨特：《辩证理性批判》，林骧华、徐和瑾、陈伟丰译，安徽文艺出版社，1998年，第10页。

② 中共中央马克思恩格斯列宁斯大林著作编译局编译《马克思恩格斯文集》第2卷，北京：人民出版社，2009年，第32页。

主义初级阶段基本经济制度的理论，关于树立和落实创新、协调、绿色、开放、共享的新发展理念的理论，关于使市场在资源配置中起决定性作用和更好发挥政府作用的理论，关于我国经济发展进入新常态的理论，关于推动新型工业化、信息化、城镇化、农业现代化相互协调的理论，关于用好国际国内两个市场、两种资源的理论，关于促进社会公平正义、逐步实现全体人民共同富裕的理论，等等。这些理论成果，是马克思主义政治经济学的基本原理与中国社会主义市场经济的实际相结合的产物，是适应当代中国国情和时代特点的政治经济学，这些理论不仅有力地指导了我国经济发展实践，而且开拓了马克思主义政治经济学的新境界。

……

——《马克思主义研究》2016 年第 8 期

【教师课堂提问及点评】

如何正确地理解和评价剩余价值理论的科学价值及其当代意义。

【解析要点】马克思主义的剩余价值理论在当代仍具有科学价值和重要意义，表现在：第一，剩余价值规律仍然是资本主义生产方式的基本经济规律，剩余价值规律贯穿着资本主义生产方式的产生、发展及灭亡的全过程。第二，劳动者的劳动和原料、设备以及资本等生产资料在剩余价值生产过程中都发挥着必不可少的重要作用，但剩余价值的唯一的来源仍然是由劳动者的劳动所创造。第三，马克思主义剩余价值理论在正确地解决剩余价值的起源、科学地揭示剩余价值的实质时特别注重研究劳资关系，因而，它十分注重对工人、资本家等人的研究。然而，马克思主义剩余价值理论是一定时代的产物，主要是为当时的工人运动服务的。在当代，由于新的科技革命的兴起及在生产中的广泛应用，不仅资本剥削劳动的形式发生了很大的变化，而且在我国改革开放和社会主义市场经济条件下，对于非公有制经济和公有制经济的非劳动力要素实行按生产要素分配。这些情况都要求我们必须进一步发展和完善剩余价值理论。

【专题小结】

从写作《1857—1858 年经济学手稿》《政治经济学批判》第一分册和《1861—1863 年经济学手稿》，到《资本论》一卷的出版，马克思对劳动价值论进行了持续深入的研究，实现了劳动价值论的革命性突破，建立了科学的劳动价值论。科学劳动价值论的创立是对资产阶级古典经济学的革命性批判和创新，为剩余价值理论的伟大发现奠定了基础，因而成为马克思主义政治经济学的理论基础。在《资本论》中，马克思全面系统地论述了剩余价值理论，完成了"第二个伟大发现"，揭示了剩余价值的真正来源，解开了现在资本主义社会内部资产阶级剥削无产阶级的秘密，发现了现代资本主义生产方式和它所产生的资产阶级社会的特殊的运动规律，因此是马克思主义政治经济学的奠基性经典著作。

党的十八大以来，以习近平同志为核心的党中央特别重视马克思主义政治经济学的学习。习近平同志曾指出"要学好用好政治经济学""马克思主义政治经济学是马克思主义的重要组成部分，也是我们坚持和发展马克思主义的必修课"。学习马克思主义政治经济学，是为了更好地指导我国经济发展的实践，既要坚持基本原理和方法论，更要同我国经济发展实际相结合，不断形成新的理论成果。这些都告诉我们，学习马克思主义政治经济学在当代有着极其重要的意义：一是可以完善干部的知识结构。经济学对我们而言是舶来品，在干部的知识结构里是相对而言的短板，必须补齐经济学的短板。感觉到了的东西我们不能深刻地理解它，只有理解了的才能更深刻地感觉它，才能更加自觉地遵循经济规律和自然规律。二是对发展马克思主义政治经济学有着重要意义。任何发展都是在继承基础上的发展，《资本论》是马克思运用辩证唯物主义和历史唯物主义研究政治经济学的经典，是马克思主义政治经济学的开山之作，只有学好《资本论》，才可以理解和把握马克思主义政治经济学的精髓，才谈得上对马克思主义政治经济学的继承和发展。

七、课后阅读

中共中央马克思恩格斯列宁斯大林著作编译局编译《马克思恩格斯文集》第 5 卷、第 8 卷、第 9 卷、第 10 卷，人民出版社，2009 年版。

中共中央马克思恩格斯列宁斯大林著作编译局译《马克思恩格斯全集》第 30 卷、第 44 卷，人民出版社，1995 年版、2001 年版。

八、课后思考

1. 论述马克思对劳动价值论的阐述。
2. 试论劳动价值论和剩余价值论的关系。
3. 试论《资本论》第一卷的主要理论贡献。
4. 如何理解唯物辩证法在《资本论》中的运用。

第四专题　马克思主义体系的丰富和发展

一、专题概述

19世纪70年代到90年代，是资本主义从自由竞争阶段向垄断阶段过渡的时期。这一时期，工人运动迅猛发展，资本主义发展中出现了不少新的特点，自然科学和社会科学有了重大进展，向马克思主义提出了一系列新的重大课题，马克思恩格斯对这些问题进行了深入回答。马克思逝世后，恩格斯不仅单独承担了对国际共产主义运动指导的责任，而且根据新的历史条件对马克思主义作出了创造性的发展，使马克思主义在多个领域得以丰富和拓展。①

本专题包含三大部分，第一部分围绕科学社会主义展开。科学社会主义是由马克思恩格斯为无产阶级和全人类解放而创立并且在实践中不断发展的科学，是关于社会主义、共产主义社会发展规律的科学，就其总体来说是无产阶级解放运动的理论。科学社会主义有广义和狭义两种理解：广义上，科学社会主义即共产主义学说，是马克思主义的同义语；狭义上，科学社会主义同马克思主义哲学、政治经济学一起，是马克思主义三个基本组成部分之一。本专题论述的是狭义上的科学社会主义②，主要阐述科学社会主义的基本内容，马克思恩格斯对未来社会基本特征的设想，无产阶级在革命道路和策略理论上的探索等，以此来帮助学生理解马克思恩格斯的科学社会主义思想。第二部分主要论述马克思恩格斯对古代社会和东方社会发展道路上作出的探索以及形成的思想内容，为俄国、中国等社会主义发展道路指明方向。第三部分主要围绕马克思主义哲学在自然观、科学观和社会历史观上的系统化发展为主线，梳理马克思主义哲学在19世纪下半叶的发展进行系统总结。

二、教学目标

知识目标：坚持政治性和学理性的统一，理论性和实践性的统一，通过透彻的学理分析使学生明白人类社会发展的客观规律，领会蕴涵于其中的马克思主义立场、观点和方法以及科学社会主义，加深对科学社会主义基本原理、马克思主义哲学的认识和把握。

---

① 马克思主义发展史编写组编《马克思主义发展史》第2版，高等教育出版社，2021年，第114页。
② 科学社会主义概论编写组编《科学社会主义概论》第2版，人民出版社，2020年，第1页。

能力目标：学习本专题对于系统掌握科学社会主义基本原理，提高马克思主义理论素养，坚定共产主义和中国特色社会主义理想信念，增强中国特色社会主义实践能力，都具有重要意义，紧密结合思想实际来学习，才能更好地用习近平新时代中国特色社会主义思想武装头脑、指导实践、推动工作。

情感、态度、价值观目标：首先，认真学习和研究科学社会主义、马克思主义哲学理论可以使我们更好地树立科学的世界观、人生观和价值观。其次，认真学习和探索古代社会和东方社会发展道路，有助于我们深化对中国特色社会主义的认识，提高执行中国共产党基本路线、基本纲领的自觉性。

三、教学重点、难点

重点：科学社会主义理论的发展、东方社会发展道路的探索。
难点：马克思主义哲学的新发展。

四、内容框架

科学社会主义理论的新发展。
古代社会和东方社会发展道路的探索。
马克思主义哲学的新发展。

五、课时分配

6 课时。

六、专题教学

【专题导入】

福山的"历史终结论"

1989 年，日裔美籍学者，现任美国斯坦福大学弗里曼·斯伯格里国际问题研究所奥利弗·诺梅里尼高级研究员的弗朗西斯·福山（Francis Fukuyama）在美国《国家利益》杂志上发表的《历史的终结》一文，宣称西方的民主自由战胜了共产主义成为人类共同追求的"普世价值"，人类社会政治领域发生的一切问题都是因为没有充分实现民主自由原则而导致的，今后人类的一切努力就是要在政治上实现充分的民主自由。[①] 伴随着柏林墙倒塌、苏联解体，西方民主化浪潮风靡整个世界，资本主义国家针对苏东社

---

① 弗朗西斯·福山：《历史的终结及最后之人》，中国社会科学出版社，2003 年，第 1 页。

会主义国家近半个世纪的冷战，似乎以西方阵营的胜利而告终。几年后，福山在此文基础上撰写并出版了《历史的终结及最后之人》一书，其"历史终结论"引起广泛讨论。①

对福山的"历史终结论"最有力的挑战莫过于2008年的世界经济危机，以有力的事实暴露出资本主义无法消除的基本矛盾，以及资本主义民主自由的真相。从福山提出"历史终结论"到现在20多年客观的历史现实，以及福山后来对美国做出的批评、对中国的赞扬，从高调鼓吹"终结论"到被迫唱起西方资本主义制度的"衰败论"，这都说明福山的"历史终结论"已经终结。

以研究福山的这一理论为引入，发掘其是如何走向衰落的以及为什么会走向衰落，可以有助于我们更清醒地把握当今世界发展的大趋势，更能认清马克思所揭示的"资本主义必然灭亡社会主义必然胜利"的历史发展规律，增强对社会主义，特别是中国特色社会主义的信念。②

【历史脉络梳理】

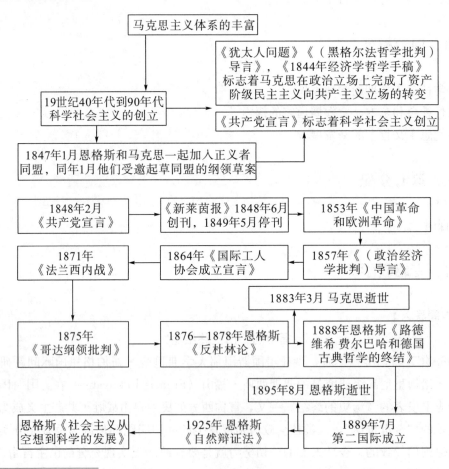

---

① 程恩富、谢长安：《"历史终结论"评析》，《政治学研究》2015年第5期，第23~31页。

② 陈学明、李先悦：《福山的"历史终结论"的终结说明了什么》，《马克思主义理论学科研究》2017年第1期，第95~109页。

【要点讲解】

（一）科学社会主义理论的新发展

科学社会主义理论诞生于 19 世纪 40 年代，由马克思和恩格斯创立。从时代背景看，随着大机器生产的迅猛发展，资本主义在欧洲逐渐占据统治地位，资本主义基本矛盾也日益显露出来，无产阶级和资产阶级的斗争上升为社会主要矛盾。19 世纪三四十年代，法国里昂工人起义、英国工人宪章运动、德国西里西亚纺织工人起义等，标志着无产阶级作为独立的政治力量登上了历史舞台。随着工人运动不断高涨，迫切需要科学的理论指导。从理论来源看，19 世纪自然科学和社会科学的新发展，特别是空想社会主义学说，为科学社会主义理论的创立准备了条件，提供了必要的思想材料。以圣西门、傅立叶和欧文为代表的空想社会主义学说抨击资本主义制度的弊端，从经济根源说明社会不平等的原因和资本主义制度的历史暂时性，对未来理想社会进行了有益探索。马克思和恩格斯批判地继承了人类优秀思想文化成果，并通过参加工人运动，总结工人运动经验，创立了历史唯物主义和剩余价值学说，实现了社会主义同工人运动相结合，使社会主义由空想发展为科学。

1848 年，马克思和恩格斯共同起草的《共产党宣言》的发表，标志着科学社会主义的诞生。为了同当时流行的各种"社会主义"流派相区别，他们开始将自己的学说称为"共产主义"或"革命的社会主义"。1873 年恩格斯在《论住宅问题》一文中使用了"德国科学社会主义"这一名称，其后马克思在《巴枯宁〈国家制度和无政府状态〉一书摘要》中使用了"科学社会主义"一词。

科学社会主义创立 170 多年来，从一种理论到成为人类社会的一种实践和制度，在世界社会主义既波澜壮阔又形式多样的实践检验中不断丰富和发展。科学社会主义同马克思主义实践直接相联系的特点，决定了科学社会主义既能够直接指导无产阶级解放运动和社会主义实践、最终实现全人类解放，又能够直接从无产阶级解放运动特别是社会主义实践中汲取营养，不断发展自己的理论体系。科学社会主义与实践紧密联系的开放性，对于马克思主义的与时俱进和完善发展起到了极大的推动作用。科学社会主义理论是一个完整的思想体系，又是一个随着实践的发展而不断丰富、不断完善的科学理论。

1. 科学社会主义的基本内容

总的来说，科学社会主义的主要内容包括：揭示了资本主义社会的基本矛盾即社会化大生产和私人占有制度之间的矛盾；资本主义基本矛盾的不断运动是资本主义周期性的经济危机爆发的根本原因，决定资本主义的产生、发展和灭亡。资本主义生产的直接目的是通过无偿占有工人劳动的方式生产剩余价值，从而发财致富。这是无产阶级与资产阶级矛盾和斗争的经济根源，必然表现为无产阶级和资产阶级之间的对立和斗争。无产阶级革命是彻底消灭一切私有制、代之以生产资料公有制的革命，是消灭一切阶级和阶级统治的革命，是为绝大多数人谋利益的革命。无产阶级革命的主要形式是通过暴力革命结合其他方式去夺取政权，打碎旧的国家机器，建立无产阶级专政的社会主义国家。当然，强调暴力革命，并不排除和平过渡到社会主义的可能性。这个问题并不取决于无产阶级，因为资产阶级往往把刺刀首先提到日程上。无产阶级要完成自己的使命，必须建立自己的政党，组织和团结自己的队伍。以马克思主义为指导思想的无产阶级政党的领导，是社会主义革命和建设事业胜利的根本保障。关于未来社会，科学社会主义理论强调，从资本主义社会到共产主义社会要有一个过渡时期，在这个时期必须实行无产阶级的革命专政。共产主义的第一阶段即社会主义社会，在经济、道德和精神方面都还带有旧社会的痕迹，社会只能实行"各尽所能、按劳分配"的原则；在共产主义高级阶段，生产力高度发展，物质财富极大涌现，个性获得全面自由发展，社会将实行"各尽所能，按需分配"的原则。

（1）社会主义代替资本主义的历史必然性

社会主义必然代替资本主义是科学社会主义的核心内容。社会主义取代资本主义，是社会化生产与资本主义占有之间的矛盾，以及由此形成的无产阶级反对资产阶级的斗争发展的必然结果，是历史发展的必然趋势。

首先，人类社会发展具有自身的客观规律。

人类社会发展是不以人的意志为转移的客观过程。人类社会是物质世界的一个特殊部分，像世界上一切事物一样，它的存在是个变化发展的过程。社会变化发展过程就是历史。只有从社会运动变化中，从社会历史发展过程中，才能真正理解人类社会。人类社会变化的总趋势是向前进的，是从低级向高级发展的。那种认为社会变化只是循环重复、原地踏步的观点，是形而上学的认识，是不正确的。正如毛泽东所说，自然界是不断发展的，人类社会也是不断发展的，不会永远停留在一个水平上。人类社会从低级到高级、从片面到全面的发展是历史发展的客观趋势。

人类社会从低级到高级的发展表现为社会形态的更替。社会发展呈现一系列不同的社会形态，社会形态是一定生产力发展水平基础上的经济基础和上层建筑的统一体，是社会经济形态、政治形态和文化形态的统一体。每个社会形态都是人类发展史上的一个基本阶段，人类社会发展表现为社会形态的发展和更替。马克思、恩格斯曾从生产力发展和技术进步，从生产关系特别是所有制关系，从人的发展等不同角度考察社会形态。把人类社会的历史过程概括为五种社会形态，即原始社会、奴隶社会、封建社会、资本主义社会、社会主义和共产主义社会，认为人类社会的发展和进步就是在这五种社会形态的发展更替中实现的。社会形态更替的根本动力在于社会基本矛盾运动。人类社会之所以是发展的、前进的，根本原因在于社会基本矛盾即生产力与生产关系、经济基础与上层建筑的矛盾。这一社会基本矛盾，贯穿于人类社会的始终，推动着社会形态的更替，促进社会从低级向高级的发展。在社会基本矛盾中，生产力与生产关系的矛盾居于基础地位，是最根本的矛盾。在阶级社会中，生产力与生产关系的矛盾直接地表现为推动先进生产力发展的阶级与维护旧的生产关系的阶级之间的阶级矛盾和阶级斗争。因此，在阶级对立的社会中，阶级矛盾和阶级斗争是推动一个社会向更高级社会转变的直接动力。

其次，社会主义代替资本主义是历史发展的必然趋势。

资本主义必然灭亡，社会主义必然胜利，这是我们通常说的"两个必然"。这一科学论断是在《共产党宣言》中明确提出来的。这里的"两个必然"，不是两个不同的必然性，而是同一个历史必然性的两个方面。资本主义的灭亡和社会主义的胜利，是同一个历史过程、同一种历史趋势，体现的是同一个社会发展规律，即社会主义代替资本主义的规律。列宁指出：马克思"以对资本主义制度的这种客观分析，证明了资本主义制度变为社会主义制度的必然性"，并强调"这就是马克思主义者经常援引必然性的由来"。[①]

马克思、恩格斯的"两个必然"论断是他们用唯物史观分析人类社会发展的一般规律和资本主义社会发展的特殊规律得出的科学结论。他们指出，生产力与生产关系的矛盾、经济基础与上层建筑的矛盾，是贯穿于整个人类社会，包括资本主义社会的基本矛盾。资本主义制度在适应生产力发展要求的阶段，曾经有力推动了生产力的发展，对历史的进步起到了重要作用，但生产力不断发展到一定程度时，同与它相适应的资本主义制度产生尖锐矛盾，这时的资本主义制度就由原来促进生产力发展的力量变成了束缚生产力发展的桎梏。生产力要进一步向前发展，就必然要求打破资本主义制度的束缚，建立与自身发展要求相适应的社会主义制度。这就把社会主义代替资本主义建立在社会发展规律的基础上，揭示了它的客观的和历史的依据。

马克思又强调"无论哪一个社会形态，在它所能容纳的全部生产力发挥出来以前，是决不会灭亡的；而新的更高的生产关系，在它的物质存在条件在旧社会的胎胞里成熟以前，是决不会出现的"[②]。"两个决不会"的提出，使马克思主义关于社会形态更替的历史必然性原理，特别是关于社会主义代替资本主义的必然性的原理更加完整。

"两个必然"阐述了资本主义灭亡和社会主义胜利的客观必然性，"两个决不会"阐述了这种必然性实现的长期性和曲折性。这就告诉我们，社会主义代替资本主义是必然的，但实现这一必然趋势需要相应的客观条件，在这个客观条件具备之前，这种"必然"还暂时不会成为现实。"两个决不会"是对"两个必然"的确认、补充和完善，它表明马克思主义所说的社会发展的必然性是具体的历史的，社会主义取代资本主义的必然性不是主观的人为的，而是历史发展规律决定的。

深刻认识"两个必然"的科学论断具有重要意义：一方面，这一论断是科学社会主义的核心命题和基本结论。认识这一重要论断，就能使我们更好地把握科学社会主义理论体系和这一理论体系的精神实质、基本内容。另一方面，这一论断集中体现了科学社会主义信念的科学性。认识这一重要论断，就能使我们更好地把握科学社会主义的科学基础，认清空想社会主义和其他打着"社会主义"招牌的种种社会思潮的空想性和虚幻

①　中共中央马克思恩格斯列宁斯大林著作编译局编译《列宁选集》第 1 卷，人民出版社，2012 年，第 25 页。
②　中共中央马克思恩格斯列宁斯大林著作编译局编译《马克思恩格斯文集》第 2 卷，人民出版社，2009 年，第 592 页。

性，自觉地把中国特色社会主义信念建立在对历史规律的深刻把握之上。

同时，社会主义必然代替资本主义的客观依据是资本主义的基本矛盾及其发展。人类社会基本矛盾在资本主义社会表现为社会化生产和资本主义占有的矛盾，社会主义代替资本主义是资本主义社会基本矛盾发展的必然结果。资本主义社会化生产同资本主义占有之间有着对抗性的矛盾，这就是资本主义基本矛盾，表现为经济上，每一个企业生产的组织性和整个社会生产的无政府状态之间的对立；阶级关系上，无产阶级和资产阶级的对立。马克思、恩格斯紧紧抓住社会化生产和资本主义占有这个矛盾，并通过对资本主义社会的经济运行过程和阶级关系状况的深入考察，指出这一矛盾必然导致无产阶级与资产阶级的阶级斗争，而代表社会化生产发展要求的无产阶级必然要废除资本主义私有制，建立社会主义公有制，进一步促进社会化生产的解放以及与此相联系的无产阶级自身的解放。

社会主义代替资本主义的历史过程，是共产党领导无产阶级和人民群众所进行的自觉行动。资本主义必然灭亡，社会主义必然胜利，这是社会发展的客观规律。社会主义代替资本主义的历史必然性，共产主义理想的最终实现，同样离不开人们的自觉行动，特别是离不开工人阶级和广大人民群众的自觉追求，离不开无产阶级政党的正确领导。20世纪以来社会主义发展的历史，充分证明了这个道理。没有列宁创造性地提出社会主义可能首先在一国或数国胜利的理论，没有俄国布尔什维克党的领导和工农劳动大众的不懈努力，就没有十月革命的伟大胜利和第一个社会主义国家的诞生；没有以毛泽东同志为主要代表的中国共产党人把马克思主义基本原理与中国具体实际相结合，创造性地提出新民主主义革命以及从新民主主义向社会主义过渡的理论，没有中国共产党的领导和全国各族人民的共同奋斗，就没有社会主义基本制度在中国的建立和中国社会主义事业的推进。进入改革开放新时期，正是以邓小平同志、江泽民同志、胡锦涛同志为主要代表的中国共产党人带领全国人民开创和持续推进中国特色社会主义伟大事业，才会有社会主义事业在中国的巨大发展和社会主义现代化建设取得的辉煌成就。党的十八大以来，正是以习近平同志为主要代表的中国共产党人，顺应时代发展，从理论和实践结合上系统回答新时代坚持和发展什么样的中国特色社会主义、怎样坚持和发展中国特色社会主义这个重大时代课题，带领全国各族人民，统揽伟大斗争、伟大工程、伟大事业、伟大梦想，取得历史性成就，实现了历史性变革，推动中国特色社会主义进入新时代。同样，世界上其他社会主义国家的兴衰成败，也是与执政党的领导和广大人民是否支持分不开的。[①]

最后，社会主义代替资本主义的历史过程具有长期性和曲折性。

社会形态更替是一种根本的转变，它不仅是社会具体制度的更新，而且是整个社会的根本改造。因此，完成社会转变，实现新旧社会形态更替，是一项长期的历史任务。同时，社会形态的更替在不同民族和国家的展开和实现是一个长期的过程。社会发展过

---

① 科学社会主义概论编写组：《科学社会主义概论》第2版，人民出版社，2020年，第53～56页。

程是前进性与曲折性的统一。一方面，人类社会发展是一个从低级到高级的过程，是不断前进的运动，这是发展的总趋势；另一方面，这种前进的总趋势又是在各种不确定性因素或偶然性的影响下为自己开辟道路的。因而，历史发展轨迹必然是曲折的。在新旧社会形态更替和转变过程中，历史的曲折性表现得尤为突出。

资本主义作为一种社会形态走向衰亡是复杂的长期的过程。当今时代，要深刻认识资本主义社会的自我调节能力，充分估计到西方发达国家在经济科技军事方面长期占据优势的客观现实，认真做好两种社会制度长期合作和斗争的各种准备。

社会主义革命胜利和巩固是一个艰巨而长期的过程。历史和现实都告诉我们，一场社会革命要取得最终胜利，往往需要一个漫长的历史过程。社会主义代替资本主义是通过社会主义革命实现的，而社会主义革命本身的复杂性决定了要取得革命胜利不可能一蹴而就，也不可能一帆风顺。同时，社会主义革命胜利成果的巩固同样需要一个长期过程，更不会一帆风顺。

社会主义制度的巩固和发展及其优越性的充分展现是一个长期过程。由于历史发展的不平衡性，社会主义革命在经济文化比较落后的国家首先取得了胜利。这些国家在建立起社会主义制度之后，由于自身没有经历资本主义充分发展的阶段，因而生产力发展水平与资本主义发达国家相比还有相当大的差距，还不能在与发达资本主义国家的对比中充分显示出自己的优越性。可见，在社会主义与资本主义并存竞争的历史条件下，社会主义制度要得到巩固并且赢得与资本主义相比较的优势，是一个长期过程。

社会主义最终发展到共产主义也是一个长期过程。社会主义必然代替资本主义这一论断，不仅是指通过无产阶级革命推翻资本主义统治而建立社会主义制度，而且包括从社会主义最终发展到共产主义。因此，当我们讲社会主义代替资本主义的必然性时，还包括社会主义向共产主义发展的内涵。如果说，完成从资本主义向社会主义的转变是一个长期过程，那么从社会主义最终发展到共产主义更是一个长期过程。无论是现有的社会主义国家将来发展到共产主义，还是现在的资本主义发达国家转向社会主义之后最终向共产主义迈进，都是一个漫长发展过程。正如习近平指出的："必须认识到，我们现在的努力以及将来多少代人的持续努力，都是朝着最终实现共产主义这个大目标前进的。同时，必须认识到，实现共产主义是一个非常漫长的历史过程，我们必须立足党在现阶段的奋斗目标，脚踏实地推进我们的事业。"①

（2）马克思恩格斯对未来社会基本特征的设想

在马克思恩格斯的许多著作中，社会主义和共产主义是同义语，他们把推翻资本主义社会制度以后建立起来的新的社会制度统称为共产主义社会。后来，列宁把共产主义第一阶段称为社会主义。

---

① 中共中央党史和文献研究院编《十八大以来重要文献选编》（上），中央文献出版社，2014年，第115～116页。

——关于过渡时期的理论

马克思认为，在无产阶级革命过程中，必然要经历一个从资本主义向共产主义转变的过渡时期。他指出："在资本主义社会和共产主义社会之间，有一个从前者变为后者的革命转变时期。同这个时期相适应的也有一个政治上的过渡时期，这个时期的国家只能是无产阶级的革命专政。"① 无产阶级专政，是从资本主义到"共产主义革命转变时期"的根本特征。关于过渡时期的思想，马克思和恩格斯在此之前的《共产主义信条草案》《法兰西内战》等著作中，曾有过多次论述。但《哥达纲领批判》与以往的提法有所不同，对其中的差异，列宁做了这样的分析："从前，问题的提法是这样的：无产阶级为了求得自身的解放，应当推翻资产阶级，夺取政权，建立自己的革命专政。""现在，问题的提法已有些不同了：从向着共产主义发展的资本主义社会过渡到共产主义社会，非经过一个'政治上的过渡时期'不可，而这个时期的国家只能是无产阶级的革命专政。"马克思揭示了过渡时期必然存在的客观根据，这就是社会主义经济因素不可能在资本主义社会内部全部和自动地形成，因此无产阶级通过革命建立自己的政权以后，必须运用无产阶级专政的力量对整个社会进行彻底的改造，消灭资本主义私有制，建立社会主义公有制，进而过渡到社会主义。②

——关于共产主义社会的发展阶段

共产主义社会不是一种静止的终极的状态，而是一个不断发展的过程。在这个漫长的发展过程中，会呈现出不同的阶段性特征。

马克思、恩格斯在从事理论研究和革命实践活动相当长的时期里，主要是集中精力研究资本主义生产方式和资本主义社会的基本矛盾，揭示资本主义向共产主义转变的规律，揭示共产主义社会的根本性质和一般特征。在这个过程中，他们把共产主义社会作为一个独立的完整的社会形态，侧重从总体上揭示这个社会的基本性质和一般特征。马克思在《哥达纲领批判》中明确地把共产主义社会划分为第一阶段和高级阶段。他认为，在从资本主义社会到共产主义社会的过渡时期结束之后，进入的是共产主义社会的第一阶段。由于生产力发展水平等方面的限制，个人消费品分配只能实行"各尽所能，按劳分配"的原则。后来，列宁把"共产主义社会第一阶段"称为"社会主义社会"，把"共产主义高级阶段"称为"共产主义社会"。

共产主义第一阶段，即社会主义。"这个社会，它不是在它自身基础上已经发展了的，恰好相反，是刚刚从资本主义社会中产生出来的，因此它在各方面，在经济、道德和精神方面都还带着它脱胎出来的那个旧社会的痕迹。"③ 社会主义的分配原则，即按

---

① 中共中央马克思恩格斯列宁斯大林著作编译局编译《马克思恩格斯文集》第 3 卷，人民出版社，2009 年，第 445 页。

② 马克思主义发展史编写组编《马克思主义发展史》第 2 版，高等教育出版社，2021 年，第 122~123 页。

③ 中共中央马克思恩格斯列宁斯大林著作编译局编译《马克思恩格斯文集》第 3 卷，人民出版社，2009 年，第 434 页。

劳分配原则，是"一种形式的一定量劳动同另一种形式的同量劳动相交换"①；也就是"每一个生产者，在作了各项扣除以后，从社会领回的，正好是他给予社会的。他给予社会的，就是他个人的劳动量"②。按劳分配原则具有两重性。从形式上看，这是一个平等的原则，生产者的权利是用劳动这个同一的尺度来计量的。但每个劳动者的情况是各不相同的，存在着体力和智力上的差别，还存在着家庭状况和子女数量的差别，所以在社会消费品分配所得的份额相同的条件下，每个劳动者的实际所得是不同的。因此，这种平等在内容上来说又是一种不平等。马克思认为，这种"同量劳动相交换"的分配原则，仍是一种资产阶级权利，这在共产主义第一阶段是不可避免的，因为"权利决不能超出社会的经济结构以及由经济结构制约的社会的文化发展"③。

共产主义社会高级阶段是在社会生产力充分发展和高度发达的基础上实现的。马克思指出："在共产主义社会高级阶段，在迫使个人奴隶般地服从分工的情形已经消失，从而脑力劳动和体力劳动的对立也随之消失之后；在劳动已经不仅仅是谋生的手段，而且本身成了生活的第一需要之后；在随着个人的全面发展，他们的生产力也增长起来，而集体财富的一切源泉都充分涌流之后，只有在那个时候，才能完全超出资产阶级权利的狭隘眼界，社会才能在自己的旗帜上写上：各尽所能，按需分配！"④

共产主义社会第一阶段是高级阶段的基础和发展前提，高级阶段是第一阶段发展的必然趋势。从共产主义社会的第一阶段到高级阶段的过程，就是在社会生产力高度发展的基础上逐步消除旧社会各方面痕迹的过程，是自身不断发展和完善的过程。⑤

——关于未来社会的一般特征

马克思恩格斯对于未来社会的预测，是他们运用辩证唯物主义和历史唯物主义原理，考察资本主义社会基本矛盾及其发展趋势所得出的结论。他们对未来社会的预测，不同于空想社会主义，他们从现实出发，在批判旧世界中发现新世界，这种共产主义社会是资本主义基本矛盾运动的最终结果。马克思恩格斯通过对资本主义生产力、生产关系及其矛盾运动的考察，不仅在资本主义社会内部发现了共产主义社会的物质基础——高度社会化的生产力，而且根据资本主义社会的发展趋势预测了共产主义社会的生产组织和交换组织。马克思恩格斯关于未来社会实行生产资料公有制、有计划地组织和调节生产、实行不同于资本主义社会的分配原则等结论，都是从考察资本主义经济运动规律中得出的。

---

①　中共中央马克思恩格斯列宁斯大林著作编译局编译《马克思恩格斯文集》第3卷，人民出版社，2009年，第434页。

②　中共中央马克思恩格斯列宁斯大林著作编译局编译《马克思恩格斯文集》第3卷，人民出版社，2009年，第434页。

③　中共中央马克思恩格斯列宁斯大林著作编译局编译《马克思恩格斯文集》第3卷，人民出版社，2009年，第435页。

④　中共中央马克思恩格斯列宁斯大林著作编译局编译《马克思恩格斯文集》第3卷，人民出版社，2009年，第435～436页。

⑤　科学社会主义概论编写组：《科学社会主义概论》第2版，人民出版社，2020年，第44～47页。

对于未来社会的特征，马克思和恩格斯得出如下结论①。

第一，未来社会"是以生产力的巨大增长和高度发展为前提的"。马克思没有具体说明未来共产主义社会生产力的发展水平，但他曾概括地指出，只有在直接形式的劳动已不再是生产的基础，而变成主要是看管和调节活动的时候，共产主义的目标才能实现。因为只有在生产力水平发展到这样高的程度，每个人才有充裕的自由时间，才有一切必要的发展资料，来保证自己得到全面而自由的发展。共产主义社会是资本主义发展的最后产物。在资本主义社会发展起来的社会化生产力的基础上，新的共产主义生产关系将使其得到进一步的发展，创造出比资本主义高得多的劳动生产率。

第二，共产主义社会将"最终废除私有制"②，实行生产资料公有制。在《政治经济学批判》中，马克思指出公有制是"共同占有和共同控制生产资料或'财产公有'"，此外马克思恩格斯还用"公共的集体的所有制""集体所有制""合作社占有制"等来指代。马克思恩格斯认为，公有制并不是基于某种平等观念而设计的社会制度，而是社会生产力发展到一定高度的必然产物，是社会化大生产所要求的经济关系。因此，《共产党宣言》指出"共产党的理论概括为一句话，就是消灭私有制"。

第三，共产主义社会是按照整个社会要求自觉地组织生产的社会，消除了生产无政府状态。马克思恩格斯设想，在生产资料公有制的基础上，随着商品和货币的消失，共产主义社会的"全部生产的联系"就不再由价值规律的自发作用和市场价格的变动来调节，生产什么、生产多少以及生产规模等等，将在全社会范围内有计划地组织和调节，这就消除了资本主义生产的无政府状态。

第四，对应生产资料公有制的分配制度是不同于资本主义制度的，这种分配方式会随着社会生产机体本身的特殊方式和随着生产者的相应的历史发展程度而改变。在共产主义社会的第一阶段，个人消费品的分配，是把每个生产者的劳动同他取得的产品数量联系起来，即每个生产者只能"从社会储存中领得和他所提供的劳动量相当的一份消费资料"。到了共产主义社会的高级阶段才能实行"各尽所能，按需分配"。③

第五，消灭了阶级对立和阶级差别，国家也随之消亡。按照马克思恩格斯的设想，在未来的社会里，由于废除了私有制，实行了生产资料的公有制，从而也就消灭了阶级存在的条件。随着阶级和阶级差别的消灭，作为阶级统治工具的国家，或者说具有政治职能"政治国家"也就不再需要了。

第六，未来共产主义社会是一种自由人的联合体。在《共产党宣言》中，马克思恩格斯指出"代替那存在着阶级和阶级对立的资产阶级旧社会的，将是这样一个联合体，在那里，每个人的自由发展是一切人自由发展的条件"。1894年，一位意大利人请恩格

① 韩喜平、庞雅莉主编《马克思主义发展史》，吉林大学出版社，2007年，第99~101页。

② 中共中央马克思恩格斯列宁斯大林著作编译局编译《马克思恩格斯文集》第1卷，人民出版社，2009年，第687页。

③ 中共中央马克思恩格斯列宁斯大林著作编译局编译《马克思恩格斯选集》第3卷，人民出版社，1995年，第11页。

斯用简短的字句来表述未来社会主义纪元的基本思想，恩格斯选了这句话，并强调，"再也找不出合适的了"。

第七，共产主义社会是人的精神境界极大提高的社会。马克思、恩格斯认为，共产主义代替资本主义，不仅要与传统的私有制彻底决裂，而且要与传统的私有观念彻底决裂，形成与公有制基础相适应的共产主义思想观念。在共产主义社会，人的道德将不再打着阶级对立和私有制的印记，而真正成为人本身的道德。恩格斯在《反杜林论》中写道"只有在不仅消灭了阶级对立，而且在实际生活中也忘却了这种对立的社会发展阶段上，超越阶级对立和超越对这种对立的回忆的、真正人的道德才成为可能"①。

第八，共产主义社会是人与自然和谐相处的社会。共产主义社会是人类社会和谐的最高境界，不仅实现了社会内部的和谐，而且社会与自然之间也达成了和谐。在共产主义社会中，人与自然的和谐并不是放弃对自然的改造和利用，而是以合乎自然发展规律、合乎人类幸福生活和对美的追求的方式，来改造和利用自然。由于社会对物质生产的自觉控制，由于生产方式更加先进，科学技术及其运用更加人性化，共产主义社会中不断发展的生产力将与自然之间形成动态的平衡。

马克思恩格斯对未来社会的设想，是以社会主义首先在生产力高度发达的资本主义国家取得胜利为前提的，是根据发达的资本主义国家的社会经济状况推论出来的。而现实的社会主义是从经济相当落后的国度脱胎而来的。所以，其个别论断不能适用当今社会主义社会的具体实际，是不足为奇的。

（3）科学社会主义理论的发展

当前社会主义面临的百年未有之大变局，当代社会主义就是这种历史条件下的产物，在这种新的形势面前，社会主义要获得一个大的发展，必须分析已经出现的新的情况和新的问题，尤其重要的是，要在研究具体情况的基础上，依据新的实际，反思传统理论，从本质上把握现时代的基本特点，以便制定总揽全局的世界社会主义的新战略。

——关于社会主义的基本特征的探索

中国共产党在总结我国社会主义实践和国际社会主义历史经验的基础上，对社会主义特征的认识有了飞跃。中国共产党第十二次全国代表大会的报告，明确地把社会主义的特征概括为七条：1 消灭了剥削制度；2 生产资料公有制；3 按劳分配；4 国民经济有计划按比例地发展；5 工人阶级和劳动人民当家作主的政权；6 以共产主义思想为核心的社会主义精神文明；7 高度发达的生产力和比资本主义更高的劳动生产率，作为社会主义发展的必然要求和最终结果，也是社会主义的特征。②

当然，人们对社会主义基本特征的再认识并没有终结，因为社会主义仍在实践中，各社会主义国家仍在进行探索，新的观点结论也还会出现。

---

① 中共中央马克思恩格斯列宁斯大林著作编译局编译《马克思恩格斯文集》第 9 卷，人民出版社，2009 年，第 100 页。

② 《中国共产党第十二次全国代表大会文件汇编》，人民出版社，1982 年，第 29 页。

——关于社会主义同资本主义的关系

学界对社会主义和资本主义的关系讨论有几种不同的观点。一是对立说，即社会主义同资本主义是两种根本对立的社会制度和思想体系。二是共存说，即认为社会主义取代资本主义是符合社会历史发展规律的，但是资本主义社会的基本矛盾还没有发展到尽头，社会主义取代资本主义有相当长的历史时期。在这个时期内，两种制度和平共处，和平竞争，互相借鉴，共同发展是不可避免的。三是连续说，即社会主义从资本主义脱胎而来，社会主义机体中有着资本主义的"血液"。四是趋同说，即认为社会主义国家推行体制改革，建立社会主义所有制的多种形式，发展社会主义的商品经济，大力提倡和实行社会主义民主政治，使社会主义同资本主义的区别以后会越来越不明显，社会主义同资本主义在许多方面会越来越接近。

社会主义同资本主义的对立说这实际上是我们的传统观点。长期以来，我们的理论研究往往倾向于社会主义与资本主义是根本对立的，把这两个社会制度看成是绝对对立、没有共同点的。但其实社会主义制度和资本主义制度各有各的特点，同时又有着内在的联系。

第一，社会主义同资本主义有着共同的生产发展的规律。无论是社会主义还是资本主义，都要受到生产发展的一般规律的制约。都必须遵循生产发展的一般规律。第二，商品经济是社会主义和资本主义共同的发展基础。第三，大生产的一般规律在社会主义和资本主义社会都发生作用。第四，劳动者都是社会主义社会和资本主义社会的生产要素。第五，社会主义和资本主义有共同的社会经济问题，如都面临经济危机、失业问题，收入差距问题。

但同时，社会主义和资本主义又有着本质的区别。它们在所有制的比例、政治权力的集中、计划与市场、再分配等上有着本质的区别。

2. 对无产阶级革命道路和策略理论的探索

无产阶级革命的道路和策略是马克思恩格斯关注的重要问题。随着资本主义社会的变化和无产阶级革命实践的发展，马克思恩格斯关于无产阶级革命道路和斗争策略的思想也在不断地变化和发展。特别是巴黎公社革命后，马克思恩格斯对无产阶级革命道路和斗争的策略进行了新的探索，极大地丰富了无产阶级革命道路和策略的理论。

（1）阶级斗争和无产阶级革命

阶级斗争是阶级对立社会发展的直接动力。在阶级对立的社会里，阶级斗争是推动社会发展的直接动力。在资本主义社会里，推动资本主义社会进步和发展的直接动力则是无产阶级反对资产阶级的斗争。

马克思主义认为，阶级并不是从来就有的。阶级的存在仅仅同生产发展的一定历史阶段相联系。在原始社会，生产力水平低下，生产资料公有，人们共同劳动，平均分配产品，没有阶级差别。随着生产力的提高，社会分工和交换的发展，产品有了剩余，使少数人拥有较多的生产资料并以此占有大部分人的剩余劳动成为可能，于是就出现了生产资料私有制，形成了剥削与被剥削、压迫与被压迫的关系，社会也就分裂为经济利益根本对立的阶级。人类社会分裂为阶级之后，就有了阶级斗争。阶级和阶级斗争既不是从来就有的，也不会永远存在。恩格斯指出："社会阶级的消灭是以生产高度发展的阶段为前提的，在这个阶段上，某一特殊的社会阶级对生产资料和产品的占有，从而对政治统治、教育垄断和精神领导地位的占有，不仅成为多余的，而且在经济上、政治上和精神上成为发展的障碍。"[①] 只有到了这个时候，阶级和阶级斗争才会消灭。

无产阶级反对资产阶级的斗争是推动资本主义社会进步和发展的直接动力。人类社会发展的历史表明，在阶级对立的社会里，阶级斗争是阶级社会发展的直接动力。在阶级社会里，生产力和生产关系之间的矛盾，往往是通过阶级斗争表现出来的。通过阶级斗争，被剥削阶级推翻剥削阶级的反动统治，能够废除束缚生产力发展的生产关系和上层建筑，促进新的生产方式的建立和发展，从而推动旧社会向新社会转变。

在资本主义条件下，无产阶级反对资产阶级的斗争通常是在经济、政治、思想文化3个方面进行。经济斗争、政治斗争和思想（理论）斗争是无产阶级斗争的3种主要形式。经济斗争是指无产阶级为改善劳动和生活条件而进行的斗争，这是无产阶级斗争的基本形式。政治斗争是指无产阶级以夺取政权为目标的斗争，这是无产阶级斗争的最高形式。思想（理论）斗争是指无产阶级在意识形态领域里同反马克思主义思潮进行的斗争。无产阶级政党要善于根据形势的变化，把上述3种基本斗争形式结合起来，积极推动资本主义向社会主义的变革进程。

（2）无产阶级革命发生的原因和条件

无产阶级革命是无产阶级和资产阶级矛盾激化的结果。马克思指出，"随着社会化大生产的发展，当社会化生产力达到了同它们的资本主义外壳不能相容的地步。这个外壳就要炸毁了。资本主义私有制的丧钟就要响了。剥夺者就要被剥夺了"[②]。因此，无产阶级反对资产阶级斗争的经济根源在于资本主义生产方式的基本矛盾。当无产阶级反对资产阶级的阶级斗争发展到一定程度的时候，就会发生无产阶级革命。从这个意义上讲，无产阶级革命的直接原因，是反映资本主义基本矛盾的无产阶级和资产阶级的对立。当无产阶级同资产阶级的对立发展到极端尖锐的程度时，无产阶级不推翻资产阶级政权就不能改变自己的悲惨命运，就不能继续生存和生活下去时，就必然把斗争的锋芒直指资产阶级统治权，无产阶级反对资产阶级的斗争就必然上升为无产阶级革命。无产阶级革命是解决资本主义基本矛盾的决定性手段，是推动资本主义转变为社会主义的强大动力。

无产阶级革命的根本问题是国家政权问题。历史上，统治阶级与被统治阶级之间的斗争，主要是围绕着国家政权展开的，一切剥削阶级当他们掌握了国家政权之后，总是不断地加强国家机器，用以镇压被剥削阶级的反抗。对于被剥削阶级来说，要改变自己

---

① 中共中央马克思恩格斯列宁斯大林著作编译局编译《马克思恩格斯选集》第3卷，人民出版社，2012年，第814页。

② 中共中央马克思恩格斯列宁斯大林著作编译局编译《马克思恩格斯文集》第5卷，人民出版社，2009年，第874页。

被压迫、被剥削的地位，就必须推翻剥削阶级的统治，建立自己的政权。所以，国家政权问题历来是阶级斗争的焦点，是一切革命所要解决的根本问题。无产阶级革命的根本问题也是国家政权问题。无产阶级通过革命斗争从资产阶级手中夺取国家政权，使自己组织成为统治阶级，这是无产阶级革命取得胜利的最根本前提和首要标志。

无产阶级革命的客观形势和主观条件。资本主义内在矛盾达到了尖锐化的程度。这是无产阶级革命客观形势成熟的根本标志。同时资本主义矛盾造成的社会全面危机，使无产阶级已经不能够照旧生活下去，而资产阶级作为统治阶级也已经丧失控制社会的能力，社会再不能在它的统治下生存下去了，无产阶级的革命要求空前高涨。无产阶级革命要取得胜利，不仅需要客观条件的成熟，而且需要主观条件的成熟。无产阶级革命的主观条件包括：第一，有一个坚强的无产阶级革命政党及其领导核心。这是革命主观条件成熟的最重要因素。第二，要有一条正确的路线，制定正确的政策和策略，引导人民开展坚定不移的斗争。第三，无产阶级革命政党的路线、方针、政策要被广大工人群众所接受和掌握并转化为自觉行为。

（3）无产阶级革命的形式

马克思、恩格斯认为，无产阶级夺取政权，打碎资产阶级国家机器，根据一般规律，需要通过暴力革命。暴力革命思想是马克思、恩格斯在总结历史经验的基础上提出的。马克思、恩格斯虽然认为暴力革命是无产阶级革命的一般规律，但他们并没有因此把暴力革命绝对化。他们强调，无产阶级不应当排除在一定条件下采用和平方式夺取政权的可能性。在马克思、恩格斯看来，虽然存在着无产阶级用和平方式夺取政权的可能性，但这种可能性要成为现实，需要具备很多条件。一是无产阶级的力量足够强大，资产阶级无力加以抵抗并有相当的理智放弃这种抵抗。二是资本主义国家民主制度的成熟和完善。三是无产阶级政党有利用和平方式夺取政权的智慧和能力。

马克思、恩格斯不否认无产阶级在一定条件下用和平方式夺取政权的可能性，不排除一些国家有可能通过渐进的和平方式转变为社会主义。但马克思、恩格斯始终坚信暴力革命是无产阶级夺取政权的根本途径。

（4）无产阶级革命斗争的战略和策略

无产阶级革命斗争的战略和策略是无产阶级在争取社会主义的实践中形成的，是指导无产阶级革命斗争的科学。

当前斗争与长远目标相结合。马克思、恩格斯指出："共产党人为工人阶级的最近的目的和利益而斗争，但是他们在当前的运动中同时代表运动的未来。"[①] 这就是说，无产阶级在开展反对资产阶级的斗争中，要善于把当前斗争与长远目标相结合。这是马克思主义关于无产阶级战略策略的一项基本原则。这个原则要求，无产阶级及其政党在为共产主义这一崇高目标奋斗时，必须高度重视和积极参加当前一切有利于无产阶级的

---

① 中共中央马克思恩格斯列宁斯大林著作编译局编译《马克思恩格斯文集》第 2 卷，人民出版社，2009 年，第 65 页。

革命斗争；同时，在参加当前斗争时，绝不忘记和脱离长远目标。当前斗争和长远目标相结合，体现了无产阶级眼前利益和长远利益的内在联系与辩证统一。

团结一切可以团结的力量。无产阶级必须在斗争中建立牢固的工农联盟。一般而言，在资产阶级民主革命中，农民是从属于资产阶级的。在资本主义制度下，农民既是私有者，又是被资产阶级剥削的劳动者。在无产阶级反对资产阶级的斗争中，农民，尤其是人数众多的小农，便成为这一斗争天平中的重要砝码。所以，马克思主义创始人历来是把农民问题和无产阶级运动联系起来加以考察，认为工农联盟问题是无产阶级革命的基本问题。首先，无产阶级反对资产阶级的斗争必须得到农民支持，否则便不能成功。农民的经济地位决定了工农联盟的必要性和可能性。其次，无产阶级要在工农联盟中起领导作用。这是实现工农联盟的政治前提。

坚持原则的坚定性和策略的灵活性。原则的坚定性，就是始终站稳无产阶级立场，维护无产阶级和广大劳动人民的根本利益，坚持无产阶级的战略目标。策略的灵活性，就是在坚持原则坚定性的前提下，根据客观形势的变化和敌我力量的对比，针对斗争的实际情况，机动灵活地运用和变换斗争的方式与方法，提出适应形势的新的斗争口号。坚持原则的坚定性和策略的灵活性，两者是辩证统一的。

（5）无产阶级专政

1850 年，马克思在《1848 年至 1850 年的法兰西阶级斗争》一书中首次使用"无产阶级的阶级专政"的概念，并确定了它的性质和地位。他指出："社会主义就是宣布不断革命，就是无产阶级的阶级专政，这种专政是达到消灭一切阶级差别，达到消灭这些差别所产生的一切生产关系，达到消灭和这些生产关系相适应的一切社会关系，达到改变由这些社会关系产生出来的一切观念的必然的过渡阶段。"[①]

无产阶级专政是一个国家概念，是无产阶级建立的国家政权，是无产阶级的政治统治和政治领导，以及无产阶级的民主政治制度。[②] 首先，无产阶级是无产阶级专政的领导力量。其次，工农联盟是无产阶级专政的基础。无产阶级专政是无产阶级同人数众多的劳动群众结成的特殊联盟。无产阶级通过对农民等劳动群众的政治领导，来巩固国家政权和完成无产阶级专政的历史任务。再次，无产阶级专政是民主和专政相结合的国家政权。无产阶级专政不同于以往国家政权的地方就在于：它是建立在无产阶级和广大劳动群众多数人民民主的基础上，是对资产阶级少数人的专政。

人民民主专政是马克思主义关于国家和无产阶级专政的一般原理同中国具体实际相结合的产物，是中国人民在中国共产党领导下，根据中国具体国情，对新中国国家本质及其形式的唯一正确的政治选择。人民民主专政是民主和专政的辩证统一，既要大力发展人民民主，也要坚持对少数敌对势力的专政。

---

① 中共中央马克思恩格斯列宁斯大林著作编译局编译《马克思恩格斯文集》第 2 卷，人民出版社，2009 年，第 166 页。

② 科学社会主义概论编写组：《科学社会主义概论》第 2 版，人民出版社，2020 年，第 80～88 页。

（二）古代社会和东方社会发展道路的探索

为了进一步深化对人类社会历史发展规律的研究，阐明资本主义必然被社会主义代替的历史趋势，马克思和恩格斯晚年十分重视对古代社会、东方社会发展道路的探索和研究。

1. 马克思恩格斯对古代社会的研究

1879—1882 年，马克思逐渐开始关注到古代社会史，他在阅读如巴斯蒂安的《历史上的人》、巴霍芬的《母权论》、拉伯克的《文明的起源和人的原始状态》等著作的过程中，撰写了如马·柯瓦列夫斯基《公社土地占有制，其解体的原因、进程和结果》、路易斯·亨·摩尔根《古代社会》、约翰·菲尔爵士《印度和锡兰的雅利安人村社》、亨利·萨姆纳·梅恩《古代法制史讲演录》等摘要笔记，收录入《马克思古代社会史笔记》中[①]，在理清原始社会氏族组织的社会结构基础上，完善了马克思主义关于社会结构的理论，同时更进一步弄清了氏族组织和原始土地公有制解体后，私有制、阶级和国家的形成过程；完善了《资本论》中所阐明的土地所有制和地租理论通过对古代社会结构的分析，论证了在生产力发展的一定阶段，私有制代替公有制的必然性，进而提出了在生产力高度发展的未来社会，私有制必然向公有制复归的论断，这些都丰富着唯物史观。[②]

恩格斯也对古代社会历史有研究，在 1869—1870 年间，恩格斯重点关注爱尔兰的历史，1878—1882 年间恩格斯关注欧洲原始社会的历史，撰写了《马尔克》《论德意志人的古代历史》《法兰克时代》等论文；后来在 1884 年为实现马克思的遗愿，他撰写了《家庭、私有制和国家的起源》（以下简称《起源》）一书。该书是马克思主义研究古代社会的代表作。

该书首先阐明了"两种生产"的理论，即"根据唯物主义观点，历史中的决定性因素，归根结底是直接生活的生产和再生产。但是，生产本身又有两种。一方面是生活资料即食物、衣服、住房以及为此所必需的工具的生产；另一方面是人自身的生产，即种的繁衍。一定历史时代和一定地区内的人们生活于其下的社会制度，受着两种生产的制约"[③]。"两种生产"科学地说明了人类社会存在和发展的基础。

其次，揭示出家庭的起源和发展的过程，恩格斯运用历史唯物主义的观点考察家庭的形成过程，论证了人类从原始杂乱性交向血缘家庭过渡的主要动因，这是原始时代生产力的发展促成的，恩格斯得出，家庭的形式、性质、职能、发展方向以及与此相联系的伦理观念，归根到底是由经济关系所决定的。

---

① 这 5 篇笔记中有 4 篇（柯瓦列夫斯基、摩尔根、梅恩、拉伯克著作笔记）发表于《马克思恩格斯全集》中文版第 1 版，第 45 卷；菲尔著作笔记发表于《马列主义研究资料》1987 年第 1~4 期。

② 马克思主义发展史编写组编《马克思主义发展史》第 2 版，高等教育出版社，2021 年，第 144~145 页。

③ 中共中央马克思恩格斯列宁斯大林著作编译局编译《马克思恩格斯文集》第 4 卷，人民出版社，2009 年，第 15~16 页。

再次，恩格斯深刻分析了私有制和阶级的产生过程，认为在原始氏族公社制度基础上生产、社会分工和交换的发展导致了私有制的产生，而私有制又是阶级矛盾产生的根源和破坏氏族公社制度的杠杆。这一过程是通过三次社会大分工逐步实现的。恩格斯指出，在第一次社会大分工，即牧业和农业的分离的基础上产生了私有制和阶级；第二次社会大分工，即手工业和农业的分离以及第三次社会大分工，即商业和其他产业的分离，不仅彻底摧毁了原始公有制度，而且最终确立了奴隶制度。

最后，论述了国家的起源、演变和消亡。国家是阶级矛盾不可调和的产物。"国家是承认：这个社会陷入了不可解决的自我矛盾，分裂为不可调和的对立面而又无力摆脱这些对立面。而为了使这些对立面，这些经济利益互相冲突的阶级，不致在无谓的斗争中把自己和社会消灭，就需要有一种表面上凌驾于社会之上的力量，这种力量应当缓和冲突，把冲突保持在'秩序'的范围以内；这种从社会中产生但又自居于社会之上并且日益同社会相异化的力量，就是国家。"① 国家在本质上是一个阶级压迫和统治另一个阶级的暴力工具，随着私有制和阶级的消灭，国家将自行消亡。

恩格斯对"两种生产"理论的研究，对家庭起源和发展过程的揭示，对私有制和阶级产生过程的分析以及对国家起源、演变和消亡的阐述，不仅是运用唯物史观分析古代社会的典范，而且也以这一研究弥补了之前关于史前社会研究方面的不足，丰富和发展了唯物史观，推动了马克思主义理论的深化和拓展，在马克思主义发展史上具有重要地位。

2. 马克思恩格斯对东方社会发展道路的探索历程及其基本思想

1848 年欧洲革命失败后，欧洲资本主义进入相对稳定的发展时期，东方社会反抗资本主义殖民统治的斗争却日益高涨，处于社会革命的前夜。在世界历史条件下，如何正确判断西方无产阶级革命和东方国家社会革命的相互影响，成为世界社会主义运动中亟待解决的课题。

（1）东方社会性质和发展道路的研究过程

早在 19 世纪 50 年代，马克思就对俄国、印度、中国等东方国家的社会性质和发展道路进行了初步研究。通过广泛阅读和认真研究，马克思主义到"不存在土地私有制"② 是东方社会一个极其重要的特点，认为印度村社的封闭、孤立使其"没有推动社会进步所需的愿望和行动"③。在他看来，东方社会要改变停滞状态迫切需要一场社会革命。马克思还严厉谴责英国对中国的侵略，声讨英国殖民主义对中国人民犯下的野蛮罪行。他在考察了英国殖民主义者的掠夺政策对中国国内状况所产生的影响之后，指出中国革命也将对英国并通过英国对欧洲发生影响。他满怀激情地写道："中国革命将把火星抛到现今工业体系这个火药装得足而又足的地雷上，把酝酿已久的普遍危机引

---

① 中共中央马克思恩格斯列宁斯大林著作编译局编译《马克思恩格斯文集》第 4 卷，人民出版社，2009 年，第 189 页。

② 《普列汉诺夫哲学著作选集》第 2 卷，生活·读书·新知三联书店，1961 年，第 588 页。

③ 《普列汉诺夫哲学著作选集》第 2 卷，生活·读书·新知三联书店，1961 年，第 442 页

爆，这个普遍危机一扩展到国外，紧接而来的将是欧洲大陆的政治革命。"[①] 但是，马克思当时认为，东方社会将无法逃脱资本主义体系，中国也将通过革命走上资本主义道路。[②] 19世纪70年代以后，马克思更加深入地研究了东方国家特别是俄国的社会性质和社会发展问题，深化了有关认识，提出了一些新的见解。在深入分析东方农村公社所固有的内在二重性的基础上，马克思提出，东方社会，特别是像俄国、印度等国存在着两种进化的可能性。1881年2月至3月，马克思在写给俄国女革命家查苏利奇的复信及该信的几个草稿中，比较明确地谈到了俄国在一定条件下跨越资本主义"卡夫丁峡谷"而直接进入社会主义的可能性问题。马克思逝世后，恩格斯根据俄国社会的新变化对跨越资本主义"卡夫丁峡谷"的理论做了进一步的补充和发挥。恩格斯认为，俄国在短短的时间里就奠定了资本主义生产方式的基础，以愈来愈快的速度转变为资本主义国家，但与此同时也就举起了砍断俄国农民公社根子的斧头。在这种情况下，要想保全这个残存的公社，就必须首先推翻沙皇专制制度，必须在俄国进行革命。

（2）马克思恩格斯的东方社会理论

——马克思关于跨越资本主义"卡夫丁峡谷"的设想

马克思恩格斯在提出"两个必然"的基础上，思索未来的社会主义将在哪里突破时，把注意力和着眼点始终放在西欧发达资本主义国家。他们曾经设想，社会主义革命将首先在西欧北美那些资本主义比较发达的国家发生，因为那里生产力发展水平很高，狭隘的生产关系已经容纳不了它，从而使生产社会化和生产资料私人占有这个资本主义的基本矛盾激化起来，导致发生社会主义革命。但是，马克思恩格斯从未把他们的理论视为一成不变的东西。19世纪70年代以后，马克思通过与俄国女革命家查苏利奇等人的频繁通信联系，特别是对俄国等东方国家的了解与思考，逐渐把视线从西往东移，并提出：革命运动方兴未艾的俄国等东方国家有可能跨越资本主义的"卡夫丁峡谷"，直接过渡到社会主义。马克思认为，俄国等东方国家有可能跨越资本主义制度的卡夫丁峡谷，即避开资本主义制度及其灾难而吸收资本主义创造的文明成果和巨大成就，实现向社会主义过渡。这就是马克思恩格斯的东方理论。

对于如何跨越这个峡谷，实现直接过渡，马克思提出了下面的见解。首先，马克思指出，俄国是在全国范围内把农村公社保存至今的欧洲的唯一国家。俄国农村公社所处的历史环境决定使它能够保存下来并得以进一步发展。其次，马克思具体分析了俄国农村公社的二重性及两种可能的命运。俄国农村公社虽然是以土地公有制为基础的，亚细亚生产方式和农民习惯于劳动组合的关系，有助于他们从小块土地劳动向合作劳动过渡；但同时又包含着私有制的因素。这使得它的发展有两种可能："或者是它所包含的私有制因素战胜集体因素，或者是后者战胜前者……一切都取决于它所处的历史环境。由于俄国农村公社和控制着世界市场的西方生产同时存在，就使俄国可以不通过资本主

---

① 《普列汉诺夫哲学著作选集》第2卷，生活·读书·新知三联书店，1961年，第561~562页。

② 顾海良主编《马克思主义发展史》，中国人民大学出版社，2007年，第121页。

义制度的卡夫丁峡谷，而把资本主义制度所创造的一切积极成果用到农村公社中来。"①很明显，在马克思看来，俄国有可能跨越资本主义的卡夫丁峡谷，是因为俄国农村公社与资本主义生产同时存在，它们处于同时代。它可以吸取资本主义生产的积极成果——现代生产力，用以改造农村公社的生产方式。再次，马克思具体分析了俄国农村公社可能跨越资本主义卡夫丁峡谷的前提条件，那就是俄国必须发生革命并且引发欧洲革命。俄国农村公社跨越资本主义历史阶段的发展是符合时代发展趋势的，但这种跨越还只是两种可能，要使这种可能变为现实，首先必须以俄国发生社会主义革命为前提，并与西方无产阶级革命相补充。

——恩格斯关于俄国社会发展道路的论述

马克思逝世后，恩格斯在晚年根据俄国社会发展的新情况，进一步探讨了俄国农村公社的命运和俄国社会发展道路的问题。

恩格斯认为，公社并不是什么神奇的存在物。"公社土地所有制是一种在原始时代曾盛行于日耳曼人、克尔特人、印度人，总而言之曾盛行于一切印欧民族之中的占有形式，这种占有形式，在印度至今还存在，在爱尔兰和苏格兰，只是在不久前才被强行消灭，在德国，甚至现在在一些地方还能见到，这是一种衰亡的占有形式，它实际上是所有民族在一定的发展阶段上的共同现象。"② 因此，俄国农村公社的普遍存在，不能作为俄国社会优越于其他西欧国家的根据。

俄国社会在本质上是保守的、落后的。在俄国，一方面，各个公社相互间几乎处于完全隔绝的状态；另一方面，个人也被局限于狭小的天地中，生活在"脱离历史发展的泥坑中因此，对于这样的公社社员，与其说他们是社会主义天生的选民，不如说是一群'愚昧地过着苟且偷生的生活'的选民"③。

对俄国公社普遍存在的劳动组合形式，恩格斯也没有赋予它以重要的意义。恩格斯冷漠地指出这种劳动组合是一种自发产生的，因而是很不发达的协作形式，是自由合作的一种最简单的形式。其重要特征是"组合成员们彼此负有团结一致对付第三者的责任"④。

关于俄国公社的命运问题，恩格斯断言，俄国公社所有制早已度过了其繁荣时代，而正在趋于解体。如果有什么东西还能挽救俄国公社所有制而使它有可能变成确实富有生命力的新形式，只能是西欧的无产阶级革命。"对俄国的公社进行这种改造的首创因素只能来自西方的工业无产阶级，而不是来自公社本身。西欧无产阶级对资产阶级的胜利以及与之俱来的以公共管理的生产代替资本主义生产，这就是俄国公社上升到同样的

---

① 中共中央马克思恩格斯列宁斯大林著作编译局编译《马克思恩格斯选集》第 3 卷，人民出版社，1975 年，第 765 页。

② 中共中央马克思恩格斯列宁斯大林著作编译局译《马克思恩格斯全集》第 22 卷，人民出版社，1965 年，第 494 页。

③ 韩喜平、庞雅莉主编《马克思主义发展史》，吉林大学出版社，2007 年，第 120 页。

④ 中共中央马克思恩格斯列宁斯大林著作编译局译《马克思恩格斯全集》第 18 卷，人民出版社，1964 年，第 615 页。

发展阶段所必要的先决条件。"①

马克思和恩格斯把唯物史观的基本原理运用于东方落后国家，指明了落后国家和民族特殊的社会发展道路，无疑是对唯物史观关于社会发展形态学说的丰富和发展。

——马克思恩格斯关于东方社会发展道路问题上的异同

首先，在农村公社问题上。马克思通过对俄国农村公社所处的历史条件，以及它自身包含的二重性和发展的可能性的分析，得出结论：在一定的前提下（俄国革命适时地爆发），凭着农村公社有利的条件，它完全有可能"不必自杀就获得新的生命"，成为新的社会生长的支点。恩格斯则不然。从上述分析可看出，恩格斯几乎完全否定了农村公社成为新的社会支点的可能性。

其次，在俄国等东方社会发展前途问题上，马克思认为俄国这个东方国家，可以避开资本主义前途，在村社土地公有制的基础上实现共产主义。前提是："必须肃清从各方面向它袭来的破坏性影响，然后保证它具备自由发展所必需的正常条件。"② 恩格斯也不否认在特定的历史条件下，俄国社会有可能实现向高级社会形式的过渡。然而俄国只有在什么条件下才可能实现对资本主义制度的跨越呢？对此，恩格斯十分明确地回答："在俄国，从原始的农业共产主义中发展出更高的社会形态，也像任何其他地方一样是不可能的，除了这种更高的形态已经存在于其他某个国家并且起着样板的作用。这种更高的形态——凡在历史上它可能存在的地方——是资本主义生产形式及其所造成的社会二元对抗的必然结果，它不可能从农业公社直接发展出来，只能仿效某处已存在的样板。"③ 恩格斯较多地看到了公社内存在的破坏因素和外在的不利条件，较多地强调了资本主义在东方滋长的可能性。

有的学者认为，马克思和恩格斯的不同意见的产生有两个原因④：第一，立论的立足点不同。马克思更侧重于阐明由于不同的前提与条件的制约的历史规律进程的特殊表现形式，多次表明决不能由《资本论》所剖析的西欧资本主义原始积累的历史，得出"一切民族，不管他们所处的历史环境如何，都注定要走这条道路，——以便最终达到在保证社会劳动生产力极高度发展的同时又保证人类最全面地发展的这样一种经济形态"⑤。他还要求更多地注意分析历史条件，并且加以比较；不能离开具体历史条件，去使用"一般历史哲学理论这一把万能钥匙"。而恩格斯更侧重于阐明在一般的前提与条件之下，历史发展的一般规律性。他指出："要处在较低的经济发展阶段的社会来解

---

① 中共中央马克思恩格斯列宁斯大林著作编译局译《马克思恩格斯全集》第 19 卷，人民出版社，1964 年，第 209 页。

② 中共中央马克思恩格斯列宁斯大林著作编译局译《马克思恩格斯全集》第 19 卷，人民出版社，1964 年，第 209 页。

③ ［德］卡尔·马克思、弗·恩格斯：《马克思恩格斯与俄国政治活动家通信集》，人民出版社，1964 年，第 670~674 页。

④ 韩喜平、庞雅莉主编《马克思主义发展史》，吉林大学出版社，2007 年，第 122~123 页。

⑤ 中共中央马克思恩格斯列宁斯大林著作编译局译《马克思恩格斯全集》第 19 卷，人民出版社，1964 年，第 130 页。

决只是处在高得多的发展阶段的社会才产生了的和可能产生的问题和冲突，这在历史上是不可能的。"恩格斯强调："每一种特定的经济形态都应当解决它自己的从它本身产生的任务；如果要去解决另一种完全不同的经济形态所面临的问题，那是十分荒谬的。"①

第二，时代的条件不同。从马克思给《祖国纪事》杂志编辑部的信后，时光又流逝了17年，马克思所设想的俄国革命没有发生，沙皇制度没有被推翻，相反，却战胜了企图推翻它的恐怖主义。后者还把资产阶级推到了沙皇政府的怀抱。资产阶级正迫使国家在所有重大经济问题上都服从它的意志，而且正试图把全部国家政权掌握在自己手中，俄国就这样以愈来愈快的速度思考变为资本主义工业国，很大一部分农民正愈来愈快地无产阶级化，农村公社也愈来愈快地走向崩溃。恩格斯在《跋》的最后一段文字中写道："我不敢判断目前这种公社是否还保存得这样完整，以致在需要的时刻，像马克思和我在1882年所希望的那样，它能够在同西欧的大转变结合的情况下成为共产主义发展的起点。"②

但是马克思恩格斯都承认"亚细亚生产方式"是普遍存在于中国、印度、俄国等东方国家占统治地位的前资本主义生产方式，这是这种形式决定了东方国家历史发展的特殊性。其一，他们都既不同意民粹派人所持有的、公社的公有制成分自身会直接过渡到社会主义社会的观点，也不同意根据西欧资本主义发展的历史，就断言农村公社在任何历史条件下都不可避免要瓦解的观点。其二，他们都坚持世界历史的一般规律和个别发展相统一的辩证历史决定论，都强调用大面积的集体劳动代替农村公社的这小块土地劳动，需要用设备、农艺、科技和管理制度等。

（三）马克思主义哲学的新发展

唯物辩证的自然观和科学观，是马克思主义世界观的重要组成部分，恩格斯为创立马克思主义自然观和科学观作出了杰出贡献。恩格斯晚年所写的关于历史唯物主义的一系列信件，进一步阐发了唯物史观。他所撰述的《路德维希·费尔巴哈和德国古典哲学的终结》，对马克思主义哲学的发展作出了科学总结。③

1. 马克思主义自然观和科学观的系统化发展

在马克思和恩格斯看来，世界历史是自然史和社会史的统一，这是他们创立马克思主义哲学时所坚持的一项基本原则。他们早在清算以往旧哲学的过程中，就提出了唯物辩证的自然观的许多基本原理。但由于当时他们面临的迫切任务是创立唯物史观，因此，直到1873年，恩格斯才在马克思的支持下决定写一部系统阐述马克思主义唯物辩证法自然观的著作。《自然辩证法》就是第一部系统阐述马克思主义自然观和科学观的

---

① 中共中央马克思恩格斯列宁斯大林著作编译局译《马克思恩格斯全集》第22卷，人民出版社，1965年，第502页。

② 中共中央马克思恩格斯列宁斯大林著作编译局译《马克思恩格斯全集》第22卷，人民出版社，1965年，第510页。

③ 马克思主义发展史编写组编《马克思主义发展史》第2版，高等教育出版社，2021年，第153页。

理论巨著，它在马克思主义发展史上占有极为重要的地位。

（1）揭示自然界向人类社会过渡的辩证法

自然界向人类社会的过渡问题，历来是自然科学和哲学研究的重大课题。恩格斯在研究了天体、地球、生物、人类四大演化的基础上，在《劳动在从猿到人转变过程中的作用》一文中，提出并深刻论证了"劳动创造了人"的科学论断，由猿到人的演变过程充分说明，归根到底是劳动创造了人，劳动是人类和动物相区别的根本标志，从而科学地揭示了人类的起源和从自然界向人类社会过渡的辩证法，为自然辩证法和历史辩证法、自然史和社会史的统一提供了结合点和关节点。

（2）系统阐述唯物辩证的自然观和科学观

在《自然辩证法》中，恩格斯对唯物辩证的自然观和科学观作了较《反杜林论》更为完整和系统的阐述。恩格斯科学地揭示了自然界的辩证发展规律和辩证图景。他依据近代以来自然科学的伟大成就明确指出，以能量守恒与转化定律、细胞学说和生物进化论三大发现为代表的自然科学成果，论证了自然界的物质统一性。在《自然辩证法》中，恩格斯根据自然科学的最新成就，深刻揭示了唯物辩证法的自然观和科学观取代形而上学、唯心主义自然观和科学观的历史必然性，阐明了自然科学中的辩证法。唯物辩证法自然观的创立成为自然科学发展的必然结果。恩格斯指出，"新的自然观就其基本观点来说已经完备：一切僵硬的东西溶解了，一切固定的东西消散了，一切被当作永恒存在的特殊的东西变成了转瞬即逝的东西，整个自然界被证明是在永恒的流动和循环中运动着"①。恩格斯用大量的自然科学的事实充分地证明了"辩证法规律是自然界的实在的发展规律"②，指出辩证法的基本规律可以归结为下面三个规律：量转化为质和质转化为量的规律、对立的相互渗透的规律、否定的否定的规律。他还具体阐述了唯物辩证法的基本规律在自然界中的表现。唯物辩证的自然观的创立，是自然科学发展的必然结果。

《自然辩证法》对马克思主义的科学观做了系统阐发，也对各门自然科学之间的内在联系进行了论述。恩格斯指出各种运动形式是相互渗透、相互包含的，所以各门自然科学之间也必然是相互包含、相互渗透的，在两门学科之间或多门学科之间出现的交叉学科，正是这种辩证联系的集中体现。恩格斯还阐述了自然科学发展的动力。他认为，自然科学发展的最根本的动力是生产实践。生产实践不断对自然科学提出新的需要，并不断为自然科学的发展提供着新的研究事实和新的研究手段，从而有力地推动着自然科学的发展。

2. 对社会历史观的进一步阐述

唯物史观的创立和完善是在解决它所面临的重大问题的过程中实现的。恩格斯从

---

① 中共中央马克思恩格斯列宁斯大林著作编译局编译《马克思恩格斯选集》第 4 卷，人民出版社，1995 年，第 270 页。

② 中共中央马克思恩格斯列宁斯大林著作编译局编译《马克思恩格斯文集》第 9 卷，人民出版社，2009 年，第 464 页。

1890 年至 1894 年，分别写了致康拉德·施米特、约·布洛赫、弗·梅林和瓦·博尔吉乌斯等人的信，有针对性地阐明了历史唯物主义的基本原理，澄清了来自不同方面的对马克思主义的曲解。①

（1）论证了经济基础与上层建筑的辩证关系

首先，物质生产方式或经济因素对历史发展的决定作用是在"归根到底"的意义上的。与此同时，恩格斯又强调经济因素不是社会发展的唯一决定因素。恩格斯指出："根据唯物史观，历史过程中的决定性因素归根到底是现实生活的生产和再生产。无论马克思或我都从来没有肯定过比这更多的东西。如果有人在这里加以歪曲，说经济因素是唯一决定性的因素，那么他就是把这个命题变成毫无内容的、抽象的、荒诞无稽的空话。经济状况是基础，但是对历史斗争的进程发生影响并且在许多情况下主要是决定着这一斗争的形式的，还有上层建筑的各种因素……"② 也就是说，唯物史观肯定经济因素是历史过程中的决定因素，但经济因素不是唯一的决定性因素。在复杂的历史过程中，经济的、政治的、文化的、思想的以及习惯传统等等因素都起作用，历史是一切因素交互作用的结果。所以恩格斯对"归根到底"这四个字加了着重号。

其次，历史过程中上层建筑的相对独立性及其对经济基础的反作用。历史唯物主义既坚持社会存在决定社会意识，同时又认为社会意识对社会存在有着巨大的反作用。国家权力的相对独立性及其对经济发展的反作用。国家的相对独立性，具体表现在对经济的发展可能出现的三种反作用情况：一是国家权力如果沿着经济发展的同一方向起作用，会促进经济的发展；二是国家权力如果沿着相反的方向起作用，会破坏经济的发展；三是既在某些方向上起阻碍作用，又推动沿着另一方向走（双向）。这第三种情况归根到底仍然是前两种情况中的一种。意识形态形成过程的特点及其相对独立性的表现。意识形态是"观念的上层建筑"。承认上层建筑因素的相对独立性及其对经济基础的反作用，就内在地包含着对意识形态相对独立性的肯定。恩格斯以哲学的发展为例，阐明了意识形态相对独立性的具体表现：一是意识形态具有历史继承性，二是社会意识的发展同社会经济发展具有不平衡性，三是各种社会意识形式之间具有相互制约性。

（2）提出了历史发展的"合力论"，全面论证历史的辩证运动

恩格斯指出："历史是这样创造的：最终的结果总是从许多单个的意志的相互冲突中产生出来的，而其中每一个意志，又是由于许多特殊的生活条件，才成为它所成为的那样。这样就有无数互相交错的力量，有无数个力的平行四边形，由此就产生出一个合力，即历史结果，而这个结果又可以看作一个作为整体的、不自觉地和不自主地起着作用的力量的产物。"③。主观因素和客观因素的统一。恩格斯的"合力"思想认为，历史发展过程是各种相互冲突的意志和力量相互作用、反复较量的结果。此外，恩格斯还提

---

① 顾海良主编《马克思主义发展史》，中国人民大学出版社，2007 年，第 122 页。
② 中共中央马克思恩格斯列宁斯大林著作编译局译《列宁全集》第 27 卷，人民出版社，1988 年，第 398 页。
③ 中共中央马克思恩格斯列宁斯大林著作编译局译《列宁全集》第 27 卷，人民出版社，1988 年，第 341、395 页。

出了必然性和偶然性在一定条件下相互转化的思想。

（3）阐明了历史唯物主义是研究社会的科学的方法论

恩格斯强调，马克思的学说不是僵死的教条，而是行动的指南，不是构造体系的现成公式，而是研究客观的现实过程和历史的科学方法。"我们的历史观首先是进行研究工作的指南，并不是按照黑格尔学派的方式构造体系的诀窍。必须重新研究全部历史，必须详细研究各种社会形态存在的条件，然后设法从这些条件中找出相应的政治、私法、美学、哲学、宗教等等的观点"①"这个领域无限广阔，谁肯认真地工作，谁就能做出许多成绩，就能超群出众"。相反，如果不把唯物主义方法当作研究历史的指南，而把它当成现成的公式，按照它来剪裁各种历史事实，那么它就会转变为自己的对立物。

3. 马克思主义哲学的系统总结

恩格斯一生中的最后一部哲学著作《路德维希·费尔巴哈和德国古典哲学的终结》，对马克思主义哲学的发展进行了科学总结。恩格斯在科学揭示马克思主义哲学与德国古典哲学之间关系的基础上，深刻地提出并论证了哲学的基本问题，阐述了唯物辩证法特别是唯物史观的一些最基本的观点。

（1）马克思主义哲学与德国古典哲学的关系

第一，恩格斯深刻论述了马克思主义哲学和德国古典哲学的关系。马克思主义哲学的直接理论来源是德国古典哲学，但是，马克思主义哲学不是对德国古典哲学的简单继承和翻版，而是批判地继承，是"扬弃"。恩格斯指出黑格尔哲学具有二重性：一方面黑格尔哲学反映了德国资产阶级的软弱性和妥协性，因而具有唯心主义和保守的特性；另一方面，黑格尔哲学又反映着德国资产阶级发展资本主义，改变封建统治现状的革命要求，是德国资产阶级革命的舆论准备，因而包含着极其丰富和深刻的辩证法思想。恩格斯对黑格尔哲学的内在矛盾的揭示，主要是通过对黑格尔的一个著名命题："凡是现实的都是合乎理性的，凡是合乎理性都是现实的"深刻分析，揭露黑格尔哲学所无法克服的内在矛盾。同时恩格斯主要从以下两个方面分析了这一命题的革命因素：第一，现实的属性仅仅属于必然的东西。第二，现实性不是某些事物所固有的永恒不变的属性，现存的都应当是灭亡的。

黑格尔哲学的合理内核和革命意义包括两方面的内容：第一，人的思维的一切结果不具有最终性质，也就是说认识是无限发展的，没有终点和顶峰，没有所谓的绝对真理，这就结束了形而上学的真理观。第二，人的行动的一切结果不具有最终性质，也就是说自然界、社会和人的思维都是无限发展，没有绝对不变的状态，没有永恒不变的社会制度，这就结束了形而上学的历史观。恩格斯高度地评价了黑格尔哲学的真实意义和革命性质，指出黑格尔的辩证法永远结束了那种认为人的思维和行动的一切后果具有最终性质的看法，而且把世界描绘成一个处于不断运动、变化和发展的过程。但黑格尔本

<hr>

① 中共中央马克思恩格斯列宁斯大林著作编译局译《列宁全集》第27卷，人民出版社，1988年，第258页。

人并没有清楚明确地得出这种革命的结论，相反地，在他的唯心主义绝对真理体系中，革命的辩证法被过分茂密的保守的方面所窒息了。在黑格尔哲学中辩证法与唯心主义体系之间的矛盾是难以解决的，因而最终导致了这一庞大哲学体系的瓦解以及在这一哲学基础上形成的学派的解体。在黑格尔学派解体的过程中，有一批青年黑格尔分子在反对宗教的斗争中，挣脱了黑格尔唯心主义体系的羁绊，走上了唯物主义道路，费尔巴哈就是其中的一位杰出代表。

1841年，费尔巴哈的《基督教的本质》一书出版，重新恢复唯物主义的权威，使唯物主义又登上了王座。他证明了："自然界是不依赖任何哲学而存在的；它是我们人类（本身就是自然界的产物）赖以生长的基础，在自然界和人以外不存在任何东西，我们的宗教幻想所创造出来的那些最高存在物只是我们自己本质的虚幻反映。"① 这样一来，"魔法被解除了；'体系'被炸开并被抛在一旁了。……这部书的解放作用，只有亲身体验过的人才能想象的。那时大家都很兴奋；我们一时都成了费尔巴哈派了"②。但费尔巴哈并没有真正克服黑格尔哲学，因为他在批判黑格尔哲学的唯心主义体系时，连同其辩证法的合理内核都一起抛弃了。费尔巴哈在自然观上是形而上学的唯物主义者，在历史观上仍然是唯心主义的，因此他是不彻底的唯物主义者。随着1848年欧洲革命的到来，费尔巴哈哲学如同一切旧哲学一样，也被时代抛在了后边。

马克思主义哲学克服了费尔巴哈哲学的不彻底性，第一次将唯物主义原则贯彻到社会历史领域，揭示了社会发展过程的规律性，创立了唯物史观，使唯物主义成为彻底的唯物主义。同时将黑格尔的唯心主义辩证法改造成唯物主义辩证法，第一次使辩证法成为合理形态的辩证法，"我们重新唯物地把我们头脑中概念看作现实事物的反映，而不是把现实事物看作绝对观念的某一阶段的反映。这样辩证法就归结为关于外部世界和人类思维运动的一般规律的科学"③。马克思主义哲学同时也克服了费尔巴哈唯物主义的形而上学性和不彻底性的根本局限。在科学实践观点的基础上，把辩证法和唯物主义有机地结合起来，把唯物辩证的自然观和唯物辩证的历史观有机地结合起来。马克思主义哲学与德国古典哲学关系是既有区别又有联系，它来源于德国古典哲学又超越了德国古典哲学，马克思主义哲学的产生，实现了哲学史上的一次伟大革命变革。

（2）哲学基本问题的理论概括

恩格斯对哲学基本问题第一次做了明确的表述："全部哲学，特别是近代哲学的重大的基本问题，是思维和存在的关系问题。"这决定着一个哲学派别发展的趋势和方向，也决定它们对其他哲学问题的解决。恩格斯进一步指出，思维和存在的关系包括两个方

---

① 中共中央马克思恩格斯列宁斯大林著作编译局编译《马克思恩格斯选集》第4卷，人民出版社，1995年，第216页。

② 中共中央马克思恩格斯列宁斯大林著作编译局编译《马克思恩格斯选集》第4卷，人民出版社，1995年，第222页。

③ 中共中央马克思恩格斯列宁斯大林著作编译局编译《马克思恩格斯选集》第4卷，人民出版社，1995年，第243页。

面：第一个方面是关于思维和存在、精神和物质何者为本原的问题；第二个方面是关于思维能否正确地反映现实的问题，即思维和存在的同一性问题。对哲学基本问题第一方面的不同回答，把哲学家划分为唯物主义和唯心主义两大阵营，凡是断定精神是世界的本原，认为精神是第一性的，物质是第二性的哲学家，都属于唯心主义阵营；反之，则属于唯物主义阵营。哲学基本问题的第一方面是划分唯物主义和唯心主义的唯一标准。

恩格斯指出，黑格尔和费尔巴哈都在不同程度上批判过不可知论，但由于他们各自哲学的局限和缺乏科学的实践观点，因而都不可能彻底驳倒不可知论。只有马克思主义哲学才运用科学的实践观点，既唯物又辩证地解决了思维和存在的同一性问题，从而彻底驳倒了不可知论。恩格斯认为，对不可知论"最令人信服的驳斥是实践，即实验和工业。既然我们自己能够制造某一自然过程，按照它的条件把它生产出来，并使它为我们的目的服务，从而证明我们对这一过程的理解是正确的，那么康德的不可捉摸的自在之物就完结了"①。

恩格斯深刻论述了唯物史观关于社会历史发展规律的特点和基本内容，以及发现社会历史规律的方法。《路德维希·费尔巴哈和德国古典哲学的终结》在揭露费尔巴哈历史唯心主义根本局限的基础上，深刻论述了社会历史发展规律的特点，发现社会历史规律的途径，以及社会发展基本规律的具体内容。恩格斯揭示了社会历史发展规律与自然规律的异同。他指出，自然界的规律是通过不自觉的、盲目的动力的相互作用表现出来的，而社会历史的规律则是通过人们自觉的、有目的的活动表现出来的，在社会历史领域里，一切活动都是由一个个有着自己的目的和愿望的人来进行的。因此社会历史规律与自然规律有着重要的差别和不同的特点。在揭示社会历史发展规律特点的基础上，恩格斯进一步指出了发现社会历史规律的途径，即必须深入探讨历史上人民群众及其领袖人物动机背后的动因。他指出，要发现社会历史的客观规律，就应探讨使广大人民群众、整个民族、整个阶级行动起来的思想动机，深入探讨那些明显或不明显、直接或以意识形态形式甚至以神圣化的形式反映在人们头脑中的动因，"这是能够引导我们去探索那些在整个历史中以及个别时期和个别国家的历史中起支配作用的规律的唯一途径"②。

恩格斯具体阐述了社会历史发展的基本规律。他指出，在阶级社会中，阶级斗争是社会发展的直接动力，但阶级斗争又是由社会生产方式矛盾运动导致的结果。生产力决定生产关系的规律是社会历史发展最基本的规律。社会生产方式的矛盾运动是社会发展的最终物质动因，生产力决定生产关系的规律是社会历史发展的基本规律。恩格斯还进一步揭示了经济基础决定政治上层建筑及社会意识形态的规律。他指出，作为政治上层建筑的国家、法律以及政治制度是由社会的经济基础决定的。哲学、宗教等离经济基础

---

① 中共中央马克思恩格斯列宁斯大林著作编译局编译《马克思恩格斯文集》第 4 卷，人民出版社，2009 年，第 279 页。

② 中共中央马克思恩格斯列宁斯大林著作编译局编译《马克思恩格斯文集》第 4 卷，人民出版社，2009 年，第 304 页。

较远的意识形态，也是由社会经济基础决定的。[①]

《路德维希·费尔巴哈和德国哲学的终结》是恩格斯的最后一部哲学著作，在马克思主义发展史上具有重要意义。列宁给予这部著作高度评价，他说："在恩格斯的著作《路德维希·费尔巴哈》和《反杜林论》里最明确最详尽地阐述了他们（指马克思和恩格斯——引者）的观点，这两部著作同《共产党宣言》一样，都是每个觉悟工人必读的书籍。"[②]

【课堂研学材料】

《共产党宣言》发表以来世界发生的主要变化[③]

中国社会科学院课题组

《共产党宣言》（以下简称《宣言》）是马克思主义的奠基之作和科学社会主义的第一部纲领性文献。《宣言》发表150多年来，世界发生了深刻的变化。揭示和分析这些变化，有助于我们更好地把握马克思主义与时俱进的理论品格，从而在新世纪更加自觉地、创造性地丰富和发展马克思主义。

一

1848年《共产党宣言》发表时，工业革命在英国基本完成，法、德等主要欧洲国家和美国仍在进行，包括俄国在内的欧洲其他国家仍处在封建统治之下。在欧洲，先进的资本主义制度取代封建主义的斗争尚未完成。亚非拉广大地区仍处在封建时代或前封建时代，已经遭受或正面临殖民主义的侵略。

工业革命要求进一步扫清发展道路上的障碍，工业资产阶级是反封建的领导者。同时，生产社会化与生产资料的资本主义私人占有的基本矛盾明显暴露。无产阶级经过1831、1834年的法国里昂起义和1844年德国起义，开始成为独立的政治力量。

《共产党宣言》发表以来150多年的世界历史，大体经历了三个阶段。

（一）1848年至20世纪初，是自由资本主义迅猛发展，并向垄断资本主义即帝国主义过渡的阶段。此间，资产阶级在欧美确立了全面的政治统治地位；主要资本主义国家完成工业革命和工业化；世界资本主义市场经济体系确立；在第二次科技革命推动下，资本主义经济高速发展，向垄断资本主义过渡，并进入帝国主义阶段。资本主义向全球扩张，世界范围的殖民主义体系逐步形成。

在欧美主要资本主义国家，传统的农民阶级衰落，产业工人队伍壮大，无产阶级与资产阶级的矛盾上升为社会的主要阶级矛盾。1864年第一国际创立，随后欧美各国纷纷建立工人阶级政党。1871年世界上第一个无产阶级政权——巴黎公社诞生，社会主义运动从此蓬勃发展。

① 马克思主义发展史编写组编《马克思主义发展史》第2版，高等教育出版社，2021年，第161~165页。

② 中共中央马克思恩格斯列宁斯大林著作编译局编《列宁专题文集·论马克思主义》，人民出版社，2009年，第67页。

③ 中国社会科学院课题组：《〈共产党宣言〉发表以来世界发生的主要变化》，《求是》2002年第20期，第59~61页。

（二）20世纪初至50年代，是战争和革命的年代，是资本主义陷入空前危机和开始进行改革调整的年代，也是社会主义事业蓬勃兴起的年代。19世纪末和20世纪初，垄断资本主义的出现加剧了资本主义发展不平衡，列强冲突不断。1914年，第一次世界大战爆发。1917年，俄国爆发十月革命，建立了第一个社会主义国家，开创了人类历史的新纪元。1929年爆发世界性资本主义经济大危机，出现了德国法西斯专制和美国"新政"改革的两种道路。随后，德、意、日法西斯国家发动了第二次世界大战。至20世纪二三十年代，社会主义苏联的经济建设取得了巨大成就，成为仅次于美国的世界第二强国，为战胜法西斯作出了重大贡献。

（三）20世纪50年代至今，是资本主义和社会主义由长期处于冷战对峙到经济上、政治上相互影响，有斗争、有合作的共处时期。其间，民族解放运动蓬勃发展，世界殖民体系彻底崩溃。

资本主义进行大调整，第三次科技革命突飞猛进，生产力迅猛发展。和平与发展成为当今时代的主题。社会主义国家陆续进行市场取向的改革；苏联解体，东欧剧变，冷战结束，社会主义事业遭受重大挫折。有中国特色的社会主义事业取得举世瞩目的成就。

二

《共产党宣言》发表以后，人类社会经历了三次科技革命。第一次以电磁学理论、电力技术为主要标志；第二次以原子能技术、电子计算机技术、空间技术等方面的重大突破为主要标志；第三次以信息网络技术革命为主要标志。这三次科技革命极大地推动了生产力发展，世界经济发生了重大变化。

首先，在国际分工的基础上形成了世界市场和世界经济体系。19世纪中叶，欧美主要国家相继完成工业革命并确立了资本主义生产方式，由此开始了国际范围内的社会分工即国际分工。19世纪70年代开始形成世界市场，继而形成各经济体之间有着内在联系的世界经济体系。二战后，全球性跨国公司广泛兴起，至20世纪已达6万多家，控制着世界生产的40%，国际贸易的50%～60%，国际技术贸易的70%，对外直接投资的90%以上。国际分工从"世界城市"同"世界农村"分离与对立的分工阶段，发展到了工业分工阶段。跨国公司把许多国家纳入同一产品的生产过程当中，使国与国之间的分工体系正在向全球统一的分工体系转变，经济全球化趋势不可逆转。

其次，社会生产力迅猛发展，人类开始进入"消费社会"。1820—1992年世界GDP增长近40倍，在世界总人口增长4倍的情况下，世界人均GDP增长7倍。制造新产品的创造力把人类的物质文明不断推向新的高度。在经济发达国家，汽车、家电、移动电话、个人电脑等大众消费品已经普及。

再次，世界经济隐含的风险在加大。自1857年发生第一次世界性经济危机以来，至第二次世界大战又发生了10次，战后重大和公认的危机有4次。过度的国家干预和大规模调控使危机出现变形（比如"滞胀"）。人们认识和把握危机的水平较前虽有所提高，但随着世界市场的大规模化、复杂化和地域分布的普遍化，世界市场和世界经济隐含的风险也在加大。

最后，制度化的国际经济合作已成潮流。二战后，制度化的经济合作越来越成为不可逆转的潮流。目前，国际经济合作组织大约有 100 个，近 70％是 20 世纪 90 年代以来新成立的。国际经济合作组织的出现使世界经济运行主体除企业和民族国家之外，又增加了一种超国家实体。无处不在的跨国公司、众多的国际经济合作组织和国际经济协调机制成为经济全球化的三大支柱。

三

在生产力发展的基础上，在革命和战争等多种因素作用下，世界政治和世界格局发生了重大变化。

首先，封建主义退出历史舞台，资本主义和社会主义的关系成为世界格局的核心，成为世界政治形势走向的主线。19 世纪中叶，没落的欧洲封建势力逐步退出历史舞台，新生的资产阶级处于全面上升时期，无产阶级力量不断壮大，共产主义运动开始兴起。无产阶级和资产阶级的矛盾和斗争成为世界政治发展的决定性因素。1917 年俄国十月革命后，社会主义的国家政权诞生。二战后，形成了社会主义和资本主义两大阵营，两种力量经过多次的较量和竞争，两种制度的国家都有辉煌，也都有失误。事实证明，当今资本主义和社会主义的共存空间还相当广阔。

其次，帝国主义全球殖民体系从形成到瓦解，广大发展中国家在世界政治舞台上发挥越来越重要的作用。19 世纪末 20 世纪初，列强瓜分世界完毕，帝国主义的全球殖民体系形成，它占世界土地面积的 70％、人口的 76％。处于"外围"的殖民地半殖民地国家深受处于"中心"的宗主国的剥削和掠夺，不断起来反抗。二战后，民族解放运动再次掀起高潮，帝国主义殖民体系土崩瓦解。1945—1990 年间，随着 100 多个国家获得独立，广大发展中国家在世界政治舞台上发挥着越来越重要的作用。

第三，战争仍然是政治的继续，科技在战争中的作用越来越突出。19 世纪中期，战争主要是为资本主义制度的建立与发展扫清道路。19 世纪 20 年代初，战争成为帝国主义国家掠夺殖民地、瓜分世界和重新划分势力范围的工具。二战后，现代战争的诱因越来越复杂，科技在战争中的作用越来越突出，海湾、科索沃以及阿富汗战争等便是明证。

第四，大国排序发生重大变化。1820 年，在世界 GDP 总量中，法、英、美分别仅占 5.4％、5.2％、1.8％，而中、印则分别占 28.7％和 16％。资本主义经济的发展和疯狂的殖民扩张迅速改变了原有的大国版图，逐步形成了资本主义大国俱乐部。在此后的一个半世纪，这个俱乐部的组成基本稳定，但在经济发展不平衡规律的作用下内部排序与组合则屡有变迁，经历了英国独领风骚——英法德美群起称雄—美国成为西方的"救世主"——美日欧三足鼎立的轮换过程。其间，特别是从二战后到 20 世纪 90 年代初，美苏两个超级大国争霸，一度主宰世界格局。今天，更大范围内的世界大国新一轮排序正在酝酿之中。

最后，逐渐形成了制度化的国际调节机构和机制。二战后大国关系（特别是不同制度的大国关系）和世界形势虽然时有阴晴，但总的趋势是对话在增加，合作在加强。这同战后逐步建立起来的国际协调机构和机制是分不开的。联合国、世贸组织、国际货币基金组织、世界银行等机构，在协调国际关系方面发挥着越来越重要的作用。

四

欧美国家工业革命的完成和资本主义制度的确立，使人类社会加速向工业社会过渡，从单一、封闭和凝固的社会向多样、开放和多变的社会转变，从而引发社会结构的全方位转型。

农业人口大量减少。从 1870 年到 20 世纪 90 年代初，英国农业就业人口从 25％降为 1.8％，美国从 43％降为 2％，日本从 70％降为 7.1％。在欧美发达国家，即使是现有的少量农业就业人口，也不同于传统意义上的农民：要么是农业工人，要么是农业经营者。

出现新的"中间阶层"。1945 年前后，发达国家出现了一个新的"中间阶层"。这些人有文化修养、专业技能、社会声望和丰厚的收入，但又都是领取薪水的专职人员。他们在社会中的比重日益上升，20 世纪 70 年代大体占西方社会的 20％～25％，成为被称为"社会价值观和社会规范的定型力量"的"中间阶层"。与此相适应，知识分子的社会地位和社会功能向着社会结构的核心方向迅速发展。

社会组织结构出现了多样化、多层次和民间化的趋势。最早出现于 19 世纪下半叶欧美国家，其集中表现是非政府组织、"非营利组织"的出现，如学会、人权组织、环保组织、社会服务组织等。20 世纪 70 年代"非营利组织"开始向全球推进。1996 年美国大约有 150 万个这类组织。

社会保障制度的确立和完善。第二次世界大战后，以"从摇篮到坟墓"为覆盖面的社会保障制度在欧美国家普遍确立，20 世纪 50 年代被称为福利国家的"黄金时期"。高福利、高消费使国家财政不堪重负。在改革浪潮中，这一制度正向"福利多元化"发展。对 141 个国家和地区的统计表明，近年来社会保障由政府和非政府组织共同管理的国家占 85％以上。

城市化。城市化是工业化造成的另一项重要社会结果。1850—1900 年，即使是发达国家，城市化也仅仅处于起步阶段，城市化水平从 11.4％升至 26.1％，而发展中国家只有 6.5％。20 世纪上半叶全球城市化推进迅速，由 1900 年的 13.2％升至 29％，发达国家为 52.5％。1975 年的全球城市化率为 38.4％，此时发达国家达到高峰并呈现逆城市化苗头。目前全球的城市化率大约为 50％。

《共产党宣言》问世 170 多年来，世界局势和人类社会发生了很大变化，但我们仍然处于自资本主义向社会主义过渡的时代。在未来相当长的历史时期内，我们仍将处于资本主义和社会主义斗争、合作、相互影响的共处时期。

由新技术革命推动的经济全球化，在世界范围内实现资源优化配置，有利于提高劳动生产率和社会生产力的发展，趋势不可逆转。但全球化是一把"双刃剑"，对属于发展中国家的社会主义中国来说，在积极主动地参与经济全球化过程的同时，如何确保经济安全，是我们在今后相当长的一个时期内面临的至关重要的问题。

21世纪是机遇与挑战并存的世纪，我们要在以习近平同志为核心的党中央的坚强领导下，坚持与时俱进，不断开拓创新，根据时代的发展变化，在实践中改革、发展和完善社会主义制度，再创社会主义的新辉煌，实现中华民族伟大复兴。

【教师课堂提问及点评】

1. 试述马克思恩格斯世界观和政治立场的转变历程。

2. 如何理解唯物史观创立的伟大意义？

3. 如何理解19世纪末恩格斯对马克思主义哲学的发展？

【专题小结】

19世纪40年代，科学社会主义诞生，在随后的170年，科学社会主义从一种理论到成为人类社会的一种实践和制度，在世界社会主义既波澜壮阔又形式多样的实践检验中不断丰富和发展。马克思主义的新发展包括传承发展的广义的马克思主义，应具有的共性、普遍性内容。

以唯物辩证法和唯物史观作为科学社会主义理论的哲学基础，以剩余价值论作为科学社会主义理论的经济学根据，无产阶级担当领导实现社会主义的历史使命，无产阶级政党领导革命成功后要建立新的国家政权，广大劳动人民是新社会的主人。在新社会中，实行生产资料公有制和消灭剥削制度，大力发展生产力，使社会物质财富空前增长，使传统观念得到根本改造。新社会也是一个经常变化和改革的社会，随着社会的进步，逐步实现人的自由而全面的发展。实现社会主义和发展社会主义的形式不会是单一的，将有多种方式和多条道路在建立和发展的过程中可能要经历某些曲折，但大趋势不会改变。新的社会形态将经历两个大的发展阶段，即由社会主义到共产主义这是一个由低级到高级的长期发展过程。①

马克思主义哲学堪称"文明的活的灵魂"，本专题重点概括了马克思主义自然观、科学观的系统化发展，对人类社会过渡规律、社会历史观等都进行系统阐述，阐明了历史唯物主义是研究社会的科学的方法论，对哲学基本问题作出了明确的理论概括。马克思主义哲学批判地继承了哲学史上的优秀成果，在哲学研究对象、内容以及性质功能等方面都实现了革命变革，成为无产阶级认识世界和改造世界的科学的世界观和方法论。

马克思和恩格斯认真总结历史经验以及革命世界不断拓展新的研究领域，丰富和发展了马克思主义理论体系。

七、课后阅读

［德］弗·恩格斯著《路德维希·费尔巴哈和德国古典哲学的终结》，《马克思恩格斯文集》（第4卷），人民出版社，2009年版。

---

① 石仲泉：《理论传脉：从〈共产党宣言〉到"三个代表"思想》，《毛泽东邓小平理论研究》2002年第5期，第5～16页。

〔德〕弗·恩格斯著《社会主义从空想到科学的发展》，《马克思恩格斯文集》（第3卷），人民出版社，2009年版。

〔德〕弗·恩格斯著《自然辩证法》，《马克思恩格斯文集》（第9卷），人民出版社，2009年版。

〔德〕卡尔·马克思、弗·恩格斯著《德意志意识形态》，选自《马克思恩格斯文集》（第1卷），人民出版社，2009年版。

〔德〕卡尔·柯尔施：《马克思主义和哲学》，重庆出版社，1989年版。

赵明义主编《社会主义的历史命运》，人民出版社，1997年版。

郑建邦主编《科学社会主义原理》，中国人民大学出版社，1998年版。

黄宗良、孔寒冰著《社会主义与资本主义的关系：理论、历史和评价》，北京大学出版社，2002年版。

黄宗良、孔寒冰主编《世界社会主义史论》，北京大学出版社，2004年版。

胡振良、常欣欣编《当代世界社会主义前沿问题》，中共中央党校出版社，2011年版。

张一兵著《回到马克思——经济学语境中的哲学话语》，江苏人民出版社，1999年版。

靳辉明著《马克思主义原理及其当代价值研究》，中国社会科学出版社，2013年版。

〔法〕雅克·德里达著《马克思的幽灵——债务国家、哀悼活动和新国际》，中国人民大学出版社，1999年版。

八、课后思考

1. 如何从历史深处探索与理解马克思主义哲学的基本问题，进而如何把握21世纪马克思主义面临的新问题？

2. 以马克思的东方社会发展道路理论为基础，中国特色社会主义道路的选择为什么是对的？

3. 科学社会主义的核心概念在现实实践中该如何得到正确的诠释和创新？

第五专题　列宁的帝国主义思想

一、专题概述

在马克思主义理论和同时期古典帝国主义理论积极借鉴和辩证批判相结合的基础上，列宁帝国主义论通过对资本主义历史逻辑和运动规律进行实证分析，从批判逻辑、解释逻辑和建构逻辑层面，实现了理论与思想的升华，具有独具特色的理论原创性。列宁帝国主义论是对资本主义发展及其历史走向的理论反思，是对帝国主义引起的世界结构性矛盾的实践回应，是努力探索和建构新文明社会价值诉求的时代反映，是对马克思主义世界历史观的思想深化。列宁基于唯物史观对帝国主义研究的方法论和一般原则没有过时，以垄断研究为基石的帝国主义理论命题没有过时，在向旧世界价值观、制度和实践宣战的同时，在向旧世界价值观、制度和实践宣战的同时，为未来社会提供了崭新的认知方法、哲学态度和价值理想，成为跨越历史时空的人类宝贵财富。①

列宁的帝国主义思想依据唯物史观和唯物辩证法的基本原理，在占有大量历史和现实资料基础上，揭示了资本主义发展到帝国主义阶段的垄断性、金融寡头、资本输出、国家垄断同盟形成、分割世界领土及其导致的腐朽性、寄生性、垂死性等基本特征，对帝国主义的实质、历史地位及发展趋势作出科学判断。列宁的帝国主义思想在马克思主义发展史上具有重要价值和意义。

二、教学目标

知识目标：列宁的帝国主义思想是列宁从俄国社会的现实需要出发，根据时代条件的变化，运用马克思主义的科学方法，回答处在世纪转折点上的资本主义文明向何处去和社会主义文明如何开启等重大问题所形成的思想体系，为我们把握当代资本主义的实质与趋势提供了重要方法论，也为我们进一步探索落后国家实现现代化和人类文明进步之路指出了正确方向，学习、研究列宁这部著作的科学结论，对于我们认识当今时代特征、战争、社会矛盾、社会主义等一系列当代社会问题有极其重要的启示和理论指导意义。

情感、态度、价值观目标：重新认识列宁帝国主义论的精神要义，不仅是学理层面

---

① 姜安：《列宁"帝国主义论"：历史争论与当代评价》，《中国社会科学》2014 年第 4 期，第 4～25 页。

的研究，而且也是为马克思主义中国化和中国特色社会主义建设服务。中国特色社会主义以马克思列宁主义为指导，秉承科学社会主义的精髓。实现"中国梦"和中华民族伟大复兴需要正本清源，以厘清当前社会思潮的本质，才能真正坚持马克思主义的立场与观点。

能力目标：列宁的帝国主义论体现了实事求是的科学态度和严谨的学风，要求我们用辩证的思维看待；认真学习帝国主义理论将扩大我们的视野，认清帝国主义的本质和其历史大趋势，坚定社会主义最终必胜的信心。学习帝国主义的方法应注意以下五点：理论联系实际，世界联系中国，成功联系挫折，现实联系历史，现在联系未来。

三、教学重点、难点

重点："帝国主义论"的实质。
难点："帝国主义论"在当今亟待回应的热门议题。

四、内容框架

列宁对帝国主义的分析。
"帝国主义论"的实质。
"帝国主义论"在当今亟待回应的热门议题。

五、课时分配

4 课时。

六、专题教学

【专题导入】
数字帝国主义："棱镜门"事件、美国封锁华为"芯片门"事件

（一）"棱镜门"事件

棱镜计划是一项由美国国安局（NSA）自 2007 年起开始实施的绝密电子监听计划。该计划的正式名号为"US-984XN"。前美国中央情报局雇员爱德华·约瑟夫·斯诺登（Edward Joseph Snowden）在受雇于国家安全局防务承包商博思艾伦公司期间，由于对美国政府监控互联网的行为不满，2013 年 5 月飞抵香港，之后通过英国《卫报》和美国《华盛顿邮报》揭露出美国情报部门相关的秘密文件，其中最引人关注的是以NSA 为主导，以谷歌、脸书、苹果、微软等美国互联网全球领先企业为代表的高科技

公司广泛参与，旨在获取全球网络空间专门信息的"棱镜"计划。[①]

多年来，美国国家安全局利用谷歌、微软、苹果等 9 家互联网公司的中央服务器，通过提取音频、视频、照片、电子邮件和连接日志等方式进行网络监控，并在全球范围内进行了超过 6.1 万项的网络攻击。"棱镜"只是冰山一角。据美国《华盛顿邮报》报道，除"棱镜"外，美国政府还有三个监控项目，内容涵盖网络监控和电话监控。这些监控项目就像一张无形的大网，全世界的网络和通信信息都可能成为其"猎物"。有技术专家称，美国政府甚至能达到"当你敲击键盘，他们就知道你想干什么"的程度。

如今，网络空间业已成为主权国家在领土、领海、领空之外的"第四空间"，成为主权国家赖以正常运转的"神经系统"。美国未来学家托夫勒曾预言，谁掌握了信息、控制了网络，谁将拥有整个世界。因此，控制网络就成为美国巩固霸权地位的新选择。[②]

（二）美国封锁华为"芯片门"事件

当地时间 2020 年 5 月 15 日，美国商务部发布公告称，美国工业和安全局（BIS）将限制华为使用美国技术设计和生产的产品。这意味着：所有使用了美国技术的产品如果要出售给华为，都要向 BIS 申请；使用了美国技术的公司如果为华为代工（如现在为华为代工芯片生产的台积电公司），也要向 BIS 申请。美国希望通过切断华为与供应半导体的海外制造商的联系、进而打压华为的险恶用心昭然若揭。[③]

美国禁止美国企业为华为提供核心半导体与操作系统，用行政手段打乱了二十年来形成的国际分工体系，本质上是摧毁美国在行业食物链中的主导且垄断的地位。[④] 美国政府将自己在产业链中的垄断优势视为政治武器。

当代帝国主义进入数字帝国主义阶段，并以数字空间为对象采取了全新的掠夺方式。数字掠夺是掠夺的基础，数字帝国主义分别通过平台系统、知识产权与数据库建设攫取了世界范围内的信息、知识和数据等数字资源；双重时间掠夺是掠夺的路径，数字帝国主义凭借在数字资源上的不平等权力，控制了全球价值链上的劳动时间和平台用户的注意力时间；财富掠夺是掠夺的目的，数字帝国主义利用垄断引发了全球产业链上的分配不平等，同时利用平台收取虚拟地租、推行消费主义以攫取财富，使数字空间开始具备殖民地性质。[⑤]

为此，深刻认识当代帝国主义的重要变化，以马克思主义理论从根本上剖析数字时代帝国主义全新的掠夺方式，有着重要意义。

---

① 方兴东、张笑容、胡怀亮：《棱镜门事件与全球网络空间安全战略研究》，《现代传播（中国传媒大学学报）》2014 年第 1 期，第 115~122 页。

② 郭纪：《网络不应成为美国霸权新工具——从"棱镜门"事件说开去》，《求是》2013 年第 15 期，第 57~59 页。

③ 《美国修改出口管制规定，全面封锁华为产品所用芯片》，《经济导刊》2020 年第 5 期，第 3 页。

④ 《社论：封锁华为其实是孤立美国自身》，《21 世纪经济报道》2019 年 5 月 28 日。

⑤ 刘皓琰：《数字帝国主义是如何进行掠夺的?》，《马克思主义研究》2020 年第 11 期，第 143~154 页。

【历史脉络梳理】

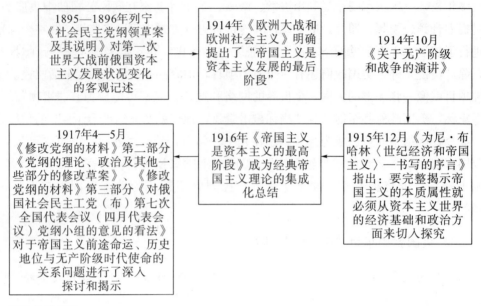

【要点讲解】

（一）列宁对帝国主义的分析

从 19 世纪 70 年代起，自由资本主义开始向垄断资本主义过渡，金融资本和金融寡头开始统治社会，垄断资产阶级争夺、瓜分世界的形势日益激烈。列宁开始研究资本主义的新现象、新问题，撰写了一系列著作和论文，如《社会民主党纲领草案》（1895年）、《对华战争》（1900 年）、《马克思主义和修正主义》（1908 年）和《资本主义财富的增长》等。1905 年，列宁使用"帝国主义"概念说明资本主义发展新阶段的特征，分析它与殖民掠夺、争夺世界市场及其与战争的联系，并且初步得出了帝国主义是资本主义最高阶段的论断。但是，列宁对帝国主义研究还是停留在某个侧面，还没有形成系统的关于帝国主义问题的理论。真正促使列宁对帝国主义理论系统研究的是第一次世界大战。[①]

列宁正是在充分占有大量实际材料的基础上，总结前人研究成果的基础上，对资本主义时代的新变化作出科学分析，《帝国主义是资本主义的最高阶段》（以下简称《帝国主义论》），是在马克思的《资本论》对资本主义所作的科学研究的基础上，深刻地分析了帝国主义的本质、特征和基本矛盾，揭示了帝国主义产生、发展和必然灭亡的客观规律，是列宁对帝国主义问题研究的全面总结。列宁通过对帝国主义国家愈来愈依靠输出资本和"剪息票"为生的客观事实的分析，说明帝国主义的寄生性和腐朽性日益加深。同时他还指出，资本主义的发展比从前要快得多，政治经济发展的不平衡已成为资本主

---

① 顾海良、梅荣政主编《马克思主义发展史》，武汉大学出版社，2006 年，第 131 页。

义的绝对规律，这为日后得出"社会主义可能首先在少数甚至在单独一个资本主义国家内获得胜利"[①] 的结论，提供了理论根据。[②]

1. 列宁对帝国主义的初步分析

列宁在 1895—1913 年写作的论著中，初步揭示和分析了帝国主义时代出现的一系列新现象，比如资本集中和积累对社会生活造成了严重影响，大工业资本和大银行资本越来越具有国际性质，资本主义的发展导致了对殖民地的掠夺，垄断资本的形成加深了资本主义普遍性危机，垄断资本家与资产阶级政府之间形成了密不可分的关系，辛迪加垄断组织的发展对资本主义经济、政治和对外政策产生了深刻的影响等等。与此同时，列宁还十分注意收集和阅读最新出版的各种论述资本主义新变化的文章和书籍，养成了随读随写、做读书笔记的习惯。1905 年列宁开始使用"帝国主义"一词，在《旅顺口的陷落》一文中提出了"日本帝国主义"一词。在 1914 年以前，列宁对资本主义新变化的研究散见于《社会民主党纲领草案》《对华战争》《马克思主义与修正主义》《资本主义财富的增长》《资产阶级实业财政家和政治家》等论著中，但还没有形成系统的关于帝国主义的理论。

1914 年第一次世界大战爆发，机会主义和修正主义逐渐取得了主导地位，迫切要求对帝国主义和战争的性质进一步作出科学说明。以列宁为首的布尔什维克与第二国际各国党的左派旗帜鲜明地坚持无产阶级国际主义，反对帝国主义战争。1914 年 10 月，列宁起草了《战争和俄国社会民主党》宣言，揭露了战争的性质，提出"变现实的帝国主义战争为国内战争"的口号。但左派势力在整个第二国际阵营中尚属弱势群体，理论和政治上也不够成熟，最终斗争的成效不显著。

帝国主义战争引发列宁深入思考，提出"理解帝国主义的经济实质这个基本经济问题"，"不研究这个问题，就根本不会懂得如何去认识现在的战争和现在的政治。"[③] 为揭露机会主义的妥协政策和叛变行径，为无产阶级革命运动制定正确的战略策略，列宁投入到帝国主义问题的研究中，先后写下来 20 本有关帝国主义问题的研究笔记。[④]

2. 列宁对已有帝国主义理论观点的批判总结

吸收前人已有的研究成果，分析批判已有的帝国主义理论观点，是列宁关于帝国主义理论研究的重要基础。列宁吸收了马克思、恩格斯、卢森堡等许多国际工人运动的思想家、理论家对帝国主义已有的研究成果，还吸收了资产阶级、小资产阶级甚至资本主义辩护士著作中有价值的内容。可以说，帝国主义论是列宁博大精深的思想体系中最具价值的成果，是列宁对资本主义最新变化及其趋势的思想结晶，也是列宁最重要的理论贡献。

---

① 中共中央马克思恩格斯列宁斯大林著作编译局编《列宁专题文集·论社会主义》，人民出版社，2009 年，第 4 页。

② 马克思主义发展史编写组编《马克思主义发展史》第 2 版，高等教育出版社，2021 年，第 198 页。

③ 中共中央马克思恩格斯列宁斯大林著作编译局编《列宁专题文集·论资本主义》，人民出版社，2009 年，第 99 页。

④ 中共中央马克思恩格斯列宁斯大林著作编译局译《列宁全集》中文第 2 版第 54 卷，该卷收录了列宁这一时期的部分笔记，加上一些单独的札记和其他材料，共有 1000 页的篇幅，书名为《关于帝国主义的笔记》。

在列宁写作《帝国主义论》之前，许多资产阶级经济学家以及第二国际的理论家也都开始关注帝国主义问题，影响比较大的有三股思潮：一是以英国的约瑟夫·张伯伦、塞西尔·罗德斯和德国的雅科布·里塞尔、舒尔采·格弗尼茨、罗伯特·利夫曼为代表，他们迷恋于帝国主义的前途，千方百计地美化帝国主义；二是以英国的约·阿·霍布森、法国的维克多·贝拉尔、保尔·路易和德国的埃格耳哈夫以及俄国的民粹主义者叶·阿加德等为代表的小资产阶级改良主义批评家，他们无视帝国主义的本质，企图用小资产阶级的幻想代替帝国主义的现实；三是以第二国际的希法亭和考茨基为代表，提出关于"资本主义发展的最新阶段"的理论和"超帝国主义论"。这些研究都引起列宁的关注，对希法亭和考茨基的学说的借鉴和批判是列宁关于"帝国主义"问题研究的重要内容。

英国经济学家霍布森①的《帝国主义》是历史上第一部系统论述帝国主义的著作，该书说明了帝国主义的经济和政治特征，涉及垄断、资本输出、瓜分领土等。霍布森理论的价值，霍布森看到了帝国主义形成的原因是经济而不是政治或军事，但他否认帝国主义是资本主义发展的一个特殊阶段，认为帝国主义仅仅是服务于大量资本寻求对外投资渠道的一种政策。这一政策要通过侵略扩张为投资打开通道，从而暴露了帝国主义具有鲜明的侵略性。列宁认为，这位英国经济学家"给帝国主义下了一个深刻得多的定义，对帝国主义的矛盾作了深刻得多的揭露"②。奥地利经济学家希法亭考察了垄断组织的发展，提出了"金融资本"的概念，认为金融资本是工业资本和银行资本融合形成的巨大连锁集团，指出金融资本的统治和资本输出必然会引起帝国主义之间竞争和激化社会矛盾，引起被压迫民族的反抗。

列宁充分肯定了希法亭、霍布森等人关于帝国主义理论的合理成分，认为"实质上，近年来关于帝国主义问题的论述，特别是报刊上有关这个问题的大量文章中所谈的，以及各种决议，如1912年秋的开姆尼茨和巴塞尔两次代表大会的决议中所谈的，恐怕都没有超出这两位作者所阐述的，确切些说，所总结的那些思想的范围"③。但是希法亭在货币理论问题上有错误，并且书中有某种把马克思主义同机会主义调和起来的倾向他的金融资本理论实际上是一种"流通决定论"，从流通领域和借贷领域去研究金融资本的产生，而不是从物质生产和生产力发展的领域去寻找经济文化的基础，这显然违背了马克思的理论。

第二国际和德国社会民主党的主要代表人物考茨基对帝国主义的认识集中反映在

---

① 约·阿·霍布森（1858—1940年），英国政治思想家，经济学家，1858年出生于英格兰一个富有家庭，毕业于牛津大学，毕生从事教学和研究工作，积极投身于英国社会改良运动，1940年卒于汉普斯塔德，著有《贫穷问题》《社会问题》《帝国主义论》《自由主义的危机》《战后的民主》《从资本主义到社会主义》《民主和变化中的文明》等。

② 中共中央马克思恩格斯列宁斯大林著作编译局编译《列宁选集》第2卷，人民出版社，1995年，第707页。

③ 中共中央马克思恩格斯列宁斯大林著作编译局编译《列宁选集》第2卷，人民出版社，1995年，第583页。

1914 年出版的《帝国主义》和 1915 年出版的《民族国家、帝国主义国家和国家联盟》中。在 1915 年发表的《论欧洲联邦口号》一文中，列宁批判了考茨基的观点。考茨基认为帝国主义的特点不是金融资本而是工业资本，认为只有当为工业服务的农业地区不断扩大时，工业中的资本积累才会毫无阻挡地进行下去，资本才能得到自由的发展。并提出"帝国主义是高度发展的工业资本主义的产物。帝国主义是每个工业资本主义民族力图征服和吞并愈来愈多的农业区域，而不管那里居住的是什么民族"①。列宁不赞同考茨基对帝国主义的界定，认为他只是将帝国主义和工业资本联系起来，突出了农业地区的兼并，不但没有揭示出资本主义最新阶段最根本的矛盾的深刻性，反而是在掩饰、缓和这些矛盾②。考茨基还认为帝国主义矛盾阐述源于它统治的农业国和工业国的尖锐对立，这必然导致战争，战争直接威胁到资本主义的经济基础，列宁不赞成这种对帝国主义矛盾和战争根源的分析，列宁指出，考茨基把帝国主义战争仅仅看作一种对外政策，没有接触到帝国主义的本质。所谓通过战争走向和平的主张也是阉割马克思主义，充其量是改良主义。

列宁还对考茨基等人的错误认识进行了尖锐批判。他指出，帝国主义的特点，恰好不是工业资本而是金融资本。"20 世纪是从旧资本主义到新资本主义，从一般资本统治到金融资本统治的转折点。"③ 他认为考茨基否认帝国主义是资本主义的发展阶段，把帝国主义仅仅看作对金融资本比较爱好，是一种宣扬同帝国主义调和的理论，"恰恰回避和掩饰了帝国主义最深刻、最根本的矛盾：垄断同与之并存的自由竞争的矛盾，金融资本的庞大'业务'（以及巨额利润）同自由市场上'诚实的'买卖的矛盾，卡特尔、托拉斯同没有卡特尔化的工业的矛盾等等"④，这种理论把帝国主义的政治同它的经济完全割裂开了。针对考茨基提出的"超帝国主义论"，列宁指出，在资本主义基础上，要消除生产力发展和资本积累同金融资本对殖民地和势力范围的瓜分这两者之间不相适应的状况，只能用战争的方法来解决。资本主义现实中的"国际帝国主义的"或"超帝国主义的"联盟，"不管形式如何，不管是一个帝国主义联盟去反对另一个帝国主义联盟，还是所有帝国主义大国结成一个总联盟，都不可避免地只会是两次战争之间的'喘息'"⑤。

（二）"帝国主义论"的实质

列宁继承了马克思和恩格斯关于竞争和垄断的关系，股份公司在资本主义生产关系

① ［德］卡尔·考茨基：《帝国主义论》，生活·读书·新知三联书店，1964 年，第 5 页。

② 中共中央马克思恩格斯列宁斯大林著作编译局编《列宁专题文集·论资本主义》，人民出版社，2009 年，第 179 页。

③ 中共中央马克思恩格斯列宁斯大林著作编译局编《列宁专题文集·论资本主义》，人民出版社，2009 年，第 135 页。

④ 中共中央马克思恩格斯列宁斯大林著作编译局编《列宁专题文集·论资本主义》，人民出版社，2009 年，第 203 页。

⑤ 中共中央马克思恩格斯列宁斯大林著作编译局编《列宁专题文集·论资本主义》，人民出版社，2009 年，第 205 页。

发生重大变化中的作用,资本积累过程中存在资本过剩等等问题的分析方法,并在新的历史条件下发展了马克思和恩格斯的思想。

1.《帝国主义论》的主要内容

列宁运用马克思和恩格斯的理论分析方法创立帝国主义理论,主要做了以下四个方面的科学分析。

全面揭示了帝国主义的基本经济特征。列宁认为,"应当给帝国主义下这样一个定义,其中包括帝国主义的如下五个基本特征:一是生产和资本的集中发展到这样高的程度,以致造成了在经济生活中起决定作用的垄断组织;二是银行资本和工业资本已经融合起来,在这个'金融资本的'基础上形成了金融寡头;三是和商品输出之间的资本输出具有特别重要的意义;四是瓜分世界的资本家国际垄断同盟已经形成;五是最大资本主义大国已把世界上的领土瓜分完毕。"① 在论述了这五个特征之后,列宁进一步给出的定义是:"帝国主义是发展到垄断组织和金融资本的统治已经确立、资本输出具有突出意义、国际托拉斯开始瓜分世界、一些最大的资本主义国家已把世界全部瓜分完毕这一阶段的资本主义。"②

生产集中和垄断的产生与发展。列宁指出生产集中的基础是资本主义的技术和发展,由于自由竞争规律的自发作用,大资本在竞争中处于优势地位。生产和资本集中的过程,实际上是无数小企业被大企业或巨型企业合并的过程。生产集中促进了垄断的形成。列宁认为"马克思对资本主义作了理论上和历史上的分析,证明了自由竞争引起生产集中,而生产集中发展到一定阶段,就会引起垄断。现在,垄断已经成了事实"③。列宁分析了资本主义新的时代条件下垄断的四种主要表现形式:其一,由生产集中生长起来的资本家的垄断同盟卡特尔、辛迪加、托拉斯,已在主要资本主义国家取得了完全的优势,其中卡特尔已成了全部经济生活的一种基础;其二,垄断地占有资本主义社会最重要的工业部门,特别是它的基础工业部门,即卡特尔化程度最高的工业部门,如煤炭工业和钢铁工业所需要的原料产地;其三,为数不多的最大银行实行银行资本与工业资本的"人事结合",支配着全国极大部分货币资本和货币收入,控制着资产阶级社会中一切经济机构和政治机构,银行成为金融资本的垄断者;其四,金融资本在原有动机的基础上增加了争夺原料产地、争夺资本输出、争夺"势力范围",直至争夺一般经济领土的新动机,这就是垄断地占有殖民地。列宁还总结了垄断组织的主要形式分别是卡特尔、辛迪加和托拉斯。垄断利润是垄断资本在经济上的实现,高额垄断利润是通过垄断价格得以实现的。

银行垄断和金融资本的形成和统治。列宁指出:"随着银行业的发展及其集中于少

---

① 中共中央马克思恩格斯列宁斯大林著作编译局编译《列宁选集》第 2 卷,人民出版社,1995 年,第 651 页。

② [苏]弗·依·列宁:《帝国主义是资本主义的最高阶段》,人民出版社,2014 年,第 87 页。

③ 中共中央马克思恩格斯列宁斯大林著作编译局编译《列宁选集》第 2 卷,人民出版社,1995 年,第 588 页。

数几个机构，银行就由普通的中介人变成万能的垄断者……许许多多普通的中介人变为极少数垄断者，这就是资本主义发展成为资本帝国主义的基本过程之一。"[①] 银行作用的这一转变，成为资本主义发展到资本帝国主义的一个基本过程，因为银行与工业的混合发展形成了金融资本，出现了金融资本和金融寡头的统治。"生产的集中；由集中而成长起来的垄断；银行和工业的融合或混合生长——这就是金融资本产生的历史和这一概念的内容。"[②] 银行垄断形成，并且操纵着许多的资本，在国内，金融资本和金融寡头统治着整个国家的经济生活和政治生活，它们通过"参与制""创办企业、发行有价证券""办理公债"、与工业企业、整合实行"个人联合"等实现垄断；在国际范围内，金融资本实行了对世界的统治。它们之间联合形成国际垄断同盟，使国内垄断发展为国际垄断，开始了对世界市场的瓜分；与对世界市场瓜分的情况相适应，就是对世界领土的瓜分。帝国主义，或者说金融资本的统治，是资本主义的最高阶段。

　　资本输出具有了特别重要的意义。资本输出是在 20 世纪初才大大发展起来的，成为资本主义经济发展中的一个重要的新现象。资本输出的出现表明，少数国家中的资本主义已经"成熟过度了"，国内"有利可图的"投资场所已经不够了，过剩的资本要到国外去赚取高额利润。列宁分析了资本输出的可能性。资本之所以能输出到国外，输出到落后国家去，一方面是因为"那里资本少，地价比较贱，工资低，原料也便宜"，能获取很高的利润；另一方面也是"因为许多落后的国家已经卷入世界资本主义的流通范围，需要大量的资本，而本国又严重的资本不足再加之公路、铁路、港口、电报电话等现代交通通信工具已经出现，落后国家发展工业的起码条件已有保证"[③]。因而，资本输出成为可能。资本输出的后果，一方面债权国可以得到双重的好处，既能获取高利，又能推销商品。另一方面，资本输出大大加速了输入国资本主义发展，扼杀落后的民族工业，造成这些国家对输出国经济的依赖，有的成为附属国，甚至陷入"殖民地"。

　　国际垄断同盟从经济上分割世界，帝国主义列强分割世界。一方面，垄断资本已经把国内有利的投资场所、市场瓜分完毕。另一方面，随着资本输出的增加，各国垄断资本在国外市场上竞争十分激烈，为了避免在国外市场竞争中的两败俱伤，吸取国内竞争的教训，各国最大的垄断同盟之间"……'自然'就使得这些垄断同盟之间达成全世界的协定，形成国际卡特尔"。可见，国际垄断同盟的出现，说明"全世界资本集中和生产集中中的一个新的、比过去高得无比的阶段"，或曰"超级垄断"[④] 形成。在帝国主义

① 中共中央马克思恩格斯列宁斯大林著作编译局编译《列宁选集》第 2 卷，人民出版社，1995 年，第 684页。

② 中共中央马克思恩格斯列宁斯大林著作编译局编译《列宁选集》第 2 卷，人民出版社，1995 年，第 613页。

③ 中共中央马克思恩格斯列宁斯大林著作编译局编译《列宁选集》第 2 卷，人民出版社，1995 年，第 627页。

④ 中共中央马克思恩格斯列宁斯大林著作编译局编译《列宁选集》第 2 卷，人民出版社，1995 年，第 631页。

时代，垄断资本不仅在经济上把世界瓜分完毕，而且，进而在领土上，也把世界瓜分完毕。到 1914 年，英、俄、法、德、美、日六个帝国主义列强的殖民地领土，比 1876 年增加了一半以上，由 4 万平方公里增加到 6500 万平方公里，殖民地面积是各宗主国面积（1650 万平方公里）的近 4 倍。列宁指出：殖民地是帝国主义国家重要的原料产地，是有利投资场所和重要市场，对转嫁帝国主义经济、政治、社会危机，维护和巩固垄断资本的统治，有着不可估量的作用。

时代新变化的基本趋势。资本主义时代新变化的基本趋势是资本主义的寄生性和腐朽性。列宁对此作了深刻分析。他认为，资本主义新变化在生产和技术方面会导致"两种趋势"：一方面，资本主义垄断的存在一定程度上基于趋利动因，会出现帝国主义生产和技术停滞的趋势。另一方面，在资本主义制度下，垄断绝不可能完全地、长久地排除世界市场上的竞争，竞争的结果必然是出现新的科学技术成果和新的工艺方法，因此可能降低生产成本提高利润，这就能出现帝国主义生产和技术可能发展、优势还会发展很快的趋势。资本主义时代新变化发展的这两种趋势是交替出现的。

列宁还认为，资本主义时代新变化并没有改变资本主义社会向社会主义社会过渡的基本趋势。他认为："我们已经看到，帝国主义就其经济实质来说，是垄断资本主义。这就决定了帝国主义的历史地位，因为在自由竞争的基础上，而且正是从自由竞争中生长起来的垄断，是从资本主义社会经济结构向更高级的结构的过渡。"[①] "更高级的结构"就是指社会主义的社会经济结构。列宁对帝国主义发展基本趋势分析的科学性，不仅为之后帝国主义发展史所证实，而且对我们认识现今资本主义社会发展的基本趋势，也有着重要的现实指导意义。

2. 帝国主义的经济实质

列宁指出，研究帝国主义，必须"理解帝国主义的经济实质这个基本经济问题，不研究这个问题，就根本不会懂得如何去认识现在的战争和现在的政治"[②]。"垄断代替自由竞争，是帝国主义的根本经济特征，是帝国主义的实质。"[③] 从经济上来看，帝国主义是资本主义发展的最高阶段，即这样两个阶段，此时生产已经达到巨大的和极为巨大的规模，以致垄断代替了自由竞争。"帝国主义就其经济实质来说，是垄断资本主义。"[④] 如何理解垄断是帝国主义的经济实质呢？

其一，垄断在经济生活中占统治地位，是帝国主义阶段的标志。其二，垄断是资本

---

① 中共中央马克思恩格斯列宁斯大林著作编译局编译《列宁选集》第 2 卷，人民出版社，1995 年，第 683 页。

② 中共中央马克思恩格斯列宁斯大林著作编译局编译《列宁选集》第 2 卷，人民出版社，1995 年，第 576 页。

③ 中共中央马克思恩格斯列宁斯大林著作编译局编译《列宁选集》第 2 卷，人民出版社，1995 年，第 704 页。

④ 中共中央马克思恩格斯列宁斯大林著作编译局编译《列宁选集》第 2 卷，人民出版社，1995 年，第 683 页。

主义的最根本的特征和共同基础。即五个基本经济特征都是垄断在国内和国际范围内的表现。第一个特征是最根本的,其他各个特征都是在第一个特征的基础上产生和发展起来的。第一、第二个特征是垄断统治在国内的表现,第三、第四、第五个特征是垄断统治在国际范围内的表现。帝国主义五个基本经济特征贯穿着一根轴线,具有共同的本质。这就是垄断。[①] 其三,垄断是帝国主义国家国内和国际生产关系的实质。帝国主义国家在国内和国际所形成的垄断生产关系,就是帝国主义的经济实质。其四,垄断的统治加深了资本主义的基本矛盾以及其他各种资本主义所固有的矛盾。其五,垄断资本在经济生活中主宰了一切,从而必然把垄断统治渗透到上层建筑和社会生活的方方面面,控制着帝国主义国家的政治、科学、文化、艺术、教育等领域,垄断成为帝国主义国家经济生活和社会生活的基础。

3. 帝国主义的历史地位

列宁从基本生产关系的分析入手,深刻而全面地揭示了帝国主义的经济实质,指出垄断是帝国主义的最基本特征,帝国主义也就是垄断资本主义。列宁指出,帝国主义是寄生的、腐朽的、垂死的资本主义。他说:"垄断,寡头统治,统治趋向代替了自由趋向,极少数最富强的国家剥削愈来愈多的弱小国家,——这一切产生了帝国主义的这样一些特点,这些特点使人必须说帝国主义是寄生的或腐朽的资本主义。"[②] 按照列宁的分析,帝国主义的历史地位概括地表现为:帝国主义是寄生的或腐朽的资本主义;帝国主义是垂死的资本主义。

帝国主义的寄生性或腐朽性。这个问题可以概括为五种表现。一是帝国主义的腐朽和寄生的趋势是由垄断引起的,而且不论其国家政体如何,均产生此种腐朽之趋势。决不排除资本主义在个别工业部门,在个别国家或在个别时期内的惊人迅速地发展。二是资本主义的腐朽性表现在,以"剪息票"为生的资本家这一庞大食利者阶层的形成。三是资本输出表明资本主义"加倍的寄生性"。四是金融资本追求的不是自由,而是统治,政治上的全面反动是帝国主义的特性。五是帝国主义的兼并政策和对殖民地的掠夺,特别是少数大国对殖民地的剥削,使"文明"世界愈来愈变成叮在数万万不文明的民族身上的寄生虫——帝国主义国家的无产阶级中的特权阶层,部分地区也依靠数万万不文明的民族过活。[③] 也就是工人运动中的机会主义派别与帝国主义、资产阶级融为一体。

帝国主义的垂死性表现在,垄断机制和垄断价格的存在,使"少数垄断者对其余居民的压迫却更加百倍地沉重、显著和令人难以忍受了"[④]。同时,垄断造成对殖民地原

①　韩喜平、庞雅莉主编《马克思主义发展史》,吉林大学出版社,2007 年,第 134 页。

②　中共中央马克思恩格斯列宁斯大林著作编译局编《列宁专题文集·论资本主义》,人民出版社,2009 年,第 210 页。

③　中共中央马克思恩格斯列宁斯大林著作编译局译《列宁全集》第 2 卷,人民出版社,1982 年,第 884 页。

④　中共中央马克思恩格斯列宁斯大林著作编译局编《列宁专题文集·论资本主义》,人民出版社,2009 年,第 116 页。

料资源的掠夺和对殖民地领土分割的加剧，引起帝国主义与殖民地人民的矛盾的尖锐化。垄断资本不仅对国内和世界范围内的生产要素进行瓜分和掠夺，而且也造成了各垄断资本集团和各帝国主义国家之间发展的不平衡，使它们彼此间的矛盾加深，最终导致战争的爆发。帝国主义是寄生的、腐朽的、垂死的资本主义，是指垄断资本主义发展的历史趋势，并不等于帝国主义很快就会死亡。只有通过生产力的发展和人民群众的斗争才能促进这种发展趋势变成现实。列宁认为国家垄断资本的出现，意味着垄断资本已从低级形式向高级形式过渡，它标志着资本和生产社会化的高度发展，从而为社会主义社会准备了物质条件。国家垄断资本主义是社会主义的最充分的物质准备，是社会主义的前夜，帝国主义的垄断"是它向社会主义过渡的开始"①。帝国主义时代同时就是无产阶级革命的时代，但帝国主义不会自行消亡，无产阶级必须经过革命斗争，才能以社会主义制度代替资本主义制度。

（三）列宁帝国主义理论亟待回应的热门议题

列宁帝国主义理论认为，帝国主义是资本主义的最高阶段，即垄断资本主义阶段。当时经济全球化的生产方式和特征构成了对帝国主义基本特征分析的重要考察因素。当然，在当今世界格局走向经济全球化的大背景下，与列宁所处的那个时代相比较而言，确实发生了极其巨大的变化，出现了很多新情况、发生了许多新问题。然而，不可否认的是，列宁的帝国主义理论对于认识和把握当今经济全球化的社会阶级本质仍有现实指导意义。列宁所创立的帝国主义理论是他创立那个时代乃至当今这个时代都不可缺少的一部伟大作品；他的帝国主义理论对当今我们深刻认识当代资本主义的新变化，认清资本主义在当代的本质仍然具有巨大的指导作用，仍然是无产阶级同资产阶级斗争的锐利思想武器。

1. 列宁的帝国主义理论是否适用于当代？

随着 20 世纪下半叶的去殖民化进程、发达资本主义国家的经济繁荣、第三世界诸多国家（地区）尤其是"亚洲四小龙"的经济增长以及全球化进程似乎彰显的所谓"历史的终结"，有人试图从多个方面否定列宁帝国主义理论的当代适用性。一些人认为，列宁对资本输出重要性的强调以及资本输出的方向判断——从发达资本主义国家流向殖民地——已经不适用于第二次世界大战后的情况。比如，基德伦（Kidron）② 就指出英国的资本输出在 GDP 的比重从第一次世界大战前的 8％ 下降到第二次世界大战后的 2％，且输出的目的地主要是发达国家而非不发达国家，英国在 20 世纪 50 年代每年的资本输出额约为 3 亿～4 亿英镑，其中只有约 1 亿英镑流向落后国家，其余的 2 亿～3 亿英镑都流向了发达国家。还有人认为，帝国主义与外围国家（地区）的关系已经改

---

① 中共中央马克思恩格斯列宁斯大林著作编译局编译《列宁选集》第 2 卷，人民出版社，1995 年，第 706 页。

② Michael Kidron, "Imperialism – Highest Stage but One", *International Socialism*, no. 9 (1962), https：// www. marxists. org/archive/kidron/works/1962/xx/imperial. htm.

变。比如，威洛比（Willoughby）[1] 认为列宁的《帝国主义论》强调资本输出限制了落后国家的发展，后来的依附理论又进一步发展了列宁的观点，但是，许多融入资本主义体系的第三世界国家和地区都实现了发展，而隔绝在这一体系外的许多国家却陷入了发展困境。哈维根据东亚国家（地区）的工业化进程——首先是日本，然后是"亚洲四小龙"，再接着是中国大陆和东南亚及南亚诸国——提出资本主义的发展中心已经发生了变化，全球资本与财富"从东方流向西方"的长期趋势已经逆转。传统的"外围国家（地区）"不仅没有受制于帝国主义体系的局限，相反通过其自身的发展取代了传统的中心国家，变成了新的中心。

在有些人看来，战后帝国主义国家间的相对和平以及各种国际机构比如欧盟、七国联盟（G7）以及经济合作与发展组织（OECD）等的成立，意味着列宁关于帝国主义国家间竞争和随之而来的帝国主义战争的理论似乎已经被考茨基的"超帝国主义"所取代。G7、OECD 等组织被视为新的"跨国国家"[2]，传统的民族国家间的国际关系已经被"跨国国家"和跨国资本家阶级所替代。[3][4][5][6] 在这些人看来，发达国家之间没有明显冲突，日欧的发展并未推动其取代美国的领导地位。[7] 发达国家间不仅没有发生帝国主义战争，相反却相互合作，不同帝国主义国家的利益被整合起来，美国的领导地位就是建立在这一"集体利益"基础上的。[8][9][10] "相较于列宁，考茨基的逻辑总体上并没有什么乌托邦性质。"[11] 战后的世界发展似乎印证了"超帝国主义"理论才是正确的。基于此类批评和质疑，最后也是最尖锐的反对意见认为，列宁关于帝国主义的腐朽性和垂死性的论断已经过时。列宁的分析缺乏对资本主义自身生存和调节能力的重视，将当时

[1] John Willoughby, "Evaluating the Leninist Theory of Imperialism", *Science & Society*, vol. 59, no. 3 (1995), pp. 320-338.

[2] William Robinson and Jerry Harris, "Towards a Global Ruling Class? Globalization and the Transnational Capitalist Class", *Science & Society*, vol. 64, no. 1 (2000), pp. 11-54.

[3] Dick Bryan, "Global Accumulation and Accounting for National Economic Identity", *Review of Radical Political Economics*, vol. 33, no. 1 (2001), pp. 57-77.

[4] Leslie Sklair, *The Transnational Capitalist Class*, Oxford: Blackwell, 2001.

[5] Jerry Harris, *The Dialectics of Globalization: Economic and Political Conflict in a Transnational World*, Newcastle: Cambridge Scholars Publishing, 2008.

[6] Jerry Harris, "Global Monopolies and the Transnational Capitalist Class", *International Critical Thought*, vol. 2, no. 1 (2012), pp. 1-6.

[7] Peter Gowan, Leo Panitch and Martin Shaw, "The State, Globalisation and the New Imperialism: A Roundtable Discussion", *Historical Materialism*, vol. 9, no. 1 (2001), pp. 3-38.

[8] Paul Cammack, "The Governance of Global Capitalism: A New Materialist Perspective", *Historical Materialism*, vol. 11, no. 2 (2003), pp. 37-59.

[9] George Liodakis, "The Role of Biotechnology in the Agro-Food System and the Socialist Horizon", *Historical Materialism*, vol. 11, no. 1 (2003), pp. 37-74.

[10] George Liodakis, "The New Stage of Capitalist Development and the Prospects of Globalization", *Science & Society*, vol. 69, no. 3 (2005), pp. 341-366.

[11] Simon Bromley, "Reflections on Empire, Imperialism and United States Hegemony" *Historical Materialism*, vol. 11, no. 3 (2003), pp. 17-68.

部分国家出现的革命当作了世界革命的浪潮。[①] 二战之后持续的技术进步和经济增长意味着资本主义还有很强的自我调节能力，而苏联解体却意味着列宁提出的替代方案的失败。总之，列宁的"预言"落空了，资本主义仍然充满活力，仍然处于发展过程之中。[②]

《帝国主义论》对资本输出的数据分析清晰地呈现了资本输出方向既包括落后国家也包括发达国家，其目的是实现对当地的控制，即资本对领土（经济领土）的瓜分。基德伦自己的数据恰恰印证了这一点：英国输出的资本中，有1亿～3亿英镑是用于海外收购的。考虑到落后国家的工业发展水平，这些海外收购主要发生在发达国家也不足为奇，这不仅没有反驳反而证明了列宁对资本输出及其作用的论断。而且，这种资本输出无需表现为逐年增长的输出额，因为海外资本自身也会积累，使海外资本规模不断增大。[③] 那种认为外围国家在帝国主义体系中可以独立发展，甚至超越中心国家的观点也不值一驳。比如，哈维关于"东方—西方"的地理划分根本无法与帝国主义的概念和理论接轨。这种地理概念无视国家间的结构性差异，把中国、日本、印度等国统统视为"东方"，当然不可能与基于"中心—外围""发达—欠发达"或"南方—北方"等划分的帝国主义理论对话。战后持续不断的国际冲突、大大小小的经济危机都表明，列宁关于帝国主义寄生性、腐朽性和垂死性的分析并没有过时。

正如金（King）[④] 所说，列宁的帝国主义研究为我们提供的是一般性的、指导性的框架，但是不可能为我们理解今天帝国主义的具体表现提供直接答案。因此要辩证看待列宁帝国主义理论，绝不能教义地而非发展地认知列宁帝国主义论的精髓实质；必须承认列宁所预判的作为资本主义最高和最后阶段的帝国主义在危机中得到不断发展的基本事实，并揭示其文明化程度得以不断提升的根源和实质。必须充分揭示东方落后国家虽然爆发了如列宁所预设的社会主义革命，但在实践中却遭遇了严重挫折并由此引起认知紊乱的历史根源；必须充分认清当下全球化、市场化、资本化时代资本主义与社会主义的相互关系以及由此而来的当代马克思主义理论者的历史使命。[⑤]

2. 列宁帝国主义论是否具有理论贡献？

"一切划时代的体系的真正的内容都是由于产生这些体系的那个时期的需要而形成起来的。"[⑥] 毫无疑问，列宁帝国主义论是对资本主义发展及其裂变的理论反思，是对帝国主义引起的世界结构性矛盾的实践回应，是对马克思主义世界历史观的思

① 苏晓明：《列宁帝国主义理论的当代思考》，《浙江社会科学》2006年第5期，第43～46页。

② David Lane, "Lenin and Revolution: A Critique—Yesterday and Today", *International Critical Thought*, vol. 11, no. 4 (2021), pp. 1–22.

③ ［美］哈里·马格多夫：《帝国主义时代——美国对外政策的经济学》，伍仞译，商务印书馆，1975年版。

④ Sam King, *Imperialism and the Development Myth: How Rich Countries Dominate in the Twenty-First Century*, Manchester: Manchester University Press, 2021.

⑤ 邱卫东、胡博成：《列宁帝国主义论的时代困境：历史根源及当代启示》，《当代世界与社会主义》2016年第3期，第48～55页。

⑥ 中共中央马克思恩格斯列宁斯大林著作编译局译《马克思恩格斯全集》第3卷，人民出版社，1960年，第544页。

想深化，是努力探索和建构新文明社会价值诉求的时代反映。在整个帝国主义理论研究坐标系中，列宁帝国主义论无疑是最鲜明的学术地标，在人类思想史上占有重要地位。①

列宁帝国主义理论是对资本主义发展及其裂变的理论反思，为新社会文明形态的建立寻找和创造理论前提。列宁的帝国主义理论以资本主义发展的"世界属性"为基点，建构了帝国主义理论研究的时代平台。19 世纪 70 年代，资本主义进入到新的历史"拐点"，"第一次真正地形成了世界市场"②。从 19 世纪 70 年代开始世界进入"密集全球化"③ 时期。这意味着，资本主义的发展具有了真正的"世界意义"，而人类历史也真正成为世界历史。正是在这个意义上，列宁以深邃的世界目光和强烈的问题意识积极探索新时代背景下资本主义发展的理论范式。列宁帝国主义理论以持续爆发的经济危机为理论研究的主要方向，寻求摆脱资本主义发展性危机的新答案。从 1825 年持续到 1908 年的十余次经济危机的"集合效应"促使人们探究资本主义周期性经济危机根本原因及其解决方案，从而直接导致了列宁帝国主义理论的诞生。该理论产生的直接目的之一，就是以资本主义发展新阶段空前的经济危机和社会危机为主要研究对象，探讨危机产生的历史原因和内在本质。列宁帝国主义理论以对资本主义进行前提批判为逻辑机理，探索新文明社会价值的内在诉求。在近半个世纪的全球性经济危机中，国际体系开始呈现出主要资本主义国家占主导地位，殖民地国家居于附属地位的垂直分工体系和国际秩序，经济危机国家开始形成一种转嫁国内矛盾的国际机制，由此产生了新的国际冲突。列宁积极参与古典帝国主义理论的探讨争论中，试图通过对帝国主义导致的全球经济危机，探讨该种国际秩序和国际体系主导和影响的国际性大危机的根本缘由，构建起对资本主义新社会形态的社会批判理论，并在批判和摧毁旧的国际秩序和国际体系中，为崭新社会文明形态的历史性出场进行理论和思想准备。

列宁帝国主义理论是对帝国主义引起的世界结构性矛盾的实践回应，为立体构建资本主义批判理论寻找科学依据。首先，列宁从本体论的解释逻辑出发，从帝国主义内在规定性视域中确证帝国主义诸多矛盾冲突的历史基因和基本属性。列宁将帝国主义定位在资本主义的垄断阶段，就从其发展特征和品质属性方面，将帝国主义的内在规定性科学地揭示出来。这在解释学意义上完全属于本体意义的解释。列宁关于帝国主义的时代本质的哲学表达，坚持和贯彻了一个基本的原则：帝国主义所有裂变的历史基因孕育在资本主义母体之中。

其次，列宁建构帝国主义论首先在于找到了一个反思和批判该社会的理论利器。这个利器之一就是政治经济发展不平衡理论。这个理论不仅符合资本主义本身的存在方式

---

① 姜安：《列宁"帝国主义论"：历史争论与当代评价》，《中国社会科学》2014 年第 4 期，第 4～25 页。

② 中共中央马克思恩格斯列宁斯大林著作编译局编译《马克思恩格斯文集》第 7 卷，人民出版社，2009 年，第 554 页。

③ ［英］戴维·赫尔德等：《全球大变革——全球化时代的政治、经济和文化》，杨雪冬等译，社会科学文献出版社，2001 年，第 271 页。

和运动方式，更被 19 世纪末 20 世纪初的国际事实所证明，由此，列宁有关资本主义运动及其命运的解读获得了一个坚实而锐利的理论武器。

最后，基于国际体系层面分析，将资本主义与殖民主义体系紧密地联系起来，形成了世界范围内帝国主义全球扩张问题的批判性理论。在帝国主义的历史演变中，列宁最有力地发现和说明了资本输出与殖民压迫、帝国主义运动与民族自决权之间的关系，这为立体式地理解帝国主义全球扩张过程中种族和民族冲突，提供了多元化的思考维度。列宁一方面批判帝国主义殖民运动，另一方面将其理论的落脚点置于落后国家广大民众的利益诉求之中。相对于马克思在晚期思想中贡献了伟大的东方社会理论，列宁将更加广泛的民族政治诉求与民主政治理想，在帝国主义理论中建立起内在逻辑联系。

列宁帝国主义理论深化和拓展了马克思主义世界历史观，为审视全球化时代资本主义发展的历史逻辑提供了更加广阔的理论视域。列宁以垄断帝国主义发展阶段为世界历史逻辑的新起点，将人类世界历史观置于新时代的崭新高度。垄断资本逐渐形成国际性垄断同盟，在经济政治上瓜分世界，由此形成了帝国主义主导下的新的世界体系。列宁帝国主义理论正是建立在对帝国主义深入分析的基础上，建构一种帝国主义前提批判理论，从而使得该理论真正具有了世界历史观的意义。列宁将其全球历史观置于世界空前的东西方社会矛盾与冲突历史背景中，凸显新世界体系中殖民与反殖民的民族运动历史观，阐释了一整套关于以殖民地和民族解放运动为主题的世界历史观理论体系。

新的世界体系里，帝国主义进行殖民掠夺体系有三种方式：资本输出、争夺原料产地和争夺势力范围；基于殖民掠夺的世界体系分为两极——少数帝国主义宗主国和广大受剥削压迫的殖民地和半殖民地；作为世界无产阶级革命的有机组成部分，殖民地民族解放运动最终卷入世界革命运动的总潮流。列宁认为帝国主义殖民体系下的"世界体系"就是垄断帝国主义国家对殖民地和半殖民地国家民族征服和侵略的体系，就是垄断帝国主义国家之间为了争夺殖民地和半殖民地国家民族势力范围和世界秩序而展开斗争的体系，就是民族问题由此扩大为民族殖民地问题，并从一国范围问题发展为世界性问题的体系，也是殖民地被压迫民族联合起来，共同斗争，反对帝国主义和殖民主义势力，争取民族解放运动的体系。

同时列宁将世界历史观置于资本主义新社会形态变化和未来历史趋势之中，使得世界历史观具有发展与实践的辩证性质。列宁以事物矛盾辩证运动为理论依据，理性审视资本主义社会形态的矛盾运动，以此揭示资本主义内在冲突和世界时代变化的趋势。在坚持马克思主义基本原理的基础上，列宁分析了帝国主义条件下资本主义发展不平衡运动规律，为世界历史变革寻找到新的政治中心，同时指出在新的资本主义和社会主义两大体系共存的时代，资本主义体系不会迅速消亡，社会主义发展必须建立在这两大社会体系矛盾运动的历史逻辑之上才能取得进步，这给全球化时代社会主义运动的发展提供了重要的历史启示。

【课堂研学材料】

帝国主义是资本主义的最高阶段①

列　宁

1916 年 1—6 月

序言

现在献给读者的这本小册子，是 1916 年春天我在苏黎世写成的。在那里的工作条件下，我自然感到法文和英文的参考书有些不足，俄文参考书尤其缺乏。但是，论述帝国主义的一本主要英文著作，即约·阿·霍布森的书，我还是利用了的，而且我认为是给了它应得的重视。

我写这本小册子的时候，是考虑到沙皇政府的书报检查的。因此，我不但要极严格地限制自己只做理论上的、特别是经济上的分析，而且在表述关于政治方面的几点必要的意见时，不得不极其谨慎，不得不用暗示的方法，用沙皇政府迫使一切革命者提笔写作"合法"著作时不得不采用的那种伊索式的——可恶的伊索式的——语言。

在目前这种自由的日子里，重读小册子里这些因顾虑沙皇政府书报检查而说得走了样的、吞吞吐吐的、好像被铁钳子钳住了似的地方，真是感到十分难受。在谈到帝国主义是社会主义革命的前夜，谈到社会沙文主义（口头上的社会主义，实际上的沙文主义）完全背叛了社会主义、完全转到资产阶级方面，谈到工人运动的这种分裂是同帝国主义的客观条件相联系的等等问题时，我不得不用一种"奴隶的"语言，现在，只好请关心这类问题的读者去看我那些即将重新刊印的 1914—1917 年间在国外的论文。这里要特别指出的是第 119～120② 页上的一段文字。当时为了用书报检查通得过的形式向读者说明，资本家以及转到资本家方面的社会沙文主义者（考茨基同他们进行的斗争是很不彻底的），怎样无耻地在兼并问题上撒谎，怎样无耻地掩饰自己的资本家的兼并政策，我不得不拿日本做例子！细心的读者不难把日本换成俄国，把朝鲜换成芬兰、波兰、库尔兰、乌克兰、希瓦、布哈拉、爱斯兰和其他非大俄罗斯人居住的地区。

我希望我这本小册子能有助于理解帝国主义的经济实质这个基本经济问题，不研究

---

① 这是列宁系统阐述关于帝国主义的理论的重要著作。在这部著作中，列宁根据马克思主义基本原理，总结了《资本论》问世半个世纪以来世界资本主义的新变化，指出资本主义已经发展到一个新的阶段——帝国主义阶段。列宁运用历史和逻辑统一的方法考察了资本主义垄断形成和发展的过程，把资本主义的新变化概括为五个基本特征，并在此基础上给帝国主义下了科学的定义：帝国主义是发展到垄断组织和金融资本的统治已经确立，资本输出具有突出意义，国际托拉斯开始瓜分世界，一些最大的资本主义国家已经把世界全部领土瓜分完毕这一阶段的资本主义。列宁指出：帝国主义最深厚的经济基础是垄断，但这种垄断不是纯粹的垄断，而是同竞争混合和并存的垄断，在垄断条件下竞争会更激烈、更残酷。在帝国主义阶段，资本主义表现出特有的寄生性和腐朽性。但是，如果以为这种腐朽趋势排除了资本主义的迅速发展，那就错了。实际上，资本主义的发展在这一阶段比从前要快得多，只是发展更加不平衡。帝国主义发展存在两种趋势：迅速发展的局势和停滞腐朽的趋势。通过对帝国主义经济特征和历史地位的分析，列宁揭示了帝国主义时代资本主义经济和政治发展不平衡的规律，指出帝国主义是无产阶级社会主义革命的前夜。

② ［苏］弗·依·列宁：《帝国主义是资本主义的最高阶段》，人民出版社 2014 年版，第 378～379 页。

这个问题，就根本不会懂得如何去认识现在的战争和现在的政治。

作　者

1917 年 4 月 26 日于彼得格勒

【教师课堂提问及点评】

1. 列宁帝国主义理论的主要观点和贡献是什么？

2. 怎样从列宁的帝国主义理论阐释出发看待当代资本主义的发展变化？

【专题小结】

本专题从列宁对帝国主义的分析出发，在此基础上阐述列宁指出的恶"帝国主义论"的实质，落脚到当代对列宁帝国主义理论的争议问题，阐明列宁帝国主义思想的构成及当代价值。

列宁阐述帝国主义问题的基本逻辑是从经济到政治，即阐述从帝国主义的垄断实质到帝国主义在政治上的寡头政治实质，在经济上阐明了帝国主义是资本主义的一个发展阶段，从政治上指出帝国主义是无产阶级社会主义革命的前夜。列宁从大量的事实中把握了帝国主义阶段经济形态的最具有"本体意义"的规定性，即垄断，把垄断作为理解和解释帝国主义现象的理论基石和思想原点，在此基础上构建起理论大厦。列宁在对帝国主义的基本特征的概括是结构式的，概括了五大特征，超越了前人对帝国主义特征的碎片化解释。列宁把经济和政治结合起来，说明帝国主义是垄断的，寄生的，垂死的资本主义，因为垄断一方面使生产社会化高度发展，另一方面使私人占有扩大，这从根本上阻碍了生产力的发展，出现寄生，腐朽的趋势，列宁构造了马克思主义分析帝国主义的基本框架。列宁帝国主义理论依然是正确认识世界变局、构建国际新秩序的思想武器，具有十分重要的理论与现实意义。

七、课后阅读

中共中央马克思恩格斯列宁斯大林著作编译局编译《列宁文选》（第 I 卷），人民出版社，1953 年版。

《列宁反对修正主义》，人民出版社，1958 年版。

〔苏〕约·维·斯大林著《苏联社会主义经济问题》，人民出版社，1961 年版。

〔苏〕弗·依·列宁著《帝国主义是资本主义的最高阶段》，人民出版社，1964年版。

《列宁斯大林论帝国主义》，人民出版社，1964 年版。

《列宁论帝国主义》，人民出版社，1974 年版。

中共中央马克思恩格斯列宁斯大林著作编译局编《斯大林选集（上、下卷)》人民出版社，1979 年版。

中央党校编写小组编《〈帝国主义是资本主义的最高阶段〉提要和注释》，人民出版社，1974 年版。

中国人民大学马列主义发展史研究所编《列宁思想史》，上海人民出版社，1981年版。

王金存著《帝国主义历史的终结——当代帝国主义的形成和发展趋势》，社会科学文献出版社，2008年版。

田文峰著《列宁帝国主义理论的历史贡献与现代价值》，中国社会科学出版社，2013年版。

周淼著《百年大变局视野下的帝国主义理论研究——列宁帝国主义理论与新帝国主义理论的比较与思考》

八、课后思考

1. 世界历史进入21世纪之后，列宁关于帝国主义问题的论述究竟有没有过时？

2. 列宁帝国主义论中的核心命题"帝国主义是垄断的资本主义"是不是还适用于当代资本主义？

3. 寄生性和腐朽性还是不是当代资本主义的重要特征？

4. 帝国主义是不是资本主义的最后阶段，是不是无产阶级社会革命的前夜？

第六专题　马克思主义在苏联

一、专题概述

所谓苏联社会主义模式，指的是苏联人民在列宁、斯大林的领导下建设社会主义的方式、道路，包括所建立的社会基本制度和具体体制、运行机制，所实行的社会经济发展战略和具体的方针、政策，等等。由于十月革命胜利以后，列宁领导苏联社会主义革命和建设的时间不长，苏联社会主义模式基本上是在斯大林领导下建立起来的，所以，人们又把苏联社会主义模式称之为"斯大林模式"。苏联社会主义模式是科学社会主义基本原则同苏联的具体国情、时代特征相结合的产物。

本专题共分为三个部分：第一部分立足苏联社会主义建设经验的理论总结分析苏联社会主义建设的基本情况；第二部分介绍苏联社会主义模式的形成和发展，再现斯大林模式所产生的具体历史条件；第三部分阐述苏联东欧国家的改革和剧变，分析"苏东剧变"的原因、性质，并总结教训。

苏联模式作为人类历史上第一个社会主义模式，它的形成标志着一种新的社会经济形态的诞生。在一定的历史阶段它发挥了巨大的历史作用，体现了社会主义制度的优越性，造就了苏联社会主义的辉煌。苏联社会主义模式形成后，基本框架一直延续到 20 世纪 80 年代中期。社会主义的苏联模式是马克思主义基本原理与其具体国情相结合作出的一种探索。这种探索，无论理论的还是实践的，是成功的还是失败的，都是国际共产主义运动中宝贵的财富。对苏联 70 年的社会主义建设历史和苏联模式，既不能全盘肯定，也不能全盘否定。它曾经取得过光辉成就，也存在着严重问题。学习苏联社会主义模式，是为了总结其"得"与"失"，从中吸取经验教训，走好中国特色社会主义之路。

二、教学目标

知识目标：苏联在社会主义建设方面所做的探索；20 世纪二三十年代苏联社会主义建设的重大成就和经济政治体制上存在的严重弊端。

能力目标：了解斯大林对社会主义建设道路的探索以及社会主义建设中所取得的成绩和存在的问题；具体包括苏联工业化的实施、苏联农业集体化的实施等；分析和评价高度集中的经济政治体制，培养学生阐释历史事件、历史现象的能力。

情感、态度、价值观目标：通过本专题全景展示苏联解体的历史全貌，放入世界近现代史发展大势，以便学会辩证看待苏联的社会主义建设模式，深刻思考苏联的社会主义建设对苏联以及人类世界留下的经验和教训，社会主义建设在曲折中的前进及艰辛、社会主义制度的优越性、总结苏联模式的启示。

三、教学重点、难点

重点：苏联社会主义模式的形成和发展。
难点：苏联社会主义建设经验的理论总结。

四、内容框架

苏联社会主义建设经验的理论总结。
苏联社会主义模式的形成和发展。
苏联东欧国家的改革和剧变。

五、课时分配

4 课时。

六、专题教学

【专题导入】

俄乌冲突的历史渊源

2022 年 2 月 24 日，俄罗斯对乌克兰发动"特别军事行动"，后冷战时代具有历史转折意义的局部战争就此展开。俄乌战事是后冷战时代甚至二战结束以来世界发展的一道分水岭，将引发欧洲及欧亚地区格局的深度演变，并对亚太安全局势带来多重外溢效应，也将对世界秩序的未来产生深远影响。①

2021 年，普京发表长文《论俄罗斯人与乌克兰人的历史统一》，重申俄罗斯人和乌克兰人为同一个民族，而现代乌克兰作为一个国家（包括当下的疆域领土）实为苏联的产物。在 2022 年 2 月 21 日关于乌克兰局势的长篇演讲和 2 月 24 日战争动员性质的演讲中，普京再次强调了作为乌克兰当代独立国家的"国家性"的缺失，并以反讽的口吻调侃道，既然乌克兰政府在过去几年一直在推动"去共产主义化"，那么我们索性来个彻底的"去共产主义化"——把苏联赋予的乌克兰国家（包括疆域领土）的性质都抹去。

---

① 冯玉军：《俄乌冲突的地区及全球影响》，《外交评论（外交学院学报）》2022 年第 6 期，第 72 页。

这些论述反映出包括普京在内的俄罗斯部分政治精英长期以来的世界观：从文明角度出发，同为东部斯拉夫人的俄罗斯人、乌克兰人和白俄罗斯人拥有共同的文明起源，俄罗斯国家（或者历史上的帝国）及其人民（特别是其斯拉夫、东正教核心）是有机统一的整体，暗示俄罗斯、乌克兰和白俄罗斯，这些现代国家在今天和未来都应该共享政治命运。

而在另一边，正因为苏联解体的过程兼具去帝国、民主化和新国家/民族独立斗争这几重性质，从苏联独立出来的政治单位往往有更强的动力通过摆脱与曾经的帝国（沙俄或者苏联）中心（俄罗斯）的关系，保护自己脆弱的国家性和民族意识。[①] 对乌克兰军事行动发生在苏联解体三十周年纪念日之后不久，这似乎是某种预兆：当年苏联解体作为一场不流血的革命其实一直没有终结，如今的俄乌冲突可能会以惨烈的方式真正终结这个历史过程。

【历史脉络梳理】

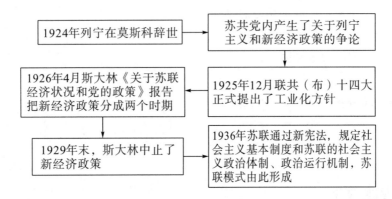

【要点讲解】

（一）苏联社会主义建设经验的理论总结

斯大林在领导苏联社会主义建设过程中提出了一系列理论观点，丰富了马克思列宁主义的理论宝库。但是他的理论观点中也存在着一些缺陷，给苏联的社会主义实践带来了消极影响。

1. 对科学社会主义理论研究的继续探索

斯大林在领导苏联社会主义建设的同时，在理论上也作出了一定的贡献，表现在他对科学社会主义作出了系统阐发，对苏联社会主义建设经验进行了理论总结。

（1）对列宁的建党学说进行了系统总结

斯大林系统地总结和发挥了列宁的建党学说，把列宁主义的特点概括为六个方面：

一是提出"党是工人阶级的先进部队"。党应当由工人阶级的先进分子组成，是

---

① 张昕：《作为帝国间冲突的俄乌战争》，《文化纵横》2022 第 3 期，第 40～48 页。

"工人阶级的政治领袖"① 和"战斗司令部"②。它"应当用革命理论，用运动规律的知识，用革命规律的知识把自己武装起来"③。

二是提出"党是工人阶级的有组织的部队"④。党应该依靠政治信仰、严格的组织性、纪律性组织成为战斗的集体。必须坚持"少数服从多数"和"党的工作由中央来领导"⑤ 的原则。

三是提出"党是无产阶级组织的最高形式"⑥。无产阶级需要在无产阶级政党的统一领导下建立一系列的群众组织，无产阶级夺取政权后还要建立各级行政部门和经济管理组织。党应当成为工人阶级优秀分子的"集合点"，能够广泛联系和加强领导各种组织，成为培养其领导者的最后学校，并能通过说服和教育的办法，使其自愿接受自己的领导。

四是提出"党是无产阶级专政的工具"⑦。党是无产阶级用来争得专政、巩固并扩大专政的工具。随着阶级的消灭，随着无产阶级专政的消亡，党也一定会消亡。

五是提出"党是意志的统一，是和派别组织的存在不相容的"⑧。只有思想统一，意志统一，才能保证党具有铁的纪律，步调一致地争取社会主义的胜利。"派别组织的存在，无论和党内统一或党内铁的纪律都不能相容"⑨。

六是提出"党是靠清洗自己队伍中的机会主义分子而巩固起来的"⑩。斯大林在对这些特点的概括中也存在一定的片面性，如片面强调依靠"清洗"来巩固党，过分强调集中而忽略了党内民主等，苏联在党的建设方面的缺点和失误，与这种片面性的认识有很大关系。

（2）进一步阐释了无产阶级专政学说

斯大林领导苏联近 30 年，他根据实践经验对无产阶级专政学说作了进一步阐发。

---

① 中共中央马克思恩格斯列宁斯大林著作编译局编《斯大林选集》（上卷），人民出版社，1979 年，第 261 页。
② 中共中央马克思恩格斯列宁斯大林著作编译局编《斯大林选集》（上卷），人民出版社，1979 年，第 262 页。
③ 中共中央马克思恩格斯列宁斯大林著作编译局编《斯大林选集》（上卷），人民出版社，1979 年，第 261 页。
④ 中共中央马克思恩格斯列宁斯大林著作编译局编《斯大林选集》（上卷），人民出版社，1979 年，第 263 页。
⑤ 中共中央马克思恩格斯列宁斯大林著作编译局编《斯大林选集》（上卷），人民出版社，1979 年，第 264 页。
⑥ 中共中央马克思恩格斯列宁斯大林著作编译局编《斯大林选集》（上卷），人民出版社，1979 年，第 265 页。
⑦ 中共中央马克思恩格斯列宁斯大林著作编译局编《斯大林选集》（上卷），人民出版社，1979 年，第 267 页。
⑧ 中共中央马克思恩格斯列宁斯大林著作编译局编《斯大林选集》（上卷），人民出版社，1979 年，第 269 页。
⑨ 中共中央马克思恩格斯列宁斯大林著作编译局编《斯大林选集》（上卷），人民出版社，1979 年，第 270 页。
⑩ 中共中央马克思恩格斯列宁斯大林著作编译局编《斯大林选集》（上卷），人民出版社，1979 年，第 270 页。

他指出，"无产阶级专政是无产阶级革命的工具""是无产阶级对资产阶级的统治""苏维埃政权是无产阶级专政的国家形式"①。他在《论列宁主义基础》和《论列宁主义的几个问题》等著作中，对无产阶级专政的任务进行了阐述。其主要内容包括：镇压剥削阶级的反抗，保卫国家；促进世界各国革命的发展和胜利；改造小生产，组织社会主义建设；组织社会主义，消灭阶级，实现向无阶级社会即社会主义社会的过渡。

斯大林认为无产阶级专政的职能明确地划分为暴力和非暴力两类相辅相成的形式，并且二者在不同时期发挥不同的作用。在国内战争时期，专政的暴力作用更明显一些，但仍需要和平建设；在社会主义建设时期，专政的作用主要集中在组织经济建设、发展科学技术、提高人民文化水平、制定社会主义法制等方面，但也必须加强军队和其他暴力机关。

斯大林的这些论述，对无产阶级专政的建立和巩固，具有重要现实意义。然而苏联在具体实践过程中，在对阶级斗争形势估计上出现了严重偏差。1936 年，苏联已经实现了工农业的社会主义改造，消灭了私有制和人剥削人的现象。鉴于这种情况，斯大林在全苏维埃第八次非常代表大会上所作的《关于苏联宪法草案》的报告，正确地指出剥削阶级已经消灭了。但当时他对社会上存在着的剥削阶级残余还缺乏认识，因而对社会上存在的阶级矛盾和阶级斗争现象无法进行解释。1937 年，他在《论党的工作缺点和消灭托洛茨基两面派及其他两面派的办法》一文中，正确地指出了还存在剥削阶级残余，但认为它们不是来自内部，而是帝国主义派遣的代理人、特务、破坏分子。同时，他对社会主义社会阶级斗争的规律及其发展总趋势也作出了完全错误的判断，这是导致苏联 30 年代末肃反扩大化的认识根源。②

（3）提出一国建成社会主义的理论

针对托洛茨基认为俄国一国不能建成社会主义的断言，斯大林在《再论我们党内的社会民主主义倾向》等一系列文章中，系统地阐述了俄国一国可以建成社会主义的理论。

从国内情况来看，具有物质前提和政治基础，这就是无产阶级剥夺了地主和资本家，将土地、工厂、铁路、矿山、银行变为全民财产，从而掌握了国家的经济命脉。同时，由于新经济政策的贯彻执行，并逐步实行列宁的合作化计划，农民群众得以休养生息，生产积极性大大提高，国民经济迅速得到恢复。

党的领导地位和工农联盟不断巩固，无产阶级专政日益强大，从而为一国建成社会主义创造了稳固的政治基础。

从国际环境看，形势也对苏联有利。这就是帝国主义之间矛盾重重，正在明争暗斗，不可能结成反苏阵线。苏联可以利用帝国主义之间的矛盾，争取一个比较长时间的

---

① 中共中央马克思恩格斯列宁斯大林著作编译局编《斯大林选集》（上卷），人民出版社，1979 年，第 214页。

② 马克思主义发展史编写组编《马克思主义发展史》第 2 版，高等教育出版社，2021 年，第 263—264 页。

和平局面，确保从事社会主义建设相对稳定的国际环境。此外，西方无产阶级和东方被压迫人民所进行的斗争，也是对苏联社会主义建设的鼓舞和支持。

斯大林在批判了托洛茨基的错误论点以后，根据俄国的具体情况，制定了社会主义建设的理论及相应的方针政策。尽管斯大林的一国建成社会主义理论有其片面之处，但是，在当时苏联处于帝国主义包围的国际环境下，对于鼓舞苏联人民增强建设社会主义的信心发挥了重要作用。[①]

2. 社会主义工业化和农业集体化的理论总结

联共（布）十四大（1925 年 12 月）提出了社会主义工业化方针，推动了苏联工业的迅速发展，而苏联工业的迅速发展同落后的农业之间的矛盾日趋突出。当时的苏联农业以小农经济为主，生产率低，商品率更低，无法适应工业发展的需要。1927 年底和1928 年初还发生了"粮食收购危机"，这严重阻碍了整个经济特别是工业化的进程。为解决工农业经济失衡的矛盾，联共（布）十五大（1927 年 12 月）通过了关于农业集体化的决议。

（1）斯大林与布哈林的争论

由于党内对列宁的新经济政策的理解不同，随后在如何克服"粮食收购危机"、如何加速实现工业化和农业集体化等问题上分歧严重，于是在核心领导层内发生了斯大林同布哈林之间的争论。

斯大林认为，由于农村阶级斗争加剧、富农暗中破坏，也由于集体农庄发展缓慢，造成粮食收购下降，因此，党应该把同富农作斗争列为农村工作的重点，采取超出新经济政策框架的"非常措施"。同时斯大林号召加速开展农业集体化运动，以克服"粮食收购危机"，加快实现国家的工业化。

斯大林的上述观点和措施，遭到了布哈林的反对。布哈林认为，造成粮食收购危机的原因在于政府机构工作的失误。他主张根据列宁的新经济政策，通过提高粮食收购价格，更快地发展轻工业来解决矛盾和问题。他认为列宁的新经济政策是党的经济政策的基本依据，其作用尚未充分发挥，而斯大林的上述观点和措施离开了新经济政策。应通过经济手段即通过竞争来排挤城乡资本主义成分，克服经济上的困难。在工业化问题上，布哈林赞成迅速实现工业化，但认为必须同时发展农业，否则工业化计划要遭到失败。他批评斯大林通过向农民征收"额外税"积累资金来高速实现工业化的政策，认为斯大林以过渡时期阶级斗争越来越尖锐的观点为依据，用行政手段来解决经济问题的做法，破坏了列宁倡导的"工农结合"的方针，是一种奇怪的理论。

1929 年 4 月，布哈林及其拥护者在中央委员会和中央监察委员会联席会议上，提出了自己的经济政策纲领。其基本点包括：①依靠同劳动者的物质利益的结合，保留市场，逐步排挤资本主义成分。②保护个人的首创精神，遵守革命法则，坚决放弃非常措施。③采取较灵活的税收和粮价体系，加强农业生产资料的生产。④在合作化过程中，

---

① 马克思主义发展史编写组编《马克思主义发展史》第 2 版，高等教育出版社，2021 年，第 263－264 页。

坚持集体农庄——国营农场的建设同发展个体经济相结合的政策。布哈林的这些主张有其合理性，但受到了斯大林的批判，被斥为"右倾机会主义"。

斯大林与布哈林之间的争论，反映了他们对列宁新经济政策的不同理解。前者是在分析阶级斗争日益尖锐化的基础上，超越新经济政策的框架，提出了加速实现工业化和农业集体化的计划；后者则是在新经济政策的框架内提出了实现工业化和农业集体化的计划。

（2）关于社会主义工业化的理论

联共（布）十四大提出了实现社会主义工业化的总路线。斯大林在领导苏联工业化的过程中，论述了社会主义工业化的中心、工业化的速度、资金来源、培养工业人才等重要问题。斯大林认为，苏联工业化的中心、工业化的基础，是发展重工业。他指出，苏联工业化的方法与资本主义工业化的方法根本不同。资本主义工业化是从轻工业开始，苏联则必须从发展重工业开始。因此优先发展重工业符合马克思主义关于再生产的理论，只有优先发展重工业，才能从技术上改造整个国民经济，从经济上摆脱资本主义的控制，保障国家的独立性。同时，优先发展重工业也是促进农业发展、巩固工农联盟的需要。优先发展重工业，对国防建设也有重要意义，只有优先发展重工业，才能建立强大的国防工业，

斯大林强调，优先发展重工业必须有高速度。他通过对国际形势的分析，论证了坚持高速度的不可避免性，当时的苏联是处于资本主义包围中唯一的社会主义国家，因此必须要有紧迫感，要飞速赶上德、法等先进的国家。斯大林分析了高速实现工业化的客观可能性，认为在这方面有四个优越条件：有供经济发展需要的丰富的矿藏和农业资源，有受到千百万劳动人民拥护的苏维埃政权，有可避免资本主义危机的计划经济，有共产党的正确领导。

斯大林认为，资金积累是高速度实现工业化的关键，他通过比照历史上解决工业化资金来源的几条道路，论述了苏联解决工业化资金的办法。他指出：历史上解决工业化资金的来源有三条道路，一是依靠长期对殖民地的掠夺来积累资金，如英国；二是靠向战败国索取赔款作为工业发展资金，如德国；三是靠在受奴役的条件下借外债发展工业，如俄国。斯大林否定了这三种解决资金来源的方法，他认为，前两种方法同社会主义制度不相容，第三种方法会使苏联人民再受帝国主义的奴役。因此，苏联社会主义工业化只能走一条历史上从未有过的社会主义积累的道路，即主要依靠国内积累资金的道路。这包括：由剥夺地主的土地和资本家的工厂所形成的全民财产，被废除的沙皇政府所负的大量债务和利息，国营企业的收入，对外贸易的收入，国营商业对内贸易的收入，国家银行的利润。斯大林把工农业产品价格的"剪刀差"作为积累工业资金的重要手段。斯大林在领导工业化的过程中，所采取的实际上也是剥夺农民以积累资金的办法。苏联通过这种"剪刀差"政策，积累了大量资金，保证了工业高速发展，但也严重损害了农民的利益，造成农业元气大伤，工农业比例严重失调。

在工业人才的培养上，斯大林提出，"如果没有富有朝气的人，没有新的人才，没

有新的建设干部，那就不可能实现"[1]，"需要新的工业指挥干部，需要优秀的工厂经理，优秀的托拉斯领导干部，能干的商业人员，聪明的工业建设计划人员"[2]，"把所有的工人和农民都变成有文化有知识的人，而且我们将来一定能够做到这一点"[3]。

苏联在经济比较落后又面临帝国主义威胁的特定历史条件下，所采取的高积累、高速度、优先发展重工业的工业化方式，一方面建立起了社会主义经济基础，巩固了苏维埃政权；但也存在忽视农业和轻工业的后果，造成农、轻、重等国民经济有关部门的比例和工业内部的比例长期不协调，农业和轻工业的发展远远跟不上国民经济发展的需要。实践表明，这样的工业化只是社会主义社会初始阶段不得已采取的措施，是不可持续的，不应成为普遍模式。

（3）关于农业集体化的理论

斯大林努力实践马克思主义关于逐步引导农民走上社会主义道路的思想，大力推进农业集体化。为解决实现工业化过程中日益尖锐起来的社会主义大工业和个体农业之间的矛盾，1927年，联共（布）第十五次代表大会适时地通过了开展农业集体化运动的决议，斯大林在大会政治报告和《论苏联土地政策的几个问题》《答集体农庄庄员同志们》《胜利冲昏头脑》等演说、文章中阐发了列宁的农业合作社理论，批判了反对农业集体化的右倾论调和在实现集体化过程中所存在的"左"倾错误。他特别强调，为了顺利地实现农业集体化，必须做到：①坚持自愿的原则。动员农民加入农业集体化运动，只能通过说服教育、摆事实讲道理的方法，使农民相信集体经济的优越性而自愿地加入。不可强迫命令和使用暴力。②坚持因地制宜的方针。应根据不同地区的经济结构、生产力水平、党的领导、政权建设、文化传统、民族关系和风俗习惯等具体情况，来决定农业集体化的进程和规模，不可不顾具体情况，强求一致。③应当采取适当的集体农庄的形式。各地区应当根据本地区的具体情况，逐步由低级到高级地建立农业集体组织。④组织工业支援农业集体化。

联共（布）十五大之后情况发生了变化，高速发展的工业同落后农业之间的矛盾日益加深，1927年底和1928年初又出现粮食收购危机，这使斯大林感到农业集体化的紧迫性。面对这种困境，斯大林认为，出路在于全盘实现农业集体化，即在农业中培植集体农庄和国营农场，使小农经济联合成为用技术和科学装备起来的集体大经济。1929年4月，斯大林在《论联共（布）党内的右倾》的演说中，动员开展建立集体农庄和国营农场的群众运动。当年下半年，苏联就进入了全盘集体化阶段。

苏联实现农业集体化，是社会主义史上的一个伟大创举。但是斯大林在指导农业集体化的实际工作中，对恩格斯、列宁的相关思想有所忽视，如忽视了改造小农经济是一

---

① 中共中央马克思恩格斯列宁斯大林著作编译局编《斯大林选集》（上卷），人民出版社，1979年，第474页。

② 中共中央马克思恩格斯列宁斯大林著作编译局编《斯大林选集》（上卷），人民出版社，1979年，第474页。

③ 中共中央马克思恩格斯列宁斯大林著作编译局编译《斯大林文集》，人民出版社，1985年，第285页。

个长期和复杂的过程，应当采取十分慎重的态度；要坚持自愿的原则；要采取多种形式，由初级到高级逐步推进等，从而犯了急躁冒进的错误，给苏联经济带来了不良后果。

（二）苏联社会主义模式的形成和发展

斯大林模式是社会主义的一种模式，它在苏联的实行曾经创造过非凡的成就。它对世界历史发生过巨大的影响，曾是 20 世纪中叶大多数新诞生的社会主义国家和一些刚刚摆脱殖民统治的民族国家竞相效仿的社会模式。然而，随着时代的推移，斯大林模式的光辉开始慢慢黯淡。实行斯大林模式的大多数社会主义国家开始出现社会发展缓慢的迹象，并先后走上变革斯大林模式的道路。这使它本身成为极具价值的科学研究题材。半个多世纪以来，以斯大林为题进行的有关社会主义建设道路、现代化途径和社会模式的比较等学术研究，在全世界范围内是比较活跃的，不同立场的学者对斯大林模式往往持有截然相反的见解，各种观点经常发生碰撞。至今有关斯大林模式的争论仍在进行，如何正确评价苏联的社会主义模式仍然是学术研究的一个难题。

1. 苏联社会主义模式形成的原因

苏联人民在斯大林领导下，从 1928 年 10 月至 1936 年底，苏联完成了第一、第二个五年计划。由于消灭了城乡资本主义经济，建立了社会主义公有制，社会制度的性质发生了根本的变化。由于消灭了所有的剥削阶级，剩下的只是工人阶级、农民阶级和知识分子，社会的阶级结构发生了根本的变化。由于工农业经济在国民经济体系中的对比关系发生了根本变化，苏联已经成为一个工业农业国，苏联的社会经济状况和生产力状况发生了重大的变化。1936 年 12 月，苏联制定和颁布了新宪法。这部新型的社会主义宪法，不仅规定了社会主义基本制度，而且具体规定了苏联的社会主义政治体制和政治运行机制。苏联社会主义社会的基本原则用法律规定形式规定下来，标志着社会主义苏联模式的形式。[①]

社会主义苏联模式是在特定的历史条件下的产物，苏联社会主义模式的形成时期正处于资本主义向社会主义的过渡时期，且这时期苏联处于复杂而险峻的国际环境，这些都促使了苏联社会主义模式的形成。

（1）苏联模式形成的国际背景

十月革命胜利后，为了将新生的苏维埃政权扼杀在摇篮之中，帝国主义纠合 14 个国家，勾结俄国国内的反革命势力，发动了大规模的武装干涉和反革命叛乱，苏维埃政权处于危难之中。面临帝国主义包围和入侵威胁的形势，为了打退帝国主义的进攻，粉碎反革命势力的叛乱，巩固苏维埃政权，苏联不得不把尽快建成工业强国、尽快实现社会主义工业化的任务提到首要地位。斯大林对此有着清醒的认识，"我们不能知道帝国主义者究竟会在哪一天进攻苏联，打断我们的建设。他们随时都可以利用我国技术上经

[①] 顾海良、梅荣政主编《马克思主义发展史》，武汉大学出版社、湖北人民出版社，2006 年，第 154 页。

济上的弱点来进攻我们，这一点是不容置疑的。所以，党不得不鞭策国家前进，以免错过时机，而能尽量利用喘息时机，赶快在苏联建立工业化的基础，即苏联富强的基础。党不可能等待和应付，应当实行最高速度的政策"①。

（2）党内存在对社会主义前途的激烈争论

在此时期苏共党内发生的关于社会主义前途的激烈争论，对于苏联社会主义模式的形成起了促进作用。1920年后，列宁逐渐形成了一国可以建成社会主义的思想。斯大林把列宁的这一思想概括为："被资本包围的无产阶级专政国家不但能够用自身的力量解决内部的矛盾即无产阶级和农民之间的矛盾，而且还能够，还必须建成社会主义，在本国组织社会主义经济和建立一支武装力量，以便帮助周围各国的无产者去进行推翻资产阶级的斗争。"由于斯大林与托洛茨基、季诺维也夫和加米涅夫认识上的差异，不可避免地导致党内大论战。斯大林不赞成托洛茨基"革命的俄国不能在保守的欧洲面前站得住脚"的说法，批判季诺维耶夫、加米涅夫"没有西方革命的支持，经济落后的俄国不能建成社会主义"的观点。在党内大论战中，斯大林进一步解释了列宁提出的"一国可以建成社会主义的理论"。斯大林认为"社会主义可能在一个国家内胜利""社会主义不可能在一个国家内最终胜利"是两个不同的问题，不能混为一谈。前者指的是苏联可以依靠自己的理论解决工农矛盾，建成社会主义，而无须其他国家的无产阶级革命的预先胜利。而后者指的是如果没有至少几个国家革命的胜利，苏联就不可能免除武装干涉，免除资本主义制度复辟的完全保障。②

（3）工业化和农业集体化发展的要求

这一时期，苏联国内工业化和农业集体化的发展也促使苏联社会主义模式形成。苏联从沙俄继承来的经济遗产是十分落后的。1913年的俄国工业总产值远远落后于美、俄、德、法，只占世界工业总产值的2.6％。第一次世界大战俄国的工业又下降了36％，除资本主义工业外，农村是封建统治下的犹如汪洋大海的极其落后的小农经济。斯大林指出："苏维埃政权不能长久地建立在落后的工业的基础上，只有不仅不逊于而且过一个时候能够超过资本主义各国工业的现代大工业才能成为苏维埃政权的真正的和可靠的基础。"他强调，"苏维埃政权不能长久地建立在两个对立的基础上，建立在消灭资本主义分子的社会主义大工业上和产生资本主义分子的个体小农经济上"③。苏联必须集中力量发展工业，尤其是建设重工业，同时为实现工业化要大力推进农业集体化。

在1930年召开的联共（布）十六大上，斯大林勾画了苏联的经济制度及其体制的基本轮廓，这就是：①资产阶级和地主阶级的政权已经被推翻，工人阶级和劳动农民的政权已经建立；②生产资料已经从资本家那里夺过来并转为工人阶级和劳动农民群众所有；③生产的发展所服从的不是竞争和保证资本主义利润的原则，而是计划领导和不断

---

① ［苏］约·维·斯大林：《列宁主义问题》，人民出版社，1964年，第454页。
② 顾海良、梅荣政主编《马克思主义发展史》，武汉大学出版社，2006年，第155页。
③ ［苏］约·维·斯大林：《列宁主义问题》，人民出版社，1964年，第446页。

提高劳动者物质和文化生活水平的原则；④国民收入的分配不是为了保证剥削阶级及其寄生仆役发财致富，而是为了不断提高工农的物质生活和扩大城乡社会主义生产；⑤劳动者的物质生活状况的不断改善和劳动者的需求（购买力）的不断增长，成为扩大生产的日益增长的源泉，保证劳动者免遭生产过剩的危机，免受失业增长的痛苦和贫困的痛苦；⑥工人阶级和劳动农民是国家的主人，他们不是为资本家而是为自己工作。这些标志着苏联社会主义模式的政治经济体制正式施行。

（4）俄国历史传统的影响

影响苏联社会主义模式形成的历史传统很多，其中主要的就是皇权主义和封建宗法文化。皇权主义是俄国历史文化传统的一个显著特征。由于俄国国家政权的核心是封建沙皇，因此，俄国国家主义的实质就是皇权主义。在俄国数百年的封建历史发展中，既没有形成任何独立从事有效活动的社会自治力量，又没有形成任何足以对国家政权予以监督和参与的政治组织或社会集团，所以，国家是社会生活和社会发展的唯一力量，无论是政治沿革、经济变迁，或者是意识形态、宗教活动，乃至人们的生活方式、风俗习惯，无不由至高无上的以沙皇为核心的国家所操纵和决定。后来的俄国资本主义发展并不充分，资产阶级也是一个依附于国家政权，支持沙皇统治的阶级。总之，沙皇俄国的各个阶级和社会力量都不同程度地依附于沙皇政权，国家政权在操纵一切，主宰一切，决定一切。直到十月革命前夕，俄国的资产阶级民主仍然十分有限，人们的民主意识也很淡薄。因此，斯大林时期苏联社会形成的政治上的集权，经济上的集中和思想文化上的控制现象，多少受到俄国皇权主义残余思想的影响。①

2. 苏联社会主义模式的内容和特征

列宁逝世后，斯大林逐步确立了在党内的领袖地位。与此同时，苏联通过工业化和农业集体化，在20世纪30年代宣布建成了社会主义。以1936年通过的苏联宪法为标志，苏联社会主义模式基本建立。这一模式的内容和特征表现在经济、政治和文化诸方面。

（1）苏联社会主义模式的内容

在经济方面，生产资料公有制采取了全民所有制和集体所有制两种形式。苏联宪法规定：国家所有制是社会主义所有制的基本形式，集体农庄合作社所有制是公有制的一种，是劳动者的集体所有制。全民所有制是公有制的高级形式，集体所有制是公有制的低级形式，必须逐步向国家所有制过渡，最终实现单一的全民所有制。苏联的经济采取的是高度集中的计划经济形式。几乎一切权力都集中在国家，中央直接掌握着企业的人事权、计划权、财政权和产品的分配权。管理方法以行政手段为主，忽略各种经济杠杆的作用。国家计划的实施，主要靠自上而下的行政措施来保证。整个经济活动依靠国家指令性计划来指挥，排斥市场机制对经济的调节作用。②

① 顾海良主编《马克思主义发展史》，中国人民大学出版社，2007年，第247页。

② 韩喜平、庞雅莉主编《马克思主义发展史》，吉林大学出版社，2007年，第153页。

在政治上，苏联实行共产党一党存在的制度。共产党一党存在的制度在 1922 年党的十一大上被确认下来。与此同时，苏联也实行了高度集权的管理体制。斯大林虽然在理论上注意到党政分工，即要通过苏维埃，而不是包办代替苏维埃的国家政权机关和管理机关的职能。但在实际工作中，党政不分、以党代政的现象却十分普遍，在联盟中央与各加盟共和国之间，对于后者的独立性与积极性发挥不够；在中央和地方、中央和企业之间往往使地方和企业处于无权的地位，加上长期实行的党政兼职制度，使领导人党政职务集于一身，更加强了高度集权的体制。特别是在各项政务活动中缺乏健全的民主监督机制，个人专断，不允许不同意见的存在，也为斯大林个人迷信创造了条件。

在文化层面，斯大林继承了列宁的遗志，十分重视文化建设，推动了教、科、文事业的迅速发展。但在思想理论和学术领域由于不恰当地估计阶级斗争形势和人类优秀的文化传统，混淆了政治和学术的界限，进行片面的过火的批判，甚至用行政手段和个别领导人的意志来褒贬某学派和思潮，使自由争论的气氛逐渐消失，教条主义、主观主义盛行，造成了思想僵化、学术停滞的不良后果。[1]

（2）苏联社会主义模式的特征

概括起来，苏联社会主义模式在经济、政治、文化层面都表现出不同的特点。在经济上，最突出的特点就是高度集中的计划经济体制；在政治上实行的是无产阶级专政，政权的形式是苏维埃，一切权力属于苏联人民；在文化上强调党管意识形态的原则，且存在文化事业管理行政化、刻板化。

具体来看，经济上主要表现为三个特点：

第一，实行单一的社会主义所有制即公有制。生产资料公有制是社会主义经济的基本特征，是区分社会主义和资本主义有决定意义的差别。但是，无产阶级取得政权、建立社会主义制度以后，由于社会经济、政治条件的不同，在一定的时期内不可能实行完全的生产资料公有制，社会还将存在多种不同的经济成分。列宁在俄国十月革命胜利后就认识到这一点，提出了社会主义阶段论，指出在俄国经济发展的不同阶段，存在着多种不同的经济成分，在国民经济恢复时期，必须以现存的多种经济成分为出发点来建设社会主义，但最终还是要建成单一的社会主义经济。斯大林在领导社会主义建设过程中，认为社会主义是不可能建立在公有和私有的两种所有制基础之上的。基于这一认识，斯大林在推进高速工业化的同时，对资本主义经济成分采取了限制、排挤并最终消灭的政策；通过农业集体化运动，限制、排挤并最终消灭了农村中的资本主义成分即富农经济。随着社会主义工业化和农业集体化的完成，1936 年前后，苏联基本上解决了"谁战胜谁"的问题，形成了单一的社会主义公有制，具体表现为国家的全民所有制和集体农庄所有制。

第二，实行高度集中的计划经济体制。斯大林在领导苏联的社会主义经济建设中，明确指出，由于资本主义经济发展的不平衡是通过市场自发势力来调节的，因而经常爆

---

① 韩喜平、庞雅莉主编《马克思主义发展史》，吉林大学出版社，2007 年，第 154 页。

发经济危机；社会主义经济的发展要避免经济危机的发生，就必须通过计划经济来调节。基于这样的认识，在联共（布）十四大以后，斯大林整顿了计划机关，加强了国民经济的计划领导。在工业企业，编制了生产和财务相结合的年度计划，并发动群众参与生产管理，制定并执行计划；在农业方面，由于农业还是分散的小农经济占据统治地位，因此，国家不能对农业实行直接的计划领导，只能通过流通领域，即通过价格、税收、信贷、提供机器、预购合同来调节，使其向计划化加强的方向发展。在农业的集体化得到实现，国民经济中的不确定因素大大减少的情况下，苏联在 30 年代以后制定的国民经济计划基本上成为指令性计划，苏联基本形成了计划经济体制。

第三，国家成为经济活动的主体，党领导并决定国家的经济政策。马克思和恩格斯认为，无产阶级专政的国家的经济职能就在于国家作为经济运行的主体，具有调节经济运行的作用。在苏联社会主义的经济实践中，列宁和斯大林把马克思和恩格斯的上述思想变成了现实。苏联计划经济体制就是以国家为主体、调节经济运行的经济体制。国家把生产资料的所有权与经营管理权集于一身；社会主义国家不仅发挥保护社会主义所有制，起一般调节作用的经济职能，而且还作为经济活动的主体直接从事经济活动。党直接实施对国家经济活动的领导，决定经济活动的方针政策，选派党员担任各级经济管理部门的领导工作，党的各级组织保证、监督党的方针、政策的落实。[①]

在政治体制上主要有两大特点：一是高度集权。党政不分，以党代政。在苏维埃机关和苏维埃代表大会的关系上，立法权掌握在最高苏维埃手中，各级苏维埃取代了各级苏维埃代表大会的职能；在党政关系上，斯大林认为，党是国家的权力核心，"党的干部是党的指挥人员……也就是国家领导机关的指挥人员。"[②] 苏联各级权力向党的部门集中。中央和地方的关系上，地方权力向中央集中，行政区划批准权、经济管理权进一步向联盟中央集中，社会各层次的重要决策都由中央集中作出。党内最高权力集中于一人，逐渐形成了个人专权的状况。二是行政强制。在重大事务、重大言论和重大决策中较多地采用行政强制手段。斯大林认为，"说服方法是党领导工人阶级的基本方法"，但是在说服不了少数人的情况下，即"如果少数不愿意，如果少数不肯自愿服从多数的意志，"就应"强制少数服从多数的意志"[③]。

在文化管理体制上主要表现为两个特点：一是重视马克思列宁主义理论的教育，斯大林指出："旧社会遗留下来的旧的习气、习惯、传统和偏见是社会主义最危险的敌人……因此，同这些传统和习气作斗争，在我们各方面的工作中必须克服这些传统和习气，并且以无产阶级的社会主义精神教育新的一代——这就是我们党的当前任务，不执

①　顾海良、梅荣政主编《马克思主义发展史》，武汉大学出版社、湖北人民出版社，2006 年，第 158～159 页。

②　中共中央马克思恩格斯列宁斯大林著作编译局编译《斯大林文选》上卷，人民出版社，1962 年，第 243 页。

③　中共中央马克思恩格斯列宁斯大林著作编译局编《斯大林选集》上卷，人民出版社，1979 年，第 427 页、第 428 页。

行这些任务，就不能取得社会主义的胜利。"① 自 20 世纪 30 年代后，苏联逐步设立了哲学、政治经济学和马列主义基础等课程，号召人们系统地学习马克思列宁主义。二是注重发展科学技术，加强文化教育事业。斯大林提出了"在改造时期，技术决定一切"的口号，强调在劳动者中开展文化的普及教育。实行 4 年制的普及教育，在农村和工人新村，又实行了 7 年制义务教育，使千百万劳动群众及其子女获得了受教育的机会，掌握了科学文化知识。但苏联对自然科学划分阶级属性，这种观念和做法阻碍了自然科学的发展。

3. 苏联社会主义模式的历史地位

苏联社会主义模式有其历史作用，这主要表现为：其一，是适应建立在经济文化相对落后基础上的社会主义国家建设中求生存、求发展的迫切需要。俄国走向资本主义道路晚于西方，同西方发达国家相比，生产力水平低，经济文化落后。俄国农业则是封建统治下落后的小农经济，落后就要挨打，因此苏联必须超常规地发展，苏联社会主义模式恰恰适应了这种需要。这不仅是苏联一国面临的问题，而且是中国等东方落后国家在走向社会主义道路后同样面临的问题。这正是它们选用苏联社会主义模式的重要原因之一。

其二，作为社会主义建设的初始模式，体现出同资本主义制度不同的新型社会制度的特点，显示了社会主义在发展初期的优越性。从社会主义的根本任务是发展生产力的角度看，从衡量一种社会制度是否具有优越性要看其是否能解放和发展生产力的角度看，从 1928—1940 年的苏联经济发展来看，应该肯定苏联社会主义模式的历史作用和进步性。同时由于建立了公有制，劳动者摆脱了在资本主义制度下遭受剥削的命运，摆脱了生产劳动过程中不平等的遭遇，体现出劳动者翻身做主人的新特点。

其三，苏联的社会主义模式使苏联有力量打败德国法西斯，体现出社会主义的强大生命力。体现了这种初始体制在动员组织人民、集中物质的和精神的力量应对紧急状态的高度适应性。

其四，为世界社会主义国家的发展提供了一个可资借鉴的发展模式。第二次世界大战以后，随着东欧一些国家如波兰、保加利亚、匈牙利、捷克斯洛伐克、罗马尼亚，南欧的南斯拉夫、阿尔巴尼亚，以及亚洲的中国、越南等走上了社会主义道路，苏联社会主义模式从一国扩展到多国。社会主义对欧亚社会主义各国来说是一个新生事物，在缺乏社会主义革命和建设经验，如何建立新社会、建设社会主义，是一个必须解决而又极为困难的重大问题。在这种情况下，苏联模式提供了一个可资借鉴的样板，这对欧亚社会主义国家巩固社会主义制度，发展社会经济，发挥了积极作用。同时也对社会主义阵营的建立产生了巨大影响。②

---

① 《斯大林全集》第 6 卷，人民出版社，1956 年，第 217 页。
② 顾海良、梅荣政主编《马克思主义发展史》，武汉大学出版社、湖北人民出版社，2006 年，第 175～176 页。

与此同时，苏联的社会主义模式也存在着缺陷。具体表现在：第一，实行计划经济，排斥市场经济，并且以部门管理和行政管理的方式组织经济建设，造成经济运行机制的僵化，资源的严重浪费。苏联社会主义模式的一个重大错误是把市场经济等同于资本主义，把经济工作的计划性拔高为一种特定的经济形态，视之为资本主义的对立物。这是思想理论上的严重错误。第二，在发展战略上，苏联模式实行优先发展重工业。片面地注重重工业，忽视农业和轻工业，国民经济各部门比例失调，造成市场上货物匮乏，特别是消费品短缺，货币不稳定。在分配问题上苏联过分强调国家利益，忽视了集体和个人的利益，影响了企业、农庄和劳动者的积极性。第三，国家机构庞大臃肿，官僚主义严重。高度集权和以党代政的体制，产生了部门林立、机构臃肿和行政人员过多的局面。

对于苏联模式，必须做具体的历史的评价。在苏联模式中，既有反映社会主义共性的方面，也有体现社会主义在不同国家的特殊性的方面。对于社会主义共性的部分，是反映了人类社会发展长途中一个特定阶段关于革命和建设工作的普遍规律，是任何社会主义国家都要坚持的。对于苏联模式反映社会主义特殊性的一方，要深刻认识到这是属于特定历史条件下的产物。苏联模式中的弊端，有的是模式形成之初就明显存在的，有的是随着时代发展、社会生产力的进步而凸显出来的。所有这些弊端只能通过社会主义改革加以克服。①

（二）苏联东欧国家的改革和剧变

苏联东欧的改革是从 20 世纪 50 年代初开始的。当时，苏联东欧国家在经济、政治力量日益壮大的同时，也遇到了许多错综复杂的矛盾。其中一些困难和问题是由经济、政治体制中的弊病引起的。为了消除这些弊病，苏联东欧各国先后进行了改革。总的看来，从 50 年代初到 70 年代末苏联东欧国家的改革，是在社会主义制度的范围内进行的，其性质是社会主义制度自我完善。但改革没有从根本上解决原有体制的弊病，也没有扭转当时经济增长速度下降、经济效益不佳的趋势。20 世纪 80 年代末 90 年代初，苏联东欧国家在国内重重矛盾和国际和平演变的双重压力下，使改革性质发生了根本变化，最后导致社会主义制度的瓦解。

1. 苏联东欧国家的改革

（1）苏共二十大的召开

1956 年 2 月召开的苏共二十大，本来是一次正常的党的代表大会，但是由于大会闭幕的当晚，赫鲁晓夫作了题为"《关于个人崇拜及其后果》的秘密报告"对斯大林进行了集中批判，引发了十分严重的后果。

赫鲁晓夫的"秘密报告"，对于破除人们对斯大林的迷信，把人们从某些思想禁锢中解放出来，推动人们对社会主义建设途径的探索，促进社会主义民主和法制的完善，

① 顾海良、梅荣政主编《马克思主义发展史》，武汉大学出版社、湖北人民出版社，2006 年，第 178 页。

有一定积极意义，但其所带来的消极方面是主要的。赫鲁晓夫的"秘密报告"全面否定斯大林，粗暴地辱骂斯大林，在国际国内引起了严重的政治风波。

苏共二十大以后，帝国主义和各国反动派以赫鲁晓夫的"秘密报告"为"根据"，在全球范围内掀起了一股反苏、反共、反社会主义的恶浪。在国际共产主义运动内部也引起了严重混乱，许多共产党人失去了信念，陷入了困境，有的党甚至宣告解散。在苏联国内，历史虚无主义思潮泛起，以揭露斯大林时代各种"罪恶"为题材的文艺作品日渐泛滥。这些作品以煽动性的语言，全盘否定斯大林的历史作用，否定苏联共产党和人民奋斗的历史，攻击社会主义制度，败坏了人民群众对党和社会主义制度的信念。[①]

赫鲁晓夫将苏联的一切问题完全归咎于斯大林，对异化历届苏共领导人产生了重要影响，至此几十年苏共从来没有对斯大林作出过全面的、科学的分析和评价。全盘否定斯大林的思潮在苏共党内、国内占据主要地位。除此之外，赫鲁晓夫还推行他的"全民党""全民国家"的观点，把矛头直接指向马克思主义的无产阶级专政学说。他强调，在核威胁的条件下，阶级之间的利害关系已经不存在，而是"全人类利益高于一切"。这种修正主义观点在苏共党内逐渐成为占主导地位的思想，后来就成为 20 世纪 80 年代末和 90 年代初戈尔巴乔夫宣扬"新思维"，推行"人道的""民主的"社会主义路线的思想基础。

（2）对社会主要发展阶段认识发生变化

对社会主义发展阶段的认识，是社会主义国家制定路线、方针和政策的基本依据。马克思曾对共产主义发展阶段做过原则性分析，列宁在十月革命后对此也作出论述，提出通往共产主义的道路要经历"初级形式的社会主义""发达的社会主义"等若干阶段。而 1939 年，斯大林在面对着社会主义建设取得的成就和胜利后，宣布苏联已经建成社会主义并正在向共产主义逐步过渡。斯大林的论断，忽视了社会主义社会的长期性，认为当时苏联社会已经达到了马克思和恩格斯设想的共产主义第一阶段的水平，这显然是过高估计了当时苏联社会发展的程度。

赫鲁晓夫不仅没有纠正斯大林的错误，而且把这一错误推向了极端，提出了"全面建设共产主义"的理论，并在 1959 年苏共二十一大上予以宣布。1961 年苏共二十二大通过的党纲还提出，20 年内"基本上建成共产主义社会"。赫鲁晓夫许诺说："这一代人将在共产主义制度下生活。"赫鲁晓夫这种急于向共产主义过渡的错误带来的后果是，在各社会主义国家普遍出现违背社会发展规律，急于向更高发展阶段过渡的冒进现象，使国民经济遭到重大损失。苏联经济从 60 年代开始走向停滞阶段，就与此有关。

在 1964 年召开的苏共十月全会上，勃列日涅夫取代赫鲁晓夫担任了苏共中央第一书记。他严厉批评了赫鲁晓夫的主观主义和唯意志论，提出要实事求是地、科学地估价苏联社会主义的发展现状和前景，但他仍然过高地估计了苏联社会主义的发展阶段。在 1967 年纪念十月革命胜利 50 周年的大会上，勃列日涅夫作出了"苏联已经建成发达社

---

① 马克思主义发展史编写组编《马克思主义发展史》第 2 版，高等教育出版社，2021 年，第 277 页。

会主义"的结论，继而又进行了系统化理论化的表述。1977 年苏联宪法肯定了"发达社会主义"这一判断，认为"发达社会主义"是社会主义合乎规律的发展阶段。

安德罗波夫执政后，认为勃列日涅夫的"发达社会主义论"也不切实际，又把它修改为"发达社会主义起点论"。他认为苏联虽然已经进入发达社会主义阶段，但正处在"这一漫长历史阶段的起点"。

戈尔巴乔夫对苏联社会主义发展阶段的看法，前后发生了很大变化。他刚上台时，提出了"社会主义完善论"，认为苏联已进入了发达社会主义阶段，目前阶段的主要任务是"完善社会主义"。1986 年 10 月，他提出苏联今天的社会正处于"发展中的社会主义"阶段，要进一步完善发展中的社会主义。此后，他在 1987 年 1 月苏共中央全会上关于改革和党的干部政策的报告中，以及同年 4 月 26 日在苏联共青团第二十次代表大会上的讲话中，又两次提到"发展中的社会主义"，从此"发展中的社会主义"这一概念，被苏联领导人和理论界越来越多地使用。

1989 年 11 月 26 日，戈尔巴乔夫在《真理报》上发表了《社会主义和革命性改革》一文，首次提出苏联现阶段的任务是通过根本改革，走向"人道的""民主的"社会主义。这时，事情的性质发生了根本性变化，即已经不是客观地判断苏联社会主义处于何种发展阶段，以及提出有针对性的改革措施，而是从根本上否定社会主义制度。在1990 年 7 月召开的苏共二十八大上，戈尔巴乔夫宣布，苏联改革的任务和实质，就是要与现存的社会主义制度"一刀两断""彻底决裂"，将国家和人民从这种官僚制度下解放出来，向"人道的""民主的"社会主义过渡。[1]

（3）苏联东欧国家改革的过程

赫鲁晓夫成为苏共主要领导人后，立即开始对苏联体制进行改革。改革包括农业、工业和建筑业管理体制两个方面。农业方面改革的主要内容包括：①扩大国营农场、集体农庄的自主权；②减少农业计划指标，除农产品采购指标外，其他项均由农场农庄自行安排；③不再对农产品低价收购，大幅度提高农副产品收购价格；④大幅度地削减自留地的农业税额，鼓励农民发展个人副业和饲养自留畜；⑤取消国营拖拉机站，把农业机械设备低价转卖给农庄；⑥大规模开垦荒地，扩大耕种面积等。这些改革一定程度上刺激了农业的发展，但最终还是走向了失败。

工业和建筑管理上，赫鲁晓夫撤销了各部和主管部门半数以上的处、司、管理局和管理总局，精简行政管理机构和人员；扩大地方自主，减少国家一半以上的指令性指标，扩大企业在计划、财务、劳动工资等方面的自主权，由地区性的国民经济委员会来管理工业和建筑业。这些改革只是局部改革，一定程度上促进了地区经济的综合发展。但是，由于这些改革只是企图用地区管理来代替部门管理，其结果不仅没有消除原有经济体制的种种弊端，而且削弱了工业部门的集中领导，造成地方主义、分散主义泛滥，使国民经济出现了混乱局面。

---

[1]　马克思主义发展史编写组编《马克思主义发展史》第 2 版，高等教育出版社，2021 年，第 279 页。

　　勃列日涅夫上台后，批判了赫鲁晓夫的鲁莽做法，采取了比较慎重的经济改革政策。在农业方面，实行了以下改革措施：①使用经济方法进行管理，分期分批地对国营农场实行完全经济核算制；②大量增加农业投资；③鼓励个人副业生产的发展；④逐步推行集体包工制、家庭承包制和实行合同代养制；⑤发展农工综合管理体制，进一步扩大农业企业经营的自主权。在工业、建筑业上改进工业管理、完善计划工作和加强对企业的经济刺激。提高了劳动生产率，但未能从根本上扭转苏联经济增长率下降的趋势。

　　此外，在政治体制方面，从赫鲁晓夫到勃列日涅夫，一方面对国内外政策有较大的调整，如实行集体领导原则，整顿国家安全机关，恢复检察机关和审判机关的权限等，在一定程度上完善了传统的政治管理体制。另一方面，赫鲁晓夫和勃列日涅夫时期采取了加强对外扩张、争夺世界霸权的种种措施，大国沙文主义不断膨胀。

　　从20世纪50年代到80年代初，在苏联进行改革的同时，东欧国家也进行了类似的经济体制改革，其内容同苏联有许多共同之处。经济上：坚持生产资料公有制在国民经济中的主体地位或统治地位，坚持按劳分配原则；主张制定和实施国民经济计划，同时在不同程度上要求发挥市场机制的作用；在不同程度上扩大企业自主权，要求加强经济管理的经济方法，发挥各种经济杠杆的作用等。这些反映了苏联东欧国家在经济制度根本性质方面的统一性以及经济改革若干方面的共同性。但是苏联东欧国家指导改革的理论并不一致，在一些重大理论问题上，各国都有自己的独特看法。这些理论问题包括：是否允许非公有制经济成分存在以及如何对待各种经济成分；社会主义条件下商品货币关系的性质怎样；是否允许有竞争以及竞争如何起作用；计划与市场的关系怎样，市场机制的作用应该多大以及如何发挥作用；企业在经济体制中应该处于什么地位；国家的经济职能如何发挥，国家与企业应该是怎样的关系，国家应该用什么方法来管理企业等。由于对这些问题认识不一致，所持的改革主张也就不尽相同。

　　不同的改革理论导致了不同的改革措施，以至改革后形成了不同的经济体制。20世纪80年代初，苏联东欧国家的经济体制大体上存在三种模式：一是以苏联为代表的模式，即坚持高度集中的计划管理，但有限度地扩大了企业的自主权，有限度地发挥了市场机制的作用；二是南斯拉夫的模式，即国家放弃经济管理职能，实行企业自治，整个国民经济基本上由市场经济进行调节；三是介乎两者之间的匈牙利模式，即计划与市场相结合，国家集权与企业分权相结合。[①]

　　2. "苏东剧变"及历史教训

　　(1) "苏东剧变"的过程

　　苏联政局急剧动荡、社会基本制度发生根本变化，是从1985年3月戈尔巴乔夫担任苏共中央总书记开始，到1991年12月苏联解体为止。其过程按历史顺序，可以分成四个阶段。

[①]　马克思主义发展史编写组编《马克思主义发展史》第2版，高等教育出版社，2021年，第281~282页。

一是戈尔巴乔夫改革的初始阶段（1985 年 3 月至 1988 年 6 月）。戈尔巴乔夫执政初期，改革基本上是在社会主义范围内进行的。但这一时期的许多观点已经背离了马克思列宁主义基本原理。

二是"人道的""民主的"社会主义路线的提出和发展阶段（1988 年 6 月至 1990 年 7 月）。1988 年 6 月 28 日召开的苏共第十九次代表会议，是苏联改革向资本主义演变的重大转折点。戈尔巴乔夫在这次会议上，提出要把苏联社会改造成为"人道的民主的社会主义"社会。他提出改革选举制度，实行自由选举。随后 1990 年 3 月戈尔巴乔夫再次修改宪法，设立总统职位，他当选为苏联总统。1990 年 7 月 2 日—13 日，苏共二十八大通过了戈尔巴乔夫主持制定的《走向人道的民主的社会主义》的纲领草案，即《纲领性声明》，把建立人道的民主的社会主义社会确定为苏共的目标，提出苏共是"苏联公民按自愿原则联合起来"的"政治组织"，是"议会党"。

三是两种政治力量激烈斗争阶段（1990 年 7 月至 1991 年 8 月）。主张维护联盟、维护苏共领导权和社会主义选择的苏共"传统派"，与反共反社会主义的"激进派"展开了激烈斗争。"9+1"会议决定，将"苏维埃社会主义共和国联盟"改为"主权共和国联盟"，根本改变了国家的性质和组织形式，联盟面临解体。5 月，"哈佛计划"出笼，戈尔巴乔夫把改革的前途同西方的援助联系在一起。7 月 10 日，叶利钦当选俄罗斯联邦总统，苏联的政治、经济、社会和民族危机越来越严重，在这种背景下，爆发了"8·19"事件。

四是苏共解散、苏联解体阶段（1991 年 8 月至 12 月）。1991 年 8 月 19 日，在一些不同意戈尔巴乔夫政见的领导人的组织下，苏联成立了"国家紧急状态委员会"，戈尔巴乔夫被停止履行总统职务，在全国实行紧急状态，但遭到得到西方国家一致支持的、以叶利钦为首的"民主派"的强烈反抗。形势急转直下，21 日晚戈尔巴乔夫发表声明，说他已控制全国局势，"国家紧急状态委员会"宣告失败。8 月 23 日，叶利钦发布一系列反共命令，下令"停止俄罗斯共产党的活动"，暂停《真理报》《苏维埃俄罗斯报》等 6 家苏共报纸的出版，禁止军队、国家机关中存在苏共党组织。次日，戈尔巴乔夫发表声明，辞去苏共中央总书记的职务，建议苏共"自行解散"，各共和国纷纷仿效，苏联共产党沦为非法地位，苏联完成了向资本主义制度的演变。12 月 7 日，叶利钦与乌克兰总统克拉夫丘克和白俄罗斯最高苏维埃主席舒什克维奇，在明斯克市西南的别洛韦日密林进行密谋，接着于 12 月 8 日签署了关于建立"独立国家联合体"（简称"独联体"）的协议，宣布"苏联作为国际法主体和地缘政治现实将停止存在"。

12 月 21 日，苏联 11 个主权共和国的最高领导人在哈萨克斯坦首都阿斯塔纳进行会谈，签署了"关于建立独立国家联合体的议定书"，宣布随着独联体的成立苏联将停止存在。世界上第一个社会主义国家苏联，最后以亡党亡国和"改名换姓"的悲惨结局而告终。[①]

---

① 马克思主义发展史编写组编《马克思主义发展史》第 2 版，高等教育出版社，2021 年，第 284 页。

东欧国家最早发生演变的是波兰。1989年6月举行波兰议会大选，团结工会获胜，并于9月成立了由其领导的联合政府，这是东欧战后第一个由反对派掌权的政府。其后，团结工会不断在议会中排挤共产党人，到1990年7月，已经实现了瓦文萨所声称的"建立一个没有共产党的联合政府"的计划。波兰统一工人党于1990年1月宣布停止活动，随即召开新党成立大会，更名为波兰共和国社会民主党。

在国际国内反社会主义势力的压力下，匈牙利社会主义工人党于1988年5月召开党代会，卡达尔等老一代领导人全部退出了政治局，波日高伊等民主社会主义分子进入党的领导机构。1989年2月，社会主义工人党宣布放弃领导地位，实行多党制。在1990年4月的大选中，反对党民主论坛获胜，组成多元右翼联合政府，社会主义工人党被逐出政府。10月，社会主义工人党改名为匈牙利社会党，改名后的党由执政党降为议席数仅占第四位的在野小党。1989年，在波兰、匈牙利局势的冲击和西方国家的煽动下，在戈尔巴乔夫"新思维"的影响和鼓舞下，民主德国出现了大规模的公民外逃和游行示威现象。11月中旬，象征东西德分开的柏林墙被推倒。在1990年3月的大选中，得到西德相应政党支持的右翼势力"德国联盟"获胜，由德国统一社会党改名而来的民主社会主义党沦为在野党。1990年10月3日，民主德国并入联邦德国，全面实行联邦德国的资本主义政治和经济制度。

除上述三国外，保加利亚、捷克斯洛伐克、罗马尼亚、南斯拉夫、阿尔巴尼亚等共产党领导的国家，像多米诺骨牌一样一个接着一个地轰然坍塌，原东欧8个社会主义国家无一幸免，全部改旗易帜。[①]

"苏东剧变"具有共同的规律性。第一步是敌对势力从意识形态领域入手，制造反共反社会主义的舆论。在"苏东剧变"过程中，敌对势力的意识形态工作的核心是，全盘否定甚至攻击、污蔑党的历史和社会主义实践。第二步是在反共反社会主义的舆论占据主流地位，思想混乱、组织涣散十分严重的情况下，敌对势力制造政治动乱，乘乱夺取政权。第三步发展到资产阶级政治势力利用所夺取的政权的力量，推行私有化，恢复资本主义的经济制度。

（2）苏东国家剧变的原因

第一，帝国主义推行的和平演变战略是"苏东剧变"的外部原因。自从世界上出现社会主义制度以来，帝国主义就始终没有改变消灭社会主义制度的意图。在第二次世界大战后美国发动朝鲜战争遭到失败，此后帝国主义就改用和平演变的办法来达到其消灭社会主义的目的。例如通过人员交流、项目合作、宣传攻势等进行思想渗透。此外，西方国家利用经济贸易往来以及所谓经济援助，在经济上施加压力，甚至进行经济制裁，迫使社会主义国家按照他们的要求行事。西方国家还凭借其军事上的优势，经常制造各种事端，对社会主义国家进行破坏。所有这些手段，目的只有一个，即搞垮社会主义，使之向资本主义方向演变。

---

① 马克思主义发展史编写组编《马克思主义发展史》第2版，高等教育出版社，2021年，第285页。

第二，社会主义实践中的失误和高度集中的体制弊病未能得到有效的改革是"苏东剧变"的重要原因。苏联东欧国家的社会主义实践，在取得巨大成就的同时，也存在不少问题。例如经济体制方面存在着不少弊端，特别是长期实行的高度集中的计划管理体制，严重影响了经济的发展；政治体制方面权力过于集中，缺乏监督，出现个人专断，社会主义民主和法制遭到破坏，出现肃反扩大化的严重错误；文化方面忽视人民群众文化需求和精神生活的多样性，并用行政手段管理文化工作，影响了文化的健康发展；社会方面民生改善滞后，人民生活水平提高缓慢；民族关系方面俄罗斯大民族主义严重，歧视、排斥、以不公平态度对待少数民族的情况时有发生，导致民族矛盾尖锐化。敌对势力正是利用这些失误和弊病，极力加以渲染和夸大，乘机煽动群众，兴风作浪，制造动乱。这是苏东政局剧变的一个重要因素。

第三，苏共领导人戈尔巴乔夫推行"人道的""民主的"社会主义路线是"苏东剧变"根本的、决定性的原因。"人道的""民主的"社会主义，是一个特定的政治概念，不能从字面上理解为人道的＋民主的＋社会主义。从历史渊源来说，它是第二国际伯恩施坦主义在新的历史条件下的翻版。从直接的思想来源说，它是从赫鲁晓夫的修正主义观点继承而来。赫鲁晓夫提出的、在党内一直占统治地位的一系列观点，诸如全盘否定斯大林，搞历史虚无主义；宣扬人道主义，否定和曲解历史唯物主义；否定阶级斗争和无产阶级专政，鼓吹全民党、全民国家，以及散布核恐怖理论等。以上就是"人道的""民主的"社会主义的思想基础。从思想实质看，它和资产阶级所宣扬的自由、民主、人权的核心价值观如出一辙，是改头换面的资产阶级意识形态。从社会制度层面上看，它所要建立的是资本主义制度。总之，戈尔巴乔夫通过推行"人道的""民主的"社会主义路线，从根本上取消了苏联共产党及马克思主义指导地位，使列宁缔造的、有着几十年光辉历史和战斗传统的党毁于一旦。戈尔巴乔夫用"人道的""民主的"社会主义改造苏联国家，使存在了近 70 年的苏维埃社会主义共和国联盟从世界地图上消失。"苏东剧变"使社会主义事业遭受了前所未有的重大挫折，其深刻的历史教训将永远铭刻在国际共产主义运动史和马克思主义发展史上。[①]

（3）"苏东剧变"的历史教训

第一，必须通过改革解决社会主义社会出现的矛盾。社会主义社会如其他社会一样也存在矛盾，应该从理论上公开承认社会主义社会存在矛盾，引导人们去认识客观存在的矛盾，并在实践中通过改革加以解决。矛盾不断出现，又通过改革不断解决，只有这样，社会主义才能保持生机和活力，得到不断发展。总结苏联东欧国家在改革问题上的教训，必须坚持改革，必须清醒地认识不改革是死路一条，不改革就会使社会矛盾积累起来，不但影响经济社会的发展，而且会导致社会不稳定，以致给国内外反社会主义势力留下可乘之机。

第二，改革必须坚持社会主义的方向。社会主义改革是社会主义的自我完善和发

---

① 马克思主义发展史编写组编《马克思主义发展史》第 2 版，高等教育出版社，2021 年，第 286～288 页。

展，因此，改革必须坚持社会主义的原则，决不能把改革的矛头指向社会主义基本制度，搞资本主义化的改革。"苏东剧变"的一个重要原因是，把社会主义改革最后变成了改向。"苏东剧变"的事实表明，社会主义国家的改革如果不始终如一地坚持社会主义的方向，在导向上发生错误，必定会滑向资本主义。

第三，要始终掌握意识形态领域的主导权。"意识形态领域历来是敌对势力同我们激烈争夺的重要阵地，如果这个阵地出了问题，就可能导致社会动乱甚至丧失政权。敌对势力要搞乱一个社会、颠覆一个政权，往往总是先从意识形态领域打开突破口，先从搞乱人们的思想下手。"① 从东欧剧变、苏联解体的教训看，当时戈尔巴乔夫提出"意识形态多元化""公开性"，放弃马克思主义在意识形态领域的指导地位，导致非马克思主义和反马克思主义的思潮甚嚣尘上，这不能不说是苏联解体、苏共垮台的一个重要原因。可见，做好意识形态工作是巩固社会主义政权的极其重要的工作，决不能掉以轻心。做好意识形态工作的关键，是正确对待党的历史和社会主义实践。敌对势力总是利用社会主义实践中的失误和弊病，加以渲染和夸大，彻底否定、诬蔑攻击共产党的历史和社会主义的现实。做好意识形态工作的核心是，坚持马克思主义，坚持社会主义核心价值体系，坚持对党员和广大人民进行马克思主义的世界观、人生观、价值观的教育，抵制和批判资产阶级的腐朽思想和错误理论。在指导思想上必须坚持一元化，决不允许搞多元化。

第四，必须加强和改善党的建设。堡垒是最容易从内部攻破的。"苏东剧变"，说到底，是因为这些国家执政的共产党出了问题。就党的建设方面说，教训之一，是背离了工人阶级先锋队性质，不再坚持马克思主义的指导思想、共产主义的理想信念、为人民服务的立党宗旨和民主集中制的组织原则，从而使共产党从无产阶级政党蜕变成为资产阶级政党。教训之二，是严重地脱离了群众。经过长期执政，苏联共产党逐渐淡忘了一切为了群众、一切依靠群众的根本原则，以及密切联系群众的工作作风，漠视群众，甚至伤害群众。特别是党内官僚主义和腐败堕落现象严重，直接间接地侵犯了群众利益，以致当捍卫党和社会主义政权的力量与反党反社会主义的力量对垒之时，广大群众甚至共产党员不仅无动于衷，不少人甚至还站到了反动势力一边。这是党长期背离群众路线，严重脱离群众，丧失群众的恶果。教训之三，是组织路线上特别是干部路线上犯了错误，让戈尔巴乔夫等这类民主社会主义分子篡夺了党和国家的最高领导权，又由于党内民主集中制的原则遭到严重破坏，使党内的马克思主义者和健康力量难于有力地、有效地开展反对民主社会主义的斗争。

第五，必须抵制帝国主义的和平演变战略。对于西方国家的和平演变的图谋我们必须保持高度警觉。邓小平指出："西方国家正在打一场没有硝烟的第三次世界大战。所谓没有硝烟，就是要社会主义国家和平演变。"② 他告诫说："帝国主义搞和平演变，把

---

① 中共中央文献研究室编《十六大以来重要文献选编（中）》，中央文献出版社，2006年，第318页。

② 邓小平：《邓小平文选》第3卷，人民出版社，1993年，第344页。

希望寄托在我们以后的几代人身上……要把我们的军队教育好，把我们的专政机构教育好，把共产党员教育好，把人民和青年教育好。"① 习近平总书记在党的二十大上强调，"意识形态工作是为国家立心、为民族立魂的工作。牢牢掌握党对意识形态工作领导权，全面落实意识形态工作责任制，巩固壮大奋进新时代的主流思想舆论。"② 只要我们始终保持清醒头脑和高度警惕，不为任何风险所惧，不为任何干扰所惑，那么，西方资本主义的和平演变图谋就不可能得逞。

【课堂研学材料】

《居安思危：苏共亡党的历史教训》

八集电视政论片第一集解说词③

李慎明等

序　言

20世纪90年代初，在人类历史上，发生了这样一件震惊世界的重大事件：苏联，这个有着2400多万平方公里的横跨欧亚两洲庞大疆域的大国、强国，在没有外敌入侵和特大自然变故的情况下，顷刻之间解体覆亡。

震惊之余，世界各国及政党、相关国际组织、各类学术团体乃至不少个体，都在纷纷思考"苏联解体"这一前所未见的巨大谜团，力图借鉴这份不可多得的历史遗产。

英国著名的历史学家汤因比曾说："从文明衰落所造成的痛苦中学得的知识可能是进步的最有效的工具。"④

以江泽民同志为核心的党的第三代领导集体和以胡锦涛同志为总书记的新一届党中央高度重视对"苏联解体"原因的研究。毫无疑问，认真研究、正确认识这一重大问题，对于进一步加强中国共产党的先进性建设，不断推进中国特色社会主义宏伟大业，具有十分重要的意义。

各种不同的研究观点试图向世人解读"苏联解体"的原因："经济没有搞好说""斯大林模式僵化说""民族矛盾决定说""军备竞赛拖垮说""戈氏叛徒葬送说""外部因素决定说"等等。我们看见不同的人得出的不同甚至完全相反的结论。但其中最根本的原因是什么呢？毛泽东同志告诉我们："任何过程如果有多数矛盾的话，其中必定有一种是主要的，起着领导的、决定的作用。"⑤ 邓小平同志在其1992年那个著名的南方谈话

---

① 邓小平：《邓小平文选》第3卷，人民出版社，1993年，第380页。

② 习近平：《高举中国特色社会主义伟大旗帜　为全面建设社会主义现代化国家而团结奋斗——在中国共产党第二十次全国代表大会上的报告》，《人民日报》2022年10月26日第01版。

③ 该片是由全国党建研究会、中国社会科学院"苏共兴衰与苏联兴亡"课题组、中纪委下属中国方正出版社和吉林出版集团联合摄制，解放军艺术学院电视艺术中心承制，2006年6月出品。2000年中国社会科学院成立由李慎明主持的"苏共兴衰与苏联兴亡"课题组，后该课题入列国家社科基金课题。该片解说词是该课题组前期研究成果之一。收入本专题研学材料中，个别文字曾略作改动。

④ ［美］莫蒂默·J·艾德勒、查尔斯·范多伦编《西方思想宝库》，吉林人民出版社，1988年，第1166页。

⑤ 毛泽东：《毛泽东选集》第一卷，人民出版社，1991，第322页。

中明确指出："中国要出问题，还是出在共产党内部。"① 本片从以下八个方面对苏共内部问题的产生、发展和变化展开剖析：

一、苏共兴衰的历史轨迹

二、苏共的基本理论及指导方针

三、苏共的意识形态工作

四、苏共的党风

五、苏共的特权阶层

六、苏共的组织路线

七、苏共的领导集团

八、苏共对西方世界西化、分化战略的应对

第一集　苏共兴衰的历史轨迹

"亲爱的朋友，我们都爱列宁山，

让我们迎接黎明的曙光。

从高高山上我们遥望四方，

莫斯科的风光多明朗。

工厂的烟囱高高插入云霄，

克里姆林宫上曙光照耀。

啊，世界的希望，

俄罗斯的心脏，

我们的首都，啊，莫斯科……"

凡是上了年纪的中国人，都会熟悉这首令人怀想而又憧憬的旋律，也会熟悉这座曾经深刻影响过中俄两国乃至整个世界的标志性建筑。这里，是列宁和十月革命的故乡，也曾经是我们无数革命先辈浴血奋斗建立新社会的榜样。

在中国革命和建设的历史进程中，尽管中苏两党之间曾经有过严重分歧，甚至发生过激烈的争论，但是，在中国共产党人和中国人民的心中，都始终牵埋着对列宁和十月革命故乡深深的情结。

苏联共产党是一个具有光荣历史传统的无产阶级政党，创建于世界资本主义进入帝国主义阶段的历史转折时期。

1898 年 3 月，俄国社会民主工党第一次代表大会在明斯克秘密召开。代表大会宣告了党的成立，这具有很大的政治意义和革命宣传的作用。但这次大会没有制定党纲，被选出的三名中央委员中的二名不久即被逮捕，实际上党并没有真正建立起来。②

为了创建无产阶级的新型革命政党，列宁和普列汉诺夫等人于 1900 年创办了《火

---

① 邓小平：《邓小平文选》第三卷，人民出版社，1993，第 380 页。

② ［苏］鲍·尼·波诺马辽夫主编《苏联共产党历史》，人民出版社，1960 年，第 41 页；［苏］彼·尼·波斯别洛夫《苏联共产党历史》第 1 卷，上海人民出版社，1983 年，第 339 页。

星报》，为俄国社会民主工党制定了一份纲领草案。

1903年7至8月，俄国社会民主工党第二次代表大会先后在布鲁塞尔和伦敦举行，会上出现了激烈的争论。列宁用多达上百次的发言，阐述和捍卫马克思主义的建党学说。在选举党的领导机构时，列宁及其支持者取得了多数。于是拥护列宁主张的人便被称为"多数派"，俄文为"布尔什维克"；而反对列宁主张的人则被称为"少数派"，俄文为"孟什维克"。

党的二大（苏共）通过了体现马克思主义革命路线的党纲，明确提出了建立无产阶级专政的任务，选出了以列宁为首的执行革命路线的俄国社会民主工党中央领导机构，从而揭开了俄国无产阶级革命运动历史上崭新的一页。

列宁是这一新型革命政党的主要缔造者。

1917年2月，俄国爆发了二月革命。在布尔什维克党组织的积极参与和领导下，俄国人民推翻了沙皇专制统治。但是，革命的果实却落到了资产阶级临时政府手中。

这，就是第二届临时联合政府总理克伦斯基。由于这个政府对外坚持参与帝国主义战争、对内继续镇压革命群众而很快陷入了严重的危机。

列宁对形势作出了准确判断，及时提出了推翻资产阶级临时政府、全部政权归苏维埃的号召，并领导布尔什维克党果断地发动了震惊世界的彼得格勒十月武装起义。

20万工人赤卫队员和革命士兵参加了起义。

列宁在起义者的欢呼声中走向全俄苏维埃代表大会主席台，宣告十月革命的伟大胜利。

世界上第一个人民当家作主的社会主义国家，在布尔什维克党的领导下诞生了。

面对新生的苏维埃政权，国内外反动势力发动了武装进攻，企图把它扼杀在摇篮里。

在列宁和布尔什维克党的领导下，英勇的苏俄人民和刚刚组建的红军粉碎了资产阶级和地主的疯狂反扑，击败了高尔察克和邓尼金的武装叛乱，击退了英国、美国、法国、日本等14个帝国主义国家联合的武装干涉，捍卫了无产阶级的革命成果和新生的苏维埃政权。1922年底正式成立苏维埃社会主义共和国联盟，亦简称苏联。

十月革命胜利后，列宁领导布尔什维克党先后实行了战时共产主义政策和新经济政策，对如何在俄国这样的落后国家建设社会主义问题进行了艰辛的探索。

在创立无产阶级政权的艰苦岁月中，列宁积劳成疾，特别是加上国内反动势力行刺的枪伤，1924年1月21日，这位年仅54岁的伟大领袖，在开始探索如何巩固红色政权和建设社会主义的关键时刻，过早地离开了他无限热爱的人民和土地。

斯大林接过了继续探索巩固新生政权和建设社会主义社会的历史重任。

苏联共产党和斯大林领导苏联人民，创立了世界上第一个社会主义基本制度。社会主义制度极大地解放了社会生产力：1929—1937年，苏联工业以平均每年20％的速度向前发展，苏联1937年的工业总产值比1913年增长了7倍，而同期资本主义国家只增长0.3％。通过第一、第二两个五年计划，苏联工业总产值从欧洲的第四位，一跃成为欧洲第一位、世界第二位。苏联，由一个落后的农业国，在短时期内奇迹般地变成了举世公认、雄视世界的社会主义工业强国。

1939 年，希特勒点燃了第二次世界大战的战火。

1941 年 6 月 22 日，法西斯德国悍然向苏联发动了进攻。在战争初期，苏军遭受了重大损失。

但是，苏联人民在苏共和斯大林的坚强领导下，依靠先进的社会主义制度，迅速转入战时体制，调动和集中全国的人力物力，同德国法西斯展开了英勇顽强的斗争。

1941 年 10 月 14 日，德军突进到距莫斯科仅几十公里的地方。在首都面临威胁的最危急最严峻的时刻，斯大林和国防委员会仍然坚守在莫斯科。1941 年 11 月 7 日，是十月革命 24 周年；冒着敌机轮番狂轰的危险，盛大的节日庆典和红场的阅兵式照常在莫斯科举行。这一切，极大地鼓舞了首都居民和苏联人民，他们一致发出了"誓与祖国共存亡"的誓言。

苏联红军的后备师一边整编，一边进行阅兵训练，在通过红场检阅后，这些威武之师以视死如归的英姿和无坚不摧的信念，直接开赴前线！

在整个卫国战争中，先后累计有 300 多万名苏共党员前仆后继，在战斗中光荣牺牲，或在战争年代的艰难环境中献身。

1945 年 4 月，苏军攻入德国，5 月 2 日攻克柏林，终于取得了反法西斯卫国战争的最后胜利。

苏联的国民经济在战争期间遭到了严重的破坏。

在战争中，德军破坏了 1700 多座城镇和 7 万多个村庄，摧毁了 32000 座工厂，65000 公里铁路，1135 口矿井，2700 万军民死于战争。

战争胜利后，苏联共产党立即领导苏联人民恢复和发展国民经济。

1946 年，苏联开始实施发展国民经济的第四个五年计划。

1949 年，苏联成功地爆炸了第一颗原子弹。

到 1950 年，苏联工业已恢复和超过了战前的水平。这一年苏联的工农业总产值比战前增长 73％。

1953 年 3 月 5 日，斯大林逝世，享年 74 岁。毛泽东亲自到苏联驻华使馆吊唁，并失声痛哭。

从 1932 年 4 月到 1953 年 3 月，斯大林担任苏共总书记和国家主要领导职务长达 30 年。这是苏联共产党和苏维埃国家历史进程中一个欣欣向荣、蓬勃发展的时期。在这一时期，苏联经济、社会发展和综合国力增长的速度，大大超过当时的资本主义国家。1953 年与 1913 年相比，苏联的国民收入增加了 12.67 倍，而同期美国只增加 2.03 倍，英国增加 0.71 倍，法国增加 0.54 倍。斯大林时期的苏联就是这样向全世界宣示了社会主义制度这一新生事物的无比优越性和强大生命力的。

英国首相丘吉尔，这个斯大林的合作者也曾是对手，以这样敬畏的口吻评价着斯大林：当他接过俄国时，俄国只是手扶木犁的国家；而当他撒手人寰时，俄国已经拥有了核武器。①

亲身经历过斯大林时期的苏联人民，充分肯定着斯大林伟大的历史功勋，但也亲身感受了他在肃反扩大化，以及他在工作作风方面不够民主甚至作风粗暴所犯错误而造成的苦果。但是，随着时间的推移，拂去历史的尘土，人们更加感到，斯大林的错误，决不应当影响他作为一位伟大的马克思主义者和无产阶级革命家的历史地位。

斯大林逝世后，赫鲁晓夫逐渐掌握了苏联党、政、军大权。

1956 年 2 月 14 日，苏共二十大在莫斯科召开。会议闭幕的当天深夜，代表们却又被突然召集到克里姆林宫，苏共中央第一书记赫鲁晓夫作了题为《关于个人崇拜及其后果》的秘密报告。

在秘密报告中，赫鲁晓夫将斯大林的错误无限扩大化，开展了对斯大林的尖锐批判。

苏共二十大后，苏联在全国范围内掀起了一场批判斯大林的运动。

赫鲁晓夫在 1961 年召开的苏共二十二大上再次掀起批判斯大林的高潮。大会决定将斯大林的遗体迁出列宁墓。全苏各地都出现了拆毁斯大林的纪念碑和纪念像的不正常情况。

在赫鲁晓夫执政的 11 年中，大反斯大林导致否定斯大林时期党和国家的历史，导致否定马克思主义和社会主义的一些基本原理和原则，这就必然带来了一系列严重后果。

正如毛泽东所说，从此苏共丢掉了斯大林这把刀子。

苏共党内一批不熟悉党的革命传统、对社会主义缺乏坚定信念的青年人，正是在苏共二十大和赫鲁晓夫全盘否定斯大林的思想影响下开始成长起来。他们后来被称作"二十大的产儿"。正是其中的一些人，成了 20 世纪 80 年代中期以后瓦解苏共、埋葬苏联社会主义制度的骨干。

1964 年 10 月，以勃列日涅夫为首的苏共大部分主席团成员密谋推翻了赫鲁晓夫。它标志着赫鲁晓夫执政时期的完结和长达 18 年的勃列日涅夫执政时期的开始。

勃列日涅夫执政以后，苏共调整了某些政策，纠正了赫鲁晓夫时期一些草率改革的措施，同时也采取了一系列符合当时苏联国情的正确改革举措，使苏联在世界成了可以与美国相匹敌的工业、科技、军事超级大国。

但是，这时的苏共领导人也因袭着赫鲁晓夫时期的一些原则错误，并因所取得的一些重大成就而自满自大起来。他们对内维持现状，对外扩张争霸。这种情况在 70 年代中期以后显得尤为突出。这也使得苏联高度集中的政治、经济体制进一步陷于僵化和停滞。

1982 年 11 月勃列日涅夫病逝。

此后的苏共两任总书记安德罗波夫和契尔年科，在总共不到三年的时间里相继去世。

---

① ［俄］弗拉基米尔·卡尔波夫：《大元帅斯大林》，社会科学文献出版社，2005，第 792 页。

1985年3月，戈尔巴乔夫当选为苏共中央总书记。

1986年2月，苏共召开第二十七次代表大会。这是戈尔巴乔夫上台后召开的第一次党代表大会。此后不久，戈尔巴乔夫即正式提出了"民主化""公开性"和"舆论多元化"的口号，并以此作为其"打开改革阻碍机制的突破口"。

当时，人民希望改革，摆脱停滞，但是还没有弄清楚甚至尚未来得及思考戈尔巴乔夫在改革的名义下提出这些口号的真正含义。

1988年6月，苏共举行第十九次全国代表会议。

戈尔巴乔夫在报告中有这样一段自白，他说：苏联政治体制改革的主要方针不仅是倡导"民主化""公开性"和"舆论多元化"的问题，而是要放弃苏共是苏联政治体制核心的问题，是要把国家权力中心从共产党手中向苏维埃转移的问题。

1990年7月，苏共举行第二十八次代表大会。这是苏联解体前苏共历史上最后一次代表大会。大会通过了《走向人道的民主的社会主义》的纲领性声明和其他一些决议。

从此，多党制和议会民主制以及意识形态多元化也正式成为党的指导方针。

各种反共组织乘机大批建立和发展壮大，用各种方式向苏共展开斗争。

据俄共中央副主席库普佐夫在1991年2月28日说，修改宪法仅仅一年，联盟一级的政党就有约20个，共和国一级的政党就有500多个，其中绝大多数成为最终促使苏共下台和解散的政治力量。

在戈尔巴乔夫"民主化""公开性"和多党制方针的鼓动下，苏联各加盟共和国的地方民族主义情绪不断高涨，狭隘民族离心倾向日趋严重，各加盟共和国党组织也日益脱离中央。

从1989年开始，拉脱维亚、立陶宛、爱沙尼亚等一些加盟共和国的共产党提出脱离或独立于苏共的要求。立陶宛共产党不顾苏共的劝阻和反对，于1989年12月20日在立陶宛共产党二十大上通过了《立陶宛共产党宣言》和《关于立陶宛共产党地位的决定》，宣布立陶宛共产党脱离苏共，与苏共保持"平等的伙伴关系"。戈尔巴乔夫对此节节退让，苏共出现联邦化倾向。

党内所谓"民主派"利用这一形势，与党外民族分离主义相互呼应、紧密配合，进行分裂苏共、解体苏联的活动。

1991年3月17日，苏联举行了全苏人民公决。其中赞成保留苏维埃社会主义共和国联盟的票数占76.4%，反对的占21.7%。但格鲁吉亚、立陶宛、摩尔达维亚、拉脱维亚、亚美尼亚和爱沙尼亚6个加盟共和国拒绝进行公投。

1991年4月23日，戈尔巴乔夫绕过苏共中央和最高苏维埃，与俄罗斯联邦、乌克兰、白俄罗斯、哈萨克斯坦等九个加盟共和国的领导人举行会晤，发表了《"9+1"声明》，提出要尽快签订新的联盟条约，新建的联盟将把"苏维埃社会主义共和国联盟"更名为"苏维埃主权共和国联盟"，取消了"社会主义"几个字样，但这就从法律上破坏了国家统一，特别是改变了国家的社会主义性质和发展的方向。

此时，作为联盟中最大的加盟国共和国——俄罗斯联邦最高苏维埃主席的叶利钦，为夺取最高权力，已不惜瓦解苏联了。

8月20日，是苏联新的联盟条约签署的日子。以副总统亚纳耶夫为首的一批苏联党政军高级领导人，为了保留社会主义苏联，同时阻止所谓的"民主派"上台，于8月19日，宣布在国内一些地方实行为期六个月的"紧急状态"，并成立以副总统亚纳耶夫为首的"紧急状态委员会"，这就是震惊苏联国内外的"8·19"事件。这是苏共内部一些力图挽救社会主义苏联的领导人，为避免国家走向灾难深渊所作的最后尝试。但他们既没有明确而又坚定的社会主义信念，在实际斗争中又缺乏坚强的政治意志，这是导致其失败的根本缘由。在外地休假的戈尔巴乔夫对这一行动，采取的先是骑墙、后是背叛的态度，也加快了这一事件的失败进程。

"8·19"事件以失败而告终。苏共中央在戈尔巴乔夫的逼迫下自行解散。苏共的4228座办公大楼、180个社会政治中心、16个社会政治研究所等设施都被俄罗斯当局查封和没收。

覆巢之下，岂有完卵？

俄罗斯各地区的共产党组织和原苏联各加盟共和国的共产党组织，很快被解散，或被禁止活动。

一个有着将近2000万党员的大党，就这样在执政74年之后丢掉了执政地位，整个党也随之溃散。迄今为止，无论是在中央还是地方的历史档案中，人们都没有发现在敌对势力取缔共产党时遇到来自党的各级组织进行抵抗的记载，没有发现苏共党员们有组织地集合起来为保卫自己的区委、市委或州委而举行任何大规模抗议活动的记载，也没有发现人民群众为支持、声援苏共而采取任何有组织行动的记载。当然，在饱尝了苏联解体十多年悲剧性的苦果之后，他们中的不少人对此开始了反思。

亡党必然亡国。

1991年12月25日，戈尔巴乔夫作为苏联总统的最后一天，也是苏联存在的最后一天。

上午10时，戈尔巴乔夫来到克里姆林宫总统府，"精心"准备他将于当晚宣读的辞职书。

19时，戈尔巴乔夫通过架在总统办公室的苏联中央电视台和美国有线新闻电视台的摄像机，同时向苏联全国和全世界发表了告人民书。戈尔巴乔夫宣布，他怀着"不安的心情辞职"，并"停止自己作为苏联总统职务的活动"。

19时32分，克里姆林宫顶上那面为苏联几代人，乃至全世界人民都怀有深情的镰刀铁锤图案的苏联国旗，在寒风中悄然下落……

19时45分，一面俄罗斯联邦的三色旗取而代之。

1991年12月26日上午，苏联最高苏维埃共和国院举行最后一次会议，会场空空荡荡，冷冷清清。主席台上只有共和国院主席阿利姆扎诺夫一人。代表们以举手表决的方式通过一项宣言，宣布苏联停止存在。

从此，苏联共产党、苏维埃社会主义共和国联盟——这两个曾经辉煌了几十年的名字，就这样黯然退出了历史舞台。

苏联解体后的俄罗斯按照美国人设计的"休克疗法"，在经济领域强制实行私有化改革，结果，很快导致严重的经济萧条和衰退。

国家急剧贫困，社会陷于混乱，犯罪大量涌现。据俄罗斯内务部的材料：全国出现了8000多个有组织的大型犯罪团伙。叶利钦在他1996年的国情咨文中也承认：现今的俄罗斯已超过了意大利，成为国际社会最大的黑手党王国。

20世纪末，俄罗斯国内生产总值比1990年下降了52％，而1941年至1945年战争期间仅仅下降了22％；同期工业生产减少64.5％，农业生产减少60.4％，卢布贬值，物价飞涨5000多倍。从1992年起，俄罗斯人口一直呈下降趋势。1990年全俄罗斯人均预期寿命为69.2岁，而2001年为65.3岁，几乎下降了4岁，而一些地区男性人均寿命降低了整整10岁。[①]

苏共亡党、苏联解体，给国家和人民带来的灾难性后果，远远不是这些数字和情况所能表达的！

2005年，俄罗斯总统普京发表年度国情咨文时，痛心地慨叹："苏联的解体，是20世纪最严重的地缘政治灾难；对于俄罗斯人民来讲，它是一场真正的悲剧。"[②]

很多俄罗斯学者也得出这样的结论：苏共垮台苏联解体，使俄罗斯经济、社会发展倒退了几十年。

一个由列宁亲手创建的党；一个曾经领导俄国工人阶级推翻沙俄反动统治，成功地建立了第一个无产阶级专政的社会主义国家的党；一个抵御了十四国武装干涉，胜利地捍卫了革命成果的党；一个在伟大卫国战争中战胜了德国法西斯，并为取得第二次世界大战的胜利作出巨大贡献的党；一个取得了社会主义建设辉煌成就，并率先把人造卫星送上天的党，为什么在执政的74年之后竟丧失了执政地位？

苏联共产党在拥有20万多名党员的时候，领导二月革命推翻了沙皇专制统治；在拥有35万多名党员的时候，取得了十月社会主义革命的胜利并执掌了全国政权；在拥有554万多名党员的时候，领导人民打败了不可一世的德国法西斯，为结束二次世界大战立下了不朽功勋。而在拥有近2000万名党员的时候，却丧失了执政地位，亡党亡国。

问题究竟出在哪里呢？

就出在苏联共产党党内。

【教师课堂提问】

1. 苏联社会主义模式的内涵、特点及历史地位。
2. 斯大林对苏联社会主义模式的全面论证。
3. 苏联东欧国家剧变的原因和历史教训是什么？

---

① 李慎明主编《2005年：世界社会主义跟踪研究报告》，社会科学文献出版社，2006，第67页。
② 《俄罗斯总统普京2005国情咨文》，俄罗斯总统网站，2005年4月25日。

【专题小结】

马克思主义发展的第二个时期，特别对苏联来说，正是斯大林和他的一派对马克思主义和共产主义的其他一切派别取得最后胜利的时期，正是建立社会制度以及与其相适应的最广义的社会关系的时期，而这种制度的主要代表者和鼓舞者就是斯大林。

在斯大林模式下形成的高度集权的政治经济体制，在一定历史条件下起过积极作用，如保证了经济高速发展，通过三个五年计划使苏联由一个落后的农业国基本上成为一个强大的工业国；战胜了法西斯德国。但高度集权的体制模式，随着历史的发展，其弊端也在发展，矛盾越来越突出，越来越阻碍社会经济的发展，离科学社会主义越来越远。

1953年斯大林逝世，赫鲁晓夫上台。赫鲁晓夫对工业管理体制进行了改革。1957年对工业与建筑业进行大改组，主要内容是把工业与建筑业的部门管理原则改为地区管理原则，即以"块块"替代"条条"，把管理重心从中央转到地方。作为苏联历史上第一个改革者，赫鲁晓夫在批判斯大林个人迷信基础上下决心在各个领域进行改革，给苏联历史上留下了谁也不能抹杀的深深印痕。赫鲁晓夫之后是勃列日涅夫执政，他执政18年，改革一直没有停止过。经济体制上，这18年的改革主要是在增加几个与减少几个指令性指标之间来回摇摆。至于政治体制方面，与赫鲁晓夫时期相比不仅没有前进反而后退了。改革的停滞，导致苏联社会经济的停滞。勃列日涅夫之后经历了短暂的安德罗波夫（执政14个月）与契尔年科（执政13个月）时期。他俩的共同点是：执政时间短和年老体弱。尽管主观上力图通过改革来缓和与改善苏联社会经济状况，但由于受条件限制，在改革方面难有作为。戈尔巴乔夫上台时，不论从哪个角度讲，苏联都面临十分复杂的局面。戈尔巴乔夫的改革与几位前任一样，以失败告终。简要地阐述了战后苏联各历史时期体制模式变化情况，可以得出的一个基本结论是：苏联在剧变前基本上保持的仍是已经失去动力机制的斯大林模式。正如中国社科院前院长胡绳讲的："苏东社会主义的崩溃不是社会主义基本制度和原则的失败，而只是社会主义的一种特定模式即斯大林模式的失败。"[1]

七、课后阅读

［苏］约·维·斯大林著《论列宁主义基础》，中共中央马克思恩格斯列宁斯大林著作编译局译，人民出版社，1966年线装版。

［苏］约·维·斯大林著《论辩证唯物主义和历史唯物主义》，选自《斯大林选集》（下），人民出版社，1979年版。

［苏］约·维·斯大林著《苏联社会主义经济问题》，选自《斯大林选集》（下），人民出版社，1979年版。

---

[1]　胡绳：《胡绳全书》第3卷（上），人民出版社，1998年版，第275页。

李慎明主编《苏联解体二十年后的回忆与反思》，社会科学文献出版社，2012年版。

苏联科学院经济研究所编《苏联社会主义经济史：1917—1920 年苏维埃经济》第 1卷，三联书店出版社，1979 年版。

［美］理查德·克罗卡特著《五十年战争：世界政治中的美国与苏联（1941—1991)》，社会科学文献出版社，2015 年版。

蔡文鹏著《信仰危机与苏联的命运》，社会科学文献出版社，2012 年版。

吴恩远著《苏联历史几个争论焦点的真相》（居安思危·世界社会主义丛书），社会科学文献出版社，2013 年版。

八、课后思考

1. 如何正确地认识苏联解体和苏共败亡？
2. 苏共败亡的过程、原因和教训？

第七专题　毛泽东思想的萌芽、形成与发展

一、专题概述

毛泽东思想是马克思主义科学理论与中国革命建设具体实践紧密结合的重要成果，是马克思主义中国化的第一次历史性飞跃的理论成果，在马克思主义发展历史进程中具有非常重要作用和价值，是马克思主义发展史的重要内容。本专题重在厘清毛泽东思想经历的萌芽、形成、成熟与发展的阶段，进一步明晰毛泽东思想在中国共产党历史、中华人民共和国国史、中华民族发展史中发挥的重要作用和历史地位。

二、教学目标

知识目标：通过本专题的理论讲学，帮助学生全面掌握毛泽东思想经历了萌芽、形成、成熟与发展的四个阶段，使学生深入认识毛泽东思想所具有的历史地位和当今时代价值。首先，大革命时期是毛泽东思想的萌芽阶段；其次，中央苏区的反"左"斗争是毛泽东思想的初步形成；再次，新民主主义革命理论的形成是毛泽东思想的成熟阶段；最后，社会主义革命和建设理论是毛泽东思想的进一步发展阶段。

能力目标：通过本专题的理论讲授，学生在掌握毛泽东思想发展历程的基础上，能够自觉运用毛泽东思想活的灵魂，坚持实事求是、群众路线、独立自主的原则分析解决社会实际问题。同时，能够认识到坚持毛泽东思想作为党和国家发展建设指导思想的重要意义和价值所在，能够认识到毛泽东思想是中国特色社会主义理论体系的思想先导。

情感、态度、价值观目标：通过本专题教学活动的展开，使学生坚定树立马克思主义的科学信仰，坚持用马克思主义的立场、观点和方法分析社会现实问题。同时，让学生进一步坚定对于毛泽东思想作为党和国家指导思想的理性认同，毛泽东思想不仅是指导中国革命和建设的指导思想，还是党的一笔重要宝贵财富必须长久坚持决不动摇。

三、教学重点、难点

重点：不同历史时期毛泽东思想发展演进的过程。
难点：认清毛泽东思想在马克思主义发展史中所占有的重要地位与作用。

四、内容框架

毛泽东思想的萌芽。
毛泽东思想的形成。
毛泽东思想的成熟。
毛泽东思想的发展。
毛泽东思想的历史地位。

五、课时分配

4 学时。

六、专题教学

【专题导入】

"东方红，太阳升，中国出了个毛泽东，他为人民谋幸福，他是人民的大救星。"这首耳熟能详的红色歌曲，表达了人民对于伟大领袖毛泽东在为中国人民谋解放、求发展中所发挥的重要作用。其中不仅体现出伟大领袖毛泽东个人的作用，更是毛泽东思想作为指导党和国家建设的结果。通过本专题的讲学在全面厘清毛泽东思想发展演变的进程基础上，进一步把握其历史地位和现实价值。

【历史脉络梳理】

大革命时期是毛泽东思想的萌芽阶段。这一时期，以毛泽东为主要代表的中国共产党人，力求以马克思列宁主义为指导来考察、分析中国社会，对中国革命所遇到的问题给予正确的回答，初步形成了新民主主义革命的基本思想。毛泽东的《中国社会各阶级的分析》《湖南农民运动考察报告》等是萌芽时期的代表性著作。

中央苏区的反"左"斗争是毛泽东思想的初步形成。这一时期，以毛泽东为主要代表的中国共产党人，敢于同党内盛行着的马克思主义教条化、共产国际决议和苏联经验神圣化的错误倾向作斗争，在把马克思主义基本原理同中国实际情况结合的基础上，形成了毛泽东思想活的灵魂——实事求是、群众路线、独立自主。毛泽东的《中国的红色政权为什么能够存在?》《井冈山的斗争》《星星之火，可以燎原》《反对本本主义》等是初步形成时期的代表著作。

土地革命战争后期到抗日战争时期是毛泽东思想的成熟时期。这一时期，毛泽东思想得到系统总结和多方面展开。不仅形成了新民主主义革命理论的完整体系，而且总结出了党领导新民主主义革命的三大法宝，还实现了毛泽东哲学思想体系的建构。毛泽东撰写的《中国革命和中国共产党》《新民主主义论》《〈共产党人〉发刊词》等是思想成熟的代表著作。

解放战争时期、社会主义革命和建设时期是毛泽东思想的丰富发展阶段。这一时期，以毛泽东为代表的中国共产党人，在马克思主义科学理论的指导下，根据革命斗争的实践要求和中国革命两个阶段的理论，成功领导中国革命由新民主主义向社会主义转变的历史任务，并在这个过程中极大地丰富和发展了马克思列宁主义的理论宝库。毛泽东撰写的《论人民民主专政》《论十大关系》《关于正确处理人民内部矛盾的问题》等是丰富发展时期的代表著作。

【要点讲解】

（一）建党之初到大革命时期，毛泽东思想的萌芽阶段

毛泽东于 1893 年 12 月 26 日，诞生在湖南省湘潭县韶山冲上屋场的一个农民家庭。童年和青少年时期的毛泽东一直受到源远流长的湖湘文化和中华传统文化的熏陶，追求传统的圣贤理想人格。青年时期的毛泽东走出湖南，选择了马克思主义，成为伟大的无产阶级革命家，树立拯救民族危亡的远大志向。

1. 青少年时期毛泽东受到湖湘文化的影响

湖湘文化，是指南宋时期胡宏和湖湘弟子所形成的流派，它对后世产生了深远影响，是广泛存在于湖南各族人民中具有地域特色的民俗、民风、社会心理、社会意识、科学文化等的总和。湖湘文化，有着很久远的历史，可以追溯春秋战国时期的楚文化，但随着中国政治局面的统一，作为地方文化的楚文化逐渐衰落，其中的一些思想却在湖湘大地得到了传承，如屈原忧国忧民的情怀等。千年以来，湖湘文化不断积淀，逐渐形成了独具特色的地域性文化形态。如西汉的贾谊、唐朝的柳宗元、北宋的范仲淹等历史名人都对湖湘文化的形成与发展起到了一定的推动作用。北宋末南宋初年，胡安国、胡宏父子因金兵南下侵宋而避乱于湖南，后又讲学南岳，开创了湖湘学派，自此，湖湘学派成为湖湘文化的集中体现和代表，为后来湖湘文化的繁荣发展奠定了基础。之后，胡宏的弟子对湖湘文化广为传播，使其名噪一时。到了明末清初，湖湘文化又迎来了一个学术发展的高峰期，大思想家王夫之创立了一个"以唯物主义为基石，以辩证分析为思想方法，以民主启蒙为重要特征，以民族至上为核心内容的空前博大精深的思想体系"，成为湖湘文化的集大成者。戊戌维新时期，湖南涌现出了以谭嗣同、唐才常为代表的一大批维新运动激进思想家、宣传家和活动家。辛亥革命这一年，几乎海内外到处都可以看到湖南革命者的踪影。毛泽东自幼所受到的湖湘文化的熏陶，从小就树立起救国救民的担当精神，并且写下了"孩儿立志出乡关，学不成名誓不还。埋骨何须桑梓地，人生无处不青山"的诗句用以明志，并且"心忧天下""经世致用"的思想在他一生的生活和革命活动中都产生了深厚的影响。

1913 年春，毛泽东考入湖南省立第四师范预科班，开始在近代著名学者和教育家杨昌济的教导下进行学习。杨昌济对毛泽东青年时代思想产生重要影响。首先，体现在重视湖湘文化的传授，特别是对王船山思想的传授，启迪毛泽东思考人生中的"大本大

源"等问题。其次，体现在重视湖湘文化传统中"经世致用，实事求是"的学风，特别是"立德""立言""立功"的为学、为人、处世之道，培养并训练了博学、深思、力行缜密的领导才能与办事风格。青年时期毛泽东从恩师杨昌济那里最大的获益，在于理想、志向和抱负的初步确立。

2. 青年时期的毛泽东深受马克思主义思想的影响

新文化思想的传播，特别是马克思主义在中国的传播等，对青年毛泽东的人格认识产生了极为重要的影响，促使毛泽东思想向马克思主义转变。1918 年，毛泽东在北京大学图书馆担任图书管理员期间，北京已成了新文化运动的中心，北京大学则成了新文化运动的发源地。苏俄十月革命的胜利，经李大钊等人的宣传、介绍，引起青年学生的极大兴趣。李大钊在《庶民的胜利》文章中指出，"1978 年的法国革命，是十九世纪中各国革命的先声。1917 年的俄国革命，是二十世纪中世纪革命的先声……须知今后的世界，变成劳工的世界。我们应该用此潮流为使一切人人变成工人的机会，不该用此潮流为使一切人人变成强盗的机会……我们要想在世界上当一个庶民，应该在世界上当一个工人"[1]。毛泽东对此很受鼓舞，似乎从中看到了未来中国的光明与希望。在北京大学期间的生活，大大开拓了毛泽东的眼界，丰富了他的思路，增强了他为寻找适合中国国情的科学真理而不断求索的决心。

五四运动爆发以后，伟大的爱国运动很快席卷全国。毛泽东也积极投入到五四爱国运动的大潮之中，1919 年 7 月，担任湖南学生联合会新创办的刊物——《湘江评论》的主编，在短期内撰写发表了《民众的大联合》等 30 多篇文章。毛泽东在此期间，广泛地接触和研究社会生活各个方面的问题，这对他接受马克思主义，实现其政治思想和世界观转变，创造了良好的条件。他在延安与斯诺谈话时，回忆说："有三本书特别深深地铭刻在我心中，建立起我对马克思主义的信仰。我一旦接受了马克思主义是对历史的正确解释以后，我对马克思主义的信仰就没有动摇过。"[2] 毛泽东后来回忆说："到了1920 年夏天，我已经在理论上和在某种程度的行为上，成为一个马克思主义者，而且从此我也自认为是一个马克思主义者了。"[3] 从这些言论和行动中可以看出，毛泽东已经接受马克思主义的科学理论，成为一个真正的马克思主义者。

3. 毛泽东思想萌芽的基本表征

从 1921 年 7 月中国共产党成立至 1927 年大革命的失败，即是中国共产党的幼年时期，也是毛泽东思想的萌芽时期。这一时期，以毛泽东为主要代表的中国共产党人，力求以马克思列宁主义为指导来考察、分析中国社会，对中国革命所遇到的问题给予正确的回答。党制定了彻底的反帝反封建的民主革命纲领，提出了无产阶级在民主革命中的领导权问题和农民同盟军问题，阐明了中国革命的对象、动力和前途等问题；明确指出

① 李大钊：《庶民的胜利》，《新青年》第 5 卷第 5 号，1918 年。
② ［美］埃德加·斯诺：《红星照耀中国》，人民教育出版社，2020 年，第 15 页。
③ ［美］埃德加·斯诺：《红星照耀中国》，人民教育出版社，2020 年，第 28 页。

无产阶级是中国革命的领导力量，初步形成了新民主主义革命的基本思想。这一思想的提出是马克思列宁主义普遍原理和中国革命具体实践相结合的最初尝试，标志着毛泽东思想的萌芽。

毛泽东根据中国共产党领导群众斗争的经验，特别是"五卅运动"以来反帝爱国运动中各阶级的表现，写成了《中国社会各阶级的分析》的文章，从理论上分析解决革命问题的领导权及革命的策略问题。文章指出革命的首要问题是分清敌友，"谁是我们的敌人？谁是我们的朋友？这个问题是革命的首要问题。中国过去一切革命斗争成效甚少，其基本原因就是因为不能团结真正的朋友，以攻击真正的敌人"①。接着，他以马克思主义的阶级分析作为基本指导线索，严格依据人们在生产关系中的不同地位，将当时中国社会各阶级主要划分为地主阶级和买办阶级、中产阶级、小资产阶级、半无产阶级、无产阶级五种。毛泽东以大量的篇幅分析中国社会各阶级的经济地位和政治态度之后，得出了如下结论："一切勾结帝国主义的军阀、官僚、买办阶级、大地主阶级以及附属于他们的一部分反动知识界，是我们的敌人。工业无产阶级是我们革命的领导力量。一切无产阶级、小资产阶级，是我们最接近的朋友。那动摇不定的中产阶级，其右翼可能是我们的敌人，其左翼可能是我们的朋友——但我们要时时提防他们，不要让他们扰乱了我们的阵线。"②

1924 年 12 月—1925 年 9 月，在短短十个月的时间里，毛泽东组织成立了中共韶山党支部以及秘密农民协会二十多个，领导农民群众减租减税与当地的土豪劣绅针锋相对，使这偏僻的山村，顷刻间沸腾起来。毛泽东通过这段经历看到了一股对中国革命来说，更直接、更现实、更有前途的力量——农民。毛泽东在《中国社会各阶级的分析》中，对农民的经济地位分析得极为精细，充分肯定了农民的同盟军的地位和作用。在国民党二大召开时，毛泽东将他对农民问题的认识写进了他参与修改的《对于农民运动之决议案》。该决议案指出："农民问题在中国尤其在民族革命时代的中国，是特别重要的。中国共产党与工人阶级要领导中国革命至于成功，必须尽可能地系统地鼓动并组织各地农民逐渐从事经济的和政治的争斗。没有这种努力，我们希望中国革命成功以及在民族运动中取得领导地位，都是不可能的。"③ 1926 年 3 月 26 日，毛泽东出任第六届农民运动讲习所所长。通过举办农民运动讲习所，进一步解放农民，将农民中蕴涵着的巨大能量释放出来。1926 年 12 月，毛泽东来到了武汉，出席中共中央在汉口召开的特别会议。会议结束后，毛泽东立刻去了湖南，历时 32 天，行程 700 公里，考察农民运动的进展情况。考察结束后，形成了《湖南农民运动考察报告》。在这篇文章中毛泽东极其鲜明地指出："一切革命同志须知：国民革命需要一个大的农村变动。辛亥革命没有这个变动，所以失败了。现在有了这个变动，乃是革命完成的重要因素。一切革命同志

---

① 毛泽东：《毛泽东选集》第一卷，人民出版社，1991 年，第 3 页。
② 毛泽东：《毛泽东选集》第一卷，人民出版社，1991 年，第 9 页。
③ 中共中央文献研究室编《建党以来重要文献选编（1921—1949）》第二册，中央文献出版社，2011 年，第239 页。

都要拥护这个变动，否则他就站到反革命立场上去了。"① 在这篇文章中，毛泽东用大量的事实，否定了对农民运动的种种污蔑和诽谤，指出："很短的时间内，将有几万万农民从中国中部、南部和北部各省起来，其势如暴风骤雨，迅猛异常，无论什么大的力量都压抑不住。他们将冲决一切束缚他们的罗网，朝着解放的路上迅跑。"②

　　在中国共产党创立和大革命时期，以毛泽东为主要代表的中国共产党人，已经开始运用马克思主义基本原理，对中国的社会性质及社会各阶级的状况，作了初步分析。在此基础上，开始确定了中国新民主主义革命的性质，逐步明确了中国新民主主义革命的性质，逐步明确了反帝反封建的革命任务，把帝国主义、封建主义作为革命的对象。不仅对资产阶级进行科学分析，又在对民族资产阶级的两面性进行分析的基础上，初步确定了中国共产党在统一战线中对待民族资产阶级的理论和策略。与此同时，还对中国无产阶级进行科学分析，初步提出了无产阶级领导权的思想。在对农民运动进行深入考察的基础上，充分估计了广大农民在中国革命中的主力军作用，初步体现了工农联盟的思想。这些可贵的思想，特别集中地体现在《中国社会各阶级的分析》《湖南农民运动考察报告》等一系列论著中。这些文献和著作有力地说明，已经初步提出了中国新民主主义的基本思想，标志着毛泽东思想的发端，孕育着毛泽东思想的萌芽，在毛泽东思想发展历史进程中具有重要的历史地位。

（二）土地革命战争初期和中期，毛泽东思想的初步形成

　　土地革命战争的初期和中期，即从 1927 年的八七会议到 1935 年 1 月的遵义会议，是毛泽东思想的初步形成时期。在这一时期，以毛泽东为主要代表的中国共产党人，不仅提出了红色政权理论、"工农武装割据"思想、人民军队建设、党的建设、土地革命和农村革命根据地建设等理论，而且还明确提出了党的思想路线问题，初步阐述了毛泽东思想的活的灵魂的实事求是、群众路线、独立自主的基本思想，这标志着毛泽东思想的初步形成。

　　1. 农村包围城市道路理论的形成

　　1927 年大革命失败后，中国共产党遇到了前所未有的困难。8 月 7 日，中央紧急召开会议，这是一场在中国共产党历史上具有重大转折意义的会议。这次会议总结大革命失败的经验教训，确定了实行土地革命和武装反抗国民党反动派的总方针，并把发动农民举行秋收起义作为当前党的主要任务。会上，毛泽东当选为中共中央临时政治局候补委员。毛泽东经过深刻反思，认为大革命失败表明之前被否定的《湖南农民运动考察报告》是正确的。这在他的认识上产生了一个飞跃，破除了"素以为领袖同志的意见是对的"的迷信，从而确立了从实际出发、独立自主的思想。他以亲身经历，从国共合作不坚持政治上的独立性、党中央不倾听下级和群众意见、抑制农民革命、放弃军事领导权

---

① 毛泽东：《毛泽东选集》第一卷，人民出版社，1991 年，第 16 页。
② 毛泽东：《毛泽东选集》第一卷，人民出版社，1991 年，第 13 页。

四个方向，切中要害地批判右倾错误路线，并对会议确定的方针提出了独到的见解。比如，在会议讨论《最近农民斗争的决议案》时，毛泽东提出彻底进行土地革命的主张，遗憾的是这一主张在当时并未得到共产国际代表的采纳。

按照中共中央的部署和八七会议确定的方针，党派出许多干部分赴各地，恢复和整顿党的组织，组织武装起义。毛泽东在会攻长沙的各路起义军先后遭到严重挫折时，看到进攻长沙的计划无法实行，便当机立断，说服大家放弃进攻长沙计划，率领起义部队沿罗霄山脉南下，向敌人统治力量比较薄弱的农村进军，随机在罗霄山脉中断地处湘赣边界的井冈山建立了我国第一个农村革命根据地。1928年4月朱德、陈毅率部分南昌起义保留下来的部队和湖南农民起义军来到井冈山，同毛泽东率领的部队会师，进一步促进了井冈山根据地的发展。

井冈山革命根据地内经济极端困难、生活极为艰苦。在困难面前，有些人产生了右倾悲观思想，对革命前途丧失信心，认为"前途渺茫"，怀疑红旗到底能打多久。为了科学地答复这个问题，毛泽东于1928年10月5日写了《中国红色政权为什么能够存在?》这篇文章第一次鲜明地提出了"工农武装割据"的思想，为"农村包围城市道路"的理论奠定了思想基础，解决了中国红军和红色政权存在和发展的可能性。同年11月25日，写了《井冈山的斗争》一文。在文中，毛泽东总结了湘赣边界"割据地区一天一天扩大，土地革命一天一天深入，民众政权一天一天推广，红军和赤卫队一天一天扩大"的七条经验，解决了如何才能坚持农村革命根据地的问题。1929年9月28日，中共中央发出由陈毅起草、周恩来审定的致红四军前委的指示信，即"九月来信"，肯定了毛泽东提出的"工农武装割据"和红军建设的基本原则。1930年元旦前夕，红四军第一纵队司令员林彪给毛泽东写了一封新年贺信。在信中流露出对时局和革命前途比较悲观的看法。毛泽东接到林彪的"贺信"后，认为林彪的思想有一定的代表性。为了帮助林彪转变错误思想，并以此教育全军，他经过深思熟虑，于1930年1月5日，给林彪写了一封信，即《星星之火，可以燎原》。毛泽东从中国社会的基本特点出发，在总结井冈山和赣南、闽西革命斗争经验的基础上，把关于红色政权的理论又大大向前推进了一步，从理论上论证了中国革命应当走什么道路的问题。标志着毛泽东关于以农村包围城市、最后夺取全国胜利的革命道路理论的形成。

2. 中国共产党人民军队思想的形成

为了支持武装斗争，保证中国革命事业的顺利进行，中国共产党创建了工农红军这支新型的武装力量。但是中国共产党人仍须回答和解决一系列问题，如这支军队与旧式的军队、资产阶级以及帝国主义的军队的本质区别何在? 这支军队的宗旨和任务是什么? 军队与中国共产党的关系如何? 中国共产党将如何组织和建设它并使其迅速发展壮大? 毛泽东和朱德在创建中国工农红军的过程中，经过艰苦的摸索，对此作出了解答，初步形成了毛泽东的建军思想。

第一，保证中国共产党对军队的绝对领导。1927年9月，当部队达到江西省永新县三湾村时，毛泽东领导部队进行了有名的"三湾改编"，创造性地提出了把中共的支部建在连队的原则。他说：红军之所以艰苦奋斗而不涣散，"支部建在连上"是一个重要原因。毛泽东在《战争与战略问题》一文中把这一原则通俗地解释为："我们的原则是党指挥枪，而绝不容许枪指挥党。"①

第二，规定了新型人民军队的宗旨和任务。早在1927年，毛泽东曾经向秋收起义的部队指出，工农群众的武装，要为工农群众打仗。1928年1月，毛泽东在给中共中央的报告中写道：由于废除了雇佣制，红军士兵"感觉不是为了他人打仗，而是为自己为人民打仗"。经过政治教育，红军士兵都知道是为了自己和工农阶级而作战。1929年1月毛泽东在起草的《红四军司令部布告》中，开宗明义地指出："红军宗旨，民权革命。"这就初步提出了人民军队为人民服务的宗旨。对红军任务的探索，在当时已形成根据地的地区引起了普遍的重视，中共中央"九月来信"中也明确规定："目前红军的基本任务主要有以下几项：一、发动群众斗争，实行土地革命，建立苏维埃政权；二、实行游击战争，武装农民，并扩大本身组织；三、扩大游击区域及政治影响于全国。红军不能实现上面的三个任务，则与普通军队无异。"②

第三，规定了新型人民军队的纪律问题。自"三湾改编"后，毛泽东就非常重视搞好工农革命军与民众的关系。他经常教育干部战士：不能侵犯老百姓的利益，老百姓的一根稻草，一个鸡蛋，一针一线都不能拿。1927年10月，在红军上井冈山途中，毛泽东为工农红军规定了"三大纪律"：第一、行动听指挥；第二、打土豪款子要归公；第三、不拿群众一个红薯。1928年年初又宣布了"六项注意"：第一、上门板；第二、捆铺草；第三、说话要和气；第四、买卖公平；第五、不拉夫；第六、不打人，不骂人。1928年3月毛泽东将此前的三项纪律和六项注意合并，正式定为"三条纪律六项注意"予以颁布。三条纪律是："第一、行动听指挥；第二、不拿工人农民一点东西；第三、打土豪要归公。"六项注意是："一、上门板；二、捆铺草；三、说话和气；四、买卖公平；五、借东西要还；六、损坏东西要赔。"后来又将六项注意增加到八项。

随着革命形势的发展，红四军不断扩大，部队成分也较前复杂，共产党内涌进大量的农民和其他小资产阶级出身的同志，红军中又增添了大批俘虏兵。这种组织状况的变化，无形中加剧了各种非无产阶级思想在红四军中的影响。为了解决红四军党内思想上存在的问题，1929年12月28日，红四军第九次代表大会在古田曙光小学隆重开幕，在会上一致通过《中国共产党红军第四军第九次代表大会决议案》（通称《古田会议决议》）。毛泽东主持起草的《古田会议决议》全文长达两万多字，分为九个部分：纠正党内非无产阶级意识的不正确倾向问题、党的组织问题、党内教育问题、红军宣传工作问题、士兵政治训练问题、青年士兵的特种教育、废止肉刑问题、优待伤兵问题、红军军事系统与政治系统关系问题。《古田会议决议》是党和军队建设的伟大纲领。它从根本

---

①　毛泽东：《毛泽东选集》第二卷，人民出版社，1991年，第547页。

②　中共中央文献研究室编《建党以来重要文献选编（1921—1949）》第六册，中央文献出版社，2011年，第512~513页。

上解决了党和军队在长期处于分散的农村游击战争环境，并在工人不占主要成分的情况下，成为用马克思列宁主义武装起来的无产阶级政党，成为党领导下的、新型的、真正的人民军队的问题。

3. 武装斗争理论的形成

大革命的失败给了幼年的中国共产党极为重要的教训，使中国共产党逐渐懂得了在中国，离开了武装斗争，就没有无产阶级的地位，就没有人民的地位，就没有共产党的地位，就没有革命的胜利。中国革命的主要形式，只能是武装的革命，反对武装的反革命。但是，当时中国共产党仍被"左"倾错误思想所困扰，给中国革命造成了极大的危害，中国共产党为此付出了沉重的代价。

1935 年 1 月 15—17 日，在遵义召开中共中央政治局扩大会议。在会上，毛泽东指出：导致第五次反"围剿"失败和大转移严重损失的原因，主要是军事上的单纯防御路线，表现为进攻时的冒险主义，防御时的保守主义，突围时的逃跑主义。他还以前几次反"围剿"，在敌强我弱情况下取得胜利的事实，批驳了博古用敌强我弱等客观原因来为第五次反"围剿"失败作辩护的借口。同时，比较系统地阐述了适合中国革命战争特点的战略战术和今后军事行动的方向。遵义会议的决定，张闻天根据毛泽东的发言内容起草了《中央关于反对敌人五次"围剿"的总结的决议》，经政治局通过后印发各支部。决议指出，"军事上单纯防御路线，是我们不能粉碎敌人五次'围剿'的主要原因；"同时充分肯定了毛泽东在历次反"围剿"战役中总结的符合中国革命战争规律的积极防御的战略、战术原则。

遵义会议在中国革命最危急的关头，依据民主集中制的原则，独立自主地解决了党中央的组织问题，结束了王明"左"倾教条主义在中央长达四年的统治，确立了毛泽东在党中央和红军中的领导地位，"走自己的路"，从而挽救了党、挽救了红军、挽救了中国革命。

（三）土地革命战争后期到抗日战争时期，毛泽东思想的成熟阶段

土地革命战争后期到抗日战争时期，毛泽东思想得到系统总结和多方面展开而达到成熟。这一时期毛泽东的理论创作包括了政治、经济、文化和哲学等多个方面。其主要成果，一是形成了新民主主义革命理论的完整体系，系统地论述了新民主主义革命的对象、动力、领导、前途、纲领等一系列重要问题。二是总结了党领导新民主主义革命的三大法宝。三是实现了毛泽东哲学思想体系的建构。其中，新民主主义革命理论的形成是毛泽东思想成熟的主要标志，代表作是这一时期撰写的《中国革命和中国共产党》《新民主主义论》《〈共产党人〉发刊词》三篇文章。1945 年党的七大，毛泽东思想被确定为中国共产党的指导思想。这是毛泽东思想发展史上的一个里程碑。

1. 抗日民族统一战线理论的提出

1935 年，中国整个时局发生巨大的变动。日本帝国主义大大加快了侵占中国的步伐，使中华民族同日本侵略者之间的民族矛盾急剧上升。中共中央为了推进抗日救亡运

动，在 11 月 13 日发表《为日本帝国主义并吞华北及蒋介石出卖华北出卖中国宣言》。毛泽东在 25 日发表对《红色中华》报记者的谈话，重申"苏维埃中央政府愿意与国内任何武装队伍订立反蒋的作战协定"，进行民族革命战争，以求中国领土的解放和完整。毛泽东、朱德分别以中华苏维埃共和国中央政府主席和中国工农红军革命军事委员会主席的名义发表《抗日救国宣言》，提出愿同一切抗日反蒋者订立停战协定，进而组织抗日联军和国防政府。面对新形势，中共中央有必要对整个形势做出科学的分析，制定出适合新情况的完整的政治路线和战略方针。

1935 年 12 月 17 日至 25 日，中共中央在瓦窑堡举行政治局扩大会议，会议着重讨论了全国政治形势和党的策略路线、军事战略。毛泽东根据马列主义基本原理和基本立场来分析中国问题，在会上提出，日本帝国主义进一步侵入华北，中华民族面临危亡关头，不仅工人、农民和小资产阶级要求抗日，民族资产阶级也有参加抗日的可能，我们应当联合民族资产阶级进行抗日，建立广泛的抗日民族统一战线。12 月 25 日，会议通过了由张闻天起草的《中共中央关于目前政治形势与党的任务的决议》，决议指出，"目前政治形势已经起了一个基本上的变化"[1]，"党的策略路线，是在发动、团聚与组织全中国全民族一切革命力量去反对当前主要的敌人：日本帝国主义与卖国贼头子蒋介石"[2]。瓦窑堡会议是十年内战到抗日战争的伟大转折时期中召开的一次极其重要的会议，它表明党中央克服了长征前一段时期内"左"倾冒险主义、关门主义的指导思想，不失时机地制定了抗日民族统一战线的政策，使党在新的历史时期将要到来时掌握了政治上的主动权。瓦窑堡会议结束后，毛泽东给党的活动分子作《论反对日本帝国主义的策略》报告。这篇报告对于中国共产党提出的抗日民族统一战线的主张作了完整的分析和论述，系统地解决了党的政治路线问题，为全党抗日战争作了重要的思想理论准备。

西安事变和平解决后，毛泽东继续以主要精力去促成抗日民族统一战线的最后建立。他特别强调争取民主的重要性，认为这是目前阶段中的革命任务的中心环节，"降低对于争取民主的努力，我们将不能达到真正的坚实的抗日民族统一战线的建立。"1937 年 5 月，苏区党的代表会议在延安召开，毛泽东作了题为《中国共产党在抗日时期的任务》的政治报告和《为争取千百万群众进入抗日民主统一战线而斗争》的结论。1937 年 9 月 22 日，国民党发表了周恩来在 7 月庐山谈判时向蒋介石提交的《中共中央为公布国共合作宣言》。第二天，蒋介石发表谈话，承认中国共产党在全国的合法地位，指出了团结救国的必要。这是一件大事，标志着以国共合作为基础的抗日民族统一战线的正式形成。毛泽东能够以巨大变动的客观事实为出发点，以中国的社会经济、政治和阶级关系的具体特点为出发点，反对那种不顾事实的、凝固而僵化的教条主义思想，把马克思主义的辩证唯物主义认识论和辩证法同中国革命的实践纯熟地结合起来，说明他

---

① 中共中央文献研究室编《建党以来重要文献选编（1921—1949）》第十二册，中央文献出版社，2011 年，第 531 页。

② 中共中央文献研究室编《建党以来重要文献选编（1921—1949）》第十二册，中央文献出版社，2011 年，第 536 页。

的思想正在进一步走向成熟。

2. 毛泽东军事思想体系的形成

在解决了党的政治路线后，毛泽东又把注意力集中到党的军事路线上来。为了系统地总结中国革命战争的历史经验，从中作出新的理论概括。1936 年 12 月，他在陕北的红军大学作了《中国革命战争的战略问题》的报告。毛泽东在这部著作中指出：战争是有规律的。战略问题是研究战争全局规律的东西。任何指导战争的人不能不研究和不能不解决这个问题。不仅分析了中国革命战争的特点，还总结了十年内战的历史经验。《中国革命战争的战略问题》是毛泽东军事思想体系形成的重要标志。它以对中国国情的科学分析和准确把握为深厚根基，以实践为主要源泉，充满着实事求是的创造精神，具有鲜明的中国气派和特色。

1938 年 5 月 26 日至 6 月 3 日，毛泽东在延安抗日战争研究会作了《论持久战》的演讲，全面地分析了中日战争所处的时代，以及敌我双方的基本特点，深刻地解释了抗日战争是持久战，批驳了"亡国论"和"速胜论"，战争要经过战略退却、战略相持和战略反攻三个阶段，最后胜利属于中国人民的这一客观规律。这是中共关于抗日战争的战略方针和战略战术的一个至关重要的文献。

1938 年 9 月 29 日至 11 月 6 日，六届六中全会在延安的召开，毛泽东代表中共中央向六中全会作了《论新阶段——抗日民族战争与抗日民族统一战线发展的新阶段》的政治报告。毛泽东在六中全会报告中强调，全党要普遍地深入地学习和研究马克思列宁主义理论，把马克思列宁主义同中国的具体特点相结合，反对教条主义。他指出："马克思列宁主义的伟大力量，就在于它是和各个国家具体的革命实践相联系的。对于中国共产党说来，就是要学会把马克思列宁主义的理论应用于中国的具体的环境，成为伟大中华民族的一部分，而和这个民族血肉相连的共产党员，离开中国特点来谈马克思主义，只是抽象的空洞的马克思主义。因此，使马克思主义在中国具体化，使之在其每一表现中带着必须有的中国的特性，即是说，按照中国的特点去应用它，成为全党亟待了解并亟须解决的问题。"[①] 这段论述是毛泽东从亲身经历中国革命失败的痛苦教训中，从同党内各种错误倾向进行的斗争中得出的重要结论。他提出的"使马克思主义在中国具体化"的论断是他对中国革命最重要的贡献之一。

3. 毛泽东哲学思想的形成

毛泽东到达陕北后，就努力阅读各种哲学书籍。这些书籍不仅限于马克思主义的哲学家的著作，而且也读过一些古希腊哲学家斯宾诺莎、康德、歌德、黑格尔、卢梭等人的著作。在这些哲学阅读书籍的过程中，也逐步发展成为他的光辉著作《实践论》和《矛盾论》。

《实践论》是以认识与实践的正确关系为核心，全面而系统地阐述和发挥了辩证唯

---

① 中共中央文献研究室编《建党以来重要文献选编（1921—1949）》第十五册，中央文献出版社，2011 年，第 651 页。

物主义的认识论的基本原则。毛泽东从物质第一性、意识第二性这一唯物主义的根本原理出发，强调了认识对实践的依赖关系。他指出："只有人们的社会实践，才是人们对于外界认识的真理性的标准。"社会实践是推动人们的认识由低级向高级、由浅入深、由片面到更多方面的动力，也是认识真理性的标准和认识的目的。因此，"实践的观点是辩证唯物论的认识论之第一的和基本的观点"。毛泽东指出：教条主义和经验主义，都是违背辩证唯物论的认识论的。教条主义者否认认识开始于实践，否认感性认识的必要性。他们总是从书本出发，忽视对实际情况的具体分析，生吞活剥地引证马克思列宁主义书本中的个别词句去指导革命。经验主义局限于一时一地的片面的感性认识，沾沾自喜于一得之功和一孔之见，而忽视理论的指导作用。他们在认识论的个体上都是错误的。毛泽东在《实践论》结束时这样写道："通过实践而发现真理，又通过实践而证实真理和发展真理。从感性认识而能动地发展到理性认识，又从理性认识而能动地指导革命实践，改造主观世界和客观世界。实践、认识、再实践、再认识，这种认识，循环往复以至无穷，都比较地进到了高一级的程度。这就是辩证唯物论的全部认识论，这就是辩证唯物论的知行统一观。"[①]

《矛盾论》中着重论述了矛盾的特殊性。矛盾的普遍性和矛盾的特殊性的关系，就是矛盾的共性和个性的关系。毛泽东说，教条主义者不懂得必须研究矛盾的特殊性，拒绝对于具体事物做艰苦的研究工作，不用脑筋具体分析事物，不了解用不同的方法去解决不同的矛盾。因此，他们在领导中国革命中，不分析和研究中国国情，把共产国际的决议和苏联的经验生搬硬套于中国革命。还分析了主次矛盾和矛盾的主次方面。他指出："研究任何过程，如果是存在着两个以上矛盾的复杂过程的话，就要用全力找出它的主要矛盾。捉住了这个主要矛盾，一切问题就迎刃而解了。"[②] 他又指出：矛盾着的两个方面，其中必有一方面是主要的，他方面是次要的。由于事物发展过程中矛盾的双方斗争力量的增减，矛盾的主要方面和非主要方面可以互相转化。如果取得支配地位的矛盾的主要方面起了变化，事物的性质也就随着起着变化。对于矛盾的各种不平衡情况的研究，说明在领导革命时一定要坚持从实际出发的原则，一切以时间、地点、条件为转移。实际情况变了，主要矛盾和主要矛盾主要方面就会随之变化，共产党人的政策和策略也必须随之改变。

《实践论》和《矛盾论》在毛泽东思想的发展进程中占有重要的历史地位。这两篇论文从理论和实践的统一上，论证了马克思列宁主义普遍真理同中国革命实践相结合的重要性，为日后系统地提出实事求是的思想路线奠定了理论基础。

1941 年 5 月 19 日，毛泽东在中央宣传干部学习会议作《改造我们的学习》的报告。他在报告中对"实事求是"作了精辟的阐述："'实事'就是客观存在着的一切事物，'是'就是客观事物的内部联系，即规律性，'求'就是我们去研究。我们要从国内

---

① 毛泽东：《毛泽东选集》第一卷，人民出版社，1991 年，第 296~297 页。
② 毛泽东：《毛泽东选集》第一卷，人民出版社，1991 年，第 322 页。

外、省内外、县内外、区内外的实际情况出发，从其中引出其固有的而不是臆造的规律性，即找出周围事变的内部联系，作为我们行动的向导。"① "这种态度，有实事求是之意，无哗众取宠之心。这种态度，就是党性的表现，就是理论和实际统一的马克思列宁主义的作风，这是一个共产党员起码应该具备的态度。"② 为彻底端正党的思想路线、政治路线和组织路线，提升全体共产党员的马克思主义理论水平，1942 年 2 月至 1943 年 12 月组织召开延安整风运动，在全党普遍进行马克思主义思想教育。毛泽东在 1942 年 2 月 1 日和 8 日，先后在中央党校开学典礼作《整顿学风、党风、文风》和在中央宣传部干部会议作《反对党八股》的整风运动报告。在报告中，全面论述了整风的任务、内容、办法和意义。在毛泽东的一系列著作和文献中，系统地阐明了一切从实际出发、实事求是、理论联系实际的辩证唯物主义的思想路线。

4. 新民主主义革命理论的形成

毛泽东连续发表了《〈共产党人〉发刊词》《中国革命和中国共产党》《新民主主义论》，完整阐述了新民主主义理论，回答了当时全国人民所关心的"中国向何处去"的问题，标志着毛泽东思想的成熟。

在《〈共产党人〉发刊词》中，毛泽东从正反两方面系统地总结了中国共产党在第一次大革命时期、土地革命时期以及抗日战争初期如何进行新民主主义革命的丰富经验，将其上升为理论原则，提出了统一战线、武装斗争、党的建设，是中国共产党在中国革命中战胜敌人的三个法宝。"三大法宝"之间的关系是，"统一战线和武装斗争，是战胜敌人的两个基本武器。统一战线，是实行武装斗争的统一战线。而党的组织，则是掌握统一战线和武装斗争这两个武器以实行对敌冲锋陷阵的英勇战士"③。对于中国共产党人来说，"正确地理解了这三个问题及其相互关系，就等于正确地领导了全部中国革命"④。

1939 年 12 月，毛泽东在《中国革命和中国共产党》一文中，进一步对中国社会和中国革命的根本问题作出全面的精辟的说明，第一次提出"新民主主义革命"这一科学命题，指出"所谓新民主主义革命，就是在无产阶级领导之下的人民大众的反帝反封建的革命"。

在《新民主主义论》中，毛泽东实事求是地分析了中国社会的性质，具体阐明了中国革命的对象、步骤和任务。毛泽东指出："现在的中国，在日本占领区，是殖民地社会；在国民党统治区，基本上也还是一个半殖民地社会；而不论在日本占领区和国民党统治区，都是封建半封建制度占优势的社会。"⑤ 这就是当时中国社会的性质。这种社会性质，规定了当时中国社会的主要矛盾是帝国主义和中华民族的矛盾，封建主义和人

---

① 毛泽东：《毛泽东选集》第二卷，人民出版社，1991 年，第 801 页。

② 毛泽东：《毛泽东选集》第二卷，人民出版社，1991 年，第 801 页。

③ 毛泽东：《毛泽东选集》第二卷，人民出版社，1991 年，第 613 页。

④ 毛泽东：《毛泽东选集》第二卷，人民出版社，1991 年，第 605~606 页。

⑤ 毛泽东：《毛泽东选集》第二卷，人民出版社，1991 年，第 664~665 页。

民大众的矛盾。这一主要矛盾，决定了革命的对象是帝国主义和封建势力，革命的任务就是反帝反封建，从而也就决定了当时中国革命的性质，只能是民主主义的，而不能是社会主义的。革命的历史进程必须分两步走：第一步是民主主义革命，第二步是社会主义革命。毛泽东指出，革命发展有阶段之分，不能"毕其功于一役"。

毛泽东还实事求是地分析了中国社会各阶级的历史地位及其相互关系，解决了中国新民主主义革命的领导权问题。他指出，中国的新民主主义革命，只能是以无产阶级为领导、以建立各个阶级联合专政的新民主主义社会为目的的革命。

关于新民主主义的政治经济文化纲领，毛泽东认为，新民主主义的政治纲领是：建立无产阶级领导的、以工农联盟为基础的、几个革命阶级的联合专政。这个专政实行民主集中制的人民代表大会制度。新民主主义的经济纲领是：没收帝国主义和官僚资本的大银行、大工业、大商业归新民主主义的国家所有，这是属于社会主义性质的经济，是整个国民经济的领导力量；实行耕者有其田，即没收地主的土地，分配给无地和少地的农民，并在此基础上发展具有社会主义因素的合作经济；实行节制资本的制度，允许有利于国计民生的私人资本主义经济的存在和发展。新民主主义的文化纲领是：无产阶级领导的人民大众的反帝反封建的文化，即民族的科学的大众的新文化。

新民主主义理论的完整阐述，是马克思主义中国化的具体成果，它不仅展示了一条独特的中国革命道路，还描绘了一条独特的未来中国的发展道路。这个成果的形成表明，毛泽东已经无可争辩地处在了那个时代的前列，毛泽东思想已经成熟。

1945年4月23日，中国共产党第七次全国代表大会在延安杨家岭中央礼堂开幕。毛泽东致开幕词，这就是《两个中国之命运》的文章。4月24日，由毛泽东作政治报告，他写了一个书面政治报告，即《论联合政府》。这份报告，分析了国际国内形势，总结了抗战中两条路线的斗争，阐述了中国共产党的一般纲领和具体纲领，并指出了中国人民应当争取打败侵略者、建设新中国的前途。中共七大经过讨论，一致通过把毛泽东思想作为全党的指导思想，写入党的章程。6月11日，通过的《中国共产党党章》明确："中国共产党以马克思列宁主义的理论与中国革命实践之统一的思想——毛泽东思想，作为自己一切工作的指针，反对任何教条主义的经验主义的偏向。"[①] 为此，毛泽东思想作为中国共产党的指导思想的地位便用法律的程序，以中央党的纲领的形式正式确定下来。这是毛泽东思想史上的一个重要里程碑。

（四）解放战争时期到社会主义建设时期，毛泽东思想的发展阶段

1. 人民民主专政理论的形成

1949年3月5日—13日，在西柏坡中共中央的大伙房里，党的七届二中全会召开了。在大会的开幕式上，毛泽东作重要报告，提出了夺取全国胜利和在胜利之后的政

---

① 中共中央文献研究室编《建党以来重要文献选编（1921—1949）》第二十二册，中央文献出版社，2011年，第533页。

治、经济、外交等方面的基本方针；提出了党的工作重心的转移问题。他说："从现在起，开始了由城市到乡村并由城市领导乡村的时期。党的工作重心由乡村转移到了城市。"① 关于，中国人民在推翻国民党反动派以后，要建立一个什么性质的国家问题。毛泽东还强调了党在城市工作的重心是恢复和发展生产。毛泽东在报告中还特别警告全党，全国胜利以后，资产阶级的"糖衣炮弹"将成为我们所面临的主要危险。他说："可能有这样一些共产党人，他们是不曾被拿枪的敌人征服过的，他们在这些敌人面前不愧英雄称号；但是经不起人们用糖衣裹着的炮弹的攻击，他们在糖弹面前要打败仗。我们必须预防这种情况。夺取全国胜利，这只是万里长征走完了第一步。"②

1949 年 6 月，毛泽东写了《论人民民主专政》这篇著名的论文，系统完整地论述了人民民主专政的最完整的公式："总结我们的经验，集中到一点，就是工人阶级（经过共产党）领导的以工农联盟为基础的人民民主专政。这个专政必须和国际革命力量团结一致。这就是我们的公式。这就是我们的主要经验，这就是我们的主要纲领。"③ 1949 年 8—9 月，毛泽东又写了《丢掉幻想，准备斗争》《别了，司徒雷登》《为什么要评白皮书》《"友谊"，还是侵略？》《唯心历史观的破产》等文章，他运用马克思列宁主义的理论，深刻揭露了美帝国主义对华政策的阶级本质；批判了党内外某些动摇观望的错误认识和对美帝国主义的幻想，深刻地总结了中国人民长期同帝国主义斗争的经验，概括出革命和反革命两种截然不同的逻辑，并对中国革命的发生和胜利的原因作了科学的分析。1949 年 9 月 21 日，在北平召开了中国人民政治协商会议第一届全体会议。会议通过的《中国人民政治协商会议共同纲领》中规定："中国人民民主专政是中国工人阶级、农民阶级、小资产阶级、民族资产阶级及其爱国民主分子的人民民主统一战线的政权，而以工农联盟为基础，以工人阶级为领导。"④

解放战争时期，历史向中国共产党人提出了直接领导中国革命由新民主主义向社会主义进行战略转变的任务。以毛泽东为代表的中国共产党人，在马克思主义科学理论的指导下，根据革命斗争的实践的要求和中国革命两个阶段的理论，出色地完成了战略转移的历史使命，保证了中国革命事业的顺利发展，并在这个过程中，极大地丰富和发展了马克思列宁主义的理论宝库。

2. 过渡时期总路线的提出

新中国成立后，恢复国民经济、进行社会主义改造和社会主义建设的任务先后摆在党的面前。党在完成这些任务的基础上，把毛泽东思想发展到新的高度。其中既有对已经形成的新民主主义理论的丰富和完善，更有在新的实践基础上形成的关于社会主义革命和社会主义建设的正确的理论原则和经验总结。主要是：关于政策和策略的理论原则、关于党的工作重心由乡村转到城市的思想、关于人民民主专政的思想、关于从新民

---

① 毛泽东：《毛泽东选集》第四卷，人民出版社，1991 年，第 1427 页。
② 毛泽东：《毛泽东选集》第四卷，人民出版社，1991 年，第 1438 页。
③ 毛泽东：《毛泽东选集》第四卷，人民出版社，1991 年，第 1480 页。
④ 中共中央文献研究室编《建国以来重要文献选编》（第一册），中央文献出版社，2011 年，第 1 页。

主主义向社会主义转变的思想、关于调动一切积极因素建设社会主义国家的思想、关于社会主义建设和中国工业化道路的思想、关于正确处理人民内部矛盾的思想、关于社会主义民主政治和执政党建设的思想、关于社会主义文化建设的思想等。

中华人民共和国成立以后，经过三年的经济恢复时期，人民民主专政的政权得到巩固，国民经济状况基本好转，国际形势也不断朝着有利于我国社会主义建设的方面发展。这样，社会主义改造和建设的总任务、总路线就迫切地提到了全党和全国人民面前。曾在 1952 年 9 月 24 日，中共中央书记处会议上，就提出了向社会主义过渡的问题。1953 年 2 月 27 日，毛泽东在中央书记处会议上谈到他视察湖北时与孝感地委负责同志的一次谈话，再次提出理论对过渡问题的思考。1953 年年初，中共中央组织了大规模调查研究活动。调查工作结束后，李维汉向中共中央及毛泽东提交了一份题目为"资本主义工业中的公私关系问题"的报告。毛泽东在报告上批示。6 月 15 日，中央政治局召开会议，会上毛泽东发表了关于过渡时期的总路线和总任务。1953 年 12 月，中共中央宣传部拟定了《为动员一切力量把我国建设成为一个强大的社会主义国家而斗争——关于党在过渡时期总路线的学习和宣传提纲》。提纲对过渡时期总路线最完备的表述。提纲指出："从中华人民共和国成立，到社会主义改造基本完成，这是一个过渡时期。党在这个过渡时期的总路线和总任务，是要在一个相当长的时期内，逐步实现国家的社会主义工业化，并逐步实现国家对农业、对手工业和对资本主义工商业的社会主义改造。这条总路线是照耀我们各项工作的灯塔，各项工作离开它，就要犯右倾或'左'倾的错误。"[①]

毛泽东提出并倡导的这条过渡时期的总路线，包含着马克思主义的革命转变和社会转变原理，是在历史唯物主义指导下的一条中国社会主义革命和社会主义建设同时并举的路线。这是一个鼓舞人的目标。过渡时期总路线学习和宣传提纲发布以后，一个更大规模的学习和宣传活动在全国蓬勃兴起，极大地推动了经济建设和社会主义改造事业的发展。

3. 正确处理社会主义建设中的关系问题

毛泽东第一次作"论十大关系"的报告是在 1956 年 4 月 25 日政治局召开的扩大会议上，这个会议恰在第一轮各主要部委办工作汇报结束后的第 3 天。在报告的开篇，毛泽东就指出：最近几个月，中央政治局听了中央工业、农业、运输业、商业、财政等三十四个部门的工作汇报，从中看到一些有关社会主义建设和社会主义改造的问题。如：重工业和轻工业、农业的关系；沿海工业和内地工业的关系；经济建设和国防建设的关系；国家、生产单位和生产者个人的关系；中央和地方的关系；汉族和少数民族的关系；党和非党的关系；革命和反革命的关系；是非关系；中国和外国的关系等十大关系。历史也证明，在中国社会主义制度即将建立起来的历史关头，《论十大关系》在推动中国共产党探索自己的社会主义道路上所产生的作用几乎是立竿见影的。文章中的思

---

① 中共中央文献研究室编《建国以来重要文献选编》（第四册），中央文献出版社，2011 年，第 602～603 页。

想和原则，是 4 个月后召开的党的第八次代表大会的指导思想，而党的第八次代表大会，遵循马克思列宁主义普遍原理与中国革命和建设的具体实际相结合的原则，科学地总结了我国革命和建设的基本经验。正确地分析了社会主义改造基本完成后我国形势和社会主要矛盾的变化，适时地提出了把全党的工作重心从革命转移到建设上来的战略决策，全面地制定了尽快把我国建设成为一个伟大的社会主义强国的路线、方针和政策，它为新时期社会主义事业的发展和党的建设指明了方向，为探索适合我国国情的社会主义建设道路做出了重要贡献，成为中国共产党探索中国社会主义建设道路的里程碑。

4. 关于正确处理人民内部矛盾的理论

党的八大后，随着社会主义改造高潮的迅速到来，社会主义改造中出现的一系列要求过急、工作过粗的问题开始显著地暴露出来。中国共产党面临着新中国成立以来第一次风波。

对社会主义是否存在矛盾问题，在 1956 年《论十大关系》的最后总结中就进行了思考。在八大"党的领导"这一节加了一段话，将社会主义社会的矛盾问题提得更加明确。1957 年 2 月 27 日，最高国务会议第十一次会议召开。在会上，毛泽东以"关于正确处理人民内部矛盾的问题"为题讲了长长的十二个问题。比如两类性质矛盾、肃反问题、农业合作化、资本主义工商业改造、知识分子和青年学生、增产节约反对铺张浪费、统筹兼顾适当安排、百花齐放、百家争鸣、长期共存、相互监督、如何处理罢工罢课游行示威等问题，人民闹事出乱子是坏事还是好事，少数民族与大汉民族的关系问题，中国有可能在三四个五年计划内根本改变面貌。

这次讲话后，毛泽东对讲话内容做了很多的补充和修改，于 6 月 19 日，在《人民日报》头版头条全文刊登了经过反复修改定稿的《关于正确处理人民内部矛盾的问题》。毛泽东指出："社会主义生产关系已经建立起来，它是和生产力的发展相适应的；但是，它又还很不完善，这些不完善的方面和生产力的发展又是相矛盾的。除了生产关系和生产力发展的这种又相适应又矛盾的情况以外，还有上层建筑和经济基础的又相适应又相矛盾的情况。"[1] "在我们的面前有两类社会矛盾，这就是敌我之间的矛盾和人民内部的矛盾。"[2] "人民内部的矛盾，在劳动人民之间说来，是非对抗性的；在被剥削阶级和剥削阶级之间说来，除了对抗性的一面以外，还有非对抗性的一面"[3] "一般说来，人民内部的矛盾，是在人民利益根本一致的基础上的矛盾。"[4] 同时，针对新形势下党的根本任务、关于阶级斗争的形势、关于辨别香花毒草的政治标准提出了独特的见解。这篇文章是毛泽东探索社会主义建设规律的辉煌成果，丰富和发展了科学社会主义理论，为社会主义国家处理政治生活等一系列问题提供了指导准则。

到 1957 年上半年，毛泽东对中国社会主义建设道路的探索，基本上是沿着一条正

---

[1] 中共中央文献研究室编《建国以来重要文献选编》（第十册），中央文献出版社，2011 年，第 66 页。
[2] 中共中央文献研究室编《建国以来重要文献选编》（第十册），中央文献出版社，2011 年，第 56 页。
[3] 中共中央文献研究室编《建国以来重要文献选编》（第十册），中央文献出版社，2011 年，第 57 页。
[4] 中共中央文献研究室编《建国以来重要文献选编》（第十册），中央文献出版社，2011 年，第 57 页。

确的轨道在发展，一些规律性问题的认识和阐述，不仅丰富和发展了马克思主义理论，而且也成了毛泽东思想在社会主义时期的一个发展高潮。但是，毛泽东思想在后续的发展过程中也面临着曲折。由于在社会主义建设过程中，毛泽东过分严重地估计形势，过分夸大了中国社会阶级斗争的状况，出现了反右派斗争严重扩大化的错误。这是党在探索中国式社会主义建设道路的历程中犯的第一个重大错误。并且在后续的发展过程中，出现了"左"的阶级斗争理论和实践的不断升级，直至最后形成"无产阶级专政下继续革命"的理论和出现"文化大革命"的政治大动乱。尽管，1961 年 1 月，八届九中全会决定对国民经济实行"调整、巩固、充实、提高"的八字方针，对纠正经济工作中的"左"倾错误起了重要作用，但总的指导思想上看，这种"左"倾错误并未得到纠正反而还恶性地发展起来，引发长达十年的"文化大革命"为党和国家及人民带来沉重损失。

（五）毛泽东思想的历史地位

回顾毛泽东思想萌芽、形成、成熟、发展的历史进程，可以发现其中孕育实事求是、群众路线、独立自主的灵魂。毛泽东思想作为马克思主义中国化的第一次历史性飞跃的理论成果，不仅在中国共产党历史、中华人民共和国历史、中华民族发展史中占据十分重要的历史地位，而且对于新时代中国特色社会主义事业的建设及发展具有重要的价值和意义。

1981 年中共十一届六中全会通过的《关于建国以来党的若干历史问题的决议》，对毛泽东及毛泽东思想进行了科学的评价。决议指出："毛泽东同志是伟大的马克思主义者，是伟大的无产阶级革命家、战略家和理论家。他虽然在'文化大革命'中犯了严重的错误，但是就他的一生来看，他对中国革命的功绩远远大于他的过失。他的功绩是第一位的，错误是第二位的。他为我们党和中国人民解放军的创立和发展，为全国各族人民解放事业的胜利，为中华人民共和国的缔造和我国社会主义事业的发展，建立了永远不可磨灭的功勋。他为世界被压迫民族的解放和人类进步事业做出了重大的贡献。"[①]1997 年中共十五大报告指出：毛泽东最伟大的功绩，是把马克思列宁主义原理同中国革命的实际结合起来，开辟了中国夺取革命胜利的道路，创立了中国化的马克思主义，即毛泽东思想，为中国革命提供了以马克思列宁主义为理论基础的科学的指导思想，为中国革命和建设开辟了将马克思列宁主义与本国实际相结合的科学轨道。具体说来，毛泽东思想的历史地位和伟大作用主要表现在以下四个方面：

第一，毛泽东思想是夺取中国革命胜利的理论武器。马克思主义与中国实际相结合的第一次历史性飞跃，是在中国革命的过程中实现的。以毛泽东为代表的中国共产党人，在科学分析中国国情和阶级力量对比的基础上，正确地解决了有关中国革命的一系列基本问题，从而指明了中国革命胜利发展的道路。同样，在毛泽东思想指导下，中国

---

①　中共中央文献研究室编《三中全会以来重要文献选编》（下），中央文献出版社，2011 年，第 155~156 页。

共产党创造性地开辟了一条具备中国特色的社会主义改造道路，还创造了在剧烈的社会变革中保持经济迅速增长的经验。

第二，毛泽东思想是社会主义中国立国建国、坚持社会主义道路的思想政治基础。在毛泽东关于人民民主专政理论的指导下建立的人民代表大会制度、共产党领导的多党合作和政治协商制度、民族区域自治制度等，是社会主义中国的基本政治制度。它们与毛泽东亲自领导下建立的生产资料公有制为主体的社会主义经济制度一起，构成了社会主义中国的基本制度。实践证明，社会主义制度是个好制度，应当在实践中坚持并加以完善。

第三，毛泽东思想是中华民族团结和振兴的精神支柱。毛泽东思想的形成、发展并指导中国革命不断取得胜利的过程，也是激励和形成中国革命精神的过程。毛泽东所倡导的全心全意为人民服务和以集体主义为核心的讲求奉献的人生观、价值观，所提倡的理论联系实际、密切联系群众和批评与自我批评的作风，所培育的独立自主、自力更生、艰苦奋斗、勤俭建国的精神等，激励了几代中国人民，成为中国人民团结一致、振兴中华的强大精神支柱和动力。

第四，毛泽东思想是对马克思列宁主义的丰富和发展，是马克思主义发展史上承上启下、继往开来的重要阶段。马克思主义是关于无产阶级解决斗争的科学理论，其基本原理对世界各国是普遍适用的。但是，它毕竟产生于资本主义比较发达、现代生产力比较发达的欧洲，对于指导东方国家的革命及其发展是不够的。列宁主义指导下的俄国十月革命，为东方落后国家开辟了一条通向社会主义的道路。但是，从严格意义上说，俄国仍然是西方资本主义的一个历史环节，它同亚非拉广大的殖民地半殖民地国家和民族并无共同的发展经历和历史命运，在毛泽东思想指导下取得的中国革命胜利发生在半殖民地半封建的经济落后的东方大国，它成功地实现了马克思主义与中国实际的结合，对亚非拉广大被压迫民族产生了巨大而深远的影响。它的正确经验上升为理论，丰富和发展了马列主义，而且是中国特色社会主义理论体系的理论渊源和思想先导。

【课堂研学材料】

《中共中央举行纪念毛泽东同志诞辰130周年座谈会》节选
2023年12月26日

毛泽东同志是伟大的马克思主义者，伟大的无产阶级革命家、战略家、理论家，是马克思主义中国化的伟大开拓者、中国社会主义现代化建设事业的伟大奠基者，是近代以来中国伟大的爱国者和民族英雄，是党的第一代中央领导集体的核心，是领导中国人民彻底改变自己命运和国家面貌的一代伟人，是为世界被压迫民族的解放和人类进步事业作出重大贡献的伟大国际主义者。毛泽东思想是我们党的宝贵精神财富，将长期指导我们的行动。对毛泽东同志的最好纪念，就是把他开创的事业继续推向前进。

毛泽东同志的一生是为国家富强、民族振兴、人民幸福而不懈奋斗的一生。他带领人民开创了马克思主义中国化的历史进程、锻造了伟大光荣正确的中国共产党、建立了人民当家作主的新中国、创建了先进的社会主义制度、缔造了战无不胜的新型人民军队，为中华民族、中国人民建立了不可磨灭的历史功勋，作出了光耀千秋的历史贡献。

毛泽东同志把自己的一生献给党和人民，留下了永志后人的崇高精神风范。毛泽东同志展现出一个伟大革命领袖高瞻远瞩的政治远见、坚定不移的革命信念、勇于开拓的非凡魄力、炉火纯青的斗争艺术、杰出高超的领导才能、心系人民的赤子情怀、坦荡宽广的胸怀境界、艰苦奋斗的优良作风，赢得了全党全国各族人民的爱戴和敬仰，毛泽东同志的崇高精神风范永远是激励我们继续前进的强大动力。

——《人民日报》（2023 年 12 月 27 日第 01 版）

【教师课堂提问及点评】

问题思考：

加强毛泽东思想的学习，对于推进新时代中国特色社会主义伟大事业，实现中华民族伟大复兴中国梦的价值何在？

问题解答：

以毛泽东同志为主要代表的中国共产党人，实现了马克思主义中国化的第一次历史性飞跃，创立了毛泽东思想，为中国共产党铸造了坚持马克思主义理论指导、善于马克思主义理论创新的基因。毛泽东思想活的灵魂是贯穿其中的立场、观点、方法，它们有三个基本方面，这就是实事求是、群众路线、独立自主。新形势下，我们要坚持和运用好毛泽东思想活的灵魂，把我们党建设好，把中国特色社会主义伟大事业继续推向前进。

中国共产党领导的革命、建设、改革伟大实践，是一个接续奋斗的历史过程，是一项救国、兴国、强国，进而实现中华民族伟大复兴的完整事业。中国特色社会主义不是从天上掉下来的，是党和人民历尽千辛万苦、付出各种代价取得的根本成就。近代以来，中华民族始终有一个梦想，这就是实现中华民族伟大复兴，为人类作出更大贡献。我们的先辈们为实现这个梦想付出了巨大努力。今天，我国改革开放和现代化建设取得了举世瞩目的成就，我们比历史上任何时期都更接近中华民族伟大复兴的目标。站在新的历史起点上，我们的事业崇高而神圣，我们的责任重大而光荣。

要实现中华民族伟大复兴，我们就必须坚定不移推进改革开放。党的十八届三中全会吹响了全面深化改革的新号角。我们要不断深化对改革开放规律性的认识，勇于攻坚克难，敢于迎难而上，坚决破除各方面体制机制弊端，奋力开拓中国特色社会主义更加广阔的前景。

实现中华民族伟大复兴，关键在党。今天，我们正在进行具有许多新的历史特点的伟大斗争。全党要牢记毛泽东同志提出的"我们决不当李自成"的深刻警示，牢记"两个务必"，牢记"生于忧患，死于安乐"的古训，着力解决好"其兴也勃焉，其亡也忽焉"的历史性课题，增强党要管党、从严治党的自觉，提高党的执政能力和领导水平，增强党自我净化、自我完善、自我革新、自我提高能力。

要继续深入开展党的群众路线教育实践活动，凡是影响党的创造力、凝聚力、战斗力的问题都要及时解决，凡是损害党的先进性和纯洁性的病症都要认真医治，凡是滋生在党的健康肌体上的毒瘤都要坚决祛除，通过持之以恒的努力，使党始终成为中国特色社会主义事业的坚强领导核心。

【专题小结】

毛泽东思想是马克思主义中国化的第一次历史性飞跃的理论成果，是指导中国革命和建设的指导思想和宝贵财富，是中国特色社会主义理论体系的思想渊源和理论先声，是党和国家的根本指导思想。毛泽东思想大致经历了孕育萌芽、初步形成、成熟和发展四个阶段。

首先，大革命时期，以毛泽东为主要代表的中国共产党人，力求以马克思列宁主义为指导来考察、分析中国社会，对中国革命所遇到的问题给予正确的回答，初步形成了新民主主义革命的基本思想。其中，代表性的著作有《中国社会各阶级的分析》《湖南农民运动考察报告》等。

其次，中央苏区的反"左"斗争时期，以毛泽东为主要代表的中国共产党人，敢于同党内盛行着的马克思主义教条化、共产国际决议和苏联经验神圣化的错误倾向作斗争，在把马克思主义基本原理同中国实际情况相结合的基础上，形成了毛泽东思想的活的灵魂，即实事求是、群众路线、独立自主。其中，代表性的著作有《中国的红色政权为什么能够存在？》《井冈山的斗争》《星星之火，可以燎原》《反对本本主义》等。

再次，土地革命战争后期到抗日战争时期，毛泽东思想得到系统总结和多方面展开。不仅形成了新民主主义革命理论的完整体系，而且总结出了党领导新民主主义革命的三大法宝，还实现了毛泽东哲学思想体系的建构。其中，代表性的著作有《中国革命和中国共产党》《新民主主义论》《〈共产党人〉发刊词》等。

最后，解放战争时期、社会主义革命和建设时期，以毛泽东为代表的中国共产党人，在马克思主义科学理论的指导下，根据革命斗争的实践要求和中国革命两个阶段的理论，成功领导中国革命由新民主主义向社会主义转变的历史任务，并在这个过程中极大地丰富和发展了马克思列宁主义的理论宝库。其中，代表性的著作有《论人民民主专政》《论十大关系》《关于正确处理人民内部矛盾的问题》等。

七、课后阅读

范忠程主编《青年毛泽东与湖南思想界》，湖南出版社，1993年版。

李锐著《早年毛泽东——毛泽东的早期革命活动》，辽宁人民出版社，1993年版。

张华、黄俊平著《伟人的起步》，浙江人民出版社，1994年版。

黄一兵著《地覆天翻——历史巨变与毛泽东》，济南出版社，1998年版。

八、课后思考

1. 毛泽东思想作为党和国家长期指导思想的缘由何在？

2. 毛泽东思想对于实现中华民族伟大复兴中国梦的价值所在？

第八专题　中国特色社会主义理论体系的开创、深化和发展

一、专题概述

中国特色社会主义理论体系，是马克思主义基本原理与中国特色社会主义建设相结合的重要产物，是马克思主义中国化时代化历史性飞跃的理论成果，在马克思主义发展历史进程中具有非常重要的作用和价值，是马克思主义发展史的重要内容。本专题着重讲解中国特色社会主义理论体系的开创、深化与发展的进程，进一步明晰中国特色社会主义理论体系的历史意义和现实价值。

二、教学目标

知识目标：通过本专题的理论讲学，帮助学生全面掌握中国特色社会主义理论体系的开创、深化和发展时期，使学生深入认识中国特色社会主义理论体系所具有的历史地位和当今时代价值。首先是邓小平理论开创了具有中国特色的社会主义建设新时期，其次是江泽民形成了"三个代表"重要思想深化了中国特色社会主义理论，最后是胡锦涛提出的科学发展观进一步促进了中国特色社会主义理论体系的发展。

能力目标：通过本专题的理论讲授，学生在掌握中国特色社会主义理论体系形成发展的基础上，能够自觉运用中国特色社会主义理论的精髓，坚持实事求是地解决中国社会建设发展过程中遇到的各种问题。同时，能够认识到坚持中国特色社会主义理论作为党和国家发展建设指导思想的重要意义和价值所在。

情感、态度、价值观目标：通过本专题教学活动的展开，使学生坚定树立马克思主义的科学信仰，坚持用马克思主义的立场、观点和方法分析社会现实问题。同时，让学生进一步坚定对于中国特色社会主义理论体系作为党和国家指导思想的理性认同，中国特色社会主义理论不仅是指导我国社会主义建设的指导思想，还是党的一笔重要宝贵财富必须长久坚持绝不动摇。

三、教学重点、难点

重点：把握中国特色社会主义理论体系发展演进的过程。

难点：认清中国特色社会主义理论在马克思主义发展史中所占有的重要地位。

四、内容框架

中国特色社会主义理论体系的开创。
中国特色社会主义理论体系的丰富。
中国特色社会主义理论体系的形成。

五、课时分配

4 学时。

六、专题教学

【专题导入】

党的十七大报告指出："改革开放以来我们取得一切成绩和进步的根本原因，归结起来就是：开辟了中国特色社会主义道路，形成了中国特色社会主义理论体系。高举中国特色社会主义伟大旗帜，最根本的就是要坚持这条道路和这个理论体系。"[①] 通过本专题的系统讲授，在全面掌握中国特色社会主义理论体系开创、深化与发展的基础上，进一步把握其历史地位和现实意义。

【历史脉络梳理】

中国特色社会主义理论体系，是我们党在社会主义建设中不断进行实践探索和理论创新的重要成果，它深植于马克思主义的理论沃土和中国人民改革开放的伟大实践，是当代中国的马克思主义。中国特色社会主义理论体系的形成经历了开创、深化和发展三个阶段。

1978 年以来，以邓小平同志为核心的党的第二代中央领导集体领导中国人民在总结社会主义建设经验教训的基础上，回答了"什么是社会主义、怎样建设社会主义"这一重大问题，为继续完成国家繁荣富强、人民共同富裕的历史任务不断努力。党的十一届三中全会决定把党和国家的工作中心转移到经济建设上来，并做出了实行改革开放的伟大决策。1987 年在党的十三大上，我们党又确定了"一个中心，两个基本点"的社会主义初级阶段的基本路线，为我国社会主义初级阶段的建设和发展指明了方向，开辟了中国特色社会主义道路，我国的生产力有了长足发展，综合国力有了很大提升，人民的生活水平有了很大改善，基本解决了全国人民的温饱问题。邓小平理论开创了中国特色社会主义理论体系。

[①] 胡锦涛：《胡锦涛文选》（第二卷），人民出版社，2016 年，第 620 页。

　　党的十五大确立了"两个一百年"的奋斗目标。"到建党一百年时，使国民经济更加发展、各项制度更加完善；到本世纪中叶建国一百年时，基本实现现代化，建成富强民主文明的社会主义国家。"① 在以江泽民同志为核心的党的第三代中央领导集体的带领下，在国内发生严重政治风波、世界社会主义遭遇严重挫折、中国特色社会主义事业发展面临压力之际，中国共产党人妥善处理应对国内国际的复杂问题和挑战，带领人民建立了社会主义市场经济体制，确立了基本经济制度，在党的十六大上提出了全面建设小康社会的奋斗目标，实施"走出去"的开放战略，建设社会主义法治国家，全面推进党的建设新的伟大共产，完成了邓小平提出的"三步走"战略中的第二步——"人民生活达到小康水平"的目标，为实现"两个一百年"的奋斗目标做出了重大贡献。"三个代表"重要思想深化了中国特色社会主义理论体系。

　　党的十六大以后，以胡锦涛同志为主要代表的中国共产党人推进科学发展，构建社会主义和谐社会，拓展中国特色社会主义建设总体布局，提出社会主义核心价值体系，坚持走和平发展道路，继续深化改革，调结构、重民生、促发展，建立了较为完善的社会主义市场经济体系，使我国一跃成为世界第二大经济体，综合国力和国际竞争力明显增强。同时我国的城镇人口比重大幅度提高，工农差别、城乡差别、地区差别逐步缩小，社会主义法制更加完备，社会保障体系更加健全，人民过上更加富足的生活。在全面建设小康社会目标的指标下，我国的经济更加发展、民主更加健全、科教更加进步、文化更加繁荣、社会更加和谐、人民生活更加殷实，中国特色社会主义的优势进一步显现，这些都表明中国的第二大任务在顺利完成中。科学发展观，促进了中国特色社会主义理论体系的进一步发展。

　　【要点讲解】

　　如何在中国这样一个经济文化比较落后的东方大国进行社会主义建设，是社会主义发展史上的崭新课题。中国建设社会主义的现实状况，既不同于马克思主义创始人所构想的社会主义可以在资本主义生产力高度发展的基础上进行建设的状况，也不同于苏联和东欧等其他社会主义国家的发展状况。因此，中国要进行的社会主义建设"照搬书本不行，按照外国也不行，必须从国情出发，把马克思主义基本原理同中国实际结合起来，在实践中开辟有中国特色的社会主义道路"。这条道路的探索为中国特色社会主义理论体系的形成奠定了坚实的基础。

（一）中国特色社会主义理论体系的开创

　　探索中国特色社会主义建设道路，是毛泽东在 1956 年提出的。经过 20 多年的曲折发展，直到十一届三中全会以后，在以邓小平为核心的党的第二代中央领导集体的带领下，我们党才逐步开创了一条成功的中国特色社会主义建设道路。

① 中共中央文献研究室编《十五大以来重要文献选编》（上），中央文献出版社，2011 年，第 4 页。

1. 开启理论发展进程

在中国特色社会主义理论的形成过程中有两个重要的时间节点，一是 1982 年党的十二大，邓小平提出了一个在中国共产党理论发展史上从未有过的命题——"走自己的路，建设有中国特色的社会主义"，它集中反映了邓小平和我们党科学对待马克思主义、坚持用社会主义发展中国的新思考。从此党的全部理论和实践探索有了明确的指向，都围绕着建设中国特色社会主义展开。二是 1997 年党的十五大，我们党对邓小平关于建设有中国特色社会主义思想进行了系统总结，明确提出了邓小平理论，而且把它确立为党的指导思想。邓小平理论的形成，是中国特色社会主义理论体系开创的标志，同时也奠定了这一理论体系的基本思路和基本原则。我们党认为，"马克思列宁主义同中国实际相结合有两次历史性飞跃，产生了两大理论成果。第一次飞跃的理论成果是被实践证明了的关于中国革命和建设的正确的理论原则和经验总结，它的主要创立者是毛泽东，我们党把它称为毛泽东思想。第二次飞跃的理论成果是建设中国特色社会主义理论，它的主要创立者是邓小平，我们党把它称为邓小平理论。"[1]

1976 年 10 月，"文化大革命"结束，党和国家获得了重新走上正确发展道路的契机。广大干部群众期待着党中央能够及时拨乱反正，清除"左"倾错误的影响，把中国社会主义事业推向前进。但是，当时在党和国家事业发展的指导思想中仍然存在"左"倾错误理论，提出了"两个凡是"的主张。邓小平提出，"我们必须世世代代地用准确的完整的毛泽东思想来指导我们全党、全军和全国人民，把党和社会主义的事业，把国际共产主义运动的事业，胜利地推向前进"[2]。他坚定地支持关于真理标准的大讨论，使党重新确立了解放思想、实事求是的思想路线。1978 年 5 月 11 日，《光明日报》发表题为《实践是检验真理的唯一标准》的评论员文章，针对"两个凡是"的主张尖锐地指出：社会实践不仅是检验真理的标准，而且是唯一标准。通过这场讨论，人们的思想获得极大解放，长期盛行的个人崇拜的思想禁锢逐步被打破。关于真理标准问题的讨论，成为党的十一届三中全会之后实现伟大转折的思想先导。

1978 年底召开的具有重大历史意义的党的十一届三中全会，以巨大的政治勇气和理论勇气，开始全面纠正"文化大革命"的"左"倾错误；彻底否定"两个凡是"的方针，提出要正确认识毛泽东的历史地位和毛泽东思想；高度评价了关于真理标准问题的讨论，确定了解放思想、实事求是，团结一致向前看的指导方针；彻底否定了"以阶级斗争为纲"的错误理论和实践，从党的指导思想上进行拨乱反正，做出了把党和国家的工作重心转移到以经济建设为中心的社会主义现代化建设的轨道上的战略决策。提出要实现四个现代化，要求大幅度地提高生产力，按照经济规律办事，重视价值规律的作用，注意把思想政治工作和经济手段结合起来，充分调动干部和群众的积极性；提出了要注意解决好国民经济比例严重失调的问题，做出了关于加快农业发展的决定；恢复了

① 中共中央文献研究室编《十五大以来重要文献选编》（上），中央文献出版社，2011 年，第 8 页。
② 邓小平：《邓小平文选》（第二卷），人民出版社，1994 年，第 39 页。

党的民主集中制的优良传统，提出了使民主制度化、法制化的重要任务；审查和解决了历史遗留的一批重大问题及一些重要领导人的功过是非问题，开始了系统梳理重大历史是非的拨乱反正。同时对改革开放做出重大部署。党的十一届三中全会标志着我们党重新确立了马克思主义的思想路线、政治路线、组织路线，为成功探索中国特色社会主义实践道路和理论奠定了思想理论基础，提供了政治保证和组织保证，是党领导社会主义事业走上新道路、开创新时期的标志。

1978 年 12 月 13 日，邓小平在中央工作会议上作了题为《解放思想，实事求是，团结一致向前看》的重要讲话。在讲话中，邓小平强调，"首先是解放思想。只有思想解放了，我们才能正确地以马列主义、毛泽东思想为指导，解决国情遗留的问题，解决新出现的一系列问题"①。他振聋发聩地提出，"一个党，一个国家，一个民族，如果一切从本本出发，思想僵化，迷信盛行，那它就不能前进，它的生机就停止了，就要亡党亡国"②。这个简化成为十一届三中全会公报的主体内容。

1979 年 3 月，邓小平首次提出"中国式现代化道路"的命题，强调"过去搞民主革命，要适合中国情况，走毛泽东同志开辟的农村包围城市的道路。现在搞建设，也要适合中国情况，走出一条中国式的现代化道路"。党的十一届六中全会《决议》第一次提出：我们的社会主义制度还处于初级阶段，社会主义制度由比较不完善到比较完善，必然要经历一个长久的过程。这就要求我们在坚持社会主义基本制度的前提下，努力改革那些不适应生产力发展需要和人民利益的具体制度。

1980 年 8 月，邓小平在中央政治局扩大会议上发表了题为《党和国家领导制度的改革》的重要讲话。讲话指出，我们进行社会主义现代化建设，是要在经济上赶上发达资本主义国家，在政治上创造比资本主义国家的民主更高更切实的民主，并且造就比这些国家更多更优秀的人才。党和国家的各种制度究竟好不好、完善不完善，必须用是否有利于实现这三条来检验。1981 年底中央国家机关率先开始机构改革，随后，省、地、县三级也都相继进行了机构改革。1982 年 2 月，中央作出《关于建立老干部退休制度的决定》，同时，开展大力选拔和培养中青年干部的工作。通过这些改革，干部队伍的革命化、年轻化、知识化、专业化建设取得初步成效。经过 4 年对各个领域的拨乱反正和改革开放的探索，党和国家的各项工作实现了历史性的伟大转变，各方面实现了历史性的伟大转变，各方面都积累了一定经验，改革开放全面展开。

1982 年 9 月，在党的十二大开幕词中，邓小平在深刻总结我国革命和建设正反两方面历史经验的基础上，明确提出了"建设有中国特色的社会主义"的著名论断，首次明确提出走自己的道路、建设有中国特色的社会主义的口号和科学命题，并且对中国特色社会主义道路的基本含义作了经典表述。"建设有中国特色的社会主义"这一科学命题，既是对我们党长期革命和建设历史经验的基本总结，又是我们党在新时期进行社会

---

① 邓小平：《邓小平文选》（第二卷），人民出版社，1994 年，第 141 页。
② 邓小平：《邓小平文选》（第二卷），人民出版社，1994 年，第 143 页。

主义建设的理论主题和实践主题；既是开创改革开放和社会主义现代化建设新局面的逻辑起点，又是整个新时期的历史起点。这一重要思想，是我们党在改革开放和社会主义现代化建设的历史新阶段，为寻找中国自己的社会主义发展道路，形成自己的理论、路线、纲领、目标做出鲜明概括。从此，建设有中国特色的社会主义就成为凝聚全国各族人民力量、进行改革开放和社会主义现代化建设的旗帜。

党的十三大提出了社会主义初级阶段的理论，确立了以"一个中心、两个基本点"为主要内容的党在社会主义初级阶段的基本路线。党的十三大报告指出："在社会主义初级阶段，我们党的建设有中国特色的社会主义的基本路线是：领导和团结全国各族人民，以经济建设为中心，坚持四项基本原则，坚持改革开放，自力更生，艰苦创业，为把我国建设成为富强、民主、文明的社会主义现代化国家而奋斗。"[①] 党对社会主义初级阶段理论和基本路线的系统阐明，进一步明确了十一届三中全会开辟的建设中国特色社会主义的道路，确立了我们党在改革开放新时期解决社会主要矛盾、完成主要任务的总方针、总政策，使各项具体方针、政策的制定有了根本指南，标志着中国特色社会主义道路的正式开创。

邓小平于 1992 年初视察南方时发表的系列重要讲话，被统称为"南方谈话"。他在这一系列谈话中，对党的十一届三中全会以来的基本理论和创新实践做了深刻总结，明确回答了许多改革开放以来长期困扰和束缚人们思想的重大问题，进一步坚定了我们党走有中国特色的社会主义道路的决心和信心，是把改革开放和社会主义现代化建设推进到新阶段的又一个解放思想、实事求是的宣言书。

党的十四大根据"南方谈话"的精神，确立了邓小平建设有中国特色的社会主义理论在全党的指导地位。江泽民在报告中回顾了改革开放 14 年来党领导人民进行的伟大实践，把 14 年来取得的历史性成就归结于坚持把马克思主义基本原理同中国具体实际相结合，逐步形成和发展了建设中国特色社会主义理论。报告从社会主义发展道路、发展阶段、根本任务、发展动力、外部条件、政治保证、战略步骤、领导和依靠力量、祖国统一等九个方面，对这一理论的主要内容进行了科学的归纳和概括。党的十四大报告对邓小平开辟中国特色社会主义道路、创立中国特色社会主义理论的历史功绩作出高度评价。

党的十五大上，由邓小平创立的马克思主义中国化的理论成果——建设中国特色社会主义理论，被正式命名为邓小平理论。党的十五大报告对邓小平理论的历史地位和指导意义做了系统总结并给予高度评价。报告指出："马克思列宁主义同中国实际相结合有两次历史性飞跃，……第二次飞跃的理论成果是建设中国特色社会主义理论，它的主要创立者是邓小平，我们党把它称为邓小平理论"[②]。"在当代中国，只有把马克思主义同当代中国实践和时代特征结合起来的邓小平理论，而没有别的理论能够解决社会主义

---

① 中共中央文献研究室编《十三大以来重要文献选编》（上），中央文献出版社，2011 年，第 13 页。
② 中共中央文献研究室编《十五大以来重要文献选编》（上），中央文献出版社，2011 年，第 8 页。

的前途和命运问题。邓小平理论是当代中国的马克思主义，是马克思主义在中国发展的新阶段。"① 党的十五大还将邓小平理论写进了党章，将其与马克思列宁主义、毛泽东思想一并列为中国共产党的指导思想。

2. 提出理论核心问题

邓小平理论确立了中国特色社会主义理论体系的核心问题。中国特色社会主义道路的选择、中国特色社会主义理论体系的形成，其首要前提和核心问题是要明确回答"什么是社会主义、怎样建设社会主义"这一历史之问。邓小平围绕这个重大基础问题进行了深入解答，为中国特色社会主义道路的开创和中国特色社会主义理论体系的形成奠定了坚实基础。

其实早在 20 世纪 70 年代中期，邓小平重返中国政治舞台后，在为实行全面整顿而发表的大量讲话中，已包含了我党应重新探索"什么是社会主义"这一重要概念。在党的十一届三中全会后他的多次重要讲话中，特别是关于加强民主法制建设、允许一部分人和一部分地区先富起来、社会主义也可以搞市场经济、社会主义首先要发展生产力等问题的论述，都十分清楚地表明，邓小平在坚持马克思主义基本理论的基础上，努力重新阐释"什么是社会主义"这一重要问题。邓小平在 1980 年提出了一个著名论点："社会主义制度并不等于建设社会主义的具体做法。"1981 年，党的十一届六中全会据此把社会主义的基本制度与具体制度区分开来，明确表述了既要坚持基本制度，又要革除体制弊端的改革思想，推动我党在探索"什么是社会主义"这一问题上迈出了重大一步。1985 年 4 月，他在同外宾谈话时明确概括了"什么是社会主义、怎样建设社会主义"这个问题，同时指出，我们党的经验教训有许多条，但是最重要的一条，就是要搞清楚这个问题。所有这些阐述，都是在不断回应中国特色社会主义理论体系的核心问题。

3. 构建理论基本框架

邓小平理论对中国特色社会主义理论体系的历史贡献之一就是构建了这一理论体系的基本框架。它主要表现在以下几个方面：

第一，奠定了中国特色社会主义理论体系的思想基础。这一思想基础就是重新确立了党的思想路线。"文化大革命"结束后，在中国到底要去向何处的历史关头，邓小平领导全党首先抓思想路线的拨乱反正，在新的历史时期重新确立了解放思想、实事求是的思想路线。邓小平在为党的十一届三中全会做准备的中央工作会议上发表了《解放思想，实事求是，团结一致向前看》的重要讲话，他指出，"一个党，一个国家，一个民族，如果一切从本本出发，思想僵化，迷信盛行，那它就不能前进，它的生机就停止了，就要亡党亡国"②，并且进一步指明，"实事求是，是无产阶级世界观的基础，是马克思主义的思想基础。过去我们搞革命所取得的一切胜利，是靠实事求是；现在我们要

---

① 　中共中央文献研究室编《十五大以来重要文献选编》（上），中央文献出版社，2011 年，第 8~9 页。

② 　邓小平：《邓小平文选》（第二卷），人民出版社，1994 年，第 143 页。

实现四个现代化，同样要靠实事求是"①。将"解放思想"与"实事求是"并列，且将之作为中国共产党思想路线的首倡者正是邓小平，为改革开放和中国特色社会主义理论的形成开创奠定了思想基础。

第二，确立了中国特色社会主义发展的基本依据。邓小平对当代中国国情的准确概括，即对中国的社会主义发展处于什么阶段这一问题的科学判断，成为中国特色社会主义理论体系的立论依据。邓小平深刻指出："中国社会主义是处于一个什么阶段，就是处在初级阶段，是初级阶段的社会主义。社会主义本身是共产主义的初级阶段，而我们中国又处在社会主义的初级阶段，就是不发达的阶段。一切都要从这个实际出发，根据这个实际来制订规划。"在这一基本依据的基础上，邓小平为我国的发展确定了初级阶段的基本路线。即"领导和团结全国各族人民，以经济建设为中心，坚持四项基本原则，坚持改革开放，自力更生，艰苦创业，为把我国建设成为富强、民主、文明的社会主义现代化国家而奋斗"②。这一社会主义初级阶段的基本路线，是邓小平为中国特色社会主义事业发展确定的总原则。首先，他绝不允许在四项基本原则这个根本立场上有丝毫动摇。"如果动摇了这四项基本原则中的任何一项，那就动摇了整个社会主义事业，整个现代化建设事业。"③ 邓小平始终把四项基本原则作为中国特色社会主义的政治前提和制度基础。在南方谈话中他再次强调："在整个改革开放的过程中，必须始终注意坚持四项基本原则。"④ 其次，他认为，从发展程度而言，我国社会主义社会的成熟程度还很低，生产力还很不发达，仅仅处于初级阶段而不是较高级阶段。邓小平在南方谈话中深刻而简明地总结道："要坚持党的十一届三中全会以来的路线、方针、政策，关键是坚持'一个中心、两个基本点'。不坚持社会主义，不改革开放，不发展经济，不改善人民生活，只能是死路一条。"⑤ 总之，"一个中心、两个基本点"的社会主义初级阶段基本路线的确立，明确了中国特色社会主义的中心任务和基本政治前提。

第三，确立了建设中国特色社会主义的内在动力。邓小平强调，革命不只是搞阶级斗争、暴力革命，生产力方面的变革也是革命，而且是最重要、最根本的革命。他强调，建设、发展社会主义只能通过改革，改革是中国的第二次革命，"如果现在再不实行改革，我们的现代化事业和社会主义事业就会被葬送"。改革就是变革社会主义生产关系和上层建筑中同生产力发展不相适应的环节和部分。改革是社会主义制度的自我完善和发展，而不是改变社会主义的根本制度。改革的中心环节，是在把单一的公有制社会经济结构调整为以公有制为主体、多种所有制经济共同发展的基本经济制度的基础上，将计划经济体制变革为社会主义市场经济体制，同时还应配套地进行政治体制、科技体制、文化体制、教育体制等方面的全面改革，从而进一步解放生产力，使社会主义

---

① 邓小平：《邓小平文选》（第二卷），人民出版社，1994年，第143页。
② 中共中央文献研究室编《十三大以来重要文献选编》（上），中央文献出版社，2011年，第13页。
③ 邓小平：《邓小平文选》（第二卷），人民出版社，1994年，第173页。
④ 邓小平：《邓小平文选》（第三卷），人民出版社，1994年，第379页。
⑤ 邓小平：《邓小平文选》（第三卷），人民出版社，1994年，第370页。

制度焕发出生机与活力，实行对外开放，本质上也是一种改革。推进改革开放明确了中国建设和发展的内在动力。

第四，确立了中国特色社会主义发展的战略目标和战略步骤。邓小平提出了我国现代化建设发展"三步走"的总体构想。20 世纪 80 年代初，邓小平提出到 20 世纪末实现人均国民生产总值翻两番、达到小康水平的战略目标和分前后两个 10 年"两步走"的战略部署。20 世纪 80 年代中期，邓小平又在小康目标和两步走的基础上，进一步论述了新的现代化战略目标和战略部署。他指出，我们确定的目标不高，从 1981 年开始到 20 世纪末，花 20 年的时间翻两番，达到小康水平，就是年国民生产总值人均 800～1000 美元。在这个基础上，再花 50 年的时间，再翻两番，达到人均 4000 美元，到 21 世纪中叶，我们可以达到中等发达国家的水平。党的十三大依据邓小平的构想，明确了我国经济建设"三步走"的战略部署。邓小平的"三步走"战略部署，从更高的认识层次和更长远的历史跨度，提出了我国在社会主义初级阶段经济建设的发展战略，为中国特色社会主义道路确立了战略目标和战略部署。

（二）中国特色社会主义理论体系的丰富

邓小平理论形成以后，中国特色社会主义事业在实践中不断推进，党的理论创新和制度创新进程也在不断加快。中国共产党一直努力对新问题新情况不断作出新的理论判断。从理论创新的角度看到，以江泽民同志为核心的党的第三代中央领导集体提出了"三个代表"重要思想，实现了马克思主义中国化的新发展，丰富了中国特色社会主义理论，为建设和发展中国明确了新思路、提出了新要求。中国共产党对如何建设中国、发展中国，带领中华民族走上现代化的复兴之路这一历史课题，有了进一步的解答。

1. 应对世纪之交的新考验

20 世纪 80 年代末 90 年代初，我国的改革开放正处在由传统计划经济向社会主义市场经济转轨的关键时刻，中国的社会主义改革在实践中遭遇了诸多挑战，全党面临着能否做到"变革不变质""改革不改向"的严峻考验。在新的形势下，党内出现了一些不容忽视的问题：一部分党员存在思想僵化、信念动摇、纪律涣散等问题；少数党员领导干部中存在腐败问题，极少数党员干部在思想认识上是非观念不清。面对这些严峻挑战，如何切实解决加强执政党建设这个根本问题成为重中之重。

同时，经过 20 多年的改革开放，到 2000 年底，我国现代化建设的第二步战略目标已经实现，人民生活水平总体上达到小康水平，开始实施第三步战略部署。从 21 世纪开始，我国进入了全面建设小康社会、加快推进社会主义现代化的新的发展阶段。所有这些，都要求我们党必须紧密结合党和国家发展的实际，积极探索在新形势下如何加强党的建设的有效途径和方法，用党的建设的新举措回应新时期的新挑战，保证我们党始终走在时代前列，始终走在领导中华民族伟大复兴事业的前列，使我们党在思想上政治上组织上进一步巩固，经得起任何风险的考验。

"三个代表"重要思想的提出，也有极为重要的国际背景。20 世纪末，国际形势风云变幻。正如邓小平所说的，"西方国家正在打一场没有硝烟的第三次世界大战。所谓没有硝烟，就是要社会主义国家和平演变。"苏联解体，使世界社会主义运动遭受严重挫折。中国共产党深刻认识到，一定要吸取苏联的教训，始终不渝地加强党的建设。作为一个在中国这样的大国长期执政的党，中国共产党只有通过加强自身建设、始终保持党的先进性，才能不断提高执政水平和领导水平；只有准确把握世界发展的新趋势，抓住机遇、迎接挑战、化解风险，才能更好地巩固、加强和发展我们的党，才能使我们的国家在激烈的国际竞争中始终立于不败之地。

党的十三届四中全会以后，以江泽民同志为主要代表的中国共产党人，坚持马克思列宁主义，高举毛泽东思想、邓小平理论伟大旗帜，坚持改革开放的实践道路，准确把握时代特征，科学判断党所处的历史方位，紧紧围绕建设中国特色社会主义这个主题，集中全党智慧、总结实践经验，以巨大的理论勇气进行理论创新，逐步形成"三个代表"重要思想这一科学理论。这一科学理论坚持改革开放、与时俱进，继续推进中国特色社会主义伟大事业，进一步回答了"什么是社会主义、怎样建设社会主义"的问题，系统回答了"建设什么样的党、怎样建设党的"问题。"三个代表"重要思想的提出，丰富和发展了中国特色社会主义理论体系。

2. 不断深化的创新历程

根据党的十五大的战略部署，1998 年底，中共中央决定在全国县级以上党政领导班子、领导干部中集中一定时间，分期分批开展以"讲学习、讲政治、讲正气"为主要内容的党性党风教育获得。2000 年 2 月 20 日，江泽民在广东茂名高州市领导干部"三讲"教育会议上，提出了"五个始终"的要求。他说，"我们要使党始终保持工人阶级先锋队性质，始终代表最广大人民群众的利益，始终成为社会先进生产力的代表，始终领导全国各族人民促进社会生产力的发展，始终坚持有力地发挥好领导核心作用，也必须结合新的历史条件进一步从思想上、组织上和作风上把党建设好"。这个讲话，成为"三个代表"重要思想提出的前奏。2000 年 2 月 25 日，江泽民在广州主持召开党建工作座谈会时，第一次提出了"三个代表"的思想。他指出，总结我们党七十多年的历史，可以得出一个重要的结论，这就是：我们党所以赢得人民的拥护，是因为我们党在革命、建设、改革的各个历史时期，总是代表着中国先进生产力的发展要求，代表着中国先进文化的前进方向，代表着中国最广大人民的根本利益，并通过制定正确的路线方针政策，为实现国家和人民的根本利益而不懈奋斗。人类又来到一个新的世纪之交和新的千年之交。在新的历史条件下，我们党如何更好地做到这"三个代表"，是一个需要全党同志特别是党的高级干部深刻思考的重大课题。

2000 年 5 月，在上海召开的党建工作座谈会上，江泽民再次阐述了"三个代表"重要思想。

2000 年 6 月，在兰州召开的西北五省区党建工作和西部开发座谈会上，江泽民要求全党一定要把不断推进理论创新、在实践中继续丰富和创造性地发展邓小平理论这项任务"当作自己的神圣职责，集中全体人民的智慧，共同严峻和回答关系我们党和国家事业发展全局的新的重大战略问题，保证我们党始终走在时代发展的前列，真正做到'三个代表'"。同年 10 月，在党的十五届五中全会上，他指出，"三个代表"的要求是根据我们党的性质、宗旨和历史经验、现实需要提出来的。他强调：我们开展的各项工作，都要贯彻落实"三个代表"的要求。

2001 年 7 月，江泽民代表党中央在庆祝中国共产党成立八十周年大会上发表重要讲话，系统阐述了"三个代表"重要思想的科学内涵和基本内容，标志着"三个代表"重要思想的成熟。

2002 年 5 月 31 日，江泽民在中央党校省部级干部进修班毕业典礼上发表讲话，精辟阐述和科学回答了我国在全面建设小康社会新阶段的政治、经济、文化、执政党等方面的建设和改革的一系列重大理论和现实问题，进一步阐述了"三个代表"重要思想的指导意义和精神实质，为迎接党的十六大的召开和确立"三个代表"重要思想在全党的指导地位，做了充分的准备。

2002 年 11 月，江泽民在党的十六大报告中进一步阐述了"三个代表"重要思想的时代背景、实践基础、科学内涵、精神实质和历史地位，阐明了贯彻"三个代表"重要思想的根本要求，提出要把"三个代表"重要思想贯彻到社会主义现代化建设的各个领域，体现在党的建设的各个方面，使我们党始终与时代发展同步，与人民群众共命运。党的十六大把"三个代表"重要思想同马克思列宁主义、毛泽东思想、邓小平理论一并确立为党必须长期坚持的指导思想并写入党章，实现了党的指导思想的又一次与时俱进，对全面开创中国特色社会主义事业新局面产生了重要的推动作用。

3. 继承发展的理论成果

以江泽民同志为核心的党的第三代中央领导集体从 1989 年党的十三届四中全会到 2002 年党的十六大的 13 年中，在坚持的基础上发展，在继承的前提下创新，抓住机遇，研究新情况、解决新问题、总结新经验，适时且有针对性地提出了一系列联系密切、相互贯通的新思想、新观点、新论断，科学回答了中国特色社会主义实践中迫切需要解决的理论问题，把中国特色社会主义理论的发展推进到了新水平和新境界。

第一，夯实了党的基本路线的理论基础。以江泽民同志为代表的中国共产党人不仅在实践中毫不动摇地坚持党的基本路线，而且在理论上进一步深化了党的基本路线的立论基础——社会主义初级阶段理论。江泽民同志明确指出："十一届三中全会以来，党正确地分析国情，作出我国还处于社会主义初级阶段的科学论断。我们讲一切从实际出发，最大的实际就是中国现在处于并将长期处于社会主义初级阶段。我们讲要搞清楚'什么是社会主义、怎样建设社会主义'，就必须搞清楚什么是初级阶段的社会主义，在初级阶段怎样建设社会主义。"① 江泽民不仅坚定不移地坚持邓小平关于社会主义初级阶段理论的基本思想，而且在党的十四大上把关于"社会主义初级阶段"的论述写进党章修正案，使社会主义初级阶段理论成为全党必须遵循和贯彻的理论原则。同时，结合

---

① 江泽民：《江泽民文选》（第二卷），人民出版社，2006 年，第 13 页。

新的实际，在党的十五大报告中，再次强调我国现在正处于并将长期处于社会主义初级阶段，强调社会主义初级阶段的长期性、艰巨性，并从 9 个方面概括了社会主义初级阶段的基本特征、发展进程、主要矛盾和根本任务，从而使社会主义初级阶段理论日益系统化、内涵更为明确。在此基础上，提出了完整的党在社会主义初级阶段的基本纲领，使我们党的基本路线进一步具体化，形成了一系列易于坚持和操作的基本目标和基本政策，拓展和深化了社会主义初级阶段理论。

第二，提升了中国共产党的发展理念。江泽民根据邓小平"发展才是硬道理"的思想，提出了"发展是党执政兴国的第一要务"的新命题。这是在新的历史条件下形成的新的发展观，提升了中国共产党的发展理念，具有更加鲜明的时代特点。一是更加突出发展的地位，揭示了发展与执政、兴国与执政的内在联系，明确了执政的目的要着眼于发展，执政的任务要致力于发展，执政的措施要围绕着发展，执政的成效要用发展来检验。更加突出发展的中心内容，强调发展必须以经济建设为中心，经济发展是第一位的发展。更加突出发展的动力，强调改革是经济和社会发展的强大动力，改革是社会主义制度的自我完善和发展，应正确认识和处理好改革、发展、稳定的关系，更加突出发展的战略目标，明确提出要在 21 世纪头 20 年，集中力量全面建设惠及十几亿人口的更高水平的小康社会，并且制定了全面建设小康社会的纲领。更加突出发展的主体力量，强调必须不断增强党的阶级基础，扩大党的群众基础。明确指出工人阶级、广大农民是推动我国生产力发展和社会全面进步的根本力量，新的社会阶层也是中国特色社会主义事业的建设者，是实现中华民族伟大复兴的一支重要的新力量，赋予党的群众路线和根本宗旨新的时代内容。

第三，发展了经济体制改革理论。江泽民继承了邓小平关于计划和市场都是经济手段的思想，首次提出"我国经济体制改革的目标是建立社会主义市场经济体制"，明确指出"我们要建立的社会主义市场经济体制，就是要使市场在社会主义国家宏观调控下对资源配置起基础性作用"。他深入分析了社会主义市场经济体制的创造性和特色之所在，明确指出"社会主义市场经济体制是同社会主义基本制度结合在一起的""我们搞的是社会主义市场经济，'社会主义'这几个字是不能没有的，这并非多余，并非'画蛇添足'，而恰恰相反，这是'画龙点睛'"。邓小平提出社会主义可以搞市场经济，这是中国共产党人对发展马克思主义做出的历史性贡献。江泽民在党的十四大上第一次提出和使用了"社会主义市场经济"这一概念，第一次明确提出我国经济体制改革的目标是建立社会主义市场经济体制，这是在计划与市场关系问题上，在社会主义经济理论上的重大突破。党的十五大将社会主义市场经济作为建设中国特色社会主义基本经济纲领的重要内容，是江泽民在邓小平理论的指导下，带领党和人民以建立和完善社会主义市场经济体制为改革目标，以"三个有利于"为判断标准，在经济体制改革理论上取得的新突破。同时江泽民根据解放和发展生产力的要求，把以公有制为主体、多种所有制经济共同发展确立为社会主义初级阶段的基本经济制度；确立了劳动、资本、技术和管理等生产要素按贡献大小参与分配的原则，强调要坚持和完善按劳分配为主体、多种分配方式并存的分配制度；强调要积极推进国有企业改革，建立现代企业制度；强调要加快推进一系列体制改革，这些理论问题和实践问题上的重大突破，把我们对社会主义市场经济体制的认识提到了一个新的高度。

第四，深化了对社会主义建设规律的认识。我们党一直在持续探索完善社会主义建设规律。毛泽东提出了建设新民主主义的政治、经济、文化纲领。邓小平提出了社会主义必须坚持物质文明和精神文明"两个文明"一起抓的思想。江泽民在党的十五大上明确提出了社会主义初级阶段建设中国特色社会主义的经济、政治、文化的纲领，强调"只有经济、政治、文化协调发展，只有两个文明都搞好，才是中国特色社会主义"。2001年1月10日，江泽民在全国宣传部长会议上第一次提出了"政治文明"的概念，并在党的十六大报告中第一次明确地对建设社会主义政治文明做出战略部署，将其与社会主义物质文明、精神文明一起，确定为我国社会主义现代化建设的三大基本目标，指出"发展社会主义民主政治，建设社会主义政治文明，是社会主义现代化建设的重要目标"，进一步提出建设社会主义政治文明，最根本的是要坚持党的领导、人民当家作主和依法治国的有机结合和辩证统一。在党的十五大上，他明确提出了"依法治国"的基本方略。

第五，深化了对共产党执政规律的认识。中国共产党作为执政党，能否按照社会发展规律和时代发展要求全面加强自身的建设、不断提高领导水平和执政水平，是建设中国特色社会主义伟大事业能否取得成功的关键。江泽民针对党的建设面临的新情况和新问题，明确提出了党的建设"新的伟大工程"这一命题，即把党建设成为用邓小平理论武装起来、全心全意为人民服务、思想上政治上组织上完全巩固、能够经受住各种风险、始终走在时代前列的马克思主义执政党。"三个代表"重要思想，围绕建设一个什么样的党、怎样建设党这一时代课题，对党的性质、宗旨、历史任务作出了新的概括，涵盖了党的建设的各个方面，涉及政治、经济、文化各个领域。它不仅进一步丰富和深化了党的建设总目标的内涵，深化了对共产党执政规律的认识，在新世纪新阶段为党提出了新的任务和要求，而且提供了衡量我们党执政兴衰成败的标准，进一步回答了如何实现党和国家长治久安的问题，是对党的建设理论的新的发展。

以江泽民同志为核心的党的第三代中央领导集体，高举旗帜，坚持改革开放、与时俱进，带领全党全国各族人民经受住了国内外政治风波和经济风险的严峻考验，在深刻认识和准确把握世情、国情、党情发展变化的基础上，把改革开放伟大事业成功推向21世纪，使中国特色社会主义道路越走越宽阔。在这段波澜壮阔的历史进程中，江泽民同志集中全党智慧创立了"三个代表"重要思想，为中国特色社会主义理论宝库增添了新的富有时代特色的内容。对推进我国新世纪改革、发展、稳定，实现中华民族伟大复兴，具有重大而深远的指导意义。

（三）中国特色社会主义理论体系的形成

"三个代表"重要思想形成以后，以胡锦涛同志为主要代表的中国共产党人从新世纪新阶段党和国家事业发展的全局出发，回应新时期提出的新课题，立足社会主义初级阶段基本国情，深刻把握时代特征和我国经济社会发展的阶段性特征，在改革开放近30年成就的基础上，在建设中国特色社会主义的伟大实践中，不断进行理论总结和理论提升，形成了科学发展观。科学发展观的提出，标志着中国特色社会主义理论体系的形成，在党的理论建设和理论发展进程中具有重要的标志性意义。

任何一种科学理论的产生都是同这一时期的历史条件和现实任务相联系的。科学发展观是以胡锦涛同志为主要代表的中国共产党人，为了实现全面建设小康社会的历史任务，完善社会主义市场经济体制，推动国民经济又好又快地发展，在全面总结中国特色社会主义发展的实践经验、吸收借鉴世界各国发展的经验教训的基础上，为适应新的发展要求而提出来的。

1. 回答了新时期的新课题

首先，全面建设小康社会的历史任务提出了新要求。党的十六大提出全面建设小康社会，这是实现中华民族伟大复兴、建设社会主义现代化国家必须完成的目标和要求。但是，经过前期近30年的改革和发展，我们虽然在总体上已经进入了小康社会，但仍是低水平的、不完全的、发展很不平衡的小康社会，城乡差别、地区发展和经济社会发展不协调已经影响到我们现代化建设的全局。因此，全面建设小康社会面临的一个艰巨的任务，即解决好城乡差别问题、区域差距问题，以及经济与社会发展不协调问题。同时，2003年4月突如其来的"非典"疫情，促使党深化了对科学发展的认识，党中央顺势提出了要贯彻经济社会协调发展、城乡协调发展、区域协调发展、人与自然和谐发展的方针。

其次，复杂多变的国际形势提出了新挑战。进入新世纪，和平、发展、合作成为时代潮流，我国经济对外依存度不断提高，世界经济对我国发展的影响明显加强；同时，国际环境复杂多变，影响和平与发展的因素不断增多。我国发展虽然已具备一个较好的国际环境，但世界仍然很不安宁，霸权主义和强权政治依然存在，影响世界和平与发展的不稳定不确定因素在增多。随着世界经济一体化进程的加快，中国作为世界上最大的社会主义国家，在积极参与国际竞争、赢得发展机遇、获得发展成果的同时，也面临着一系列极为复杂的现实问题。中国要在错综复杂的国际环境中把握主动权，在国际竞争中立于不败之地，就必须抓住机遇、发展自己，坚定不移地走科学发展、和平发展的道路。

再次，世界各国发展的经验教训要求提升发展理念。近半个世纪以来，世界各国的发展实践表明，发展不仅仅是经济增长，更应该是经济、政治、文化、社会全面协调发展，应该是人与自然和谐的可持续发展。世界上许多国家在人均国民生产总值处于1000~3000美元之间的时候，往往也是"黄金发展期"与"矛盾凸显期"并存的时期。矛盾处理得好，可以加快发展、实现现代化；处理得不好，会引起社会分层加剧，社会矛盾激化，甚至出现政局动荡、政权更迭。进入21世纪以后，在全面建设小康社会阶段这一特殊的发展时期，在重视和发展社会主义市场经济的同时，必须处理好经济社会协调发展的问题。

　　最后，构建和谐社会提出了新要求。进入 21 世纪，随着经济体制的深刻变革、社会结构的深刻变动、利益格局的深刻调整、思想观念的深刻变化，我国经济社会发展呈现出一系列新的阶段性特征，它表明我国已经进入发展的关键期、改革的攻坚期和社会矛盾的凸显期。这是一个既有巨大发展潜力和动力，又有各种困难和风险的发展阶段，是不进则退、无序推进则乱的发展阶段。因此，在这个阶段，党必须努力协调好经济建设、政治建设、文化建设的关系，构建社会主义和谐社会，提高党的执政能力和执政水平。要适应新的阶段性特征，解决新课题新矛盾，作为执政党必须以新的思路、新的方式推进国家现代化建设，更加自觉地走科学发展、文明发展、和谐发展的道路。

　　2.　不断提升的发展理念

　　作为一个科学命题，科学发展观是在党的十六大后提出来的。2003 年 4 月，胡锦涛在广东考察时，针对"非典"疫情带来的严重损失，提出了"全面的发展观"的概念，要求做到集约发展、全面发展、系统发展、可持续发展。

　　2003 年 7 月，在全国防治"非典"工作会议上，胡锦涛强调："我们讲发展是党执政兴国的第一要务，这里的发展绝不只是指经济增长，而是要坚持以经济建设为中心，在经济发展的基础上实现社会全面发展，我们要更好地坚持全面发展、协调发展、可持续发展的发展观。"[①] 2003 年 8 月 28 日至 9 月 1 日，胡锦涛在江西考察时首次提出了"科学发展观"的概念，要求牢固树立协调发展、全面发展、可持续发展的科学发展观。同年 10 月召开的党的十六届三中全会正式提出了科学发展观。全会通过的《中共中央关于完善社会主义市场经济体制若干问题的决定》指出："坚持以人为本、全面协调可持续的科学发展观，促进经济社会和人的全面发展。"[②] 2004 年 2 月，在中央举办的省部级主要领导干部树立和落实科学发展观专题研究班结业式上，温家宝指出：科学发展观进一步明确了新世纪新阶段我国要发展、为什么发展和怎样发展的重大问题，是我们党对社会主义现代化建设规律认识的进一步深化，是全面建设小康社会的根本指针。

　　2005 年 10 月，中共中央召开十六届五中全会，胡锦涛的讲话进一步提升了科学发展的理论意义。他强调，科学发展观是指导发展的世界观和方法论的集中体现，是我们推动经济社会发展、加快推进社会主义现代化必须长期坚持的重要指导思想。要坚持发展为了人民、发展依靠人民、发展成果由人民共享，不断实现好、维护好、发展好最广大人民的根本利益。

　　2006 年 3 月，全国人大十届四次会议通过的《中华人民共和国国民经济和社会发展第十一个五年规划纲要》指出，"十一五"时期促进国民经济持续快速健康发展和社会全面进步，关键是要牢固树立和全面落实科学发展观。

　　2006 年 10 月，党的十六届六中全会通过的《中共中央关于构建社会主义和谐社会

　　①　中共中央文献研究室编《十六大以来重要文献选编》（上），中央文献出版社，2011 年，第 396 页。
　　②　中共中央文献研究室编《十六大以来重要文献选编》（上），中央文献出版社，2011 年，第 465 页。

若干重大问题的决定》指出，构建社会主义和谐社会，必须坚持以科学发展观统领经济社会发展全局。

2007 年 6 月，胡锦涛在中央党校省部级干部进修班发表讲话。他指出：科学发展观的第一要义是发展，核心是以人为本，基本要求是全面协调可持续，根本方法是统筹兼顾。贯彻落实科学发展观，要求我们始终坚持党的基本路线，积极构建社会主义和谐社会，坚定不移地推进改革开放，切实加强和改进党的建设。这个讲话为党的十七大报告做了重要准备，也为深入论述科学发展观提供了理论框架。

2007 年 10 月，胡锦涛在党的十七大报告中进一步系统阐述了科学发展观的时代背景、实践基础、科学内涵、精神实质和根本要求，同时对科学发展观作出了最权威的评价。党的十七大把科学发展观写入党章，科学发展观成为引领全党全国各族人民建设中国特色社会主义事业的重要思想。

2012 年 11 月，胡锦涛在党的十八大报告中强调，科学发展观是中国特色社会主义理论体系的最新成果，是中国共产党集体智慧的结晶，是指导党和国家全部工作的强大思想武器。科学发展观同马克思列宁主义、毛泽东思想、邓小平理论、"三个代表"重要思想一道，是党必须长期坚持的指导思想。

党的十七大以来，科学发展观作为马克思主义中国化的最新理论成果，其内涵和外延不断得到丰富和发展，在中国特色社会主义理论和实践中的地位得到了进一步提升。科学发展观的提出，标志着中国特色社会主义理论体系的形成，这在中国共产党理论创新历史上具有里程碑意义。科学发展观以一系列新理念、新思想丰富和提升了中国特色社会主义理论体系，体现了中国共产党对党的执政规律、社会主义建设规律、人类社会发展规律认识的进一步深化，对于发展中国特色社会主义具有长远的指导意义。

3. 构建科学的理论体系

党的十六大以来，胡锦涛带领全党紧紧围绕建设和发展中国特色社会主义这个主题，不断进行理论创新，用一系列新思想、新观点、新论断，丰富和完善了中国特色社会主义理论体系。

第一，提高党对中国特色社会主义的认识。党的十六大以来，胡锦涛带领全党在推进中国特色社会主义建设事业的实践中，认真总结中国社会主义现代化建设的新鲜经验，全面把握当代中国经济社会发展的阶段性特征，进一步思考"什么是社会主义，怎样建设社会主义"的问题，对"实现什么样的发展、怎样发展"做出科学回答，在认识上实现了许多新突破，形成了许多新观点，收获了许多新成果。

首先，确立了中国特色社会主义的"旗帜"地位，明确了其内涵。在党的十七大报告中胡锦涛第一次鲜明地提出了高举中国特色社会主义伟大旗帜的论断，强调中国特色社会主义伟大旗帜，是当代中国发展进步的旗帜，是全党全国各族人民团结奋斗的旗帜；首次明确提出了高举中国特色社会主义伟大旗帜，最根本的就是要坚持中国特色社会主义道路和中国特色社会主义理论体系。

其次，明确了发展中国特色社会主义的"四个坚定不移"，即解放思想，必须坚定不移地加以坚持；改革开放，必须坚定不移地加以推进；科学发展、社会和谐，必须坚定不移地加以落实；全面建设小康社会，必须坚定不移地为之奋斗。指明了建设中国特色社会主义的基本前提、强大动力、根本要求和奋斗目标。

再次，拓展了中国特色社会主义事业的总体布局。根据当代中国经济社会发展的阶段性特征，创造性地提出了社会建设的思想，将建设中国特色社会主义的总体布局由"三位一体"拓展为"四位一体"。

最后，明确了发展中国特色社会主义的具体道路。党的十七大报告在强调走中国特色社会主义道路的同时，提出了与之相匹配的五条具体道路，这就是中国特色自主创新道路、中国特色新型工业化道路、中国特色农业现代化道路、中国特色城镇化道路、中国特色社会主义政治发展道路。这些创新性观点提高了党对中国特色社会主义理论和实践的认识。

第二，首次提出社会主义和谐社会理论。为了解决我国社会发展中出现的突出问题，胡锦涛带领全党围绕进一步加强社会主义社会建设这一问题持续探索，提出了在新的历史条件下解决社会发展问题的创新性理论成果。

首先，形成了社会主义和谐社会的理论。这是党的十六大以来在理论创新上具有标志性意义的理论成果之一。党的十六届四中全会最早提出了"构建社会主义和谐社会"这一重要命题。党的十六届六中全会又做出了"社会和谐是中国特色社会主义的本质属性"的论断，提出了发展中国特色社会主义的新的社会发展目标，同时确定了构建社会主义和谐社会的重大任务，提出了按照民主法治、公平正义、诚实友爱、充满活力、安定有序、人与自然和谐相处的总要求与共同建设、共同享有的原则，努力形成全体人民各尽所能、各得其所而又和谐相处的局面。

其次，提出了建设社会主义新农村的重大战略思想。这是为解决城乡差距问题作出的理论创新。党的十六届五中全会提出了建设社会主义新农村的重大战略任务。

最后，提出了建设社会主义核心价值体系的重大命题。党的十六届六中全会明确提出了"建设社会主义核心价值体系"这个重大命题和战略任务，并且阐述了其基本内容。

第三，完善执政党建设理论。党的十六大以来，胡锦涛带领全党围绕在新的历史条件下和长期执政的条件下，如何进一步加强党的建设这一根本问题，继续回答"建设什么样的党、怎样建设党"这个问题，在创新执政党建设理论方面有新建树。

其一，确立了新世纪新阶段党的建设的总目标。2004年9月，党的十六届四中全会通过了《中共中央关于加强党的执政能力建设的决定》，在总结了55年来党执政的历史经验后，提出了在新的历史条件下加强党的执政能力建设的总体目标，这就是通过全党共同努力，使党始终成为立党为公、执政为民的执政党，成为科学执政、民主执政、依法执政的执政党，成为求真务实、开拓创新、勤政高效、清正廉洁的执政党，归根到底，就是要成为始终做到"三个代表"、永远保持先进性、经得住各种风浪考验的马克思主义执政党。党的十七大进一步提出了以改革创新精神全面推进党的建设新的伟大工程的总目标。

其二，拓展了党的建设总体思路和布局。中央强调要坚持以党的执政能力建设为重点，以党的先进性建设为主线，全面加强党的思想、组织、作风和制度建设。党的十七大进一步完善了党的建设的总体布局，指出必须把党的执政能力建设和先进性建设作为主线，大力加强党的思想、组织、作风、制度和反腐倡廉建设，明确提出加强党的执政能力建设。胡锦涛反复强调，这是我们党从保证党和国家的事业兴旺发达、长治久安的高度提出的一项带有全局性、根本性的战略任务。鲜明提出加强党的先进性建设思想，认为"加强党的先进性建设，始终是我们党生存、发展、壮大的根本性建设"。党的十七大将发展党内民主提到重要位置。明确指出："党内民主是增强党的创新活力、巩固党的团结统一的重要保证。"将"尊重党员主体地位"写进报告是党的十七大对党建理论的重要发展，深刻阐明了发展党内民主的根本要求，把党内民主建设推进到一个新的阶段。

第四，开辟社会主义发展观的新境界。胡锦涛带领全党在总结国内发展实践、借鉴国外发展经验的基础上，着眼于把握发展规律、创新发展理念、转变发展方式、适应新的发展要求，对"实现什么样的发展、怎样发展"这一问题进行了新的理论探索，提出了一系列新的思想和观点。

在发展的地位上，胡锦涛仍然坚持把发展作为党执政兴国的第一要务，认为发展对于全面建设小康社会、加快推进社会主义现代化建设具有决定性意义，即坚持以经济建设为中心，强调发展是解决一切问题的基础，要用发展的办法解决前进中的问题。在发展的目的上，提出了"以人为本"的理念。强调要把人民的利益作为一切工作点和落脚点，不断满足人们的多方面需求和实现人的全面发展；强调发展为了人民、发展依靠人民、发展成果由人民共享。在发展的方式和途径上，提出发展必须是全面、协调、可持续的发展，必须是又好又快的科学发展。在发展的动力上，确立了新时期"依靠体制创新求发展"的发展动力观。在发展的目标上，先后提出了构建社会主义和谐社会、建设社会主义生态文明的新任务。在发展的理念上，提出了"科学发展、和谐发展、和平发展"的发展新理念。党的十七大报告指出，"努力实现以人为本、全面协调可持续的科学发展，实现各方面事业有机统一、社会成员团结和睦的和谐发展，实现既通过维护世界和平发展自己、又通过自身发展维护世界和平的和平发展"[①]。

此外，胡锦涛在军队建设两岸关系、生态文明和中国的国家战略方面也提出了一些创新性的理论。这些理论成果，深化和丰富了党对社会主义建设规律的认识，把我们党对社会主义的认识提高到了新的水平。

党的十六大以来，以胡锦涛同志为总书记的党中央，高举中国特色社会主义伟大旗帜，坚持以邓小平理论和"三个代表"重要思想为指导，在带领党和人民推进全面建设小康社会的进程中，大力推进实践基础上的理论创新，集中全党智慧创立了科学发展

① 胡锦涛：《胡锦涛文选》（第二卷），人民出版社，2016年，第624页。

观，开辟了当代中国马克思主义发展新境界，开创了中国特色社会主义事业新局面。科学发展观是马克思主义同当代中国实际和时代特征相结合的产物，同邓小平理论和"三个代表"重要思想一脉相承而又与时俱进，它的提出，标志着中国特色社会主义理论体系的形成。作为马克思主义世界观和方法论的集中体现，科学发展观对在新形势下"实现什么样的发展、怎样发展"等重大问题作出了新的科学回答，把中国共产党对中国特色社会主义发展规律的认识提高到新的水平，把中国特色社会主义理论体系推进到新境界。

【课堂研学材料】

《中共中央关于党的百年奋斗重大成就和历史经验的决议》节选

2021 年 11 月 11 日

改革开放和社会主义现代化建设新时期，党面临的主要任务是，继续探索中国建设社会主义的正确道路，解放和发展社会生产力，使人民摆脱贫困、尽快富裕起来，为实现中华民族伟大复兴提供充满新的活力的体制保证和快速发展的物质条件。

"文化大革命"结束以后，在党和国家面临何去何从的重大历史关头，中国共产党深刻认识到，只有实行改革开放才是唯一出路，否则我们的现代化事业和社会主义事业就会被葬送。一九七八年十二月，党召开十一届三中全会，果断结束"以阶级斗争为纲"，实现党和国家工作中心战略转移，开启了改革开放和社会主义现代化建设新时期，实现了新中国成立以来党的历史上具有深远意义的伟大转折。中国共产党作出彻底否定"文化大革命"的重大决策。四十多年来，中国共产党始终不渝坚持这次全会确立的路线方针政策。

党的十一届三中全会以后，以邓小平同志为主要代表的中国共产党人，团结带领全党全国各族人民，深刻总结新中国成立以来正反两方面经验，围绕什么是社会主义、怎样建设社会主义这一根本问题，借鉴世界社会主义历史经验，创立了邓小平理论，解放思想，实事求是，作出把党和国家工作中心转移到经济建设上来、实行改革开放的历史性决策，深刻揭示社会主义本质，确立社会主义初级阶段基本路线，明确提出走自己的路、建设中国特色社会主义，科学回答了建设中国特色社会主义的一系列基本问题，制定了到二十一世纪中叶分三步走、基本实现社会主义现代化的发展战略，成功开创了中国特色社会主义。

党的十三届四中全会以后，以江泽民同志为主要代表的中国共产党人，团结带领全党全国各族人民，坚持党的基本理论、基本路线，加深了对什么是社会主义、怎样建设社会主义和建设什么样的党、怎样建设党的认识，形成了"三个代表"重要思想，在国内外形势十分复杂、世界社会主义出现严重曲折的严峻考验面前捍卫了中国特色社会主义，确立了社会主义市场经济体制的改革目标和基本框架，确立了社会主义初级阶段公有制为主体、多种所有制经济共同发展的基本经济制度和按劳分配为主体、多种分配方式并存的分配制度，开创全面改革开放新局面，推进党的建设新的伟大工程，成功把中国特色社会主义推向二十一世纪。

党的十六大以后，以胡锦涛同志为主要代表的中国共产党人，团结带领全党全国各族人民，在全面建设小康社会进程中推进实践创新、理论创新、制度创新，深刻认识和回答了新形势下实现什么样的发展、怎样发展等重大问题，形成了科学发展观，抓住重要战略机遇期，聚精会神搞建设，一心一意谋发展，强调坚持以人为本、全面协调可持续发展，着力保障和改善民生，促进社会公平正义，推进党的执政能力建设和先进性建设，成功在新形势下坚持和发展了中国特色社会主义。

为了推进改革开放，党重新确立马克思主义的思想路线、政治路线、组织路线，彻底否定"两个凡是"的错误方针，正确评价毛泽东同志的历史地位和毛泽东思想的科学体系。中国共产党明确我国社会的主要矛盾是人民日益增长的物质文化需要同落后的社会生产之间的矛盾，解决这个主要矛盾就是我们的中心任务，提出小康社会目标。党在各方面工作中恢复并制定一系列正确政策，调整国民经济。党领导全面开展思想、政治、组织等领域拨乱反正，大规模平反冤假错案和调整社会关系。党制定《关于建国以来党的若干历史问题的决议》，标志着党在指导思想上的拨乱反正胜利完成。

中国共产党深刻认识到，开创改革开放和社会主义现代化建设新局面，必须以理论创新引领事业发展。邓小平同志指出，一个党，一个国家，一个民族，如果一切从本本出发，思想僵化，迷信盛行，那它就不能前进，它的生机就停止了，就要亡党亡国。党领导和支持开展真理标准问题大讨论，从新的实践和时代特征出发坚持和发展马克思主义，科学回答了建设中国特色社会主义的发展道路、发展阶段、根本任务、发展动力、发展战略、政治保证、祖国统一、外交和国际战略、领导力量和依靠力量等一系列基本问题，形成中国特色社会主义理论体系，实现了马克思主义中国化新的飞跃。

【教师课堂提问及点评】

问题思考：中国特色社会主义理论体系形成历程，对于建设好中国特色社会主义事业的启示？

问题解答：

中国特色社会主义是中国共产党坚持在实践创新的基础上推进理论创新，并不断引领实践创新的产物。中国特色社会主义理论体系彰显了中国特色社会主义的理论特色，是党必须长期坚持的指导思想。

中国共产党的理论创新，突出了"老祖宗不能丢"与"讲新话"的统一。中国特色社会主义理论体系以马克思主义世界观方法论为指导，坚持了马克思主义基本原理，体现了马克思主义的立场、观点和方法，与马克思主义是一脉相承的社会主义思想体系。

中国特色社会主义的开创和发展，始终贯穿着解放思想、实事求是、与时俱进的思想路线，这已成为推动理论创新、指导实践创新的根本方法。实事求是，一切从实际出发，理论联系实际，具体问题具体分析的方法原则在运用中也得到了丰富和发展。

【专题小结】

中国特色社会主义理论体系是我们党长期探索的伟大理论成果。它是我们党根据时代主题的变化和中国社会发展的实际，解放思想、实事求是、与时俱进，开创中国特色社会主义道路，探索回答如何建设社会主义的一系列基本理论问题，努力回应新时代的新挑战和新实践的新变化而形成的理论成果。它深植于马克思主义的理论沃土和中国人民改革开放的伟大实践，是当代中国的马克思主义。

中国特色社会主义是实践、理论、制度和文化的结合体。在改革开放和社会主义现代化进程中，我们党将四者紧密结合，既把成功的实践上升为理论，又以正确的理论指导新的实践，还把实践中已经见成效的方针政策及时上升为党和国家的制度，并将中国特色社会主义的实践、理论和制度深植于中国特色社会主义文化中。

党的十一届三中全会以来，以邓小平、江泽民、胡锦涛为代表的中国共产党人，围绕实现国家繁荣富强、人民共同富裕这一历史任务，带领我们党把马克思主义基本原理与社会主义建设新的实际相结合，继承和发展了毛泽东思想，集中探讨了如何建设和发展中国特色社会主义这一重大历史课题，不断探索和回答"什么是社会主义、怎样建设社会主义""建设什么样的党、怎样建设党""实现什么样的发展、怎样发展"等一系列重大理论和实践问题，实现了马克思主义中国化的第二次历史性飞跃，形成了包括邓小平理论、"三个代表"重要思想、科学发展观等一系列科学理论在内的理论体系，统称为中国特色社会主义理论体系。中国特色社会主义理论体系，是对改革开放以来中国社会主义现代化建设经验的理论总结，是科学社会主义基本原理与中国现代化建设实践相结合的产物。

中国特色社会主义理论体系的形成有其特定的社会历史条件、深厚的历史积淀，加上中国共产党人的持续努力，使其形成了一套科学的逻辑体系。这一创新理论体系在世界社会主义发展史上、在中国社会主义发展史上具有重要的历史地位。

七、课后阅读

1. 邓小平著《邓小平文选》（第1～3卷），人民出版社，1989年版、1983年版、1993年版。

2. 江泽民著《江泽民文选》（第1～3卷），人民出版社，2006年版。

3. 《中国共产党第十五届中央委员会第六次全体会议公报》，见中国政府网 https://www.gov.cn/test/2008-07/11/content_1042443.htm。

4. 江泽民著《论党的建设》，中央文献出版社，2001年版。

5. 胡锦涛：《抓住机遇，增创新优势，开拓新局面，努力实现加快发展率先发展协调发展》，《人民日报》2003年4月16日第1版。

6. 胡锦涛：《高举中国特色社会主义伟大旗帜　为夺取全面建设小康社会新胜利而奋斗——在中国共产党第十七次全国代表大会上的报告》，北京，人民出版社，2007年版。

八、课后思考

1. 中国特色社会主义理论体系的主要内容和历史地位。
2. 中国特色社会主义理论体系在马克思主义发展史中所具有的影响和现实启示。

第九专题　习近平新时代中国特色社会主义思想
——马克思主义中国化时代化新的飞跃

一、专题概述

习近平在党的二十大报告中庄严宣示："我们创立了新时代中国特色社会主义思想，明确坚持和发展中国特色社会主义的基本方略，提出一系列治国理政新理念新思想新战略，实现了马克思主义中国化时代化新的飞跃。"[①] 习近平新时代中国特色社会主义思想敏锐把握历史方位和时代脉搏，具有科学性、人民性、实践性、世界性的显著特征，彰显了我们党不断推进马克思主义中国化时代化、用马克思主义中国化的科学理论引领伟大实践的历史自觉和理论自信，为新时代中国特色社会主义建设事业提供了根本遵循和行动指南，使马克思主义在新时代的中国、在 21 世纪的世界展现出更加强大的真理力量，开辟了马克思主义中国化时代化新境界。

此外，党的二十大报告中把"创立了新时代中国特色社会主义思想"列为十年来"党和国家事业取得历史性成就、发生历史性变革"之首，而且是"重大理论创新成果"，这足以说明这一思想的重要地位和意义。本专题按"时代背景—形成条件—创立与发展历程—丰富内涵—主要特征—历史地位—重大意义"的逻辑理路来进行教学设计。

二、教学目标

知识目标：帮助学生系统掌握习近平新时代中国特色社会主义思想的创立和发展。

能力目标：帮助学生把握好习近平新时代中国特色社会主义思想的世界观和方法论，坚持好、运用好贯穿其中的立场观点方法，坚持用这一思想观察时代、解读时代、引领时代，推动时代发展。

情感、态度、价值观目标：增强中国特色社会主义理想信念，为全面实现社会主义现代化国家目标和实现中华民族伟大复兴中国梦贡献力量。

---

① 习近平：《高举中国特色社会主义伟大旗帜　为全面建设社会主义现代化国家而团结奋斗——在中国共产党第二十次全国代表大会上的报告》，人民出版社，2022 年，第 6 页。

三、教学重点、难点

重点：习近平新时代中国特色社会主义思想的创立和发展。

难点：习近平新时代中国特色社会主义思想的世界观和方法论。

四、内容框架

1. 习近平新时代中国特色社会主义思想的创立和发展。
2. 习近平新时代中国特色社会主义思想的主要内容及科学体系。
3. 习近平新时代中国特色社会主义思想的历史地位及重大意义。

五、课时分配

6 课时。

六、专题教学

【专题导入】

"中国崩溃论"的崩溃

1. "中国崩溃论"的演变过程：第一波是 20 世纪 80 年代末到 90 年代初，苏联解体，东欧崩溃，西方预测中国会步苏联的后尘。美籍日裔学者福山提出了"历史终结论"：1989 年在美国《国家利益》上发表了《历史的终结?》，三年后出版了《历史的终结与最后一人》，认为人类社会发展到西方自由民主制度后人类意识形态的历史终结了。第二波是 20 世纪 90 年代中期至 2001 年左右，西方预测邓小平之后的中国会"内斗不断，天下大乱"，预测 1997 年香港回归后繁荣不再，预测 2001 年中国加入 WTO 后会崩溃，其间爆发了 1997 年的亚洲金融危机，中国经济硬着陆风险增大。2001 年美籍华人章家敦炮制所谓《中国即将崩溃》，断言"中国现行的经济制度最多只能维持五年"，预测"中国会在 2008 年之前开始崩溃"。第三波从 2008 年美国金融海啸爆发到 2011 年"阿拉伯之春"前后，受金融危机影响，中国经济下滑，失业增多，各种社会矛盾出现，又正逢互联网兴起带来大量舆情事件，西方世界企图借互联网把"颜色革命"引入中国。2011 年底章家敦又在《中国即将崩溃（2012 年版)》中写道"到 2012 年中国肯定会垮掉"。2011 年福山在与张维为的辩论中认为中国会发生"阿拉伯之春"。2015 年美"中国问题专家"沈大伟在《华尔街日报》发表《中国崩溃即将到来》。第四波是 2020 年新冠疫情暴发后，西方主流媒体充斥了对中国负面和悲观的分析、评论和报道。

2. 西方的"中国崩溃论"在过去 30 多年中之所以猖獗一时，主要是三个原因：西方意识形态的偏见、西方社会科学的偏见、西方文化的偏见。或者更准确地说，是这三种偏见的结合才产生了所谓的"中国崩溃论"。复旦大学中国研究院院长张维为教授把这三种偏见的结合叫做"新愚昧主义"。

3. 中国非但没有崩溃，反而综合国力与日俱增，人民生活水平不断提高。面对复杂多变的国际环境，中国却"风景这边独好"。事实证明，西方国家通过殖民与掠夺走向现代化的模式已成为明日黄花，不可能复制也不会重现。一些国家照抄照搬西方模式，结果搞得元气大伤，甚至沦为西方发达国家的附庸。而中国用自己的行动向世界昭示：中国道路具有强大的生命力和光明前景。世界上没有放之四海而皆准的发展模式，只有选择适合自己发展的道路，并坚定不移地走下去，方能获得生存发展的主动权、主导权。

——东方卫视《这就是中国》2020 年第 81 期

【历史脉络梳理】

理论准备时期：党的十八大以前习近平个人在工作实践中提出的许多创新性的论断、观点。

理论确立主题时期：2012 年 11 月至 2014 年 4 月在引领全党全国学习贯彻十八大精神的过程中逐步确立坚持和发展中国特色社会主义的鲜明主题。

形成框架并逐步展开时期：2014 年 12 月至 2016 年 5 月提出了总体上总结提炼具有原创性、时代性新理论的任务。

形成理论体系时期：2016 年 7 月到 2017 年 10 月理论体系正式确立。

进一步丰富发展时期：党的十九大以来习近平新时代中国特色社会主义思想的丰富和发展。

【要点讲解】

（一）习近平新时代中国特色社会主义思想的创立和发展

1. 时代背景

（1）世界百年未有之大变局加速演进

20 世纪以来，人类在两次世界大战的废墟上探寻建立维护和平与发展的国际秩序，全球殖民体系土崩瓦解，亚非拉民族独立解放运动重构世界版图，冷战对峙不复存在，和平与发展已成为时代主题，各国相互依存日益加深，和平、发展、合作、共赢的时代潮流滚滚向前。与此同时，世界政治、经济、文化、社会、军事矛盾错综演进，世界之变、时代之变、历史之变正以前所未有的方式展开。正是基于对世界大势的敏锐洞察和深刻分析，以习近平同志为核心的党中央得出这样一个重大战略判断：世界处于百年未有之大变局。世界百年未有之大变局概括起来说就是：当前国际格局和国际体系正在发生深刻调整；全球治理体系正在发生深刻变革；国际力量对比正在发生近代以来最具革命性的变化；世界范围呈现出影响人类历史进程和趋向的重大态势。"世界又一次站在历史的十字路口，何去何从取决于各国人民的选择。"①

以习近平同志为核心的党中央深刻把握中国和世界关系的历史性变化，深刻回答"人类社会何去何从"的历史之问，既在谋求我国发展中促进世界共同发展，又在世界共同发展中推进我国发展，为解决世界经济、国际安全、全球治理、人类文明发展等一系列重大问题提供了新的方向、新的方案、新的选择。习近平新时代中国特色社会主义思想，正是在把握世界发展大势、维护人类共同利益、推动中国与世界携手并进的过程中创立并不断丰富发展的。

（2）中华民族伟大复兴进入关键时期

实现中华民族伟大复兴是近代以来中华民族最伟大的梦想。② 党的十九届六中全会通过的《中共中央关于党的百年奋斗重大成就和历史经验的决议》指出："一百年来，党领导人民不懈奋斗、不断进取，成功开辟了实现中华民族伟大复兴的正确道路。"历史和人民选择中国共产党领导中华民族伟大复兴事业，中国共产党团结带领中国人民不懈奋斗，从根本上扭转了近代以后中国人民和中华民族的历史命运，如期全面建成小康社会，开启全面建设社会主义现代化国家新征程。今天，中国共产党团结带领中国人民奋进新征程，在中国特色社会主义道路上不可逆转地走向中华民族伟大复兴。实现中华民族伟大复兴，概括了近代以来中国历史发展的主线，以最恢宏的气势描绘出历代仁人志士追求的伟大梦想。当前，中华民族伟大复兴进入关键时期，中国正经历着我国历史上最为广泛而深刻的社会变革，也正在进行着人类历史上最为宏大而独特的实践创新。我国发展具备了更为坚实的物质基础、更为完善的制度保证，实现中华民族伟大复兴进入了不可逆转的历史进程。③ 但我们也面临着许多前所未有的困难和问题，战略机遇和风险挑战并存、不确定难预料因素增多。在这个关键时刻，以习近平同志为核心的党中央深刻把握中华民族伟大复兴战略全局，牢牢立足社会主义初级阶段这个基本国情、最大实际，团结带领全党全国各族人民推进新时代伟大变革，如期全面建成小康社会，推动我国迈上全面建设社会主义现代化国家新征程。习近平新时代中国特色社会主义思想，正是在中华民族迎来从站起来、富起来到强起来的伟大飞跃，实现中华民族伟大复兴进入不可逆转的历史进程中创立并不断丰富发展的。

（3）中国式现代化全面推进拓展

实现现代化是近代以来中国人民的不懈追求。"世界上既不存在定于一尊的现代化模式，也不存在放之四海而皆准的现代化标准。"④ 独特的文化传统、独特的历史命运、独特的基本国情，决定了中国必然走适合自己特点的现代化道路。党的十八大以来，以

---

① 习近平：《高举中国特色社会主义伟大旗帜　为全面建设社会主义现代化国家而团结奋斗——在中国共产党第二十次全国代表大会上的报告》，人民出版社，2022年，第60页。

② 习近平：《决胜全面建成小康社会　夺取新时代中国特色社会主义伟大胜利——在中国共产党第十九次全国代表大会上的报告》，人民出版社，2017年，第13页。

③ 习近平：《高举中国特色社会主义伟大旗帜　为全面建设社会主义现代化国家而团结奋斗——在中国共产党第二十次全国代表大会上的报告》，人民出版社，2022年，第16页。

④ 习近平：《新发展阶段贯彻新发展理念必然要求构建新发展格局》，《求是》，2022年第17期，第10页。

习近平同志为核心的党中央团结带领全党全国各族人民，坚持以中国式现代化全面推进中华民族伟大复兴，在理论和实践上实现一系列创新突破，丰富和发展了人类文明新形态。习近平新时代中国特色社会主义思想，正是在成功推进和拓展中国式现代化、推动人类文明发展的历史进程中创立并不断丰富发展的。①

（4）科学社会主义在 21 世纪的中国焕发新的蓬勃生机

科学社会主义创立 170 多年来，深刻改变了世界历史的发展进程，为人类社会进步指明了方向。20 世纪 80 年代末 90 年代初，世界社会主义遭受严重曲折，但我们经受住了考验，科学社会主义在曲折中奋起。党的十八大以来，以习近平同志为核心的党中央团结带领全党全国各族人民，以坚如磐石的战略定力、开拓创新的进取精神，推进党和国家事业取得举世瞩目的伟大成就，开创了中国特色社会主义新时代，中国特色社会主义正成为 21 世纪科学社会主义发展的旗帜，成为振兴世界社会主义的中流砥柱。习近平新时代中国特色社会主义思想，正是在对科学社会主义理论与实践的深邃思考、深刻总结，对坚持和发展中国特色社会主义的不懈探索、砥砺前行中创立并不断丰富发展的。②

（5）中国共产党自我革命开辟新的境界

治理好我们这个大党和大国，必须坚持党的全面领导特别是党中央集中统一领导，发扬党的自我革命精神，解决好大党独有难题。面对党面临的重大风险考验和党内存在的突出问题，以习近平同志为核心的党中央坚定不移坚持和加强党的全面领导，坚定不移推进全面从严治党，深入推进新时代党的建设新的伟大工程，找到了自我革命这个跳出治乱兴衰历史周期率的第二个答案，管党治党宽松软状况得到根本扭转，我们这个世界上最大的马克思主义执政党更加团结统一、更加坚强有力。习近平新时代中国特色社会主义思想，正是在党不断实现自我净化、自我完善、自我革新、自我提高，以伟大自我革命引领伟大社会革命的过程中创立并不断丰富发展的。③

2. 形成条件——历史方位、理论渊源、实践基础

（1）习近平新时代中国特色社会主义思想产生的历史方位

党的十九大报告指出："经过长期努力，中国特色社会主义进入了新时代，这是我国发展新的历史方位。"④ 这一重大政治论断，是我们党在科学把握我国社会发生新的深刻变化的基础上，作出的一项关系全局的重大战略考量，科学揭示出当代中国发展的新阶段新特征。新时代孕育新思想，新思想指导新实践。新的历史方位、新的使命担

---

① 习近平新时代中国特色社会主义概论编写组编《习近平新时代中国特色社会主义概论》，高等教育出版社、人民出版社，2023 年，第 3 页。

② 习近平新时代中国特色社会主义概论编写组编《习近平新时代中国特色社会主义概论》，高等教育出版社、人民出版社，2023 年，第 3 页。

③ 习近平新时代中国特色社会主义概论编写组编《习近平新时代中国特色社会主义概论》，高等教育出版社、人民出版社，2023 年，第 3~4 页。

④ 习近平：《决胜全面建成小康社会　夺取新时代中国特色社会主义伟大胜利——在中国共产党第十九次全国代表大会上的报告》，人民出版社，2017 年，第 10 页。

当、新的时代要求，必然地要求新理论新思想的产生。习近平新时代中国特色社会主义思想的产生是由于我国发展所处的历史方位已经发生了重大变化，需要新的重大理论创新和思想指导。

（2）习近平新时代中国特色社会主义思想的理论渊源

第一，对马克思主义基本原理的坚持与发展。

作为中国共产党的指导思想，马克思主义是习近平新时代中国特色社会主义思想的理论遵循和基本理论来源。

"尽管我们所处的时代同马克思所处的时代相比发生了巨大而深刻的变化，但从世界社会主义 500 年的大视野来看，我们依然处在马克思主义所指明的历史时代。这是我们对马克思主义保持坚定信心、对社会主义保持必胜信念的科学根据。"[①] 2017 年 9 月 29 日，习近平主持中共中央政治局第四十三次集体学习时明确指出："在人类思想史上，就科学性、真理性、影响力、传播面而言，没有一种思想理论能达到马克思主义的高度，也没有一种学说能像马克思主义那样对世界产生了如此巨大的影响。这体现了马克思主义的巨大真理威力和强大生命力，表明马克思主义对人类认识世界、改造世界、推动社会进步仍然具有不可替代的作用。"这一认识和定位，是推进马克思主义中国化的前提，也是习近平新时代中国特色社会主义思想以马克思主义作为理论遵循的基础。从总体上看，习近平新时代中国特色社会主义思想蕴含了马克思主义实事求是的精髓，遵循了马克思主义的群众路线与人民立场，恪守了共产主义理想社会的追求，拓展了马克思主义世界历史理论。

自 19 世纪马克思、恩格斯创立科学社会主义以来，社会主义从理论到实践、从一国到多国发展，深刻改变了世界历史的发展进程。从历史发展来看，国际共产主义运动和发展并不是一帆风顺的，坚持和发展马克思主义也曾经受到质疑。特别是 20 世纪 80 年代末至 90 年代初，东欧剧变、苏联解体，令世界社会主义运动经历有史以来最严重的曲折。此后对社会主义的质疑声不断，"历史终结论"甚嚣尘上。但是历史并未如福山等资产阶级意识形态学家所预言的那样去发展，中国不但在世界上牢牢高举马克思主义、社会主义的旗帜，而且为科学社会主义的发展注入新的活力。中国特色社会主义形成了道路、理论、制度、文化有机统一的科学理论体系，统筹推进经济、政治、文化、社会、生态文明建设，社会主义的生命力、影响力大大增强。可以说，对马克思主义基本原理、科学社会主义的坚持和发展，对坚持和发展中国特色社会主义的理论思考和经验总结，贯穿习近平新时代中国特色社会主义思想生成和发展的整个过程。

第二，对马克思主义中国化成果的继承与发展。

习近平新时代中国特色社会主义思想不仅是对经典马克思主义基本原理的坚持与发展，而且是对中国化马克思主义系列成果的坚持与发展，是中国化马克思主义理论的最新成果。长期以来，马克思主义在中国之所以显示出强大生命力，最根本的就是我们党

---

① 习近平：《习近平谈治国理政》第二卷，外文出版社，2017 年，第 66 页。

始终坚持用发展着的马克思主义指导实践，在革命、建设和改革的历史时期的实践中不断推进马克思主义中国化，并先后形成了毛泽东思想、邓小平理论、"三个代表"重要思想、科学发展观等重大理论创新成果。从思想延续角度看，这些中国化马克思主义理论的主体内容为习近平新时代中国特色社会主义思想奠定了思想基础。

习近平新时代中国特色社会主义思想对毛泽东思想的继承和发展，主要体现在习近平关于毛泽东思想活的灵魂的论述、社会主义经济建设思想、社会主义政治建设思想、社会主义文化建设思想、党的建设思想等方面。譬如，习近平总书记对新时代的科学判断、对人民主体地位的强调、对我国社会主要矛盾的新表述以及党的群众路线教育实践活动的开展、中国特色大国外交的实践等，都体现了对实事求是、群众路线、独立自主的继承和创新。习近平新时代中国特色社会主义思想对邓小平理论、"三个代表"重要思想、科学发展观的继承和发展，主要体现在对社会主义本质理论、社会主义初级阶段理论、社会主义市场经济理论等的继承发展。依据社会主义本质内涵，习近平总书记指出，全面建成小康社会、实现社会主义现代化，实现中华民族伟大复兴，"最根本最紧迫的任务还是进一步解放和发展社会生产力"。党的十九大报告在部署现代化经济体系建设时重申"解放和发展社会生产力，是社会主义的本质要求"。这些表明，习近平新时代中国特色社会主义思想中关于社会主义本质的论述是对改革开放以来中国共产党人思想的坚持与发展。

第三，对中华优秀传统文化的传承与发展。

中华文化源远流长，积淀着中华民族最深层的精神追求，代表着中华民族独特的精神标识，为中华民族生生不息、发展壮大提供了丰厚滋养。中国共产党是中华优秀传统文化的忠实传承者和弘扬者。习近平反复强调，中华优秀传统文化是中华民族的"根"和"魂"，是最深厚的文化软实力，是中国特色社会主义根植的沃土，是我们在世界文化激荡中站稳脚跟的根基。

习近平新时代中国特色社会主义思想强调，要留住文化根脉，守住民族之魂，就要把弘扬优秀传统文化和发展现实文化有机统一起来，紧密结合起来，在继承中发展，在发展中继承，推动中华优秀传统文化创造性转化、创新性发展。习近平对中华优秀传统文化中的精髓进行了概括和总结，如关于道法自然、天人合一的思想，关于天下为公、世界大同的思想，关于自强不息、厚德载物的思想，关于以民为本、安民富民乐民的思想，关于为政以德、政者正也的思想，关于苟日新日日新又日新、革故鼎新、与时俱进的思想，关于脚踏实地、博施众利、实事求是的思想，关于经世致用、知行合一、躬行实践的思想，关于集思广益、群策群力的思想，关于仁者爱人、以德立人的想象，关于以诚待人、讲信修睦的思想，关于清廉从政、勤勉奉公的思想，关于安不忘危、存不忘亡、治不忘乱、居安思危的思想等。[①] 习近平新时代中国特色社会主义思想汲取中华优秀传统文化的精髓，展现出对中华优秀传统文化的高度自觉和高度自信，体现出鲜明的

---

① 习近平：《习近平著作选读》第1卷，人民出版社，2023年，第218页。

中国风格和中国气派。[1]

第四，对世界先进文明成果的吸收和借鉴。

党的十八大以来，习近平总书记始终以博大的情怀和科学理性的方法对待外来文化特别是西方进步文化。他明确指出，"对丰富多彩的世界，我们应该秉持兼容并蓄的态度，虚心学习他人的好东西，在独立自主的立场上把他人的好东西加以消化吸收，化成我们自己的好东西"。[2] 比如，从古希腊至今，公平正义始终是西方进步文化关注的重点，很多思想家对此进行了积极的探索。约翰·罗尔斯是当代美国的政治哲学家和伦理学家，是西方公平正义思想的集大成者，他的《正义论》系统地阐述了公平正义思想，把正义归纳为法律与社会正义、抽象与具体正义、实体与程序正义。他的分配蛋糕理论生动地阐述了程序正义的重要性与合理性。习近平总书记在治国理政的伟大实践中，自觉地把公平正义摆在突出的位置，"公平正义是世界各国人民在国际关系领域追求的崇高目标"。[3] 他提出全面建成小康社会和精准扶贫、精准脱贫，强调不让一个人在小康路上掉队；他提出全面依法治国，强调要公正司法。这说明公平正义思想是习近平新时代中国特色社会主义思想与西方进步文化的契合点。

（3）习近平新时代中国特色社会主义思想的实践基础

习近平新时代中国特色社会主义思想的创立具有坚实的实践基础。习近平新时代中国特色社会主义思想是在深刻总结新中国成立以来社会主义建设的实践经验、改革开放以来中国特色社会主义的实践经验、特别是十八大以来中国特色社会主义的实践经验的基础上创立和发展起来的，习近平深刻总结了新中国建立后 70 多年社会主义实践探索的历史及其经验和教训，指出，改革开放前后两个历史时期虽然在进行社会主义建设的思想指导、方针政策、实际工作上有很大差别，但本质上都是我们党领导人民进行社会主义建设的实践探索，是同一个过程的两个阶段。前一阶段的社会主义实践探索为后一阶段的实践探索积累了重要的思想、物质、制度条件和正反两方面经验，后一阶段的中国特色社会主义实践也是对改革开放前实践探索及其经验在新的历史条件下的坚持、创新和发展，特别是党在改革开放前提出的许多理论观点、方针政策、制度架构在改革开放后得到了继承和发展，例如，党对一切工作的领导、人民当家作主、党对人民军队的绝对领导等，在改革开放前后两个历史阶段一脉相承、一以贯之，在新时代更进一步得到弘扬，这充分体现了习近平新时代中国特色社会主义思想对新中国成立以来社会主义建设实践经验的科学总结和高度重视。[4]

改革开放以来对中国特色社会主义建设实践探索更是习近平新时代中国特色社会主

---

① 马克思主义发展史编写组编《马克思主义发展史》第 2 版，高等教育出版社、人民出版社，2021 年，第386 页。

② 习近平：《习近平谈治国理政》第二卷，外文出版社，2017 年，第 286 页。

③ 习近平：《弘扬和平共处五项原则　建设合作共赢美好世界——在和平共处五项原则发表 60 周年纪念大会上的讲话》，《人民日报》，2014 年 6 月 29 日，第 2 版。

④ 马克思主义发展史编写组编《马克思主义发展史》第 2 版，高等教育出版社、人民出版社，2021 年，第387 页。

义思想坚实的实践基础。40 多年来，我们紧紧围绕坚持和发展中国特色社会主义，始终坚持党对一切工作的领导，不断加强和改善党的领导；坚持以人民为中心，不断实现人民对美好生活的向往；坚持马克思主义指导地位，不断推进实践基础上的理论创新；坚持走中国特色社会主义道路，不断坚持和发展中国特色社会主义；坚持完善和发展中国特色社会主义制度，不断发挥和增强我国制度优势；坚持以发展为第一要务，不断增强我国综合国力；坚持扩大开放，不断推动共建人类命运共同体；坚持全面从严治党，不断提高党的创造力、凝聚力、战斗力；坚持辩证唯物主义和历史唯物主义世界观和方法论，正确处理改革发展稳定关系，取得了巨大成就，积累了宝贵经验。习近平新时代中国特色社会主义思想是站在新时代的高度，深刻总结新中国 70 多年来，特别是改革开放 40 多年以来积累的实践经验基础上创立和发展起来的。①

对党的十八大以来坚持和发展中国特色社会主义实践经验的系统全面总结和科学概括是习近平新时代中国特色社会主义思想直接的实践基础。党的十八大以来，以习近平同志为核心的党中央紧紧围绕坚持和发展中国特色社会主义这个主题，统筹推进"五位一体"总体布局和协调推进"四个全面"战略布局，提出了一系列新理念新思想新战略，出台了一系列重大方针政策，推出了一系列重大举措，推进了一系列重大工作，解决了许多长期想解决而没有解决的难题，办成了许多过去想办而没有办成的大事，推动党和国家事业取得了全方位的、开创性的历史性成就，实现了历史性变革。这一历史性变革，涵盖改革发展稳定、内政外交国防、治党治国治军各个方面，是深层次的、开创性的、根本性的。这些变革力度之大、范围之广、效果之显著、影响之深远，在我们党和国家发展史上、中华民族发展史上，都具有开创性意义。

3. 创立与发展历程——理论准备、理论确立主题、形成框架并逐步展开、形成理论体系、进一步丰富发展五个时期

（1）理论准备时期：党的十八大以前习近平个人在工作实践中提出的许多创新性的论断、观点

党的十八大前，习近平的从政经历和成长之路是习近平新时代中国特色社会主义思想的序曲和源头。陕北梁家河村的 7 年知青岁月，是他离开家庭和学校、走向社会和人生的第一站，在这里，他入团入党，担任了大队党支部书记，这是他世界观形成的时期，"我的成长、进步应该说起始于陕北的七年。最大的收获有两点：一是让我懂得了什么叫实际，什么叫实事求是，什么叫群众。这是让我获益终生的东西。现在我还受益于此。"②

1982 年 3 月至 1985 年 5 月，习近平在正定开始了他的从政生涯。形成了一套科学典型、行之有效的调研方法，为党员干部如何做调研、如何提升科学决策能力、如何提

---

① 马克思主义发展史编写组编《马克思主义发展史》第 2 版，高等教育出版社、人民出版社，2021 年，第 387 页。

② 习近平：《我是黄土地的儿子》，《西部大开发》2012 年第 9 期，第 110 页。

高群众工作水平提供了经验和借鉴。推出广招贤才的"人才九条",为当地发展破局开路,震动全国。着眼于干部作风建设制订"六项规定",给正定的领导干部立下了规矩,成为今天中央八项规定的"蓝本"。①

1985年6月到2002年10月,习近平在福建的17年里提出要念好"山海经",建设"数字福建""生态福建",提倡"马上就办、真抓实干"作风;通过"四下基层"的调查研究,采取精准施策和精准发力的工作方法,总结出"闽东精神",为闽东人民摆脱贫困走上致富道路奠定了重要基础,也为此后的精准扶贫重要理念提供了思想"元素"。

2002年10月至2007年3月,习近平同志担任浙江省委书记期间,在革命红船的起航地和改革开放的先行地,以高超的执政智慧,进行了一系列具有前瞻性和开创性的理论创新。坚持以邓小平理论、"三个代表"重要思想、科学发展观为指导,不断推进中国特色社会主义在省域层面的实践,先后提出了"两山论"、"八八战略"、建设"平安浙江"、加快文化大省建设、建设"法治浙江"、推进绿色浙江和生态省建设、集中形成了"从'冷'、'热'两条线谋划统战工作"的思想……这一系列推进浙江新发展的实践与思考,构成了习近平新时代中国特色社会主义思想的萌芽。

2007年3月至10月任上海市委书记是习近平同志到中央工作前从事地方领导工作的最后一站。在上海的7个月里,习近平展开密集调研,考察了全市所有19个区县;阐述上海城市精神,振奋了上海广大干部群众信心和士气;始终心系人民,倾心倾力关注和解决民生问题,推动共建共享改善民生;高度重视党的建设特别是党风廉政建设,提出要走出一条符合改革开放和发展社会主义市场经济条件下党建工作规律、具有上海特大型城市特点的基层党建新路子。丰富的地方从政经历为其理论创新提供了最鲜活的素材。

从十七大到十八大期间的5年,习近平成为中央领导集体的重要成员,其政治家素养和总揽全局领导能力得到全面提升。这5年,他主抓党的建设和组织工作,具体组织开展了全党深入学习实践科学发展观活动,并在全国组织部长会议、中央党校开学典礼等重要场合讲话中提出了许多有价值的观点,尤其是他在中央党校开学典礼的18次讲话,每次围绕一个主题,涵盖党的思想理论建设、干部队伍建设、作风建设等党的建设各方面工作,立意高远,思想深刻,文风朴实,在党校学员和全体干部队伍中产生强烈反响,有力推动了党建和组织工作的创新发展。2010年,时任中央政治局常委、国家副主席的习近平就在领导干部学习贯彻科学发展观专题研讨班上的讲话指出,要努力运用马克思主义立场观点方法,"不断提高战略思维、创新思维、辩证思维能力,增强工作的原则性、系统性、预见性、创造性"。这与党的十八大以后,习近平关于战略思维的重要论述一脉相承。

(2)理论确立主题时期:2012年11月至2014年4月在引领全党全国学习贯彻十

---

① 崔禄春《习近平新时代中国特色社会主义思想的形成过程》,《科学社会主义》2019年第4期,第98页。

八大精神的过程中逐步确立坚持和发展中国特色社会主义的鲜明主题。

坚持和发展中国特色社会主义是习近平新时代中国特色社会主义思想的鲜明主题，这个主题是习近平在引领全党全国学习贯彻十八大精神的过程中逐步确立提出的。十八大闭幕后，习近平提出了"毫不动摇坚持、与时俱进发展中国特色社会主义"的工作主线和历史任务，并号召全党为之奋斗。

2012年11月29日，习近平与十八届中央政治局常委到国家博物馆参观《复兴之路》展览，首次提出了实现中华民族伟大复兴中国梦的总任务，"实现中华民族伟大复兴，就是中华民族近代以来最伟大的梦想"。① 这里，习近平第一次提出中国梦的概念，明确了坚持和发展中国特色社会主义的总目标总任务。

经过一段时间的研究和思考，2013年1月5日，习近平在新进中央委员会的委员、候补委员学习贯彻党的十八大精神专题研讨班开班式发表了一篇分量极重的重要讲话，全面回顾和梳理了社会主义500年发展历程，深刻阐述了坚持和发展中国特色社会主义的若干重大理论和认识问题，提出了"马克思主义必定随着时代、实践和科学的发展而不断发展，不可能一成不变，社会主义从来都是在开拓中前进的。坚持和发展中国特色社会主义是一篇大文章，……我们这一代共产党人的任务，就是继续把这篇大文章写下去"② 的重要观点。这篇讲话实际上孕育和催生了十八大以来中国共产党在理论和实践伟大创造的开端，具有标志性意义。③

从2013年夏天开始，全党全国开始学习贯彻习近平总书记系列重要讲话精神。从2013年11月到2014年4月，中央在中央党校举办了7期省部级干部学习贯彻习近平总书记系列重要讲话精神专题研讨班，实现了对现职省部级领导干部培训的全覆盖。广大党员干部开始自觉学习系列重要讲话精神，报刊新闻出版持续跟进，掀起了学习贯彻习近平总书记系列重要讲话精神的高潮。

（3）形成框架并逐步展开时期：2014年12月至2016年5月提出了总体上总结提炼具有原创性、时代性新理论的任务

2014年12月，习近平在江苏调研时指出，要"主动把握和积极适应经济发展新常态，协调推进全面建成小康社会、全面深化改革、全面依法治国、全面从严治党，推动改革开放和社会主义现代化建设迈上新台阶"。④ 这是习近平首次提出"四个全面"战略布局。"四个全面"战略布局服务和服从于坚持和发展中国特色社会主义这一主题，它的提出在习近平新时代中国特色社会主义思想形成过程中具有阶段性重要意义，意味着这个理论开始有了基本轮廓，形成基本框架。

在推进"四个全面"战略布局贯彻落实的同时，习近平在治国理政不同领域继续提出一些新观点新举措。比如，2015年在县处级以上领导干部中开展"三严三实"专题

---

① 习近平：《习近平谈治国理政》第一卷，外文出版社，2018年，第36页。
② 习近平：《习近平谈治国理政》第一卷，外文出版社，2018年，第23页。
③ 崔禄春：《习近平新时代中国特色社会主义思想的形成过程》，《科学社会主义》2019年第4期，第98页。
④ 习近平：《习近平谈治国理政》第二卷，外文出版社，2017年，第22页。

教育，延展和强化全面从严治党措施；同年 9 月，在联合国总部举行的第七十届联合国大会一般性辩论时，提出"同心打造人类命运共同体"思想；10 月，党的十八届五中全会通过的关于"十三五"规划的建议，提出牢固树立创新、协调、绿色、开放、共享发展理念，这是对中国经济发展实践的理论总结，丰富和发展了当代中国马克思主义政治经济学。"十三五"规划的建议中还明确提出"必须坚持以人民为中心的发展思想，把增进人民福祉、促进人的全面发展作为发展的出发点和落脚点"[①]。在 11 月 23 日中央政治局第二十八次集体学习时，习近平又进一步从理论的高度明确提出："要坚持以人民为中心的发展思想，这是马克思主义政治经济学的根本立场。"[②] 这样，"以人民为中心的发展思想"，在确立新发展理念的过程中，被作为发展的首要原则和根本立场明确提了出来，成为贯穿五大发展理念的一条红线。2016 年 5 月 17 日，习近平在哲学社会科学工作座谈会上指出"推进国家治理体系和治理能力现代化，发展社会主义市场经济，发展社会主义民主政治……坚持走中国特色强军之路，实现党在新形势下的强军目标，等等，都是我们提出的具有原创性、时代性的概念和理论"。[③] 由此可以看出，习近平提出了从总体上总结提炼具有原创性、时代性新理论的任务。

（4）形成理论体系时期：2016 年 7 月到 2017 年 10 月理论体系正式确立

习近平在形成"四个全面"战略布局理论构建的基础上，进一步进行理论凝练和提升，从建党九十五周年大会上提出要"不断开辟 21 世纪马克思主义发展新境界"到党的十九大正式提出"习近平新时代中国特色社会主义思想"这个概念并确定其核心内容，标志着这个理论正式走向成熟，形成理论体系。[④]

（5）进一步丰富发展时期：党的十九大以来习近平新时代中国特色社会主义思想的丰富和发展

党的十九大以来，习近平秉承不忘初心、牢记使命的使命担当，带领全国各族人民不断丰富和发展新时代中国特色社会主义思想，使这一理论不断与时俱进，丰富发展。

比如，2018 年 5 月 18 日，习近平总书记在全国生态环境保护大会上发表重要讲话，这次会后印发的《中共中央 国务院关于全面加强生态环境保护 坚决打好污染防治攻坚战的意见》明确指出，习近平生态文明思想为推进美丽中国建设、实现人与自然和谐共生的现代化提供了方向指引和根本遵循。在习近平生态文明思想的指导下，我国生态文明建设发生了历史性、转折性、全局性变化，我国已经成为全球生态文明建设的重要参与者、贡献者、引领者。

又如，党的二十大报告中指出："经过不懈努力，党找到了自我革命这一跳出治乱

---

① 习近平：《决胜全面建成小康社会 夺取新时代中国特色社会主义伟大胜利——在中国共产党第十九次全国代表大会上的报告》，人民出版社，2017 年，第 19 页。

② 习近平：《立足我国国情和我国发展实践 发展当代中国马克思主义政治经济学》，《人民日报》2015 年 11 月 25 日，第 1 版。

③ 习近平：《习近平谈治国理政》第 2 版第一卷，外文出版社，2018 年，第 484 页。

④ 崔禄春《习近平新时代中国特色社会主义思想的形成过程》，《科学社会主义》2019 年第 4 期，第 101 页。

兴衰历史周期率的第二个答案。"① 自我革命，确保党永远不变质、不变色、不变味，标志着我们党对长期执政的马克思主义政党自身建设的规律性认识达到了新高度。

再如，党的二十大报告中习近平总书记提出的"三个务必"，其思想内涵丰富深刻，意义重大深远，其中既有对党的优良传统的坚定继承，又有基于党在新时代治国理政实践基础上的创新发展。这"三个务必"，是新的赶考之路上中国共产党人实现社会主义现代化和中华民族伟大复兴、夺取中国特色社会主义伟大胜利，必须坚持的根本政治要求。

总之，习近平以其理论修养、实践阅历、创新勇气、使命担当和宽广视野，为新时代中国特色社会主义思想的形成做出了杰出贡献。习近平新时代中国特色社会主义思想在伟大时代中应运而生，一以贯之坚持马克思主义，与时俱进发展马克思主义，是立足时代之基、回答时代之问、引领时代之变的科学理论。

（二）习近平新时代中国特色社会主义思想的主要内容及科学体系

习近平新时代中国特色社会主义思想，坚持马克思主义立场观点方法，坚持科学社会主义基本原则，深刻总结和充分运用党百年奋斗的历史经验，继承弘扬中华优秀传统文化精华，根据时代和实践发展变化，以崭新的思想内容丰富发展了马克思主义，形成了系统科学的理论体系。

1. 丰富内涵——"十个明确""十四个坚持""十三个方面成就"

党的十九大、十九届六中全会提出的"十个明确""十四个坚持""十三个方面成就"概括了习近平新时代中国特色社会主义思想的主要内容。"十个明确"是支撑这一思想理论大厦的"四梁八柱"，是这一思想的核心要义和基本精神；"十四个坚持"是新时代坚持和发展中国特色社会主义的基本方略，是贯彻落实这一思想的实践要求；"十三个方面成就"是新时代坚持党的全面领导、全面从严治党等方面取得的历史性成就和发生的历史性变革。

（1）"十个明确"是习近平新时代中国特色社会主义思想的精神实质、核心要义，是对新时代的实践总结也是理论概括

明确中国特色社会主义最本质的特征是中国共产党领导，中国特色社会主义制度的最大优势是中国共产党领导，中国共产党是最高政治领导力量，全党必须增强"四个意识"、坚定"四个自信"、做到"两个维护"；明确坚持和发展中国特色社会主义，总任务是实现社会主义现代化和中华民族伟大复兴，在全面建成小康社会的基础上，分两步走在本世纪中叶建成富强民主文明和谐美丽的社会主义现代化强国，以中国式现代化推进中华民族伟大复兴；明确新时代我国社会主要矛盾是人民日益增长的美好生活需要和不平衡不充分的发展之间的矛盾，必须坚持以人民为中心的发展思想，发展全过程人民

---

① 习近平：《高举中国特色社会主义伟大旗帜　为全面建设社会主义现代化国家而团结奋斗——在中国共产党第二十次全国代表大会上的报告》，人民出版社，2022年，第14页。

民主，推动人的全面发展、全体人民共同富裕取得更为明显的实质性进展；明确中国特色社会主义事业总体布局是经济建设、政治建设、文化建设、社会建设、生态文明建设五位一体，战略布局是全面建设社会主义现代化国家、全面深化改革、全面依法治国、全面从严治党四个全面；明确全面深化改革总目标是完善和发展中国特色社会主义制度、推进国家治理体系和治理能力现代化；明确全面推进依法治国总目标是建设中国特色社会主义法治体系、建设社会主义法治国家；明确必须坚持和完善社会主义基本经济制度，使市场在资源配置中起决定性作用，更好发挥政府作用，把握新发展阶段，贯彻创新、协调、绿色、开放、共享的新发展理念，加快构建以国内大循环为主体、国内国际双循环相互促进的新发展格局，推动高质量发展，统筹发展和安全；明确党在新时代的强军目标是建设一支听党指挥、能打胜仗、作风优良的人民军队，把人民军队建设成为世界一流军队；明确中国特色大国外交要服务民族复兴、促进人类进步，推动建设新型国际关系，推动构建人类命运共同体；明确全面从严治党的战略方针，提出新时代党的建设总要求，全面推进党的政治建设、思想建设、组织建设、作风建设、纪律建设，把制度建设贯穿其中，深入推进反腐败斗争，落实管党治党政治责任，以伟大自我革命引领伟大社会革命。

（2）"十四个坚持"是新时代坚持和发展中国特色社会主义的基本方略

坚持党对一切工作的领导；坚持以人民为中心；坚持全面深化改革；坚持新发展理念；坚持人民当家作主；坚持全面依法治国；坚持社会主义核心价值体系；坚持在发展中保障和改善民生；坚持人与自然和谐共生；坚持总体国家安全观；坚持党对人民军队的绝对领导；坚持"一国两制"和推进祖国统一；坚持推动构建人类命运共同体；坚持全面从严治党。

（3）"十三个方面成就"既是习近平新时代中国特色社会主义思想指导的结果，是对其精神实质的鲜明揭示，也是其具体内容的丰富发展

在坚持党的全面领导上，党中央权威和集中统一领导得到有力保证，党的领导制度体系不断完善，党的领导方式更加科学，全党思想上更加统一、政治上更加团结、行动上更加一致，党的政治领导力、思想引领力、群众组织力、社会号召力显著增强。

在全面从严治党上，党的自我净化、自我完善、自我革新、自我提高能力显著增强，管党治党宽松软状况得到根本扭转，反腐败斗争取得压倒性胜利并全面巩固，党在革命性锻造中更加坚强。

在经济建设上，我国经济发展平衡性、协调性、可持续性明显增强，国家经济实力、科技实力、综合国力跃上新台阶，我国经济迈上更高质量、更有效率、更加公平、更可持续、更为安全的发展之路。

在全面深化改革开放上，党不断推动全面深化改革向广度和深度进军，中国特色社会主义制度更加成熟更加定型，国家治理体系和治理能力现代化水平不断提高，党和国家事业焕发出新的生机活力。

在政治建设上，积极发展全过程人民民主，我国社会主义民主政治制度化、规范

化、程序化全面推进，中国特色社会主义政治制度优越性得到更好发挥，生动活泼、安定团结的政治局面得到巩固和发展。

在全面依法治国上，中国特色社会主义法治体系不断健全，法治中国建设迈出坚实步伐，党运用法治方式领导和治理国家的能力显著增强。

在文化建设上，我国意识形态领域形势发生全局性、根本性转变，全党全国各族人民文化自信明显增强，全社会凝聚力和向心力极大提升，为新时代开创党和国家事业新局面提供了坚强思想保证和强大精神力量。

在社会建设上，人民生活全方位改善，社会治理社会化、法治化、智能化、专业化水平大幅度提升，发展了人民安居乐业、社会安定有序的良好局面，续写了社会长期稳定奇迹。

在生态文明建设上，党中央以前所未有的力度抓生态文明建设，美丽中国建设迈出重大步伐，我国生态环境保护发生历史性、转折性、全局性变化。

在国防和军队建设上，人民军队实现整体性革命性重塑、重整行装再出发，国防实力和经济实力同步提升，人民军队坚决履行新时代使命任务，以顽强斗争精神和实际行动捍卫了国家主权、安全、发展利益。

在维护国家安全上，国家安全得到全面加强，经受住了来自政治、经济、意识形态、自然界等方面的风险挑战考验，为党和国家兴旺发达、长治久安提供了有力保证。

在坚持"一国两制"和推进祖国统一上，党中央采取一系列标本兼治的举措，坚定落实"爱国者治港""爱国者治澳"，推动香港局势实现由乱到治的重大转折，为推进依法治港治澳、促进"一国两制"实践行稳致远打下了坚实基础；坚持一个中国原则和"九二共识"，坚决反对"台独"分裂行径，坚决反对外部势力干涉，牢牢把握两岸关系主导权和主动权。

在外交工作上，中国特色大国外交全面推进，构建人类命运共同体成为引领时代潮流和人类前进方向的鲜明旗帜，我国外交在世界大变局中开创新局、在世界乱局中化危为机，我国国际影响力、感召力、塑造力显著提升。

中国共产党和中国人民以英勇顽强的奋斗向世界庄严宣告，中华民族迎来了从站起来、富起来到强起来的伟大飞跃。

2. 主要特征——科学性、时代性、实践性、人民性和世界性

（1）科学性

"习近平新时代中国特色社会主义思想，坚持马克思主义立场观点方法，坚持科学社会主义基本原则，科学总结世界社会主义运动经验教训，根据时代和实践变化，以崭新的思想内容丰富和发展了马克思主义，形成了系统科学的理论体系。"[①] 其科学性体现在：它坚持了马克思主义的世界观和方法论，始终坚持运用辩证唯物主义和历史唯物

---

① 中共中央宣传部编《习近平新时代中国特色社会主义思想学习纲要》，学习出版社、人民出版社，2019年，第 7 页。

主义观察、分析问题，不断把对中国特色社会主义规律的认识提高到新的水平。它坚持思维的科学性，强调"要提高战略思维、历史思维、辩证思维、创新思维、底线思维能力，不断增强工作的科学性、预见性、主动性和创造性"。①

（2）时代性

习近平新时代中国特色社会主义思想是在科学认识和把握我国社会发展新的历史方位，科学把握当今世界新变局、党面临执政新考验的基础上而形成和发展起来的，是"立足时代特点，推进马克思主义时代化"和"运用马克思主义观察时代、解读时代、引领时代"②的产物，是立足时代之基、回答时代之问的科学理论，具有浓郁的时代特色。马克思主义"不断发展的开放的理论"特征，集中体现于马克思主义永远关注和研究所处时代提出的最迫切需要回答和解决的重大课题。马克思主义的开放性与时代性具有内在统一性，是马克思主义与时俱进理论品质的集中体现。习近平新时代中国特色社会主义思想秉持马克思主义与时俱进的理论品质，始终站在时代发展的前沿，推进马克思主义中国化和时代化，成就 21 世纪马克思主义的精神风范和理论智慧。③

（3）实践性

实践性是马克思主义理论区别于其他理论的显著特征。"理论一旦脱离了实践，就会成为僵化的教条，失去活力和生命力"。④党的十八大以来，习近平总书记多次强调，坚持理论和实践相结合，注重在实践中学真知、悟真谛，加强磨炼、增长本领。习近平新时代中国特色社会主义思想作为马克思主义中国化的最新成果，实践性是它突出的理论品格，也是它的精髓和灵魂。

（4）人民性

"人民是历史的创造者，是决定党和国家前途命运的根本力量。我们党来自人民、根植人民、服务人民，一旦脱离群众，就会失去生命力。"⑤人民性是习近平新时代中国特色社会主义思想的显著特性，它鲜明地体现为坚持以人民为中心的理念，始终坚持人民立场、人民至上，巩固人民主体地位，反映人民意志诉求，不断满足人民需要，保障人民利益，创造性地提出了"人民至上论""人民幸福论"等重要观点，彰显了当代中国马克思主义的根本立场和价值指向。习近平总书记在党的十八届五中全会首次提出的以人民为中心的发展思想，是坚持马克思主义唯物史观，符合中国国情民情党情，顺应时代发展要求，反映全体人民意愿的重大理论创新。以习近平同志为核心的党中央自始至终都把人民群众的利益放在首位，这充分体现了中国共产党的性质和宗旨，充分体现了习近平新时代中国特色社会主义思想的人民性，也充分展示了中国共产党作为无产

① 中共中央宣传部编《习近平新时代中国特色社会主义思想学习纲要》，学习出版社、人民出版社，2019 年，第 244 页。

② 习近平：《习近平谈治国理政》第二卷，外文出版社，2017 年，第 66 页。

③ 顾海良：《从"四个思想特征"看习近平新时代中国特色社会主义思想的理论境界》，《中国纪检监察》2018 年第 12 期，第 8 页。

④ 习近平：《辩证唯物主义是中国共产党人的世界观和方法论》，《求是》2019 年第 1 期，第 8 页。

⑤ 习近平：《习近平谈治国理政》第三卷，外文出版社，2020 年，第 135 页。

阶级政党不同于西方国家资产阶级政党的鲜明特色。①

（5）世界性

习近平新时代中国特色社会主义思想作为引领中国、贡献世界的科学理论，既体现了中国特色、中国立场和中国价值，又展现了胸怀天下、博采众长的国际视野和世界眼光，为破解人类共同难题、探索更好社会制度提供了新思路。其中最具代表性的就是人类命运共同体理念，集中反映了当代中国共产党人对"世界向何处去、人类怎么办"等重大时代课题的深刻思考。习近平新时代中国特色社会主义思想立足中国，面向世界，在将中国自身发展与全球共同进步相统一的世界视野、国际正义和人类情怀中，展现出强大的理论生命力和强烈的现实感召力。

3. 世界观和方法论——"六个必须坚持"

党的二十大报告提出"六个必须坚持"，即必须坚持人民至上、必须坚持自信自立、必须坚持守正创新、必须坚持问题导向、必须坚持系统观念、必须坚持胸怀天下。"六个必须坚持"是贯穿习近平新时代中国特色社会主义思想的立场观点方法，是马克思主义基本原理同中国具体实际相结合、同中华优秀传统文化相结合的典范成果，深刻揭示了习近平新时代中国特色社会主义思想的理论品格和鲜明特质，是我们要牢牢把握的思想精髓。

坚持人民至上，是推进马克思主义中国化时代化的根本出发点；坚持自信自立，是推进马克思主义中国化时代化的基本立足点；坚持守正创新，是推进马克思主义中国化时代化的主要着力点；坚持问题导向，是推进马克思主义中国化时代化的现实着眼点；坚持系统观念，是推进马克思主义中国化时代化的关键统筹点；坚持胸怀天下，是推进马克思主义中国化时代化的重要站位点。"六个必须坚持"的六个点，是既有各自定位、又有相互联系的辩证统一关系，是一个相互贯通的有机统一整体。"六个必须坚持"是新时代中国共产党人理论创造、实践探索、政治品格的集中体现，是我们理解习近平新时代中国特色社会主义思想、开启理论宝库的一把"金钥匙"，是我们深刻理解这一科学思想必须牢牢把握的基本点，也是我们继续推进党的理论创新必须始终坚持的基本点。

总之，"十个明确""十四个坚持""十三个方面成就""六个必须坚持"内在贯通、有机统一，凝结着我们党认识世界、改造世界的宝贵经验和重大成果，体现了理论与实际结合、认识论和方法论相统一的鲜明特色，具有科学性、时代性、实践性、人民性和世界性的主要特征，共同构成了习近平新时代中国特色社会主义思想的科学体系。这一科学体系逻辑严密、内涵丰富、系统全面、博大精深，贯通马克思主义哲学、马克思主义政治经济学、科学社会主义，贯通历史、现实和未来，贯通改革发展稳定、内政外交国防、治党治国治军等各领域，既坚持了老祖宗，又讲了很多新话，为丰富发展马克思主义作出了原创性贡献，为传承发展中华优秀传统文化作出了历史性贡献，为推动人类

---

① 秦宣：《习近平新时代中国特色社会主义思想的特色》，《教学与研究》2017 年第 12 期，第 13 页。

文明事业作出了世界性贡献。随着实践探索和理论研究的深入，这一科学体系将得到进一步的发展完善和准确概括。

（三）习近平新时代中国特色社会主义思想的历史地位及重大意义

1. 历史地位——当代中国马克思主义、二十一世纪马克思主义；中华文化和中国精神的时代精华；马克思主义中国化时代化新的飞跃

党的十九届六中全会通过的《中共中央关于党的百年奋斗重大成就和历史经验的决议》指出："习近平新时代中国特色社会主义思想是当代中国马克思主义、二十一世纪马克思主义，是中华文化和中国精神的时代精华，实现了马克思主义中国化新的飞跃。"这一重大论断科学阐明了这一思想的理论内涵和重大意义，标明了它在马克思主义发展史、中华文明发展史上的重要地位。

（1）当代中国马克思主义、二十一世纪马克思主义

习近平新时代中国特色社会主义思想，是科学的理论，也是彻底的理论，坚持运用马克思主义立场观点方法分析和解决中国实际问题，开辟了马克思主义中国化时代化新境界，展现了强大的真理力量。

第一，习近平新时代中国特色社会主义思想坚持和运用辩证唯物主义和历史唯物主义，为丰富发展马克思主义哲学作出了原创性贡献。首先，面对实现中华民族伟大复兴的战略全局和世界百年未有之大变局，从第一个百年奋斗目标到第二个百年奋斗目标，从统筹推进"五位一体"总体布局到协调推进"四个全面"战略布局，从把握中国经济发展新常态到牢固树立"五大发展新理念"，从积极实施"一带一路"到推动建设"人类命运共同体"……习近平新时代中国特色社会主义思想既立治有体，又施治有序，既统摄全局，又突出重点，充分彰显出在纷繁问题与复杂局面中对当前与长远、局部与整体、特殊与一般、"两点论"与"重点论"的把握，体现了哲学高度上的普遍性与特殊性的有机统一、共性和个性的有机结合，从根本上保证了中国特色社会主义事业的顺利推进。其次，习近平新时代中国特色社会主义思想秉承人民至上、问题导向、实事求是等历史唯物主义观点。

第二，习近平新时代中国特色社会主义思想开辟了马克思主义政治经济学的新境界。发展了马克思主义政治经济学关于经济和政治关系的理论，创造性地提出加强党对经济工作的全面领导，明确了保持经济社会持续健康发展的根本保证；发展了马克思主义政治经济学关于社会主义经济本质的理论，提出坚持以人民为中心的发展思想，明确了社会主义市场经济发展的根本目的；发展了社会主义经济制度理论和社会主义市场经济理论，强调坚持和完善公有制为主体、多种所有制经济共同发展，按劳分配为主体、多种分配方式并存，社会主义市场经济体制等社会主义基本经济制度，把社会主义市场经济体制纳入社会主义基本经济制度之中，坚持使市场在资源配置中起决定性作用，更好发挥政府作用；深化了马克思主义发展观，强调准确把握新发展阶段、贯彻新发展理念、构建新发展格局，实现高质量发展；发展了共同富裕理论，提出共同富裕是中国式

现代化的重要特征，是中国特色社会主义的本质要求，要在高质量发展中促进共同富裕；发展了经济发展战略理论，作出建设社会主义现代化强国的"两步走"战略安排，强调应对国内国际新挑战，必须坚持自主创新战略、人才强国战略、乡村振兴战略等；发展了马克思主义世界市场理论，强调不断提高对外开放水平，实行更加积极主动的开放战略，推进"一带一路"高质量发展，推动经济全球化朝着更加开放、包容、普惠、平衡、共赢的方向发展。习近平新时代中国特色社会主义思想深刻总结新时代我国经济发展的伟大实践，科学回答马克思主义经典作家没有讲过、我们的前人从未遇到过、西方经济理论始终无法解决的许多重大理论和现实问题，开辟了中国特色社会主义政治经济学的新境界。

第三，习近平新时代中国特色社会主义思想丰富和发展了科学社会主义理论。习近平新时代中国特色社会主义思想深化了对共产党执政规律的认识。只有坚持党的领导，中国特色社会主义才能永不变色、变质、变味。面对新时代建设长期执政的马克思主义政党的重大时代任务和课题，习近平新时代中国特色社会主义思想提出中国共产党的领导是中国特色社会主义最本质的特征、是中国特色社会主义制度的最大优势，必须确保党充分发挥总揽全局、协调各方的领导核心作用；提出坚持以人民为中心的发展思想，巩固党的执政根基；提出全面从严治党、勇于自我革命，以伟大自我革命引领伟大社会革命；等等。这一系列重要思想，丰富和发展了马克思主义建党学说和政党理论。

（2）中华文化和中国精神的时代精华

第一，它植根中华文化传统，赓续中华文化文脉，引领中华文化发展方向。习近平新时代中国特色社会主义思想是马克思主义基本原理同中国具体实际相结合、同中华优秀传统文化相结合的理论创新成果。这一思想既是新时代中国特色社会主义伟大实践的理论升华，又从中华民族历史和中华优秀传统文化中获得理论滋养，将马克思主义理论与中华优秀传统文化熔于一炉，凝练为中华文化和中国精神的时代精华。

第二，它蕴涵中国精神气质，体现中国精神价值，彰显中国精神力量。习近平新时代中国特色社会主义思想把马克思主义理论精髓和中华优秀传统文化精神相融通，既体现了马克思主义精神特质，又蕴涵独特的中国精神气质，表现出当代中国马克思主义鲜明的中国风格、中国气派。习近平总书记深刻指出，"精神是一个民族赖以长久生存的灵魂，唯有精神上达到一定的高度，这个民族才能在历史的洪流中屹立不倒、奋勇向前"。中华民族长盛不衰、中华文明绵延不绝的核心密码就在于中国精神的有力支撑。中国精神积淀着中华民族最深层的精神追求，是中华民族生生不息、发展壮大的丰厚滋养。习近平新时代中国特色社会主义思想深刻反映了中华民族自古以来的梦想和追求，凝结着中国人民在长期奋斗中培育、继承和发展起来的伟大创造精神、伟大奋斗精神、伟大团结精神、伟大梦想精神，凝结着共产主义远大理想和中国特色社会主义共同理想的精神追求，凝结着深沉的爱国主义和坚毅的开拓创新精神，这是新时代中国精神最为集中而深刻的表现，也是凝心聚力的兴国之魂、强国之魂。

第三，它把握时代特征，回答时代之问，指明时代发展方向。习近平新时代中国特色社会主义思想深刻把握当今时代特征和人类发展规律，对当代中国和中国共产党面临的重大而紧迫的时代课题进行了深邃思考和科学判断，深刻回答了新时代坚持和发展什么样的中国特色社会主义、怎样坚持和发展中国特色社会主义，建设什么样的社会主义现代化强国、怎样建设社会主义现代化强国，建设什么样的长期执政的马克思主义政党、怎样建设长期执政的马克思主义政党等重大理论和实践问题，实现了对中国特色社会主义建设规律认识的新跃升，也进一步指明了中国式现代化道路的新图景，同时开辟了管党治党、兴党强党的新境界，对新时代党和国家事业发展、对推进中华民族伟大复兴历史进程具有决定性意义。

（3）马克思主义中国化时代化新的飞跃

第一，习近平新时代中国特色社会主义思想坚持把马克思主义基本原理同中国具体实际相结合、同中华优秀传统文化相结合，以原创性理论贡献标注了马克思主义发展的新高度。

第二，习近平新时代中国特色社会主义思想深刻回答新时代坚持和发展什么样的中国特色社会主义、怎样坚持和发展中国特色社会主义的重大时代课题，实现了对中国特色社会主义建设规律认识的新跃升。

第三，习近平新时代中国特色社会主义思想深刻回答建设什么样的社会主义现代化强国、怎样建设社会主义现代化强国的重大时代课题，进一步指明了中国式现代化道路的新图景。

第四，习近平新时代中国特色社会主义思想深刻回答建设什么样的长期执政的马克思主义政党、怎样建设长期执政的马克思主义政党的重大时代课题，指引开辟了管党治党、兴党强党的新境界。

2. 重大意义——理论意义、实践意义、时代意义、世界意义

（1）理论意义

习近平新时代中国特色社会主义思想，奠基于马克思主义的科学理论和科学方法，立足于 21 世纪人类社会面临的当代问题，科学地回答了历史之问、时代之问、人民之问，以新的时代内涵再一次确证马克思主义的科学价值，开创了马克思主义理论新境界，形成了马克思主义新形态。比如，"以人民为中心"的思想与马克思主义的"人民史观"一脉相承，这一思想将习近平新时代中国特色社会主义思想所具有的科学的真理性追求与崇高的价值性追求有机统一起来，体现了真理与价值的统一，彰显出新形态马克思主义非凡的理论意义。

习近平总书记指出："一部马克思主义发展史就是马克思、恩格斯以及他们的后继者们不断根据时代、实践、认识发展而发展的历史，是不断吸收人类历史上一切优秀思想文化成果丰富自己的历史。"[①] 作为新形态的马克思主义，习近平新时代中国特色社会主义思想提供了理解中国发展进而理解世界发展的思想体系、价值体系、制度体系、

①　习近平：《在纪念马克思诞辰 200 周年大会上的讲话》，《人民日报》2018 年 5 月 5 日，第 2 版。

目标体系、战略体系，将中国革命建设与改革的思想成果贡献给世界。这个马克思主义发展的新形态，必将以开放包容的姿态继续丰富其内容，为发展着的历史实践继续提供理论解释和思想动力。

（2）实践意义

实践是检验真理的唯一标准。科学理论的价值不仅在于回答时代课题，更体现在指导实践、推动实践发展所发挥的巨大威力。习近平新时代中国特色社会主义思想，博大精深，内涵丰富，贯穿改革发展稳定、内政外交国防、治党治国治军等各个领域，构成了系统完备、逻辑严密、内在统一的科学体系，不仅具有鲜明的理论品格，而且具有战略性、前瞻性、创造性、可持续性及操作性的实践意义。党的十八大以来，习近平总书记面对国内国际复杂多变的形势，以巨大的政治勇气和强烈的责任担当，坚持以实际为出发点，以问题为导向，以正在做的事情为中心，以推动工作为目的，把理论创新、实践创新、制度创新结合起来，提出了治国理政、安邦富民的一系列重要思想、方针政策、重大举措，带领全党和全国人民解决了许多长期想解决而没有解决的难题，办成了许多过去想办而没有办成的大事，推动党和国家事业发生了历史性变革。习近平新时代中国特色社会主义思想始终是新的历史起点上坚持和发展中国特色社会主义的根本指针，是实现中华民族伟大复兴的行动指南。

（3）时代意义

时代是思想之母。理论因时代而生，任何理论的产生及其发展，都植根于深刻的时代背景。马克思、恩格斯在《德意志意识形态》一书中指出："一切划时代的体系的真正的内容都是由于产生这些体系的那个时期的需要而形成起来的。"正是由于时代诉求与时代需要，促进了马克思主义的诞生；正是由于时代发展与时代变革，引发了马克思主义的变革与演进。习近平新时代中国特色社会主义思想产生于新时代，对新时代国内、国际面临的重大问题作出了科学回答，在洞察时代风云的同时，顺应了时代的理论诉求，因而具有引领时代的作用。比如，对中国特色社会主义的发展阶段进行了准确定位，明确指出中国特色社会主义进入了新时代，这是中国特色社会主义发展新的历史方位，为中国特色社会主义理论发展、实践创新提供了新的坐标、新的参照；对新时代我国社会主要矛盾作出了科学分析，将"人民日益增长的美好生活需要和不平衡不充分的发展之间的矛盾"作为我国社会主要矛盾，为集中力量解决发展不平衡不充分问题、满足人民日益增长的美好生活需要提供了依据，为马克思主义中国化重点的选择提供了指引；对新时代的世界格局、发展趋势作出了"百年未有之大变局"的判断，认识到全球化的趋势、国际经济格局、国际权力格局、全球治理体系与治理规则、人类文明交往方式发生的变化，为认清国际格局变化、应对国际社会挑战提供了理论指引。这些重要思想，回应了时代呼唤，解答了时代课题，具有鲜明的时代性，成为指引我们从胜利走向新的更大胜利的强大思想武器。恩格斯曾经高度赞扬欧洲文艺复兴，"这是一个需要巨人而且产生了巨人的时代"。今天，我们可以当之无愧地说，这是一个需要伟大思想而且已经产生伟大思想的时代。这个伟大思想就是习近平新时代中国特色社会主义思想。

（4）世界意义

世界之变、时代之变、历史之变正以前所未有的方式展开，人类社会面临前所未有的挑战。党的二十大报告指出："世界又一次站在历史的十字路口，何去何从取决于各国人民的抉择。"[①] 在这个关键的历史十字路口，中国旗帜鲜明地亮出了的抉择：促进世界和平与发展，推动构建人类命运共同体并提出全球发展倡议、全球安全倡议、全球文明倡议三大倡议。这是为人类前途命运的世界之问、时代之问、历史之问提供的中国智慧与答题方案。

中国式现代化坚守社会主义方向，独立自主选择适合自己的现代化道路，破解了现代化理论与实践的诸多难题，打破了"现代化就是西方化"的迷思，创新发展了现代化理论。作为一个理论与实践紧密结合的独特原创性命题，中国式现代化具有深刻的理论逻辑、历史逻辑、文化逻辑和实践逻辑，是马克思主义中国化的重要内容，具有深远的世界意义。

习近平新时代中国特色社会主义思想，为世界各国人民加强文明交流互鉴、携手同行现代化道路、破解人类面临的共同难题、发展马克思主义和科学社会主义作出了世界性贡献。

【课堂研学材料】

坚持历史唯物主义　不断开辟当代中国马克思主义发展新境界[②]

习近平

马克思主义哲学包括辩证唯物主义和历史唯物主义，是马克思主义立场、观点、方法的集中体现，是马克思主义学说的思想基础。马克思说："任何真正的哲学都是自己时代的精神上的精华。"马克思主义哲学尽管诞生在一个半世纪之前，但由于它深刻揭示了客观世界特别是人类社会发展一般规律，被历史和实践证明是科学的理论，在当今时代依然有着强大生命力，依然是指导我们共产党人前进的强大思想武器。

我们党自成立起就高度重视在思想上建党，其中十分重要的一条就是坚持用马克思主义哲学教育和武装全党。学哲学、用哲学，是我们党的一个好传统。1937 年夏，毛泽东同志在延安应抗日军政大学之邀，亲自讲授马克思主义哲学，并为此撰写了《辩证法唯物论（讲授提纲）》。在撰写这个提纲的过程中，诞生了《实践论》和《矛盾论》等体现马克思主义中国化理论成果的重要哲学著作。

中央党校从 1933 年创办至今，马克思主义哲学一直是干部培训的基本课程。我在兼任中央党校校长期间，多次强调党校要把马克思主义哲学作为主要课程。2009 年 5 月 13 日，在中央党校 2009 年春季学期第二批进修班暨专题研讨班开学典礼上，我引用了陈云同志的一段话，他说："学习理论，最要紧的，是把思想方法搞对头。因此，首

① 习近平：《高举中国特色社会主义伟大旗帜　为全面建设社会主义现代化国家而团结奋斗——在中国共产党第二十次全国代表大会上的报告》，人民出版社，2022 年，第 60 页。

② 习近平：《坚持历史唯物主义　不断开辟当代中国马克思主义发展新境界》，《求是》2020 年第 2 期，第 3 页。

先要学哲学，学习正确观察问题的思想方法。如果对辩证唯物主义一窍不通，就总是要犯错误。"我还建议大家读一些马克思主义哲学基本著作，掌握科学世界观和方法论，不断增强工作的原则性、系统性、预见性、创造性。

历史唯物主义作为马克思主义哲学的重要组成部分，是关于人类社会发展一般规律的科学。在革命、建设、改革各个历史时期，我们党运用历史唯物主义，系统、具体、历史地分析中国社会运动及其发展规律，在认识世界和改造世界过程中不断把握规律、积极运用规律，推动党和人民事业取得了一个又一个胜利。毛泽东同志提出的以农村包围城市、武装夺取政权的道路，我们党带领人民进行艰辛的社会主义建设探索，新的历史时期我们党科学分析我国社会主要矛盾、果断决定把党和国家工作中心转移到经济建设上来、实行改革开放，都是正确运用历史唯物主义的结果。我们党在实践中不断回答"什么是社会主义、怎样建设社会主义""建设什么样的党、怎样建设党""实现什么样的发展、怎样发展"这些重大历史性课题，也都是正确运用历史唯物主义的结果。历史和现实都表明，只有坚持历史唯物主义，我们才能不断把对中国特色社会主义规律的认识提高到新的水平，不断开辟当代中国马克思主义发展新境界。

现在，我们依然要推动全党学习马克思主义哲学，依然要推动全党掌握历史唯物主义基本原理和方法论。学习的目的，就是更好认识国情，更好认识党和国家事业发展大势，更好认识历史发展规律，更加能动地推进各项工作。1942年，毛泽东同志在中央党校开学典礼上发表了重要演说，题目是《整顿党的作风》。他指出，要号召我们的同志学会应用马克思列宁主义的立场、观点、方法，认真研究中国的历史，研究中国的经济、政治、军事和文化，对每一问题要根据详细的材料加以具体的分析，然后引出理论性的结论来。他还强调：我们"不应当把马克思主义的理论当成死的教条。对于马克思主义的理论，要能够精通它、应用它，精通的目的全在于应用。如果你能应用马克思列宁主义的观点，说明一个两个实际问题，那就要受到称赞，就算有了几分成绩。被你说明的东西越多，越普遍，越深刻，你的成绩就越大"。我们学习历史唯物主义，也要坚持这样的正确态度。

社会存在决定社会意识。我们党现阶段提出和实施的理论和路线方针政策，之所以正确，就是因为它们都是以我国现时代的社会存在为基础的。党的十八届三中全会对我国全面深化改革作出了总体部署，是从我国现在的社会存在出发的，即从我国现在的社会物质条件的总和出发的，也就是从我国基本国情和发展要求出发的。

下面，我想结合今天的学习，围绕深刻认识全面深化改革规律、更好落实各项改革举措谈点认识。

第一，学习和掌握社会基本矛盾分析法，深入理解全面深化改革的重要性和紧迫性。1883年，恩格斯在马克思墓前说："正像达尔文发现有机界的发展规律一样，马克思发现了人类历史的发展规律，即历来为繁芜丛杂的意识形态所掩盖着的一个简单事实：人们首先必须吃、喝、住、穿，然后才能从事政治、科学、艺术、宗教等等；所以，直接的物质的生活资料的生产，从而一个民族或一个时代的一定的经济发展阶段，便构成基础，人们的国家设施、法的观点、艺术以至宗教观念，就是从这个基础上发展起来的，因而，也必须由这个基础来解释，而不是像过去那样做得相反。"这段话，十分精辟地阐明了历史唯物主义的基本内涵。中国古人说的"民以食为天""仓廪实则知礼节，衣食足则知荣辱"等，也包含着这样的朴素唯物思想。

历史唯物主义认为，生产力和生产关系、经济基础和上层建筑相互作用、相互制约，支配着整个社会发展进程。生产关系一定要适合生产力状况，上层建筑一定要适合经济基础状况，它们的共同作用构成整个社会的矛盾运动。只有把生产力和生产关系的矛盾运动同经济基础和上层建筑的矛盾运动结合起来观察，把社会基本矛盾作为一个整体来观察，才能全面把握整个社会的基本面貌和发展方向。

坚持和发展中国特色社会主义，必须不断适应社会生产力发展调整生产关系，不断适应经济基础发展完善上层建筑。改革开放 35 年来，我国经济社会发展取得了重大成就，根本原因就是我们通过不断调整生产关系激发了社会生产力发展活力，通过不断完善上层建筑适应了经济基础发展要求。我们进行经济体制改革，进行政治体制、文化体制、社会体制、生态文明体制和党的建设制度改革，都是出于这个目的。

我们提出进行全面深化改革，就是要适应我国社会基本矛盾运动的变化来推进社会发展。社会基本矛盾总是不断发展的，所以调整生产关系、完善上层建筑需要相应地不断进行下去。我讲过，实践发展永无止境，解放思想永无止境，改革开放也永无止境，改革开放只有进行时、没有完成时。这是历史唯物主义态度。

第二，学习和掌握物质生产是社会生活的基础的观点，准确把握全面深化改革的重大关系。历史唯物主义认为，物质生产力是全部社会生活的物质前提，同生产力发展一定阶段相适应的生产关系的总和构成社会经济基础。生产力是推动社会进步的最活跃、最革命的要素，生产力发展是衡量社会发展的带有根本性的标准。这为我们分析社会发展提供了可靠依据。

我们要明确，社会主义的根本任务是解放和发展社会生产力，这一点任何时候都不能动摇。邓小平同志回答了"什么是社会主义、怎样建设社会主义"这个根本问题，主要是回答了社会主义的根本任务是什么。"社会主义的任务很多，但根本一条就是发展生产力"。"多少年来我们吃了一个大亏，社会主义改造基本完成了，还是'以阶级斗争为纲'，忽视发展生产力。'文化大革命'更走到了极端。十一届三中全会以来，全党把工作重点转移到社会主义现代化建设上来，在坚持四项基本原则的基础上，集中力量发展社会生产力。这是最根本的拨乱反正。"

在全面深化改革中，我们要坚持发展仍是解决我国所有问题的关键这个重大战略判断，使市场在资源配置中起决定性作用和更好发挥政府作用，推动我国社会生产力不断向前发展。我们讲不要简单以国内生产总值增长率论英雄，要看全面工作水平，就是说要按照生产力发展规律去发展，而不要违背规律蛮干。我们要正确运用生产力标准，推动实现物的不断丰富和人的全面发展的统一。

虽然物质生产是社会生活的基础，但上层建筑也可以反作用于经济基础，生产力和生产关系、经济基础和上层建筑之间有着十分复杂的关系，有着作用和反作用的现实过程，并不是单线式的简单决定和被决定逻辑。

世界上的事物总是有着这样那样的联系，不能孤立地静止地看待事物发展，否则往往会出现盲人摸象、以偏概全的问题。正所谓"有无相生，难易相成，长短相形，高下相倾，音声相和，前后相随"。在观察社会发展时，一定要注意这种决定和被决定、作用和反作用的有机联系。对生产力标准必须全面准确理解，不能绝对化，不能撇开生产关系、上层建筑来理解生产力标准。改革开放以来，我们党提出的一系列"两手抓"，包括一手抓物质文明建设、一手抓精神文明建设，一手抓经济建设、一手抓法治建设，一手抓发展、一手抓稳定，一手抓改革开放、一手抓惩治腐败等，都是符合历史唯物主义要求的。

我们在考虑这次三中全会议题时，就提出要制定一个全面深化改革的方案，而不是只讲经济体制改革，或者只讲经济体制和社会体制改革。这样考虑，是因为要解决我们面临的突出矛盾和问题，仅仅依靠单个领域、单个层次的改革难以奏效，必须加强顶层设计、整体谋划，增强各项改革的关联性、系统性、协同性。只有既解决好生产关系中不适应的问题，又解决好上层建筑中不适应的问题，这样才能产生综合效应。

同时，我们也突出强调了要以经济建设为中心、发挥经济体制改革牵引作用。这就是说，要把握住我国现阶段社会基本矛盾的主要方面，重点是发展。只有紧紧围绕发展这个第一要务来部署各方面改革，以解放和发展社会生产力为改革提供强大牵引，才能更好推动生产关系与生产力、上层建筑与经济基础相适应。我国改革开放以来的实践充分证明，紧紧扭住解放和发展社会生产力，就能为其他各方面改革提供强大推动，影响其他各个方面改革相应推进。

这里，我还要说到一个问题。马克思、恩格斯运用社会基本矛盾推动社会发展的规律，对未来社会发展作出了科学预见。《共产党宣言》提出："资产阶级的灭亡和无产阶级的胜利是同样不可避免的。"这就是"两个必然"，是就人类历史总的发展趋势而言的，是历史规律的必然指向。这里还要说到马克思提出的"两个决不会"，马克思说："无论哪一个社会形态，在它所能容纳的全部生产力发挥出来以前，是决不会灭亡的；而新的更高的生产关系，在它的物质存在条件在旧社会的胎胞里成熟以前，是决不会出现的。"马克思的这一重要论点，可以帮助我们理解为什么资本主义至今没有完全消亡，为什么社会主义还会出现苏联解体、东欧剧变那样的曲折，为什么马克思主义预见的共产主义还需要经过很长的历史发展才能实现。学懂了这一认识和研究社会历史发展的科学世界观和方法论，我们就能坚定理想的主心骨、筑牢信念的压舱石，保持强大的战略定力。我们要坚定中国特色社会主义道路自信、理论自信、制度自信，不断提高我国社会生产力发展水平和人民生活水平，使我国社会主义制度优越性不断显现和丰富起来，使中国特色社会主义道路越走越宽广。

第三，学习和掌握人民群众是历史创造者的观点，紧紧依靠人民推进改革。如何认识人民群众在历史上的作用，是社会历史观的重大问题。同历史唯心主义英雄史观相对立，历史唯物主义群众史观第一次彻底解决了这个重大问题，提出人民是历史的创造者。遵循历史唯物主义这一观点，我们党提出了群众路线，并把它作为党的生命线和根本工作路线。

在革命、建设、改革各个历史时期，我们党都坚持紧紧依靠人民。改革开放 35 年来的历程表明，许多改革都是由基层群众自发推动、自下而上形成的，广大人民群众是推动改革的重要力量。今天，我们全面深化改革，依然要充分发挥人民主体作用。为了人民而改革，改革才有意义；依靠人民而改革，改革才有动力。

党的十八届三中全会在总结改革开放历史经验时强调，要坚持以人为本，尊重人民主体地位，发挥群众首创精神，紧紧依靠人民推动改革，促进人的全面发展；在全面深化改革的指导思想中鲜明提出，要以促进社会公平正义、增进人民福祉为出发点和落脚点。在全面深化改革进程中，我们要坚持马克思主义群众观点，坚持党的群众路线，"以百姓心为心"，把实现好、维护好、发展好最广大人民根本利益作为推进改革的出发点和落脚点，让发展成果更多更公平惠及全体人民。唯有如此，改革才能大有作为。

唐太宗李世民和大臣们在贞观年间总结隋炀帝亡国的教训时说，治理国家"必须先存百姓，若损百姓以奉其身，犹割股以啖腹，腹饱而身毙"。古代封建统治者尚能认识到存养百姓的重要性，我们党的各级领导干部更应自觉坚持全心全意为人民服务的根本宗旨，保持同人民群众的血肉联系，始终与人民同呼吸、共命运、心连心，团结带领人民续写改革新篇章，确保改革取得成功。

在全面深化改革中，我们要处理好尊重客观规律和发挥主观能动性的关系。一方面，要坚持一切从实际出发，按照客观规律办事，一张蓝图抓到底，抓好打基础利长远的工作，不能拍脑袋、瞎指挥、乱决策，杜绝短期行为、拔苗助长。另一方面，要鼓励地方、基层、群众大胆探索、先行先试，及时总结经验，勇于推进理论和实践创新，不断深化对改革规律的认识。我们提出加强顶层设计和摸着石头过河相结合、整体推进和重点突破相促进，这是全面深化改革必须遵循的重要原则，也是历史唯物主义的要求。

最后，我想强调的是，我们党在中国这样一个有着 13 亿人口的大国执政，面对着十分复杂的国内外环境，肩负着繁重的执政使命，如果缺乏理论思维的有力支撑，是难以战胜各种风险和困难的，也是难以不断前进的。恩格斯说过："一个民族要想站在科学的最高峰，就一刻也不能没有理论思维。"全党都要加强对马克思主义哲学的学习和运用，提高运用马克思主义立场、观点、方法分析和解决问题的能力。学习不是背教条、背语录，而是要用以解决实际问题。党的各级领导干部特别是高级干部，要原原本本学习和研读经典著作，努力把马克思主义哲学作为自己的看家本领，坚定理想信念，坚持正确政治方向，提高战略思维能力、综合决策能力、驾驭全局能力，团结带领人民不断书写改革开放历史新篇章。

【教师课堂提问及点评】

1. 如何理解"五个必由之路"是坚持"走自己的路"、不断推进马克思主义中国化时代化的历史结论？

【教师点评】

2022 年 3 月 5 日，习近平总书记在参加十三届全国人大五次会议内蒙古代表团审议时，鲜明提出"五个必由之路"的重大论断。坚持党的全面领导是坚持和发展中国特色社会主义的必由之路；中国特色社会主义是实现中华民族伟大复兴的必由之路；团结奋斗是中国人民创造历史伟业的必由之路；贯彻新发展理念是新时代我国发展壮大的必由之路；全面从严治党是党永葆生机活力、走好新的赶考之路的必由之路。这"五个必由之路"，既是中国共产党人不断推进理论创新的最新成果，也是重大战略思想和工作部署。习近平指出"走自己的路，是党的全部理论和实践立足点，更是党百年奋斗得出的历史结论"。中国共产党强调"走自己的路"，是坚持把马克思主义基本原理同中国具体实际相结合，同中华优秀传统文化相结合，推进理论和实践创新的历史结论。

首先，走自己的路，是与时俱进发挥马克思主义真理力量的根本要求。马克思主义甫一诞生，马克思就表达了理论必须结合具体实际的观点，并明确反对"树起任何教条主义的旗帜"。作为一种科学的世界观和方法论，马克思主义只有"应用于本国的经济条件和政治条件"，只有"随时随地都要以当时的历史条件为转移"，才能发挥其真理的力量。这就要求我们在运用马克思主义的时候，要始终坚持"走自己的路"，要在独立自主的基础上领悟马克思主义的核心要义，汲取马克思主义的实践智慧。

其次，走自己的路，是推进马克思主义中国化时代化的必然要求。党的十八大以来，以习近平同志为核心的党中央"坚持独立自主走自己的路，毫不动摇坚持和发展中国特色社会主义"，在深刻回答"三个重大时代课题"、遵循"三大规律"的基础上，对"中国为什么能够成功""中国怎样才能继续成功"进行了深邃思考，形成了"五个必由之路"的重大判断。

总之，"五个必由之路"是中国共产党在百年探索中"走自己的路"的经验总结，是中国共产党继承马克思主义世界观和方法论的生动体现，闪耀着马克思主义真理的光辉。

2. 如何理解习近平新时代中国特色社会主义思想是当代中国马克思主义、21 世纪马克思主义？

【教师点评】

第一，续写了马克思主义中国化时代化新篇章。①在马克思主义哲学方面。提出人与自然是和谐共生的生命共同体，绿水青山就是金山银山，是对马克思主义自然观的新发展；提出新时代我国社会主要矛盾发生变化，是对马克思主义社会矛盾学说的新发展；强调要提高科学思维能力，要坚持系统观念，要强化问题导向等，是对马克思主义认识论的新发展；强调坚持以人民为中心，是对唯物史观的新发展；等等。而这一思想对马克思主义哲学的发展，集中体现在"六个必须坚持"的世界观和方法论上。②在马克思主义政治经济学方面。提出坚持和完善社会主义基本经济制度，使市场在资源配置中起决定性作用和更好发挥政府作用等思想，提出把握新发展阶段，贯彻新发展理念，加快构建新发展格局，推动高质量发展，是对马克思主义经济学说的新发展；等等。

③在科学社会主义方面。提出中国式现代化的中国特色、本质要求、重大原则等，进一步丰富发展了马克思主义现代化理论；提出坚持和加强党的全面领导、推进党的自我革命、解决大党独有难题的思想，是对马克思主义建党学说的新发展；提出坚持和完善中国特色社会主义制度、推进国家治理体系和治理能力现代化的思想，是对马克思主义国家学说的新发展；提出构建人类命运共同体的思想，是对马克思主义世界历史理论的新发展；等等。

第二，习近平新时代中国特色社会主义思想，正确回应了 21 世纪中国如何真正建成社会主义现代化强国这一重大理论主题，正在成功运用于新时代中国特色社会主义实践且已经取得显著成效，并将继续指导 21 世纪中国社会主义现代化建设的实践与 21 世纪各国无产阶级建设社会主义和谋求人类解放的新实践，既明确了 21 世纪中国实现全体人民共同富裕的价值追求，又指明了 21 世纪整个人类社会发展进步的价值要求，这与 21 世纪马克思主义的理论主题、实践指向和价值取向具有内在统一性。

【专题小结】

党的十八大以来，国内外形势新变化和实践新要求，迫切需要我们从理论和实践的结合上深入回答关系党和国家事业发展、党治国理政的一系列重大时代课题。我们党勇于进行理论探索和创新，以全新的视野深化对共产党执政规律、社会主义建设规律、人类社会发展规律的认识，取得重大理论创新成果，集中体现为新时代中国特色社会主义思想。党的十九大、十九届六中全会提出的"十个明确""十四个坚持""十三个方面成就"概括了这一思想的主要内容，必须长期坚持并不断丰富发展。只有把马克思主义基本原理同中国具体实际相结合、同中华优秀传统文化相结合，坚持运用辩证唯物主义和历史唯物主义，才能正确回答时代和实践提出的重大问题，才能始终保持马克思主义的蓬勃生机和旺盛活力。

七、课后阅读

习近平：《正确认识和把握我国发展重大理论和实践问题》，《求是》2022 年第 10 期。

《中共中央关于党的百年奋斗重大成就和历史经验的决议》，人民出版社，2021 年版。

中共中央宣传部编《习近平新时代中国特色社会主义思想学习纲要》，学习出版社、人民出版社，2023 年版。

中共中央党史和文献研究院、中央学习贯彻习近平新时代中国特色社会主义思想主题教育领导小组办公室编《习近平新时代中国特色社会主义思想的世界观和方法论专题摘编》，党建读物出版社、中央文献出版社，2023 年版。

孙熙国、艾四林主编：《马克思主义与中华优秀传统文化相结合十讲》，研究出版社，2023 年版。

八、课后思考

1. 习近平新时代中国特色社会主义思想对马克思主义国家理论的继承与发展。
2. "马克思主义中国化时代化"命题对"马克思主义的中国化"的继承与发展。

第十专题　西方马克思主义理论思潮

一、专题概述

第一次世界大战前后，西方资本主义国家的经济、政治、文化开始呈现出不同于自由竞争资本主义时期的新特征。俄国十月革命的胜利、欧洲一些国家无产阶级革命的失败、国际共产主义运动的曲折发展，促使以卢卡奇、柯尔施、葛兰西等欧洲左翼思想家、革命家在新的条件下开展理论探索，提出了与俄国的列宁主义、第二国际的"正统马克思主义"不同的立场观点。西方马克思主义的理论思潮逐渐形成。在后来的发展中，构成这一理论阵营的众多学者，如德国法兰克福学派的霍克海默、阿多诺、马尔库塞、弗洛姆、哈贝马斯，法国思想家萨特、阿尔都塞等，从不同的角度重新解读马克思主义，对资本主义社会展开全面批判。西方马克思主义理论思潮，是马克思主义发展进程中不容忽视的一个方面，既为我们呈现了马克思主义在 20 世纪西方社会的发展形态，也为我们深入理解当代资本主义的新变化、新特征提供了重要启示。本专题简要介绍西方马克思主义不同时期、不同派别代表人物的基本观点，分析西方马克思主义的理论贡献与局限。正如习近平总书记指出的，"对待国外马克思主义研究新成果，我们要密切关注和研究，有分析、有鉴别，既不能采取一概排斥的态度，也不能搞全盘照搬。"[①]这一科学论断，也是学习本专题的正确方式。

二、教学目标

知识目标：识记西方马克思主义的代表人物和代表作，概述和评析西方马克思主义主要流派的基本主张。

情感、态度、价值观目标：一分为二、全面辩证地看待西方马克思主义的理论成果，树立辩证唯物主义和历史唯物主义的科学精神。

能力目标：能够运用文本分析的基本方法解读西方马克思主义的代表作，联系实际、联系马克思主义经典原著进行批判性思考。

---

① 习近平：《论党的宣传思想工作》，中央文献出版社，2020 年，第 287 页。

三、教学重点、难点

重点：西方马克思主义代表人物的基本观点。

难点：西方马克思主义"文化批判"的理论倾向与局限。

四、内容框架

西方马克思主义的历史脉络。

西方马克思主义的理论贡献。

西方马克思主义的理论缺陷。

五、课时分配

4课时。

六、专题教学

【专题导入】

西西弗斯的神话

法国当代哲学家阿尔贝·加缪在《西西弗斯的神话》（1942）等著作中将生活比喻为古希腊神话中英雄西西弗斯的使命：西西弗斯被罚把一块石头推上山，到了山顶石头又会重新滚落下来，于是一切重新开头，周而复始。

他讲述道，"今日之工人劳动，一生中每一天都干着同样的活计，这种命运同样荒谬。""在任何一条街的拐角，荒谬感会袭上每一个人的面孔。……起床，电车，四小时办公室或工厂里的工作，吃饭，电车，四小时的工作，吃饭，睡觉，星期一二三四五六，总是一个节奏，大部分时间里都轻易地循着这条路走下去。仅仅有一天，产生了'为什么'的一问，于是，在这种带有惊异感的厌倦中，一切就开始了"。

"西西弗斯，这神的无产者，无能为力而又在反抗。……登上顶峰的斗争本身足以充实人的心灵。应该设想，西西弗斯是幸福的。"

加缪讲述的"西西弗斯的神话"，蕴含着怎样的哲理？

【要点讲解】

（一）西方马克思主义的历史脉络

西方马克思主义是20世纪20年代以来在欧美资本主义国家出现的具有重要影响力的理论思潮，其主要创始人是匈牙利的卢卡奇、德国的柯尔施和意大利的葛兰西等人。

西方马克思主义不是一个具有内在统一性的理论流派，而是一场别开生面的理论运动。第一次世界大战、俄国十月革命胜利、中西欧国家革命失败、国际共产主义运动的曲折发展等，是催生这场运动的重大社会历史事件。西方马克思主义者基于对马克思恩格斯经典著作的解读，对世界局势和西方资本主义社会的新变化展开批判，反思发达工业社会背景下人的生存境况，探索人类未来的前途命运。西方马克思主义呈现出多样的理论形态和表述方式，如存在主义的马克思主义、弗洛伊德主义的马克思主义、结构主义的马克思主义、生态的马克思主义、分析的马克思主义等。总体而言，西方马克思主义不同于正统马克思主义教科书的理解，而是植根 20 世纪西方社会土壤的、各种哲学流派与社会思潮同马克思主义对话和嫁接的产物。

1. 西方马克思主义的形成

在西方马克思主义理论思潮的形成中，匈牙利哲学家卢卡奇扮演着重要角色。他于 1923 年发表的《历史与阶级意识——关于马克思主义辩证法的研究》被视为西方马克思主义奠基之作。书中，卢卡奇提出了"物化""总体性""阶级意识""主客体的统一"等重要概念，重释马克思主义基本问题、辩证法、实践观和革命论等，对恩格斯的自然辩证法思想、第二国际的"经济决定论"等提出批评。此作一经问世便引起巨大争议。1930 年，柯尔施在《关于"马克思主义和哲学"问题的现状》一文中，把他和卢卡奇对马克思思想的阐释称为"西方马克思主义"（Western Marxism）。1955 年，法国著名哲学家梅洛－庞蒂在其《辩证法的历险》一书中，明确称卢卡奇为"西方马克思主义的创始人"，把《历史与阶级意识》称为"西方共产主义的圣经"。其后，这一概念广泛传播，成为区别于第二国际、第三国际所谓的"正统的马克思主义"、俄国马克思主义（列宁主义）以及伯恩施坦的修正主义的马克思主义理解范式。尽管卢卡奇并不赞同这种称誉，反对将《历史与阶级意识》奉为"异端经典"，但从历史影响看，这本书以及卢卡奇本人开创了西方马克思主义理论思潮，是不争的事实。

就西方马克思主义的形成而论，还需提到柯尔施和葛兰西。柯尔施在 1923 年发表的长篇论文《马克思主义和哲学》批评了第二国际所谓"正统"的理论家将马克思主义实证化的倾向，为马克思主义作为一种超越现存的总体性革命理论的本质辩护。柯尔施系统论述了马克思主义与哲学的关系，指出马克思恩格斯以"消灭哲学"为名，掀起了一场深刻的哲学革命：马克思主义"是这样一种唯物主义，它的理论认识了社会和历史整体，而它的实践则颠覆了这个整体"。柯尔施认为，对马克思在哲学上的贡献的忽视和对马克思主义的哲学性质的否认是导致马克思主义理论面临危机的根源。柯尔施还提出了著名的马克思主义发展"三阶段论"：从 1843 年《黑格尔法哲学批判》到 1848 年《共产党宣言》的"总体性理论"阶段，从 1848 年欧洲革命到 19 世纪末的"非批判的实证性理论"阶段以及从 20 世纪初至今的"总体性理论重建"阶段。1930 年，柯尔施发表了《"马克思主义和哲学"问题的现状》回击了共产国际理论家对他的批评声音，也将批判矛头指向了列宁的哲学思想。柯尔施自觉站在了以卢卡奇为代表的西方的、非正统的马克思主义阵营一边，他的《马克思主义和哲学》连同卢卡奇《历史和阶级意识》一道，被视为西方马克思主义的奠基性著作。

葛兰西也是早期西方马克思主义的代表人物。他是共产国际著名的理论家、活动家，也是意大利共产党的创建者之一。1924 年，葛兰西被任命为总书记，开始领导意共开展反法西斯斗争，直至 1926 年被捕入狱。葛兰西由此开始了长达 20 年的监禁生活，其间，他忍受着巨大的病痛折磨，完成了著名的《狱中札记》。此书同样是西方马克思主义的经典著作之一。葛兰西最有影响力的学说是他关于西方革命的理论。俄国十月革命胜利及其后欧洲几个国家革命失败的亲身经历，使葛兰西得以总结正反两方面的经验教训，探索在西方社会背景下的新的革命策略。葛兰西独树一帜的观点是，东西方社会结构的根本差别是"市民社会"地位的不同，而正是这种的差异导致了革命的不同结局，因此，西方无产阶级革命应当采取不同于俄国的革命路线。葛兰西赋予了"市民社会"的概念新的内涵，将其作为社会上层建筑的一部分——一个介乎政治活动领域与经济基础之间的"文化、伦理与意识形态活动领域"，进而认为西方革命胜利的关键在于无产阶级对这一领域领导权的争夺。葛兰西还将马克思主义解读为一种"实践哲学"，将实践作为哲学的核心范畴，基于实践的概念维护人的主体性，批评"机械决定论""历史宿命论"等具有强烈客观必然性倾向的哲学立场，弘扬人的变革现存世界、创造历史的主观能动性。

此外，早期西方马克思主义者还包括德国哲学家布洛赫。他提出的"乌托邦精神论""希望哲学"凸显了马克思主义否定现存秩序的"未来视域"，旨在唤起人类内在的超越精神，实现人的解放。布洛赫的学说立足人道主义立场，是西方人本主义的马克思主义的重要表现形态，展示了马克思主义与西方古典文化强调人的自我拯救的"希伯来精神"以及 20 世纪西方人本哲学、现象学、存在哲学等交融对话的可能性。

从实践的立场出发，批判外在客观必然性对人的限制，高扬人本身的价值和自由能动的主体性，超越被压迫和奴役的现实生存困境，这是早期西方马克思主义理论的共同特征，也为西方马克思主义后来的发展奠定了基调。

2. 西方马克思主义的发展

（1）在德国的发展

1923 年，一个以研究马克思主义为宗旨的社会研究所在德国法兰克福大学成立。1930 年，霍克海默担任研究所所长，开启了法兰克福学派的历史。霍克海默为学派确立了以"社会批判理论"为核心的研究方向，立足"整个人类的全部物质文化和精神文化"，对资本主义社会开展总体性的哲学－社会学批判。法兰克福学派主要成员包括霍克海默、阿多诺、马尔库塞、弗洛姆、施密特、哈贝马斯等享誉世界的思想家，著述丰富，涉猎广泛，是 20 世纪最具影响力的西方马克思主义理论流派。德国纳粹党上台后，法兰克福学派在美国活动。1949 年，霍克海默、阿多诺等人应邀回到当时的联邦德国，法兰克福学派开始进入鼎盛时期。直至 20 世纪 70 年代，随着第一代理论家相继去世，以及施密特、哈贝马斯之间出现不可调和的理论分歧，这一学派逐渐走向解体。

从总体上看，正如霍克海默在《传统理论和批判理论》中陈述的，法兰克福学派的社会批判理论具有与传统哲学社会科学不同的理论倾向——它不是形而上学的思辨和实证主义的分析，而是对发达工业社会的物化结构以及统治人、压迫人的异化力量进行全方位的批判，揭示人的生存困境，探寻在发达资本主义社会的革命策略，实现人的自由解放。霍克海默指出，既然人所生存"周围世界"都是人的实践活动的产物，现代工业社会处处都是人类有目的的劳动的痕迹，那么，没有任何现存的社会秩序具有天经地义的正当性和永恒性。传统理论是一种"意识形态"，它的本质是对现存秩序不加批判的解释、认同与维护，而"在批判理论影响下出现的概念是对现在的批判"，旨在把"当代社会转变成一种正义的社会"。因此，批判理论不是对现存秩序的简单谴责，而是在当下与未来之间建立一种超越的关系，改变世界，推动社会进步，激发人类思想意识中的否定性维度："不满足于接受流行的观点、行为，不满足于不假思索、只凭习惯而接受社会状况。"现实批判性和跨学科综合性是这一学派显著的理论特征。法兰克福学派高度重视青年马克思的实践理论、异化理论以及卢卡奇的物化理论，并从弗洛伊德的精神分析理论等其他学科中汲取社会批判的资源。

在法兰克福学派看来，20世纪资本主义社会统治人的异化力量已经不再仅仅是经济剥削和政治压迫，而更多表现为无孔不入的文化对人的自由的全面束缚，乃至自文艺复兴启蒙运动人类引以为傲的理性精神和作为人类征服自然的科学技术，都日益走向其反面，表现为一种巩固和维护资本主义统治、宰制人类命运的力量。相比之下，这是一种更强有力也更难变革的异化力量。因此，法兰克福学派成员从不同的角度、以不同的深度展开文化批判。最具影响力的成果是霍克海默、阿多诺、哈贝马斯的技术理性批判理论和大众文化批判理论，以及马尔库塞、弗洛姆的性格批判理论。代表作是霍克海默和阿多诺的《启蒙辩证法》，哈贝马斯的《作为"意识形态"的技术与科学》，马尔库塞的《爱欲与文明》《单向度的人》，弗洛姆的《逃避自由》《存在还是占有》等。

（2）在法国的发展

从其他社会思潮中汲取理论资源，或者与其他哲学流派相融合，是西方马克思主义发展的两种方式。前者如马尔库塞等人吸收精神分析学的思想，借以分析和批判资本主义社会的深度异化机制，创立了"弗洛伊德主义的马克思主义"；后者如法国著名哲学家萨特将存在主义同马克思主义相结合，创立了"存在主义的马克思主义"。在转向马克思主义前，萨特已经是享誉西方学术界的存在主义哲学家。萨特认为，人是区别于其他事物的"自为的存在"，当人降生时，他并不像某个有着特定功能的工具一样获得了全部先在的规定性或自然现成的本质，不是一个已经被定义了的存在，而是通过自己的选择和努力，不断进行自我塑造、自我超越。因此，在任何情况下，每个人都必须亲自做出选择，并对选择及其后果承担责任。这种意义上的自由无疑是人的重负，也造成了人与人之间不可避免的紧张关系——这是"上帝死了"之后每个人不得不面临的艰难而悲壮的生存境遇。萨特在《存在主义是一种人道主义》一书中写道：

"（上帝不存在）也就没有人能够提供价值或命令，使我们的行为成为合法化。

这一来，我不论在过去或者未来，都不是处在一个有价值照耀的光明世界里，都找不到任何为自己辩解或者推卸责任的办法。我们只是孤零零一人，无法自解。当我说人是被逼得自由的，我的意思就是这样。人的确是被逼处此的，因为人并没有创造自己，然而仍旧自由自在，并且从他被投进这个世界的那一刻起，就要对自己的一切行为负责。"①

萨特因此断言："自由意味着恼人和可怕""他人即地狱"。萨特存在主义的核心思想是主张个人的自由与责任具有绝对性，进而认为整个世界就是人的世界，是人的"主观性林立"的世界，"本质上讲是我的世界"。毋庸讳言，存在主义哲学建立在抽象的人性思辨之上，而马克思早在《关于费尔巴哈提纲》中就对这种人学理论提出了批判。在世界反法西斯战争中，工人阶级及其政党在马克思主义理论的指导下为自由和解放而英勇献身的斗争精神给萨特带来了强烈的思想震撼。萨特将其哲学转型归因于"马克思主义的现实"，即"在我眼前工人群众的沉重存在，这个巨大而阴沉的队伍在体验和实行马克思主义，并在远处对小资产阶级知识分子产生一种不可抗拒的吸引力"。② 这促使萨特重新审视人的自由问题，反思存在主义的原有理论框架。

萨特意识到马克思主义学说有利于克服存在主义固有的理论缺陷，因为它具有存在主义所缺失的深沉的社会历史感、现实感和实践精神。在《辩证理性批判》一书中，萨特修正了自己原来的脱离具体情境和条件抽象地谈论个体自由和主体选择的做法，强调由特定的社会历史现实决定的物质条件划出了人的行动与自我超越的"可能性场域"。另一方面，萨特认为，当代马克思主义（主要指当时苏联教科书中的马克思主义）也存在从"抽象的总体性"出发的理论缺陷，尤其表现在对社会历史中的人展开分析的方法论上，不是从具体经验中得出概念，而是从既定概念出发，"把被研究的事件、人或行为放入预先制造好的模子"。萨特认为，不能简单地认为某种经济社会因素或历史条件（如生产关系、阶级地位）直接决定了个人的思想行为，而要去研究诸如家庭、环境、童年经历、个体心理等"中间环节"——它们对人产生直接影响，也是使人与社会历史条件相互作用的中介。在萨特看来，这种研究方法正是存在主义的优势，能够展现个人在社会历史中的具体性与丰富性，有利于弥补当代马克思主义忽略人的主体地位、忽视个体存在价值与特殊性所造成的"人学的空场"。

正是基于上述互补性，萨特认为存在主义和马克思主义可以融合也应该融合。他的目标是"在马克思主义内部重新恢复人"，使个人重新成为当代马克思主义的焦点。存在主义的马克思主义是典型的"人本主义的马克思主义"，这是当时西方尤其德国和法国的新马克思主义的主流，上述法兰克福学派、萨特以及法国思想家列斐伏尔都属于这

---

① ［法］让·保罗·萨特：《存在主义是一种人道主义》，周煦良、汤永宽译，上海译文出版社，1988年，第12~13页。

② 衣俊卿：《西方马克思主义概论》，北京大学出版社，2019年，第283页。

一阵营。他们重视马克思的早期著作，总体上倾向于对马克思主义进行"人道化"的解释。对此，另一些持科学主义立场的马克思主义者提出了批评，最具代表性的人物是法国哲学家阿尔都塞。

阿尔都塞在参加反德国法西斯战争的过程中逐步确立了马克思主义和共产主义信仰，战后加入了法国共产党，成为党内重要理论家。20 世纪 60 年代，阿尔都塞受到当时结构主义思潮的影响。结构主义强调构成事物各要素之间的相互关联性、整体性与层次性，认为事物的本质由其深层结构决定，深层结构具有稳定性，不随时间变化，并且结构不能还原为或归因为个体意识和主体选择。因此，结构主义反对强调人的主体能动性的人本主义的解释框架。阿尔都塞在解读马克思的著作时引入结构主义的方法，发表了《保卫马克思》《读〈资本论〉》等重要著作，开创了"结构主义的马克思主义"理论流派。

阿尔都塞重视马克思成熟时期的作品——《资本论》。在他看来，《资本论》代表着马克思的思想从早期的人道主义向科学理论的深层转变。阿尔都塞提出了"症候阅读法"，即通过文本中的疏漏、沉默、缺失、忽略等透过表面文字把握作者的"言外之意"和文本的深层结构。而这一深层结构集中表现为文本中隐藏着的理论的"总问题"（Problematic，也可译作"提问方式""问题范式""问题框架"等）。阿尔都塞认为，马克思思想的真正革命，正是他对早期的人道主义问题框架进行了根本改造，实现了"总问题"的转换。在此，阿尔都塞提出了颇具争议的马克思思想发展进程中的"认识论断裂"的论断。在他看来，这种断裂发生在 1845 年的《德意志意识形态》之中。在此之前，马克思的观点无论有多少变化，本质上都是停留在费尔巴哈的人本学的框架内；在此之后直到《资本论》第一卷问世，马克思才真正完成了总问题的转换，彻底批判了从人性、人的本质审视社会历史的立场，使用了不同于人道主义术语的科学概念——"社会形态、生产力、生产关系、上层建筑、经济起最后决定作用以及其他特殊的决定性因素等"——这些全新的概念科学地揭示了社会历史的复杂结构，实现了哲学革命。从《资本论》的科学发现中读出这一场"全新的哲学思维方式的革命"，是阿尔都塞《读〈资本论〉》一书的主旨。

（3）在英美国家的发展

英国学者佩里·安德森在 1976 年发表的《西方马克思主义探讨》一书中系统梳理了西方马克思主义关注的主题和问题，指出聚焦哲学主题而非经济、政治主题是西方马克思主义区别于传统马克思主义的显著特征。安德森还分析了西方马克思主义从西欧国家向整个西方世界延伸的发展趋势。在西方马克思主义发展进程中，与时代性并行的与"地域性"特征同样值得关注。自 20 世纪 70 年代末尤其是"苏东剧变"以后，西方马克思主义在德国和法国思想界逐渐式微，在英美国家却呈现繁荣，甚而有学者断言，当代西方马克思主义研究中心"转移到了英语世界（尤其是大学）"。[①]

---

① 马克思主义发展史编写组编《马克思主义发展史》，高等教育出版社，2021 年，第 279 页。

西方马克思主义在英美国家发展的突出特点，一方面，是与英美国家的哲学传统相结合。如吸收了分析哲学，形成了"分析的马克思主义"理论流派。这些学者将分析哲学的语法分析方法运用马克思经典文本的解读中，澄清诸如生产力、生产关系、经济基础、上层建筑等历史唯物主义基本范畴的内涵。代表作有科恩的《卡尔·马克思的历史理论———一个辩护》（1978），罗默的《马克思主义经济理论的分析基础》（1982），埃尔斯特的《理解马克思》（1982）等。另一方面，是批判社会现实问题，与针对该问题的社会思潮融合。如"女权主义的马克思主义"，聚焦当代两性平等、妇女权利保护与自由解放等问题，将传统马克思主义的妇女理论有关资本主义制度对女性的经济政治压迫的分析拓展至意识形态、文化领域，强调摆脱资本主义意识形态控制对于实现妇女解放的重要意义。又如"生态学马克思主义"，用马克思主义的若干基本理论分析和解决当代生态环境问题，指出资本主义生产方式与可持续发展之间不可调和的矛盾，阐释历史唯物主义与生态文明思想、社会主义与环保运动之间的关系等。代表作有佩珀的《生态社会主义》（1993 年版），奥康纳的《自然的理由：生态学马克思主义研究》（1998 年版），福斯特的《马克思的生态学：唯物主义和自然》等。

（二）西方马克思主义的理论贡献

相较于马克思恩格斯所处的时代，资本主义在 20 世纪以来西方社会的发展已呈现出若干新的特征与趋势。西方马克思主义者在新的历史条件下，从不同角度批判揭露资本主义社会新问题，寻找人的自由解放新出路，展望人类未来发展新远景。这些探索为我们深入认识资本主义的当代发展和西方式现代化背景下人的生存境况提供了启示。习近平总书记指出，西方马克思主义的"一个很重要的特点就是他们中很多人对资本主义结构性矛盾以及生产方式矛盾、阶级矛盾、社会矛盾等进行了批判性揭示，对资本主义危机、资本主义演进过程、资本主义新形态及本质进行了深入分析。这些观点有助于我们正确认识资本主义发展趋势和命运，准确把握当代资本主义新变化新特征，加深对当代资本主义变化趋势的理解"[①]。这一重要论述准确揭示了西方马克思主义的主要理论贡献。

1. 物化现象批判

批判地关注 20 世纪资本主义社会（"发达工业社会"———马尔库塞语）条件下普通劳动者的生存境况，从不同的角度揭示其陷入困境的原因，是西方马克思主义共同的也是最重要的理论贡献。西方马克思主义者普遍重视马克思的"异化劳动"理论。所谓"异化"（alienation），就是一种分离、对立的状态或趋势。早在《1844 年经济学哲学手稿》中，马克思就分析了资本主义社会"劳动的异化"导致"人的异化"的问题。在马克思看来，人区别于动物的生命活动的本质特征是自由的和有意识的。劳动应当是人的这种生命活动的基本形式和表现方式。在劳动过程中，劳动者自由自觉地将自己的智力、体力、创造力等

---

① 习近平：《论党的宣传思想工作》，中央文献出版社，2020 年，第 287 页。

投注到劳动对象上，并通过获得劳动产品予以展现。因此，不仅劳动产品理应为劳动者享有，劳动过程也应当是对人的本质力量和自我价值的一种肯定，让人感到幸福。但"异化劳动"正是与上述相反的情形。马克思指出，在资本主义生产关系条件下，"工人在劳动中耗费的力量越多，他亲手创造出来的反对自身的、异己的对象世界的力量就越强大，他自身、他的内部世界就越贫乏，归他所有的东西就越少"①。这是劳动产品与劳动者分离、对立的状态，也是最直观的异化——工人创造了愈来愈多的财富，自己却愈发陷入贫困。更有甚者，劳动本身也沦为一种仅能维持生计的手段，表现为一种"被迫的强制劳动"、使劳动者的肉体和精神遭受折磨的痛苦的过程。进一步所致的后果，是"人同人相异化。当人自身相对立的时候，他也同他人相对立"②。

在后来的著作中，马克思恩格斯将"异化劳动"的根源归结于资本主义社会奴役人、剥削人的生产关系。正如恩格斯在《反杜林论》中指出的，"在生产自发地发展起来的一切社会中（今天的社会也属于这样的社会），不是生产者支配生产资料，而是生产资料的支配生产者。在这样的社会中，每一种新的生产杠杆都必然地转化为生产资料奴役生产者的新手段"③。这里，马克思恩格斯深刻地揭示了一种"物支配人"的压迫性社会结构，其中，生产者从属于其劳动所造之"物"，如商品、资本等，而无法自由地支配生产过程、劳动产品乃至自身命运，导致了"人的客体化"，即在社会历史进程中主体性和能动性的丧失。关于这一点，西方马克思主义者作出了进一步阐发。正如卢卡奇所言，"重要的是，人的异化是我们这个时代的关键问题"。聚焦《资本论》中的商品拜物教理论，卢卡奇深刻地揭示了资本主义社会普遍的"物化"（reification）现象："直到资本主义社会产生，商品才发展到在社会中居于统治地位的这种状况。……随着资本主义的发展，……人们就越来越难于、并且很少能够发现经济关系的人的性质，很少有人能够看透这个物性化的面纱。……在这里，关键问题在于，由于这种情况，人自己的活动，自己的劳动成为某种客观的、独立于人的东西，成为凭借某种与人相异化的自发活动而支配人的东西。"④ 这里，我们可以看到卢卡奇的物化理论与马克思的异化理论的紧密关联。事实上，许多西方学者正是通过前者而真正接受了后者。卢卡奇的物化理论从两个相互关联的方面启发了后来的西方马克思主义者：一是作为物化的具体表现形式的技术理性对人的统治；二是物化的普遍性导致其支配了人的心灵，产生了"物化意识"。

2. 技术理性批判

技术理性对人的统治是资本主义工业文明主导的西方现代化的后果，表现为社会经

---

① 中共中央马克思恩格斯列宁斯大林著作编译局编译《马克思恩格斯文集》第 1 卷，人民出版社，2009 年，第 157 页。

② 中共中央马克思恩格斯列宁斯大林著作编译局编译《马克思恩格斯文集》第 1 卷，人民出版社，2009 年，第 163 页。

③ 中共中央马克思恩格斯列宁斯大林著作编译局编译《马克思恩格斯文集》第 9 卷，人民出版社，2009 年，第 308 页。

④ ［匈］格奥尔格·卢卡奇：《历史和阶级意识》，王伟光、张峰译，华夏出版社，1989 年，第 85～86 页。

济体制、管理模式、运行机制等愈发建立在一套服务于资本增殖的可量化可计算的、自动运行的机械系统之上。人的活动被整合进这套系统中，并被它支配，沦为抽象的数字和孤立的原子——"人在客观上和劳动关系上都不表现为那个过程的真正主人；相反，他是结合于机器系统中的一个机器的零部件"①。这套机械系统完全独立于人的意志而自动运行，并把人禁锢在某个特定部门或迫使其仅以某种特定方式机械地活动；无论是否愿意，为了谋生，人都不得不服从这套机械系统的运行规律，从而丧失了作为人的主体性、能动性与个性特征。卢卡奇的上述观点被法兰克福学派的霍克海默、阿多诺等吸收和发展。在《启蒙辩证法》一书中，霍克海默和阿多诺深刻地揭示了标举人的理性并承诺给人自由与解放的现代启蒙走向反面和自我毁灭的历程。17—18世纪的启蒙思想家们曾经坚信，通过弘扬人的理性，启蒙将引导人类从童稚走向成熟，从蒙昧走向文明，使人摆脱迷信与愚昧，拥有征服自然、创造幸福的知识力量。最根本的是，启蒙将提升人的主体性，使人拥有更多的自主选择和自我决定的能力。德国哲学家康德在《什么是启蒙?》中精辟地阐释了启蒙的精神实质及其与人的自由的关系：

> "启蒙就是人类从自己造成的未成年（未成熟）状态中走出来。未成年状态就是不经别人的引导，就不能独立地使用自己的理智。当其原因不在于缺乏理智，而在于不经别人的引导就缺乏勇气与决心去加以运用时，那么这种未成年状态就是他自己所造成（或该受指责的）的了。拿出勇气来（运用你自己的理智）! 这就是启蒙运动的口号。"②

但历史的发展吊诡地表明，上述启蒙的信条不过是已然破灭的神话。霍克海默和阿多诺写道，"从进步思想最广泛的意义来看，历来启蒙的目的都是使人们摆脱恐惧，成为主人。但是完全受到启蒙的世界却充满着巨大的不幸"③。在两位学者看来，启蒙过后的20世纪人类社会并非一个更加人性的社会，"而是堕落到一种新的野蛮状态"：一方面，理性造成了人与自然之间的对立，它带来的技术的进步使人傲慢地将自然界视为可以无限索取的对象，将自身视为自然界的统治者。但严重的生态环境问题证明，这不过是人类致命的自负。另一方面，理性造成了人与人之间的对立，"现代工业社会的整个挖空心思想出来的机制，也不过是相互残杀的自然界。……人们相互之间以及人们与自然界是在彻底地异化，……每个人都是一个材料，某种实践的主体或客体，人们可以用他来做什么事，或者不能用他来做什么事"④。换言之，理性关于人与自然之间的主

---

① 衣俊卿：《西方马克思主义概论》，北京大学出版社，2019年，第24页。
② ［德］依曼努尔·康德：《历史理性批判文集》，何兆武译，商务印书馆，1990年，第22页。
③ ［德］马克斯·霍克海默、特奥多·威·阿多尔诺：《启蒙辩证法》，洪佩郁、蔺月峰译，重庆出版社，1990年，第1页。
④ ［德］马克斯·霍克海默、特奥多·威·阿多尔诺：《启蒙辩证法》，洪佩郁、蔺月峰译，重庆出版社，1990年，第241页。

客体关系的认识沿用到了人类社会之中，人与人之间的主体性交往关系被一律地错误地视作了主体与客体的关系。

需要指出的是，霍克海默和阿多诺所批判的主导西方现代工业文明的"理性"仅仅是"技术理性"——这是理性的重要方面，并非理性的全部。现代技术理性源自西方"轴心时代"（雅斯贝尔斯语）的古希腊理性精神，但与之不同的是，现代技术理性不关心世界的本质、宇宙的起源、行为的善恶、死后的归宿等终极问题或价值问题，只是将事物视为依据特定法则运行的因而可以凭借人的理性把握和操控的对象。技术理性在科学领域的典型表现是 20 世纪流行的实证主义思潮。实证主义通过抽象的数学公式对现存事物进行直接的、表面的、精确的描述，缺乏否定的维度，"思想机器越是从属于存在的东西，就越是盲目地再现存在的东西"。因此，受技术理性支配的思想不再具有超越的力量，它以非批判的肯定态度认同现实的"是其所是"——用哈贝马斯的话说，发达工业社会的科学技术已经具有为现存辩护的意识形态功能。不仅科学领域，社会文化领域更是如此。霍克海默和阿多诺在《启蒙辩证法》中对技术理性支配的现代"文化工业"提出了尖锐的批判。在两位学者看来，文化工业品不是具有不可替代的鲜明个性和审美价值的真正艺术品，而是凭借现代科学技术手段标准化批量复制生产和通过大众传媒传播的具有娱乐消遣功能的商品。两者的区别正如迪士尼动画和毕加索的《格尔尼卡》所体现的。《格尔尼卡》无法带来那种在观看迪士尼动画时产生的快感；现代世界的大众也不愿意或很少有耐心和能力欣赏此类严肃的艺术品，而是习惯于平庸的文化工业品，追求当下既得的享乐。这样的文化消费生活，给人们带来忘却一切烦恼的满足，也消解了人们把握现实问题和反抗社会压迫的思想力与行动力："享乐意味着全身心的放松，头脑中什么也不思念，忘记了一切痛苦和忧伤。这种享乐是以无能为力为基础的。……娱乐消遣作品所许诺的解放，是摆脱思想的解放，而不是摆脱消极东西的解放。"①

3. 异化心理批判

倘若基于技术理性形成的资本主义社会体系是统治人的外在的物化结构，那么内在的物化意识的产生则标志着这种结构已经深入人的心灵，使人对这种结构产生了自觉的接受与认同。卢卡奇认为，在资本主义社会，物化意识支配着所有人的精神生活和心理活动，无论是统治阶级、知识阶层还是一般工人在思想意识上都对物化境遇无动于衷，都缺乏对物化结构的批判和超越的维度，反而将这种结构视作必须适应的"规律"和人必然服从的命运。霍克海默和阿多诺指出，"甚至年轻人在谈恋爱或约会，以及表达接受或拒绝的意向时都失去了本真性，都想'按照文化工业提供的模式进行表达'，人们内心深处对美的感受和反应也都'已经完全物化了'"②。这体现了物化结构对人的思想、情感、行为的全面宰制。马尔库塞和弗洛姆等借用精神分析学的相关理论，对现代

---

① ［德］马克斯·霍克海默、特奥多·威·阿多尔诺：《启蒙辩证法》，洪佩郁、蔺月峰译，重庆出版社，1990 年，第 135～136 页。

② 衣俊卿：《西方马克思主义概论》，北京大学出版社，2019 年，第 149 页。

人最深层的异化——性格结构和心理机制的异化展开了深入的分析。精神分析学的基本观点是，性本能（力比多）构成了人的心理结构中的"本我"部分，它遵循快乐原则，为人的活动提供动力，但与象征社会文明规范（道德、习俗、禁忌等）的"超我"部分形成冲突，因此需要"自我"的理性做出平衡，运用"超我"的规范约束"本我"的活动，使之符合现实要求。在《爱欲与文明》一书中，马尔库塞吸收了弗洛伊德关于人类文明发展的基本观点，即文明是不断压抑人的性本能的理性化过程，这种压抑源自物资匮乏所致的生存压力、诉诸暴力和强权的政治统治、等级制的社会分工等。马尔库塞指出，与传统社会相比，发达工业社会的技术理性统治带有更多的隐秘性和合法性：它诉诸经济技术手段，使整个社会体系高效高速地运转，促进了社会物质财富的极大增长，并为社会所有阶层提供了统一的、舒适的且容易获得的娱乐消费品。但在马尔库塞看来，现代文明对人的压抑和奴役并未消除，反而在加深加剧且愈发变得普遍无形。弗洛姆也认为，现代社会的异化力量是普遍的，他在《健全的社会》一书中写道：

> "我们在现代社会中看到的异化，几乎是无孔不入，异化渗透到人的与自己的劳动、消费品、国家、同胞以及自身的关系之中。人创造了一个前所未有的物质世界。人建成了一个复杂的社会机器来管理他建立起来的技术机器。但是，人的全部创造物却高于他并控制着他。他感觉不到自己是一个创造者和中枢，反而觉得自己是一个他用双手造出来的机器人的奴隶。他释放出来的力量愈是有力和巨大，他就愈是感到人的软弱无能。他面对着体现在事物中的自己的力量，这一力量的发展脱离了他自身。他被自己的创造物所占有，失去了自身的所有权。他建立了金钱这一偶像并对众生说：'这些是带领你们走出埃及的神'。"①

值得注意的是，马尔库塞和弗洛姆的判断是基于这样的前提：人就其本质而言是自由全面发展的社会历史主体，任何作用于人而使人的生存发展偏离这种本质的外部力量（异化力量）都是对人的压抑和奴役。马尔库塞援用了弗洛伊德的"泛性论"主张。性本能不仅驱动人满足其生理欲望，还能通过"升华机制"使人积极致力于自主的和创造性生产劳动和社会生活中，释放潜能，成就一番事业，过一种健康的、有意义的生活。这与人的本质力量的实现是一致的。在发达工业社会条件下，劳动仍然是人们谋求生存的"苦差事"，人际交往也带有更多的金钱、利益交换的意味。"力比多"无法在自主的有创造性的生产劳动与积极健康的社会交往中获得升华，只能停留在性欲满足层面，或只能通过劳动之外的娱乐和消费得到释放。但唾手可得的娱乐消费活动消解了人与现存秩序之间的紧张关系，现代人愈发能够忍受异化劳动造成的痛苦，认同现存而丧失了否定性和超越性的思维方式，沦为马尔库塞所谓的"单向度的人"。

　　在弗洛姆看来，现代人对发达工业社会奴役和支配人的异化力量的认同是自觉的。

---

① ［美］埃利希·弗洛姆：《健全的社会》，欧阳谦译，中国文联出版公司，1988年，第124～125页。

这是因为，现代人已经形成了病态的心理机制和性格结构。他对现代人"逃避自由"的心理机制有着深刻的阐释。马克思恩格斯在《共产党宣言》中阐释了资本主义对传统社会人际关系的颠覆。

> "资产阶级在它已经统治取得了统治的地方把一切封建的、宗法的和田园诗般的关系都破坏了。它无情地斩断了把人们束缚于天然尊长的形形色色的封建羁绊，它使人和人之间除了赤裸裸的利害关系，除了冷酷无情的'现金交易'，就再也没有任何别的联系了。"①

弗洛姆进一步指出，个体化是西方现代化的基本特征，这意味着资本主义市场经济摧毁了传统社会的温情脉脉的社会关系纽带，个体从中脱出，获得了前所未有的自由，但也面临着自我依靠的巨大生存压力、变化无常的生存环境和陌生的、疏远的乃至相互为敌的人际关系。因此，现代人是自由的，也因为自由而孤独且空心。为缓解生存压力，获得安全感，逃避自由的心理机制从而产生。最常见的逃避自由的心理机制是采取顺世和随俗的人生态度，人云亦云，与世无争，主动放弃自己的个性和主体性，与周围的世界保持高度一致。弗洛姆写道，为了求生，人们逃避自由。因为忍受不了孤独的滋味，他宁愿失去自我，"一个人放弃了他独有的个性，变得和周围的人一模一样，便不再感到孤独和焦虑"②。显然，逃避自由的心理机制会消解人的主体性，催生消极的、病态的人格，如弗洛姆在《追寻自我》一书中描述的四种不健全的性格倾向：接受型（讨好型）、剥削型、囤积型、市场型（交换型）。从名称上即可看到，四种不健全的人格都与资本主义生产关系有着密切关联，是资本主义社会对人格的扭曲。

（三）西方马克思主义的理论缺陷

法国后现代主义思想家德里达在《马克思的幽灵》一书中写道："不能没有马克思，没有马克思，没有对马克思的记忆，没有马克思的遗产，也就没有将来：无论如何得有某个马克思，得有他的才华，至少得有他的某种精神。"③ 毋庸置疑，西方马克思主义揭示发达资本主义社会人的生存困境，正是对马克思丰厚理论遗产的一种继承及其思想精神的一种有价值的延续。但是，西方马克思主义也存在着需要我们充分认识和摒弃的理论缺陷。下面试简要说明。

1. 解读马克思主义理论的片面性

一方面，西方马克思主义者对马克思的著作和思想观点缺乏全面的、整体的审视，出现了厚此薄彼或非此即彼的偏见，人为地制造"早期马克思"与"晚期马克思"的对

---

① 中共中央马克思恩格斯列宁斯大林著作编译局编译《马克思恩格斯文集》第2卷，人民出版社，2009年，第33~34页。
② 衣俊卿：《西方马克思主义概论》，北京大学出版社，2019年，第205页。
③ ［法］雅克·德里达：《马克思的幽灵》，何一译，中国人民大学出版社，1999年，第21页。

立，这影响了其结论的科学性与客观性。如前所述，西方马克思主义主要可分为"人本主义的马克思主义"和"科学主义的马克思主义"两大理论阵营，理论阵营的分化，恰好印证了不同学者对马克思著作的不同侧重。受卢卡奇的影响，占据西方马克思主义主流的人本主义的马克思主义者普遍看重马克思的异化理论，看重马克思的早期哲学著作，尤其是《1844年经济学哲学手稿》，并将这部手稿视为马克思思想发展巅峰时期的作品，从而将马克思解读为"人道主义者"。科学主义的马克思主义者阿尔都塞反对这种解读马克思主义理论的人道主义立场，他看重马克思的政治经济学著作《资本论》，但其关于马克思思想进程中"认识论断裂"的观点又倾向于否认《德意志意识形态》等作品作为马克思主义理论哲学基础的价值以及《资本论》内含的关于无产阶级和人类解放的人道主义立场。阿尔都塞试图通过建立《资本论》新读法对马克思主义理论形成"科学化"的理解，却忽视了马克思的著作引发的"哲学革命"。马克思主义理论是一个内容丰富的、各部分紧密关联的理论体系，是科学性与革命性、理论性与实践性、阶级性与人民性的统一。列宁在《马克思主义的三个来源和三个组成部分》一文中清楚地揭示了马克思的"哲学唯物主义""经济理论"和无产阶级革命理论三个组成部分之间的逻辑关联，这对于我们正确认识马克思主义理论各部分之间的内在统一性，仍然具有重要的指导意义。

另一方面，西方马克思主义者对经典著作的解读存在偏离和歪曲马克思主义理论精神实质的倾向，人为地制造马克思与恩格斯、与列宁的对立，将理论对象和视角的差别视为无法调和或需要修正的理论矛盾，无法正确认识马克思主义理论的融贯性。例如，从卢卡奇开始，西方马克思主义者普遍地认为辩证法只适用于社会历史领域，或只是一种研究社会历史的方法，拒绝承认辩证法在自然领域的适用性，拒绝承认将辩证法的本体论意义，进而提出要反对"辩证唯物主义"，只肯定和发展"历史唯物主义"。这里，有两种典型的反对理由：一是认为自然辩证法或辩证唯物主义是恩格斯、列宁等人的哲学观点，并非马克思本人的思想；二是认为如果说自然界有不依赖于人的思维和实践的客观实在性或运动规律——正如恩格斯在《自然辩证法》所揭示的那样——则会彻底忽视人作为社会历史主体的地位，造成了所谓的马克思主义的"人学空场"。这两种反对理由是站不住脚的。辩证法是关于"自然、人类社会和思维的运动和发展的普遍规律的科学"，无疑是恩格斯在《反杜林论》中明确表述的观点，但正如恩格斯在书的序言中指出：

　　"（《反杜林论》是）对马克思和我所主张的辩证方法和共产主义世界观的比较连贯的阐述，……本书所阐述的世界观，绝大部分是由马克思确立和阐发的，而只有极小部分是属于我的，所以，我的这部著作不可能在他不了解的情况下完成，这在我们相互之间是不言而喻的。"①

---

① 中共中央马克思恩格斯列宁斯大林著作编译局编译《马克思恩格斯文集》第9卷，人民出版社，2009年，第11页。

事实上，马克思知悉《反杜林论》的内容，并在该书发表后予以高度评价。唯物辩证法既是事物发展的一般规律，也是反映在人的头脑中的揭示这种规律的认识成果和科学方法；在这一点上，马克思恩格斯是完全一致的。此外，承认自然界的客观实在性与运动规律性，并不必然会忽视人在社会历史发展中的主体性，体现人的主体性的"实践"也并不具有"超自然的创造力"。马克思在多部著作中强调自然界是人类物质生产实践的"预先存在的条件"，没有自然界，"工人什么也不能创造"；"人化自然"不过是"经过形式变化而适合人的需要的自然物质"；"在这种情况下，外部自然界的优先地位仍然会保持着"。

2. 自由解放实现途径的空想性

西方马克思主义者是 20 世纪资本主义社会问题的敏锐的洞察者。他们关于物化现象、技术理性、大众文化、性格结构等的批判鲜明地揭示了当代资本主义社会发展的"病症"。总结西方国家革命失败的教训，卢卡奇主张将无产阶级革命理解为一场"总体性的革命"，也即不仅要致力于推翻现存的经济政治制度，更要有意识形态领域的革命，确立无产阶级意识——无产阶级意识，决定了革命的命运。那么，无产阶级意识如何才能形成？卢卡奇指出，这需要无产阶级的自我教育，以自觉的批判意识与资本主义社会主导的物化意识抗衡。葛兰西的以新型知识分子通过教育启发民众、争夺文化领导权的"阵地战"革命策略，与卢卡奇的理论如出一辙。这正是西方马克思主义聚焦社会文化批判而非政治经济批判的滥觞。正因为这种理论倾向，西方马克思主义者在探究超越人的异化、实现人的自由解放的出路时，带有浓厚的浪漫主义色彩，总是寄望于通过社会文化批判唤起人性中某些失落的或遮蔽的精神维度，在此基础上提出扬弃异化、使现存社会更加符合人道的改良方案。

例如，布洛赫宣扬"乌托邦精神"。在他看来，乌托邦并非一种空想，而是一种关于人和社会的"尚未存在"的理想维度，代表着人类超越现存、面向未来、开辟新的可能性的"希望"。布洛赫认为，无论如何，我们必须保持希望的坚定信念和对美好世界的期待："在希望中，人成为人之为人，世界成为世界之为人的故乡。"[①] 弗洛姆基于"爱与理性"提出了实现理想社会构想的具体实施方案：经济上实现工人共同参与和共同管理的劳动境遇，政治上加强和完善民主制度，文化教育上确立人道主义价值观的主导地位等。哈贝马斯主张通过强调主体间平等商谈、彼此尊重、形成理解与共识的"交往理性"使生活世界摆脱被工具理性"殖民化"的境地（即一个漠视原本的交往规则和价值信念的、以金钱和权力为沟通媒介的现实世界）；在政治方面，哈贝马斯主张建立符合商谈伦理的对话政治，使民族国家在保持民族完整性的前提下，以理性开放包容的态度同其他文化生活方式展开交流，走向后民族国家的新的国际格局。

这些建议无不具有带有鲜明的道德约束的性质，但面对现实世界尖锐的利益矛盾，这些建议又具有空想性，让人不由想起恩格斯在《路德维希·费尔巴哈和德国古典哲学

---

① ［德］恩斯特·布洛赫：《希望的原理》第 1 卷，上海译文出版社，2012 年，第 412 页。

的终结》一书中对费尔巴哈的"爱的宗教"的批判。

　　"可是爱啊！——真的，在费尔巴哈那里，爱随时随地都是一个创造奇迹的神，可以帮助克服实际生活中的一切困难——而且这是在一个分裂为利益直接对立的阶级的社会里。这样一来，他的哲学中的最后一点革命性也消失了，留下的只是一个老调子：彼此相爱吧！不分性别、不分等级地相互拥抱吧！——大家都陶醉在和解中。"①

　　综上，西方马克思主义者聚焦理性与文化的批判，带有浓厚的学院派色彩，并未触及资本主义社会的"病根"，也即生产的社会化与生产资料的资本主义私人占有之间的矛盾。不深入剖析这一贯穿资本主义社会发展始终的基本矛盾，就无法真正揭示资本主义社会问题的根源，也就不能对问题给出最终的解决方案。

【课堂研学材料】

【材料一】

　　马克思对物化的基本现象做了如下描述："商品形式在人们面前把人们本身劳动的社会性质反映成劳动产品本身的物的性质，……这只是人们自己的一定的社会关系，但它在人们面前采取了物与物的关系的虚幻形式。"从这一结构性的基本事实里可以首先把握住，由于这一事实，人自己的活动，人自己的劳动，作为某种客观的东西，某种不依赖于人的东西，某种通过异于人的自律性来控制人的东西，同人相对立。更确切地说，这种情况既发生在客观方面，也发生在主观方面。在客观方面是产生出一个由现成的物以及物与物之间关系构成的世界（即商品及其在市场上的运动的世界），它的规律虽然逐渐被人们所认识，但是即使在这种情况下还是作为无法制服的、由自身发生作用的力量同人们相对立。因此，虽然个人能为自己的利益而利用对这种规律的认识，但他也不可能通过自己的活动改变现实过程本身。在主观方面——在商品经济充分发展的地方——人的活动同人本身相对立地被客体化，变成一种商品，这种商品服从社会的自然规律的异于人的客观性，它正如变为商品的任何消费品一样，必然不依赖于人而进行自己的活动。

——卢卡奇：《历史与阶级意识》

【课堂提问】

　　结合材料，分析商品−市场经济条件下物化现象的产生机制。

【材料二】

　　大众交通与传播工具、吃穿住日用品，具有非凡魅力的娱乐与信息工业输出，这些也同时带来了人为规定的态度、习俗以及多少舒适的方式使消费者与生产者结合并通过

---

　　① 中共中央马克思恩格斯列宁斯大林著作编译局编译《马克思恩格斯文集》第 4 卷，人民出版社，2009 年，第 294 页。

后者与整个社会结合起来的某些理智与激情反应。这些产品灌输、控制并促进一种虚假意识，这种意识不因自己虚假而受影响。而且，随着这些有益产品对更多社会阶层的个人变为可得之物，它们所携带的训诫就不再是宣传而是变成了一种生活方式。它是一种美好的生活方式——比从前的要美好得多，而且，作为一种美好的生活方式，它抗拒质变。一种单面思想与单面行为模式就这样诞生了。

——马尔库塞：《单向度的人》

【课堂提问】

结合材料，阐释发达资本主义社会的大众娱乐如何消解受剥削的雇佣工人与现存秩序之间的对抗关系。

【材料三】

马克思不再把人的本质当作理论基础，因而也就抛弃了两个假定的全部有机体系。他把主体、经验主义、观念本质等哲学范畴从它们统治的所有领域里驱逐出去。……这场包罗万象的理论革命之所以有权推翻旧概念，是因为它用新概念代替了旧概念。马克思确立了一个新的问题，一种系统地向世界提问的新方式，一些新原则和一个新方法。这项发现立即被包括在历史唯物主义的理论之中，马克思的历史唯物主义不仅提出了关于社会历史的新理论，同时还含蓄地、但又必然地提出一种涉及面无限广阔的新"哲学"。例如，马克思在历史理论中用生产力、生产关系等新概念代替了个体和人的本质这个旧套式的同时，实际上就提出了一个新的"哲学"观。他取消了主体的经验主义和唯心主义以及本质的经验主义和唯心主义这两个旧假定（它们不仅是唯心主义的基础，而且是马克思以前的唯物主义的基础），而代之以实践的辩证唯物主义和历史唯物主义，也就是说，人类实践的各特殊方面（经济实践，政治实践，意识形态实践，科学实践）在其特有联结中的理论，这个理论的基础就是：人类社会既是统一的，但在其各联结点上又是特殊的。用一句话来说，马克思提出了一种关于特殊差异的具体观点，这种观点能够确定每个独特的实践在社会结构的特殊差异中所占的地位；马克思正是用这个观点去代替费尔巴哈关于"实践"的意识形态概念和普遍概念。

——阿尔都塞：《保卫马克思》

【课堂提问】

结合材料，解释阿尔都塞为什么反对对马克思主义进行"人道化"的解读。

【专题小结】

西方马克思主义理论思潮是西方 20 世纪的马克思主义，激活了马克思恩格斯创立的学说在风云激荡的 20 世纪西方社会的生命力。形形色色的理论形态让我们看到了马克思主义与各种社会思潮对话、交锋与融合的开放性，看到了马克思主义与不同国家的实际相结合的、与时俱进的发展性。尽管不可避免地存在着根本缺陷，并且在如何阐释马克思主义、批判资本主义的问题上存在着重大分歧，但西方马克思主义者对马克思主义经典著作的精细地、独创地学术研读值得肯定，正如习近平总书记指出的，它的"结论未必正确，但在研究和考据马克思主义文本上，功课做得还是可以的"。[①]　另外，西方马克思主义者所揭示和批判的在发达工业社会出现的系列问题值得警惕和反思。尽管中国式现代化的道路是独特的，不同于西方资本主义国家的现代化，但这些问题可以被合理地视为使我国经济社会发展免于落入"卡夫丁峡谷"的前车之鉴。

七、课后阅读

1. ［匈］卢卡奇著《历史与阶级意识：关于马克思主义辩证法的研究》，杜章智、任立、燕宏远译，商务印书馆，1999 年版。

2. ［德］马克斯·霍克海默、特奥多·威·阿多尔诺著《启蒙辩证法：哲学断片》，渠敬东、曹卫东译，上海人民出版社，2020 年版。

3. ［德］赫伯特·马尔库塞著《单向度的人：发达工业社会意识形态研究》，刘继译，上海译文出版社，2014 年版。

4. ［法］路易·阿尔都塞著《保卫马克思》，顾良译，商务印书馆，2010 年版。

5. 黄小寒主编《西方马克思主义经典著作导读》，北京大学出版社，2012 年版。

6. 陈学明主编《二十世纪哲学经典文本：西方马克思主义卷》，复旦大学出版社，1999 年版。

7. 衣俊卿著《西方马克思主义概论》，北京大学出版社，2019 年版。

八、课后思考

1. 举例阐释西方马克思主义理论与马克思"异化"学说的关系。

2. 结合萨特与阿尔都塞的著作，试比较"人本主义的马克思主义"和"科学主义的马克思主义"的差别。

3. 联系本专题导入部分的材料，结合西方马克思主义关于现代人生存境况的批判，分析加缪所说的对生活的"荒谬感"的表现与成因。

---

① 习近平：《在哲学社会科学工作座谈会上的讲话》，人民出版社，2016 年，第 12 页。

后 记

《马克思主义发展史》是马克思主义理论硕士研究生的学科平台课程，也是一门核心课程。学好这门课程的重要性不言而喻，该课程既是教育部培养马克思主义理论硕士研究生学科素养的重要课程，也是能够帮助学生强化马克思主义理论系统知识学习，培育学生理论思维和实践思维相统一的关键课程。本书编写组希望借由这本课程教学设计，为帮助培养具有坚定的马克思主义信仰和正确的理论研究方向，熟悉马克思主义主要经典著作的合格的马克思主义理论硕士研究生贡献绵薄之力。本书将从专业教学层面，帮助学生了解马克思主义形成的历史背景，认识马克思主义产生的历史必然性，了解马克思主义发展的历史进程，掌握马克思主义在不同历史阶段的发展特别是在中国的发展进程。

本书编写组成员均为从事教学及研究的中青年骨干，因与学生年龄差距相对较小，更能了解其真实想法和把握他们在实际学习过程中的痛点难点问题，也积累了一定的教学经验，希望通过科学传授"马克思主义发展史"课程的教学方法、步骤和技巧，构建起学生的经典视野、理论视野、历史视野和现实视野。在既往的教学过程中，我们也深感编写并出版一本有用的教学设计，对于从事"马克思主义发展史"课程教学工作的老师应该有所帮助，因此，萌生了借助该门课程外化教学过程的想法。当然，缘于教学对象、能力水平、时间精力等现实条件，本书在教学设计的内容选择和构思安排等方面还具有一定的局限性，不尽完善之处，还请批评指正。

本书成稿，要特别感谢业内诸多专家、教授撰写的诸多专业教材和学术专著，其科学性、专业性，为我们的编写工作提供了知识的海洋和智慧之光，我们从这些专业教材和专业书籍中汲取养分，并获得专业支持和丰富的素材。

本书是集体智慧的结晶，也是共同合作的成果。其中，教学设计创意构想、框架搭建、内容选定及统稿工作由兰夕雨和朱逸共同完成，内容撰写由多位副教授、博士生分工合作、协同写作，具体如下：第一和第三专题由兰夕雨负责，第二和第四专题由罗俊梅负责，第五专题由钟守静负责，第六专题由钟义锟负责，第七和八专题由赵丽云负责，第九专题由郑娸月负责，第十专题由朱逸负责。

最后，特别感谢四川师范大学马克思主义学院对本书出版的大力支持，感谢四川大学出版社对本书选题的充分肯定，感谢责任编辑及其他工作人员为本书出版付出辛勤劳动。教学过程的完善，教学方法的选择和教学设计的编排，不可能一蹴而就、一劳永逸，而是不断进步、创新的过程，本书的编写和出版恰为抛砖引玉，恳望聆听各位专家、教授和同行的宝贵意见和建议，以便我们继续梳理、完善和充实其内容，争取为马克思主义理论硕士研究生的培养贡献更多更大的力量。

本书编写组